본서는 자주적 채권관리가 가능하도록 현장 경험이 풍부한 이충호 소장이 바로 실무에 적용할 수 있도록 원칙들을 제시하고 있다.

매출채권관리 및 회수

코아채권관리연구소(www.corera.co.kr)

이충호 지음

- 매출채권관리의 업무흐름에 따라서 시스템적으로 저술한 실무지침서이다.
- 풍부한 실무경험을 바탕으로 접근한 이론 및 실무매뉴얼이다.
- 실전사례 및 판례를 수록하여 work shop 자료로 활용 가능하도록 하였다.
- 혼자서도 가능한 자주적 채권관리를 위한 업무 지침서이다.
- 알짜배기채권관리 인터넷 동영상(www.alzaa.co.kr) 학습교재이다.

인터넷 동영상 강의(www.alzaa.co.kr)

법률출판사

이 충 호 소장

서울시립대학교 경영대학원 석사
채권관리지도사/금융채권관리사/국가공인신용관리사/창업지도사
고려시멘트그룹 6년
한라그룹 계열사 16년(이사)
현) 코아채권관리연구소장
표준협회(KSA)경영전문위원
능률협회컨설팅 Export Consulant
이투앤컴퍼니(주)대표이사
소상공인진흥원 경영평가위원
중소기업연수원 외래교수
금융채권관리교육원 교수
Training Consulting 전문위원
Cyber MBA 교수
Seri 채권관리 전문가 포럼 교수
채권관리지도사 시험 출제위원
한류문화콘텐츠진흥협회 감사
(주)신성컨트롤 및 KCC정공 자문위원

(저서 및 동영상)

매출채권관리 및 회수(법률출판사 2013)

채권관리 실무 매뉴얼(법률출판사 2012)

책에 없는 알짜배기 채권관리 동영상 강의 20강(데이터코리아 2012)

Cyber MBA 채권관리 동영상 8강(Cyber MBA 2011)

실전채권관리 동영상 강의 32강(금융채권관리협회 2010)

금융채권관리사 동영상 22강(금융채권관리협회 2010)

매출채권 이론 및 실무(법률출판사 2010)

매출채권관리전문 전문(표준협회 2006)

코아채권관리연구소(www.corera.co.kr)

(T) 02-451-3267 (E-mail) lch6235@naver.com

(H) 010-5323-6235 cafe.naver.com/leechoongho

(카페: 이충호의 경영과 채권이야기)

머리말

일은 즐겨야 합니다.

일을 잘하고 못하는 것은 집중력에 달려 있다고 봅니다. 얼마나 집중하고 최선을 다하느냐가 성패를 가름하는 첩경이라고 생각합니다. 특히, 채권관리 분야에 종사하시는 분들은 더욱 집중력을 발휘하여야 한다고 봅니다.

그런데 채권관리하면 우선 골치 아프다, 나는 잘 모르겠다, 관련부서에서 알아서 처리 하겠지 하면서 정작 본인하고는 무관하다고 생각하는 사람들이 많은 것 같습니다.

기업은 성장 발전하기 위하여 판매신장 및 이익실현을 위하여 다양한 방법들을 계발하고 연구하고 있습니다.

비전을 만들고 경영전략을 수립하고 이를 효율적이고 능률적으로 달성하기 위하여 경영 전술 및 방침관리 그리고 세부적 실천 활동 계획을 만들어 최선을 다하고 있습니다.

이러한 경영전략을 바탕으로 기업이 판매하고 판매 대금 회수를 100% 실현하여야 하는데 거래처의 부도, 파산 등 자금경색으로 인하여 결국 부실채권이 발생되어 경영 전반에 대한 위협을 받고 있습니다.

판매를 하고도 판매 대금을 제때 회수하지 못한다면 경영에 있어서 위협요인 그 어떤 것보다 크다고 할 수 있습니다.

판매 대금을 정상적으로 회수하기 위해서 어떻게 하여야 할 것인가. 이는 채권관리의 기본원칙을 숙지하고 이에 따라서 이행만 하여도 채권회수율을 상당히 높이고 채권관리를 효율적으로 운영할 수 있다고 봅니다.

자! 채권관리 원칙을 꼭 숙지합시다.

채권관리의 원칙 중 첫 번째는 「조사선택의 원칙」입니다.

이는 계약을 체결하여 상품을 납품하기 전 상대방에 대한 신용조사를 하여 리스크를 관리 할 수 있어야 합니다.

거래 중에도 대금결제가 잘 이루어지지 않는 등 상황이 발생되면 신용조사를 하여야 합니다.

둘째로 「계약명시의 원칙」입니다.

상대방과의 거래시는 반드시 계약서를 작성하여야 합니다. 계약서를 작성하지 않고 거래하여 다툼의 소지가 발생되는 경우도 많습니다.

셋째는 「청구신속의 원칙」입니다.

이는 계약서에 의거하여 물품대금을 받기로 한 예정일에 맞추어 거래처에 청구하여야 하나 채권자는 이를 간과하고 넘어가기 싫습니다. 이럴 경우 채무자는 변제하려는 의지가 약해집니다.

넷째는 「경계의 원칙」입니다.

거래처는 항상 변하고 있습니다. 경영이 잘 운영되다가도 어떤 위협에 직면 할 수도 있고, 재산이 많다가도 줄어들 수 있고 없다가도 늘어날 수 도 있습니다.

마지막으로는 「결단의 원칙」입니다.

채권자가 거래처에 대하여 채권을 회수하기 위한 과정에서도 임의로 회수하는 방법을 선택할 것인가, 법적인 보전 조치를 취할 것인가, 아니면 소송 또는 경매를 진행할 것인가, 더 이상 회수가 어려워 대손으로 처리 할 것인가 등을 판단하여 대응하기 위한 결단을 하여야 합니다.

이와 같은 채권관리 기본 원칙과 회수하고자 하는 채권마인드를 갖는 것은 중요 합니다.

채권을 관리하는 담당자는 채권관리 기법을 익혀 활용할 줄 알아야 합니다. 모르면 배우고 익혀야 합니다.

저자는 회수할 수 있는 방법이 있는데도 불구하고 방치하고 있다가 회수 불능채권으로 만들어 놓는 경우를 많이 보아 왔습니다. 부실이 예상되는 채권 또는 부실화된 채권회수를 반드시 채권관리 담당자만이 하는 것은 아니라고 봅니다.

신용조사를 하고 계약을 하고 판매를 하고 수금을 하고 부실채권이 발생되어 법률 행위를 하는 일련의 행위는 영업분야 뿐만 아니라 경영층에 이르기까지 관심을 가져야 한다고 봅니다.

기업이 판매하고 판매대금을 일정기한내 회수하지 못하여 대손처리 한다면 이는 결국 손실로 반영하여야 되지 않겠습니까.

매출채권관리는 그래서 중요합니다.

이 중요한 일을 효율적이고 시스템적으로 관리 할 필요가 있습니다. 사전적인 측면 또는 사후적인 측면에서 어떻게 관리할 것인가, 어떤 관리 항목을 관리할 것인가, 이러한 것들을 잘 관리하려면 어떤 skill이 필요한 것인가 항상 고민하지 않을 수 없습니다.

저자는 22년간 직장 생활을 하면서 채권관리에 대한 강의 및 여러 권의 책도 집필하였습니다. 이를 바탕으로 필자는 채권관리 담당자들이 일선에서 쉽고, 용이하게 활용할 수 있도록 최대한 정리 하려고 노력하였습니다.

본서를 읽는 독자들이 법률적인 부분이라 지루하고 딱딱하지 않도록 흐름에 따라 정리, 요약 하는 식으로 그러면서 꼭 포함하여야 할 부분은 포함시켰습니다.

채권관리는 크게 나누어 보면 사전관리와 사후관리로 볼 수 있습니다.

사전관리에서는 신용조사, 계약실무, 담보관리, 여신관리, 판매, 수금, 어음수표 편을 다루었고, 사후관리에서는 임의적채권회수기법, 채권보전, 소송실무, 강제집행, 권리분석 및 배당, 대손처리, 채무자회생 및 파산 등을 다루었습니다.

채권관리를 어떻게 하면 잘 할 수 있겠는가?

저자는 이 물음에 대한 답을 드리기 위해서 다음 3가지를 전합니다.

우선 먼저 법률기초지식을 습득하도록 노력하여야 합니다. 가령, 민법, 민사소송법, 민사집행법, 어음·수표법, 주택임대차보호보법, 상가건물임대차보호법, 가등기담보법 등을 어느 정도 학습하여야 합니다.

둘째는 추적기법을 익혀야 합니다.

채권회수기법은 무수히 많습니다. 가령, 심리적 압박을 위한 내용증명, 어음공증, 채권양도, 채무인수, 채권보전, 강제집행 등 많은 기법이 있습니다.

마지막으로는 협상력을 발휘할 수 있어야 합니다. 아무리 법을 잘 알고, 추적기법을 많이 알고 있다하더라도 상황에 따라서 협상력을 발휘할 수 있어야 합니다.

이러한 모든 것을 배우고 익혀야 채권관리를 잘 할 수 있습니다.

저자는 채권관리는 법이라는 기초위에서 이루어지는 것이라 혼자서 학습하기에 다소 어려움이 있다고 봅니다. 따라서 동영상(www.alzaa.co.kr)을 촬영하여 본서와 더불어 혼자서도 충분히 학습할 수 있도록 하였습니다.

그리고 본서를 통하여 사내 채권관리 강사 교육용으로도 충분히 활용할 수 있을 것으로 확신합니다.

또한 저자는 현장 실무자들과 함께 호흡을 하기 위하여 매월 정기적으로 공개강좌도 개설하여 여러분이 고민하고 있는 많은 문제를 해소하고 있습니다.

다만, 일부 부족한 점은 추후에 보완 발전시켜 최고의 지침서가 될 수 있도록 노력하겠습니다.

아무쪼록 본서가 채권관리자 여러분들께 훌륭한 업무 지침서가 되어 단 한푼이라도 부실채권이 만들어지지 않고 100% 회수할 수 있는 길잡이가 되었으면 합니다.

본서가 나오기까지 고생을 아끼지 않으신 법률출판사 김용성 사장님과 직원여러분들께 진심으로 감사의 마음을 전합니다.

감사합니다.

2013년 8월

연구실에서 이 충 호

차 례

제1장 채권관리의 기초

제2장 신용 조사 기법

제3장 경영분석을 통한 거래처 진단

제4장 합리적인 여신관리 운영 기법

제5장 계약 관리 및 거래 상대방에 대한 이해

제6장 담보관리 및 평가

제7장 어음 · 수표 실무

제8장 임의적 채권회수 기법

제9장 가압류 및 가처분

제10장 소송 실무

제11장 간편한 소송 및 기타 절차

제12장 부동산 경매

제13장 유체동산 강제 집행

제14장 채권과 그 밖의 강제 집행

제15장 권리분석 및 배당

제16장 대손처리 및 부실채권 사후관리

제17장 채무자 회생 및 파산 절차

제1장

채권관리의 기초

제1장 채권관리의 기초

1절 채권관리의 개요

1. 채권 및 매출채권 개념

채권이란 무엇입니까?

채권이란 특정인이 다른 특정인에 대하여 특정의 행위를 청구할 수 있는 권리입니다. 즉, 권리자인 채권자가 의무자인 채무자에게 대하여 청구할 수 있는 권리입니다. 우리 민법은 채권의 발생 및 소멸 원인을 다음과 같이 나타나고 있습니다.

- **채권의 발생** : 계약, 사무관리, 부당이득, 불법행위
- **채권의 소멸** : 변제, 대물변제, 공탁, 상계, 경개, 면제, 혼동

즉, 채권의 발생은 계약, 사무관리, 부당이득, 불법행위에 대하여 규정하고 있습니다. 또한 채권의 소멸은 변제, 대물변제, 공탁, 상계, 경개, 면제, 혼동 등을 규정하고 있습니다.

이것이 채권의 발생과 소멸 전부인 것입니다.

또한 채권이란 회계학 상 계정과목으로 외상매출금, 받을어음, 미수금, 미수수익, 선급금, 대여금 등으로 표시되고 있습니다. 이중 외상매출금과 받을어음을 매출채권이라고 합니다.

매출채권을 관리하는 것은 아주 중요합니다.

여러분은 매출채권을 관리하면서 매출채권회전율(또는 매출채권회전기간)을 관리하여야 합니다. 매출채권회전율(또는 매출채권회전기간)이라는 것은 판매자가 판매

시점으로부터 판매대금을 회수하기까지의 기간을 말합니다. 공식은 다음과 같습니다.

매출채권회전율=매출액(부가세포함)/평균매출채권
매출채권회전기간=365/매출채권회전율 또는 {평균매출채권/매출액(부가세포함)}×365
평균매출채권=[(기초외상매출금+기말외상매출금)+(기초받을어음+기말받을어음)]/2

이와 같이 매출채권회전기간은 매입채무회전기간과 비교하여 최소한 같거나 매출채권회전기간이 짧아야 합니다. 그래야 유동성이 양호하다고 할 수 있습니다.

2. 매출채권관리의 필요성

여러분은 왜 매출채권관리가 필요하다고 생각하십니까?

기업의 목적은 「이윤 추구」에 있습니다. 이익이 있어야 기업이 존재하고 성장 발전 할 수 있습니다.

기업은 아무리 많이 판매하여도 정상적으로 대금회수가 이루어지지 않고 또한 이익을 만들어 낼 수 가 없다면 흑자도산을 면치 못할 것입니다. 다시 말해 부실채권, 사고채권으로 남는다면 도산을 면치 못할 것입니다.

따라서 안정된 판매신장과 대금의 효과적인 회수를 위하여 부실채권 발생을 사전에 철저히 예방하고 대금회수가 완전히 회수될 때까지 지속적으로 관리하여야 합니다.

영업사원의 책임은 판매도 중요하지만 수금완료에 있는 것입니다.

3. 영업력

여러분은 영업력이란 무엇이라고 생각하나요. 또는 우리 회사는 진정한 영업력이 있나요. 나 자신 또한 영업력이 있다고 보시나요. 아마도 진정한 영업력은 다음의 내용이 이어야 한다고 생각됩니다.

첫째로 제품력입니다.
제품력은 기본적으로 잘 만들어져야 합니다. 다시 말해 품질문제가 발생되지 않아야 합니다.

둘째로 마케팅력이 있어야 합니다.
즉, 좋은 제품을 잘 판매하려면 마케팅 전략을 잘 수립하여 실행하여야 합니다. 즉, STP전략 및 4P 또는 5P전술을 수립하여 실행할 수 있어야 합니다.

셋째는 판매력이 있어야 합니다.
판매력이란 아무리 제품력이 좋고 마케팅력 또한 우수한 전략서라도 실제 판매실적으로 연결되지 않는다면 별반 의미가 없습니다.

넷째는 서비스력이 있어야 합니다.
기본적으로 판매제품에 대한 사후관리 차원에서 서비스력이 뒷받침 되어야 합니다.
서비스력이 뒷받침 되지 않는다면 리콜 현상으로 향후 영업력에 치명적인 손해가 발생할 것입니다.

마지막으로 리스크 관리력이 있어야 합니다.
영업사원의 역할은 무엇입니까? 즉, 수금완료에 있다고 봅니다. 아무리 많이 판매하고도 대금회수를 하지 못한다면 무슨 의미가 있겠습니까?

다시 말해 영업력이란 제품력, 마케팅력, 판매력, 서비스력, 리스크 관리가 잘 이루어 질 때 진정한 영업력이 있다고 보여 집니다.

4. 채권관리 및 영업관리 활동

채권관리 활동이란 넓은 의미에서 살펴본다면 영업관리 범주에 속한다고 볼 수 있습니다. 영업관리는 필드에서 뛰는 수주활동, 판매활동을 관리하는 것으로부터 사후적으로 관리하는 채권관리와 고객을 이해하고 관리하는 마케팅 범주까지도 포함한다고 볼 수 가 있는데 다음과 같이 개념을 정리할 수 가 있습니다.

1) 기본적인 활동

기본적인 활동은 소유와 권리의 이전활동으로 소유의 이전은 거래처에 유형의 재화와 용역을 제공하고 무형의 이전은 무형자산의 권리 즉 영업권, 특허권, 상표권 등 지적재산권을 이전하는 활동입니다.

2) 실제적 영업활동

실제적인 영업활동은 수주활동, 판매활동, 수금활동, 사후관리 활동으로 영업부서에서의 실질적인 Activity를 말합니다. 영업관리는 주로 이것을 관리합니다.

3) 본원적 영업활동

본원적인 활동은 마케팅의 전략적 활동으로 고객의 가치를 부여하기 위한 측면에서 고객을 만족시키고, 고객을 감동시키고, 고객을 졸도시키고, 고객을 행복하게 하는 활동을 말합니다.

5. 매출채권관리 Flow

채권관리의 흐름을 알고 있습니까?

어떠한 업무든지 숲을 보고 동시에 나무도 볼 줄 알아야 합니다. 채권관리를 잘하려면 채권관리의 전체적인 흐름을 이해하는 것이 중요하고 다음으로는 각 단원별로 이해하는 것이 중요합니다.

즉, 채권의 발생에서부터 회수하기까지 전 과정을 이해하고 있어야 효율적으로 관리할 수 있습니다.

채권 관리의 흐름은 크게 사전관리와 사후관리로 나눌 수 있습니다. 판매 대금 회수는 각 단계 과정에서 회수 노력 여부에 따라 회수할 수 있습니다. 각각 다음 단계에서 판매대금회수가 이루어진다면 다음 절차로 진행되는 것은 종결 됩니다.

먼저 매출채권관리의 전체적인 흐름을 살펴 볼까요?

매출채권관리는 크게 사전관리와 사후관리로 나누어집니다.

■ 사전관리

수주관리(1단계) → 신용조사(2단계) → 계약관리(3단계) → 담보관리(4단계) → 여신관리(5단계) → 판매관리(6단계) → 수금관리(현금, 어음·수표)(7단계) → 외상매출금 관리(8단계)

(사전관리 절차)

수주관리

⬇

신용조사

⬇

계약관리

⬇

담보관리

⬇

여신관리

⬇

판매관리

⬇

수금관리

⬇

외상매출금 관리

■ 사후관리

임의적 채권회수관리기법(9단계) → 채권보전(10단계) → 소송실무를 통한 집행권원 획득(11단계) → 강제집행(12단계) → 권리분석 및 배당(13단계) → 대손처리(14단계)

(사후관리 절차)

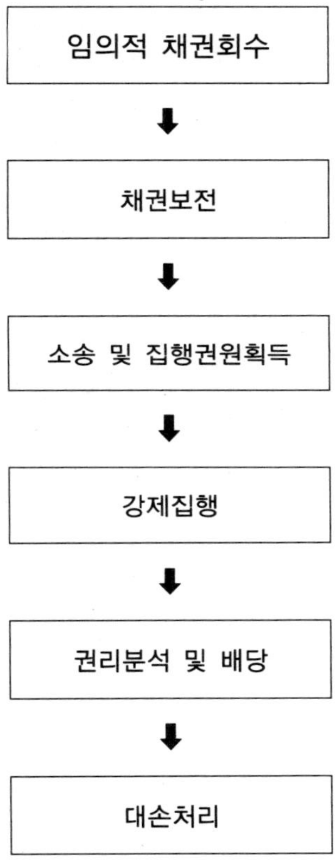

(매출채권관리 flow)

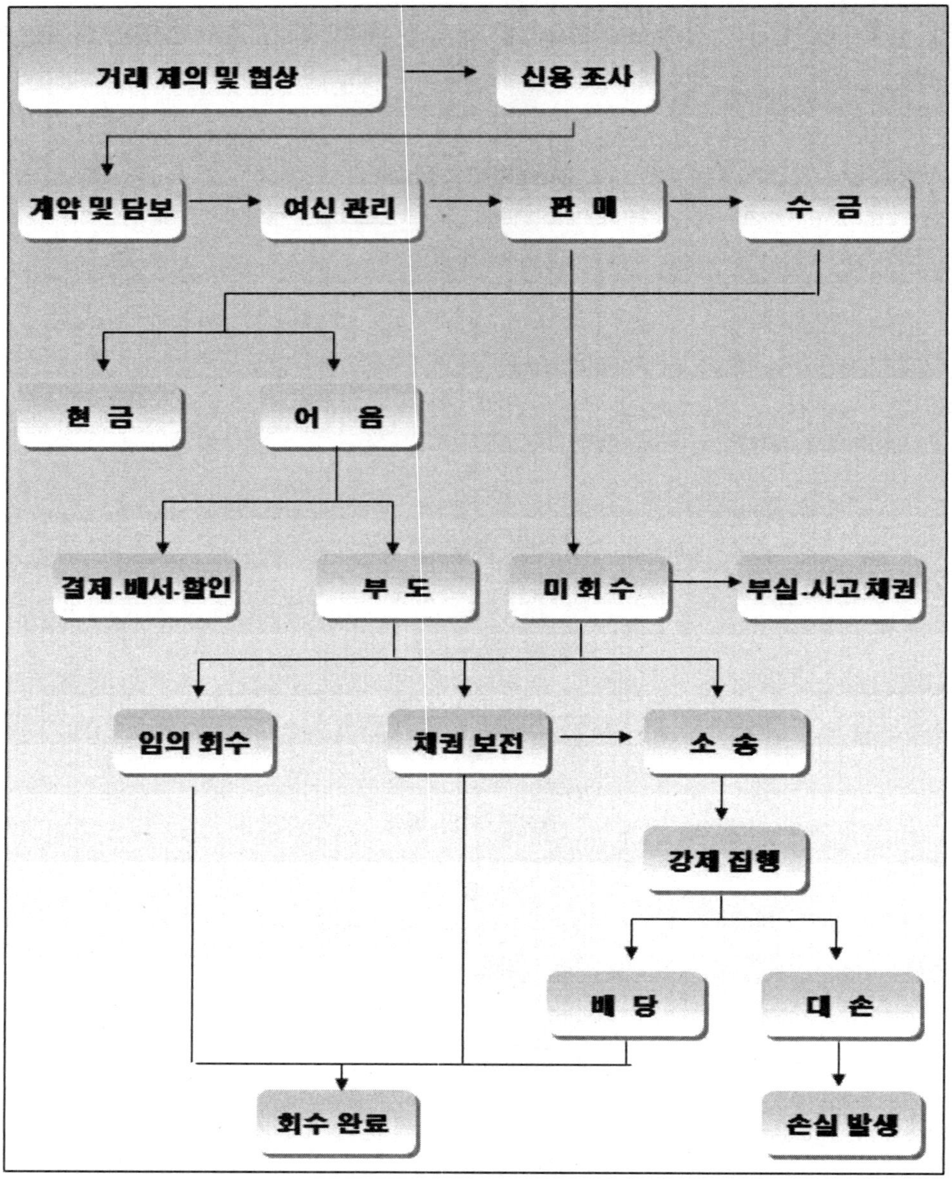
거래 제의 및 협상
신용 조사
계약 및 담보
여신 관리
판 매
수 금
현 금
어 음
결제.배서.할인
부 도
미 회 수
부실.사고 채권
임의 회수
채권 보전
소 송
강제 집행
배 당
대 손
회수 완료
손실 발생

(매출채권관리 업무 흐름)

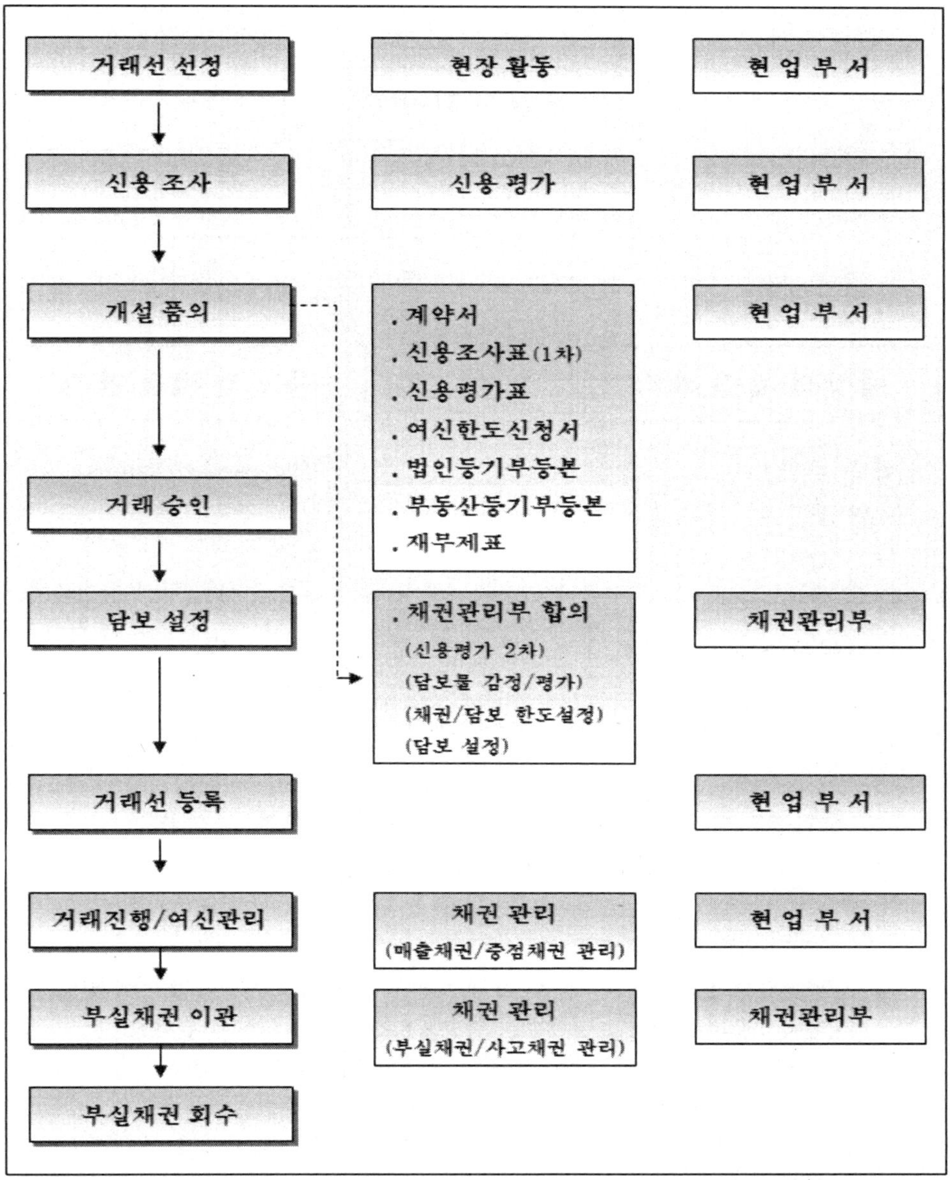
거래선 선정
현장 활동
현 업 부 서
신용 조사
신용 평가
현 업 부 서
개설 품의
. 계약서
. 신용조사표(1차)
. 신용평가표
. 여신한도신청서
. 법인등기부등본
. 부동산등기부등본
. 재무제표
현 업 부 서
거래 승인
담보 설정
. 채권관리부 합의
(신용평가 2차)
(담보물 감정/평가)
(채권/담보 한도설정)
(담보 설정)
채권관리부
거래선 등록
현 업 부 서
거래진행/여신관리
채권 관리
(매출채권/중점채권 관리)
현 업 부 서
부실채권 이관
채권 관리
(부실채권/사고채권 관리)
채권관리부
부실채권 회수

채권관리는 예방적 채권관리와 사후적 채권관리로 나누어 관리하여야 한다.

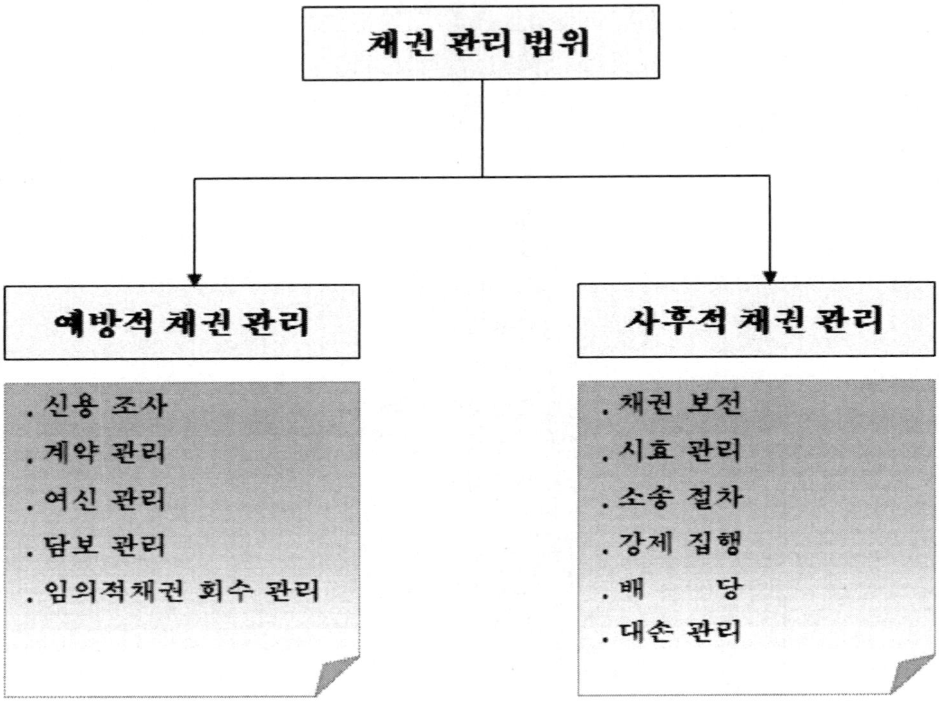

채권관리를 잘하려면 기본적 채권마인드, 기본 지식을 습득하고 연마 하여야 한다.

채권 마인드

- 거래처의 물품 인도는 현금으로 인도하는 것 이라고 생각하고 관리 한다.
- 영업사원의 판매한 물품대금은 현금으로 회수 완료되어야 한다.
- 채권 관리는 발생시점부터 철저한 신용조사를 바탕으로 한다.
- 담보 취득, 보전 관리를 통하여 부실화를 방지 한다.
- 효율적, 과학적으로 관리할 수 있는 관리 tool양식 등 방법을 찾아야 한다.
- 필요한 관리기법, 법률지식을 습득하여야 한다.
- 거래처의 동향에 대하여 정기보고, 수시보고를 할 수 있도록 한다.

6. 매출채권의 구분 관리

기업에서 거래하는 거래처는 무수히 많습니다. 초우량거래처가 있는가 하면 우량거래처도 있고, 또한 보통거래처, 미흡거래처, 불량거래처 등이 있습니다.

이러한 거래처들을 관리하는 방법은 여러분 회사에서 나름대로 관리 방법이 있겠지만 다음과 같이 유형별로 구분하여 관리하면 아주 효율적으로 관리할 수 가 있습니다.

1) 매출채권(정상채권)

먼저 정상채권관리 차원에서 매출채권을 관리하는 것입니다. 이는 예방적 차원에서 정상채권이라고 하며 외상매출금과 미도래된 받을어음을 말합니다. 이 경우는 매출채권연령표 즉 Aging표를 만들어 관리하는 것입니다.

다시 말해 계약조건에 따라 사전관리로서 거래처별로 사전관리, 수금관리, 연체관리, 사후관리를 합니다. 즉, 채권의 발생시점부터 부실화 이전까지 특이사항에 대하여 점검하고 체크하는 관리를 하여야 합니다.

이러한 매출채권연령표를 전산으로 개발하여 관리하면 아주 효율적입니다.

매출채권 연령표

(단위 : 원)

업체명	XX년	XX년	XX년	당해 년도			외상매출 합 계	받을어음 합 계	매출채권 합 계	비 고
				12~7월	6~4월	3~1월				
○○○										
○○○										
○○○										

2) 중점관리 채권

다음은 중점관리채권을 관리하는 것입니다.

앞에서 매출채권연령표를 작성하면서 관리하다보면 특이 사항에 대한 채권, 즉 중점관리를 하여야 할 대상 업체를 발견해 낼 수 가 있습니다.

이러한 중점관리 대상 채권은 기본적으로 계약조건에 따라 수금이 이행되지 않았거나 또는 일정금액 이상에 해당하는 거래처에 대하여 중점관리 하는 것입니다.

중점관리채권은 거래 도중 중점적으로 관심을 갖고 거래하여야 할 채권으로서 이는 회사에서 정한 일정금액 이상채권이거나 담보한도 초과채권이거나 정상관리 기간이 초과한 경우 등입니다.

이런 경우 다음과 같이 운영하여야 합니다.

첫째, 회사에서 정한 일정금액 이상 매출채권이 발생되면 거래 규모를 축소하거나 조정을 하면서 운영하여야 합니다.

둘째, 약정한 일자에 맞추어 결제조건이 이루어 지지 않으면 신용조사 등을 통하여 거래 지속 여부를 판단하여야 합니다.

셋째, 거래를 하다 보면 회사에서 정한 금액을 초과하여 판매가 이루어지는 경우가 많습니다. 따라서 리스크를 관리하는 차원에서 추가 담보를 확보하거나 연대보증을 확보하도록 하는 것이 중요합니다.

넷째, 거래도중 사전에 재산 파악 등을 통하여 부실채권 발생시 즉시 채권을 확보하기 위한 조치를 하여야 합니다.

다섯째, 중점관리 채권은 매출채권연령표 등을 통하여 관리하면서 수시로 상급자에게 보고하고 적절한 대응책을 마련하면서 관리하여야 합니다.
특히 이러한 중점관채권은 별도 리스트로 만들어 항상 책상위에 바이블로서 수시로 관리하여야 합니다.

중점관리 채권

(단위 : 원)

업체명	구 분	기 간 별			결제조건	담당자	회수여부	법적조치	문제점	대 책
		전전월	전 월	당 월						
○○○	매출액									
	수 금									
	외 상									
○○○	매출액									
	수 금									
	외 상									
○○○	매출액									
	수 금									
	외 상									
○○○	매출액									
	수 금									
	외 상									
○○○	매출액									
	수 금									
	외 상									
○○○	매출액									
	수 금									
	외 상									
○○○	매출액									
	수 금									
	외 상									
○○○	매출액									
	수 금									
	외 상									
○○○	매출액									
	수 금									
	외 상									
○○○	매출액									
	수 금									
	외 상									

(중점관리 대상 채권 관리 업무 flow)

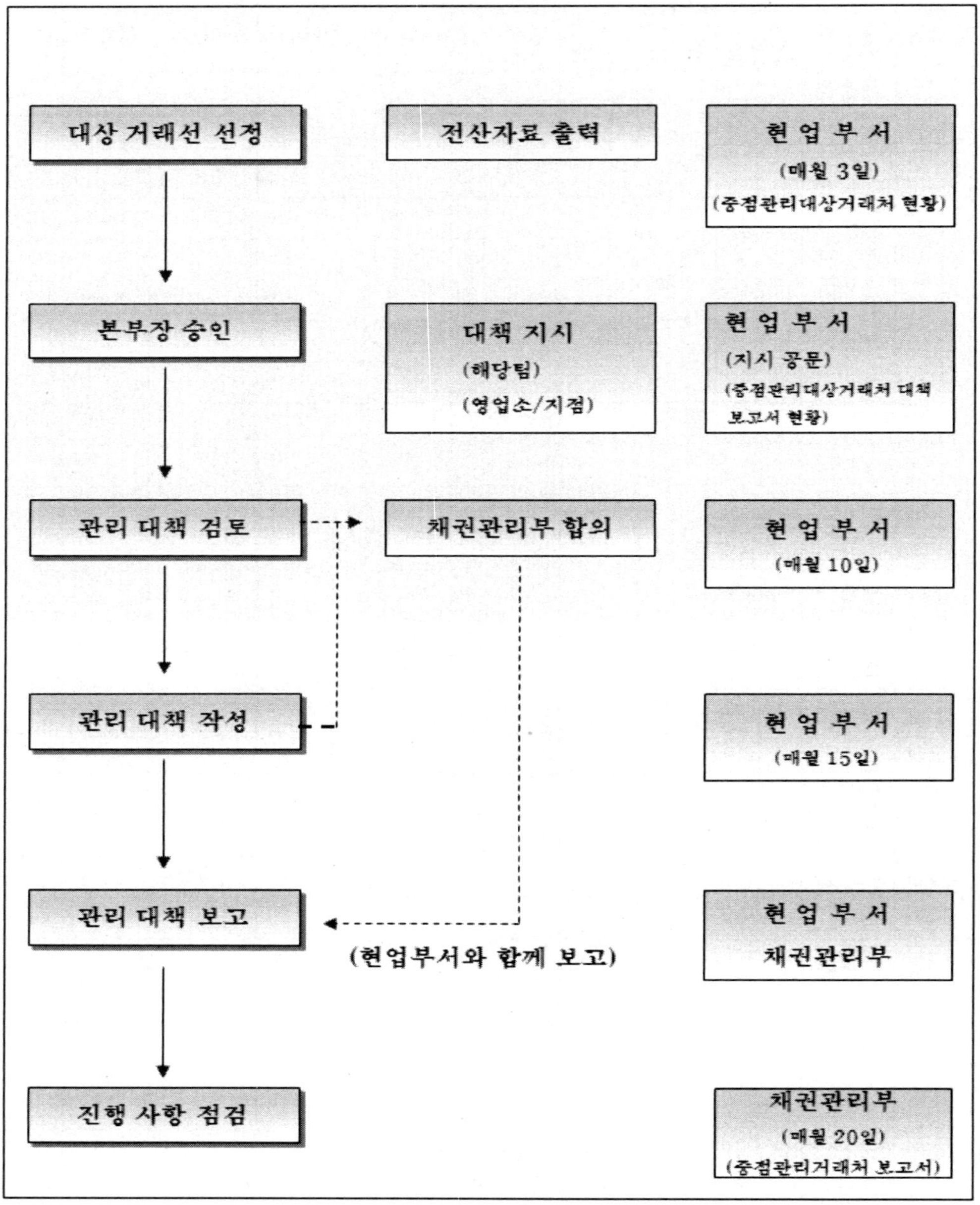

3) 부실채권

다음으로는 부실채권을 관리하여야 하는데요.

이러한 부실채권은 다시 장기채권, 악성채권, 사고채권, 대손채권으로 나누어 관리를 합니다.

① 장기채권

장기채권은 영업 정책상 또는 계약서상 정상적으로 회수가 되지 않는 "기한이익 상실"된 채권으로서 가령 매출채권회전기간이 90일이라면 이를 초과한 120일 또는 150일 등 장기채권을 말합니다.

장기채권으로 분류가 되면 협상력을 발휘하면서 동시에 회수기법을 연구하여야 합니다. 가령 먼저 수금 독촉을 합니다. 수금독촉방법에 있어서는 우선 판매도 고려하면서 수금을 하여야 하는 경우는 "수금안내장" 형식인 내용증명으로 발송합니다. 이렇게 1차 또는 2차를 발송하였는데도 별다른 반응이 없다면 이번에는 "최고장" 또는 "독촉장"형식으로 보내면 심리적 압박으로 하여 변제를 수월하게 할 수 있을 것입니다. 이렇게 하였는데도 별다른 반응이 없다면 채권양도 및 담보권 요구 등 채권확보를 요구하고, 그 이후 신속한 채권보전 등 법률행위를 하여야 합니다.

장기채권 관리는 업체별로 관리양식을 만들어 관리하여야 능률적이고 효율적으로 관리 할 수 있습니다.

② 악성채권

악성채권은 거래처의 도주 및 행불 등 기한이익 상실된 채권입니다.

다시 말해 정상적으로 관리하기 어려운 채권으로서 채권회수가 장기 악성화 되거나, 거래처의 고의. 과실로 채권회수가 정상적으로 어렵게 된 경우입니다.

이 경우의 채권은 현실적으로 협상력을 발휘하기는 어려워 법률행위 위주로 관리하여야 합니다. 그래도 협상력은 항상 염두 해 두고 대책을 마련하여야 합니다.

악성채권 관리는 업체별로 관리양식을 만들어 관리하여야 능률적이고 효율적으로 관리 할 수 있습니다.

③ 사고채권

사고채권은 거래처의 부도, 폐업, 사망, 화재, 회생채권관리, 파산, 경매 등으로 거래가 중단되어 정상적으로 더 이상 회수가 불가능하여 법률행위가 진행 중이거나 진행하여야 할 채권입니다. 또한 이는 향후 대손처리도 같이 함께 고려하여야 합니다.

사고채권 관리는 업체별로 관리양식을 만들어 관리하여야 능률적이고 효율적으로 관리 할 수 있습니다.

기록 관리를 제대로 하지 않고 관리하다 보면 관리도중 혼동과 착오를 일으키기 싫습니다. 따라서 아래양식을 전산으로 개발하여 관리하면 유용하게 관리할 수 있습니다.

④ 대손채권

대손채권은 거래처의 부도, 파산 등으로 인하여 회수할 수 가 없어 대손처리한 채권으로 사후관리가 필요한 채권입니다.

대손처리 채권이라고 방치하여 두지 말고 비망계정 등에 기록 관리하면서 최소한 회수방안을 강구하여야 합니다. 대손채권을 관리하면서 최소한 회수 가망성이 있다고 판단되면 소멸시효가 완성되지 않도록 관리하여야 하고 또한 외부 추심업체에 의뢰하여 추가 진행하여야 할지 검토하는 것도 하나의 방법일 것입니다.

그리고 상대방의 탕감 요청에 의하여 합의한 후 탕감하기로 합의한 금액을 대손처리한 경우는 접대비로 처리하여야 합니다.

거래하다보면 더 이상 회수가 불가능한 짜투리 금액이 발생할 수 있습니다. 만일 10,000원 미만 짜투리에 대하여는 즉시 잡손실로 증빙 없이 비용처리를 할 수 있습니다.

또한 100,000원 미만에 대하여도 6개월 초과 되면 역시 잡손실로 비용처리를 할 수 있습니다. 더 이상 회수 못하는 소액채권을 잡손실로 처리하여 장부를 깨끗하게 관리하는 것도 하나의 방법입니다.

이와 같이 부실채권 즉 장기채권, 악성채권, 사고채권, 대손채권에 대하여 아래의 양식에 기록관리 하면서 관리하여야 효율적으로 관리할 수 가 있습니다.

(부실채권 법적조치 관리 대장)

장기채권/악성채권/사고채권/대손채권

(단위 : 원)

계약자	연 대 보증인	채권액 (미수 · 부도)	계약일 거래일 (개시 · 종료	신청 (청구) 구분	사건 번호	관할 법원	청구 금액	피 고 (채무자)	일자별 진 행 현 황	문제점 및 해결 방안
○○○										
○○○										
○○○										
○○○										
○○○										
○○○										
○○○										
○○○										
○○○										
○○○										
○○○										
○○○										
○○○										
○○○										
○○○										
○○○										

(부실 채권 관리 업무 flow)

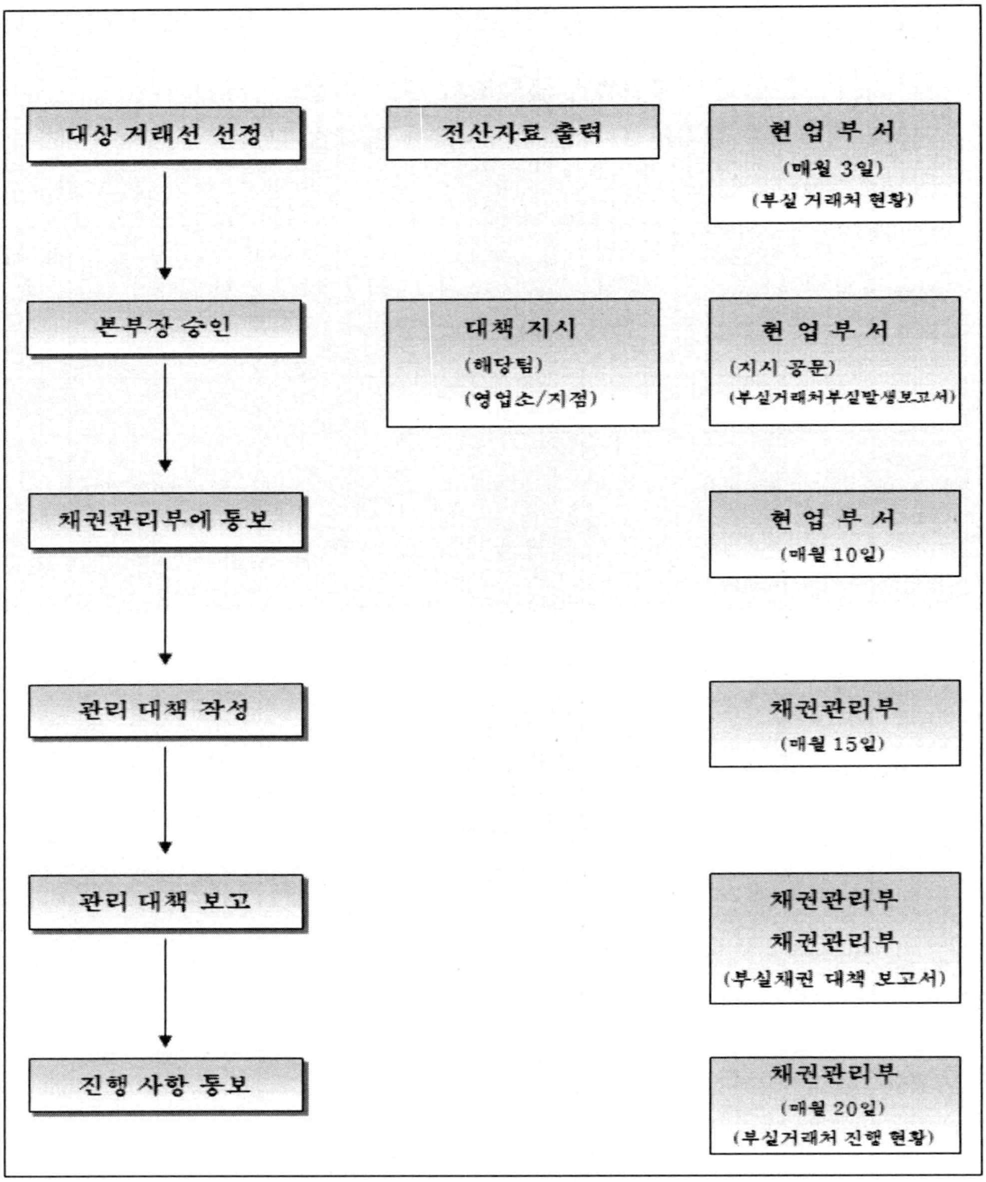

(사고 채권 관리 업무 flow)

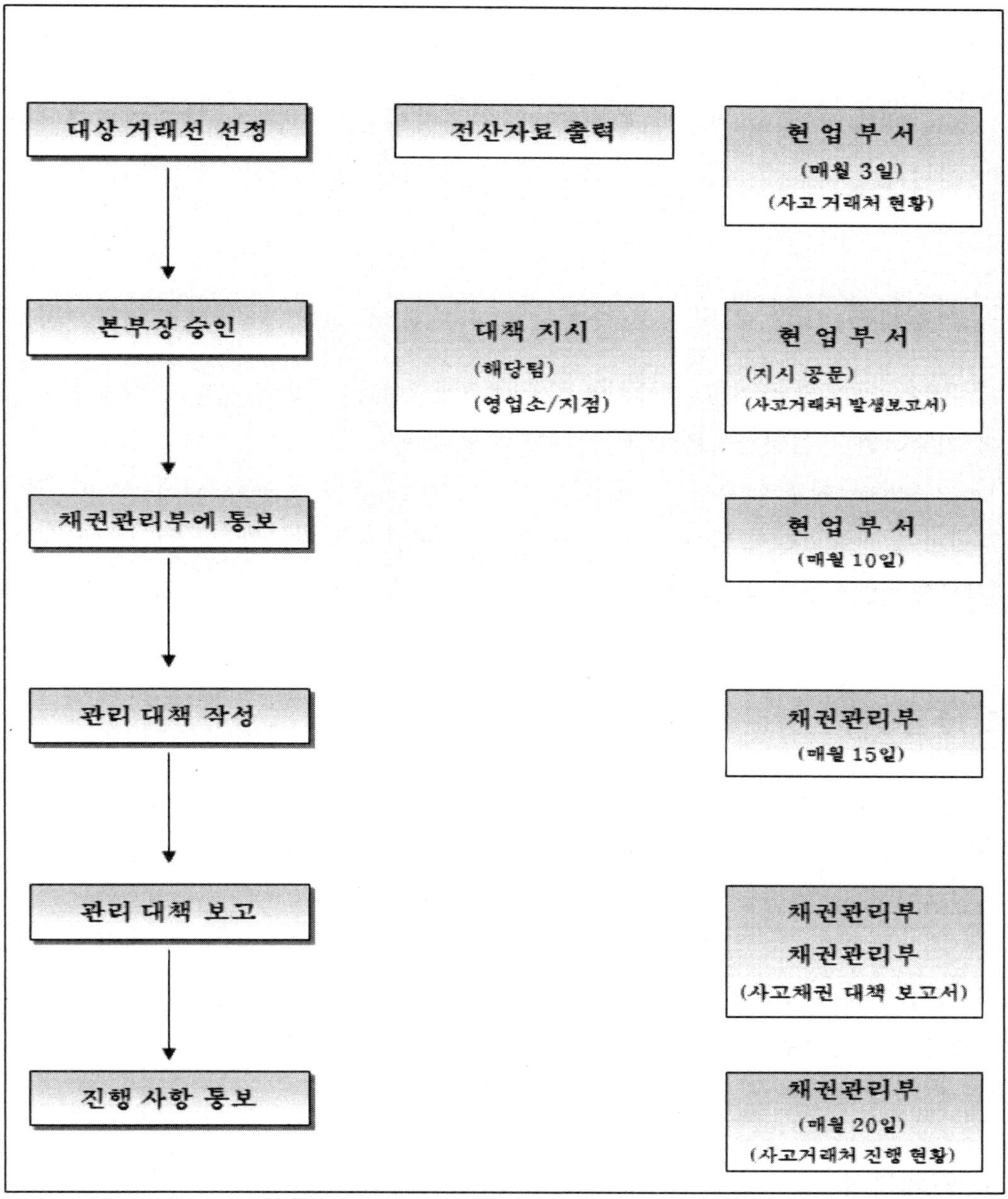

2절 채권관리의 구분

채권관리는 아래와 같이 크게 사전관리, 수금관리, 연체관리, 사후관리를 하여야 합니다.

1. 사전관리

사전적 관리는 사전적 관리측면에서 매출채권연령표 및 중점관리 대장을 만들어 기록하면서 사전관리를 철저히 하여야 합니다.

다시 말해 매출의 흐름, 수금의 흐름, 외상매출금의 흐름을 쉽게 알 수 있어 거래처의 계약조건에 따라 이행이 잘 않되면 앞으로의 개선책을 강구 할 수가 있습니다.

2. 수금관리

판매대금은 원칙적으로 계약서상 결제조건에 의하여 수금이 이루어져야 합니다. 그러나 판매대금에 대하여 회수노력을 기울이지 않으면 비정상적인 거래처는 차일피일 대금 지급을 미루는 경향이 있습니다.

특히, 심리적으로 채권자가 채무자에게 약속 기일에 맞추어 회수 활동을 소홀히 하면 변제를 늦추어도 되는구나 하는 생각을 갖게 할 수 있습니다.

따라서 약속일에 맞추어 청구하는 것이 무엇보다 중요합니다.

3. 연체관리

판매대금에 대하여 계약서상 결제조건에 따라 수금이 이루어져야 하나 만일, 정상적으로 수금이 이루어지지 않는다면 채무자 및 연대보증인에게 연체사실을 고지하여 법적 조치 등을 통한 강제회수 이전에 회수가 이루어지도록 하여야 합니다.

1차적으로 회수가 안 되면 향후 거래 지속여부를 고려하여 수금안내장을 발송하고 2차, 3차는 독촉장 및 최고장 등을 내용증명으로 통지하여 보내기도 합니다. 연체과정에서 임의회수기법을 최대한 활용하고 물적 담보 등을 요구하는 것이 중요합니다.

이후 판매대금 회수가 어렵다고 판단되면 적극적으로 가압류 등 채권보전을 하면서 향후 강제집행을 위한 집행권원 획득 활동도 병행하면서 진행하여야 할 것입니다.

4. 사후관리

사고 관리라고도 하는데 거래처 부도, 계약조건 위반 등으로 인한 판대 대금을 강제적으로 회수하는 법적 절차의 모든 영역을 말합니다.

이 과정에서는 채권보전 조치 즉, 가압류가 이루어진 상태라면 집행권원을 획득하여 강제집행절차를 밟으면 됩니다.

채권의 경우는「채권압류 및 추심명령 또는 전부명령」절차를 밟으면 되고 부동산의 경우는「부동산 강제경매」절차를 밟으면 됩니다.

만일 이미 근저당권, 전세권, 가등기 등의 일정한 물적 담보권을 가지고 있을 경우는 임의경매 즉,「담보권의 실행을 위한 경매」를 진행하면 됩니다.

사후관리는 업체별로 아래의 양식을 만들어 관리하여야 능률적이고 효율적으로 관리할 수 있습니다.

기록관리를 제대로 하지 않고 관리하다 보면 관리도중 혼동과 착오를 일으키기 싶습니다. 따라서 앞에서 언급한 관리 양식을 전산으로 개발하여 관리하면 유용하게 관리 할 수 있습니다.

3절 채권관리의 기본 원칙

여러분은 채권관리를 잘하려면 어떻게 하여야 한다고 생각하시나요. 우선 다음과 같이 채권관리의 3원칙을 갖추도록 노력하여야 하고 다음으로는 채권관리 기본원칙을 숙지하여야 합니다.

1. 채권관리의 3원칙

1) 법률지식을 습득한다.

기본적으로 채권관리를 잘하려면 우선 법률지식을 갖추어야 한다고 생각합니다. 민법을 이해하고, 민사소송법을 이해하고, 어음수표법을 이해하고, 주택임대차보호법을 이해하고, 상가건물임대차보호법, 가등기에 관한 법률 등을 이해하도록 하여야 합니다.

2) 협상력을 발휘하여야 한다.

채권관리는 법률행위를 잘한다고 끝이 아닙니다. 법률행위에 앞서 상대방과 협상을 잘한다면 얼마든지 채권회수를 잘할 수 가 있습니다. 따라서 어떻게 협상을 하여야 할지를 연구하여야 합니다. 법률지식을 기반으로 한 협상력 이것이 최고의 방법이 아닐까요?

3) 추적기법을 알아야 한다.

채권관리는 회수 기법을 알아야 합니다. 회수 기법은 이론을 바탕으로 실전 기법을 경험하고 터득하여야 합니다. 채권 회수 기법은 무수히 많습니다. 이러한 회수기법에 대하여 체계적으로 학습하고 익혀야 전문가로 거듭날 수 가 있습니다.

2. 채권관리의 기본 원칙

다음으로는 채권관리의 기본원칙을 인식하고 관리하여야 합니다. 다음의 채권관리 기본원칙만 숙지하고 관리한다면 정말 잘할 수 있다고 봅니다.

따라서 여러분은 이 원칙을 숙지하고 관리하는 것이 필요합니다.

1) 조사 선택의 원칙

첫째로 조사 선택의 원칙입니다.

회사는 거래하여야 할 업체는 무수히 많습니다.

가령, 거래상대방은 개인, 개인사업자, 영리법인, 비영리법인, 사단법인, 재단법인, 조합 등 다양 합니다.

이중에는 우량업체가 있는가 하면 리스크 관리에 신경을 갖고 개선책을 찾아야 할 업체도 많습니다. 옥석을 가려 안전한 거래선을 확보하는 것은 그리 쉬운 일이 아닙니다.

그러나 거래하여야 할 업체를 사전에 조사하고 어떠한 거래처와 거래를 하여야 할 것인가를 선택하여야 할 것입니다.

2) 계약 명시의 원칙

둘째로는 계약명시의 원칙입니다.

거래하여야 할 고객이 선택되면 판매조건 및 수금조건에 대하여 계약서에 정확히 명시하여야 합니다. 반드시 계약서를 작성하고 거래하여야 향후 분쟁에 대비를 할 수 있습니다. 특약조건이 있으면 그 내용에 대하여 기록하여 두는 것이 좋습니다.

3) 청구 신속의 원칙

셋째는 청구 신속의 원칙입니다.

거래조건에 명시된 수금 기일을 지키기 위해서는 정해진 기일에 정확히 청구하는 습관을 갖고 관리하여야 합니다.

청구를 약정한 기일 내 하지 못함으로써 대금회수가 연체되어서는 아니 됩니다. 실무적으로 약정일자에 맞추어 수금하는 것이 당연하다고 인식하면서도 약정일자에 청구를 하지 못하고 청구시기를 놓쳐 상당한 애로를 겪는 경우가 많습니다.

4) 경계의 원칙

넷째는 경계의 원칙입니다.

어제 잘나가던 거래처가 오늘 어려움을 겪는 경우도 있습니다. 또한 오늘 어려움을 겪고 있지만 향후 호전이 될 수도 있습니다.

거래처가 어려운 상황에 봉착하기 전에 철저한 회수 대책을 강구하여 만일의 사고에 대비하여야 하며 정상적으로 수금되는 업체에 대하여도 항상 경계의식을 생활화 하여 문제가 생기지 않도록 하여야 합니다.

5) 의사 결정의 원칙

마지막으로 의사결정의 원칙입니다.

대금청구를 신속히 하였고 경계의식을 가지고 활동을 하여도 장기체납 되거나 부도 발생 등으로 사고채권을 일으키는 경우도 있습니다.

이럴 경우 임의회수 방법인 채권양도 등을 요청하거나 또는 채권보전 및 강제집행과 정상에서 회수 할 수 있는 방법이 제시되면 어떠한 방법이 유리한지 적절한 의사결정을 하여 손실 발생을 최소화 하여야 합니다.

4절 채권관리의 기본 수칙

채권관리를 효율적이고 능률적으로 관리하려면 다음과 같은 기본 행동지침을 갖고 관리하여야 합니다. 이는 습관적으로 행동을 하여야 합니다.

1. 기본 행동지침

1) 항상 메모하는 습관을 가져라

항상 메모하는 습관을 가져야 합니다.

채무자와의 접촉 활동 중 거래처의 거래상황, 협상내용, 약속사항, 향후동향, 연락처 등을 지속적으로 기록 관리하면 채무자의 생각이나 대응에 따라 적절히 대응할 수 있습니다.

2) 의사표현을 확실히 하라

의사표현을 확실히 하여야 합니다.

채무자에게 요구 상황을 정확히 전달하고 또한 요구 받은 상황을 정확히 확인하여 서로 혼선이 생기지 않도록 하여야 합니다.

3)상황 대응 능력을 길러라.

상황대응 능력을 길러야 합니다.

채권담당자는 열 개의 얼굴을 갖고 상황에 따라 대응할 수 있는 노련미를 길러야 합니다. 때론 부드럽고 때로는 강하게 대응하여야 합니다.

4) 법률행위를 신속히 하라

법률행위는 신속히 하여야 합니다.

채권보전조치를 하여두면 유리하게 채권을 확보할 수 가 있습니다. 타이밍을 놓쳐 채무자가 재산을 처분 또는 은닉하면 회수 활동에 어려움이 있을 수 있습니다.

5) 채권자는 유리한 상황을 확보하라.

채권자는 유리한 상황을 확보하여야 합니다.

채무상환에 대하여 독촉시 상환 예정 일자에 대한 약속을 받아 두도록 하여야 합니다. 지불각서를 통하여 받아두는 것도 좋지만 기왕이면 어음공증으로 지급일자를 "일람출급"으로 받아두면 향후 별도의 소송활동을 하지 않고 집행권원으로 활용할 수 가 있습니다.

6) 채무자를 항상 연구하라.

채무자들에 대하여 항상 연구하여야 합니다.

채무자들에 대하여 생각하고 연구하다보면 뜻밖의 방법을 찾을 수 있습니다. 문제는 아무런 연구 및 대책을 강구하지 않은데 문제가 있습니다. 만일, 채무자가 방문하면 최소한 변제할려고 하는 의지를 갖고 찾아오기 때문에 잘 대응하면 소기의 성과를 거둘 수 가 있습니다.

2. 채권 추심시 주의 사항

영업담당자 및 채권관리 담당자들은 채권회수를 하기 위하여 고객에게 대한 채권추심을 위한 기본적 상식을 알고 대응을 하여야 합니다.

만일, 무리하게 추심 및 회수 활동을 하게 되면 2009년 2월 6일 제정되어 동년 8월 7일부터 시행되고 있는 "채권의 공정한 추심에 관한 법률"에 저촉되어 본의 아니게 어려움에 처할 수 있습니다.

1) 폭행, 협박 등을 하여서는 아니 됩니다(법 제 9조).

채권자는 채무자 또는 관계인을 폭행, 협박 또는 감금하거나 그에게 위계하거나 위력을 사용하는 행위를 하여서는 아니 됩니다.

이를 어길 경우는 5년 이하의 징역 또는 5천만원 이하의 벌금에 처하게 됩니다.

또한 정당한 사유 없이 반복적으로 또는 야간 즉, 오후 9시 이후부터 다음날 오전 8시까지 채무자나 관계인을 방문하여 공포심이나 불안감을 유발하여 사생활 또는 업무의 평온을 심하게 해치는 해위를 하여서는 아니 됩니다.

만일, 이를 어기면 3년 이하의 징역 또는 3천만원 이하의 벌금에 처하게 됩니다.

2) 개인정보의 누설 금지(법 제10조)

채권추심자는 채권발생이나 채권추심과 관련하여 알게 된 채무자 또는 관계인의 신용정보나 개인 정보를 누설하거나 채권추심의 목적 외로 이용하여서는 아니 됩니다.

만일, 이를 어기면 3년 이하의 징역 또는 3천만원 이하의 벌금에 처하게 됩니다.

3) 거짓 표시의 금지(법 제 11조)

채권자는 채권추심에 관한 민사상 또는 형사상 법적인 절차가 진행되고 있지 아니함에도 그러한 절차가 진행되고 있다고 거짓으로 표시하는 행위를 하여서는 아니 됩니다.

만일, 이를 어기면 1천만원 이하의 과태료를 부과하게 됩니다.

5절 소멸 시효

1. 소멸시효 개념

시효란 일정한 사실상태가 오랫동안 계속된 경우에 그 상태가 진실한 권리관계에 합치하느냐를 묻지 아니하고 그 사실 상태를 존중하여 권리의 취득 또는 소멸을 일어나게 하는 제도를 말합니다.

채권은 소멸시효로 소멸되지 않게 하여야 합니다. 채권회수가 불가능하다고 아무런 조치를 취하지도 않고 방치하면 더 이상 채권회수가 불가능합니다.

2. 제척기간과 소멸시효

소멸시효와 유사한 제도로서 제척기간이 있습니다. 제척기간은 일정한 권리에 관하여 법률이 예정하고 있는 존속기간을 말합니다. 가령 채권자 취소권은 취소원인을 안날로부터 1년, 법률행위가 있는 날로부터 5년 내에 행사하여야 하는 것이 이로서 해당합니다. 다시 말해 제척기간이 경과하면 그 권리는 더 이상 행사할 수 가 없습니다.

1) 집행권원과 소멸시효기간

(1) 10년이 인정되는 집행권원

① 판결 ② 조정조서 ③ 화해조서 ④ 인락조서 ⑤ 파산채권자표 ⑥ 회생채권자표회생담보권자표 ⑦ 당사자가 수락한 금융분쟁조정 ⑧ 지급명령 ⑨ 배상명령

(지급명령 확정시기에 따른 강제집행기관)

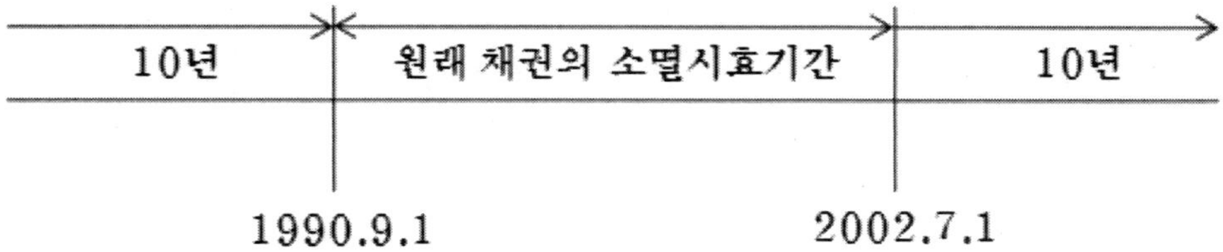

(2) 원래채권의 소멸시효가 적용되는 집행권원

① 공증어음

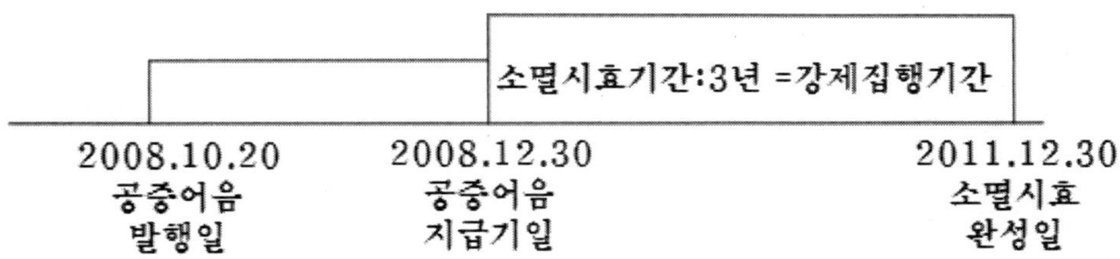

3. 제척기간과 소멸시효의 차이점

일정한 기간이 경과하면 권리가 소멸한다는 점에서는 양자가 차이는 없습니다. 다만, 다음과 같이 차이점이 있습니다.

1) 중단 제도

제척기간의 경우에는 중단제도가 없습니다(대법원 2003.1.10.판결2000다26425). 반면에 소멸시효의 경우에는 시효의 중단제도가 있습니다. 즉, 중단사유가 종료하면 그 시점부터 다시 시효기간이 개시됩니다.

2) 이익 주장

소멸시효는 그 이익을 받는 자가 소송에서 이를 주장하여야 하는데 반하여 제척기간은 당사자가 소송에서 이를 주장하든 아니하든 관계없이 법원이 반드시 이를 고려하지 않으면 아니됩니다.

4. 소멸시효기간의 기산일

소멸시효는 권리를 행사 할 수 있는 때로부터 진행함이 원칙입니다. 다만, 부작위를 목적으로 하는 채권의 소멸시효기간은 위반 행위를 한때부터 진행합니다.

권리를 행사할 수 있는 때란 권리를 행사함에 있어서 이행기 미도래, 정지조건 미성취 등 법률상의 장애가 없는 경우를 말합니다. 그러므로 사실상의 장애가 있는 것에 불과한 때에는 소멸시효는 그대로 진행합니다.

1) 확정기한부 채권

기한이 확정되어 있는 채권은 그 확정된 기일의 다음날이 소멸시효의 기산점이 됩니다. 만일 기한이 연기되었다면 그 연기된 기한이 새로운 기산점이 됩니다.

2) 불확정기한부 채권

기한이 불확정인 경우는 그 기한이 객관적으로 도래한 때부터 소멸시효가 진행됩니다. 비록 채권자가 기한의 도래를 몰랐거나 모른 것에 과실이 없다고 하여도 소멸시효는 진행합니다.

3) 기한을 정하지 않은 채권

기한을 정하지 않은 채권 경우 채권자는 언제든지 권리행사가 가능합니다. 즉, 채권이 성립한 다음날부터 소멸시효가 진행됩니다.

5. 소멸시효 기간의 만료일

민법에 의하면 기간을 정한 경우의 기간의 만료일은 기간의 말일이 종료한 시점입니다. 이 경우 월(月이)나 년(年)으로 기간을 정한 때에는 달력으로 계산하여 기산일의 응당일의 전일에 기간이 만료됩니다. 만일, 그 만료일이 공휴일일 경우는 그 다음날이 만료일이 됩니다.

6. 소멸시효 중단

소멸시효는 권리를 행사하지 않는 사실상태가 일정기간 영속한 경우 이를 진실한 권리관계로 보는 제도이므로 권리불행사의 사실상태가 깨진 경우 권리를 행사하거나 권리행사와 같은 상태가 있는 경우에 시효의 진행을 중단시킬 필요가 있습니다.

소멸시효가 중단되면 지금까지 진행된 시효기간은 실효되고 중단된 때로부터 새로운 시효가 다시 진행됩니다.

민법은 소멸시효의 중단사유로서 승인, 압류, 가압류, 가처분, 청구가 있습니다. 이외에도 회생절차참가, 파산절차참가, 개인회생절차참가, 어음법. 수표법상의 소송고지도 시효중단 사유가 됩니다.

1) 승인

지불각서,어음발행수령,어음개서,채무감액신청,이자감면신청,상계,채무일부변제, 신담보의 제공, 채무승인서, 변제확인서, 분할변제유도 등이 있습니다.

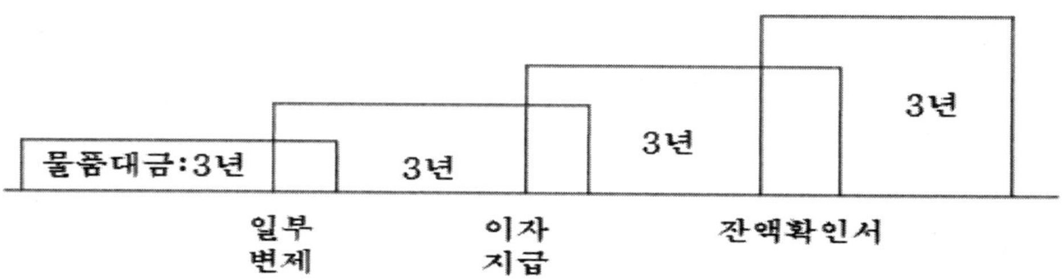

2) 압류, 가압류, 가처분

압류와 가압류 및 가처분을 하면 시효를 중단하는 효과 단, 취소시는 시효중단의 효력이 생기지 않습니다.

3) 재판 외 청구

내용증명에 의한 이행청구를 채무자에게 발송하면 소멸시효를 6개월 연장 할 수 가 있습니다. 단, 6개월 이내에 소제기, 가압류, 가처분 등의 재판상 청구를 하여야 합니다.

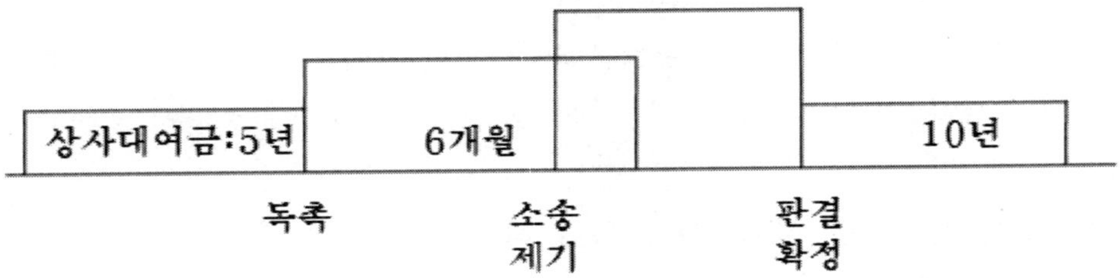

4) 재판상 청구

소의제기, 가압류, 가처분을 신청부터 시효가 중단됩니다. 이는 판결 또는 결정일로부터 시효가 다시 시작합니다.

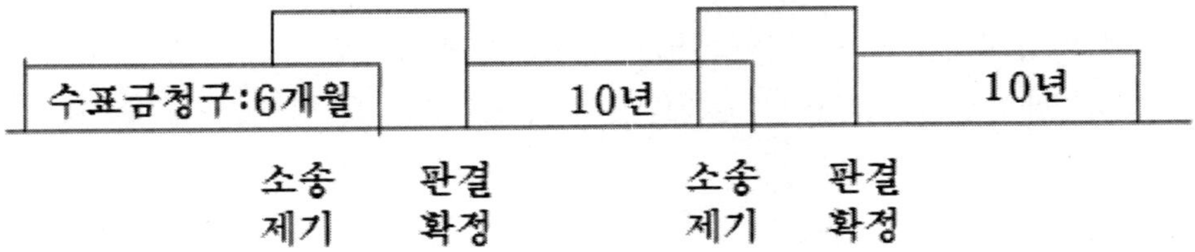

7. 소멸시효 정지

시효완성의 시점에 이르러 천재지변 등 부득이한 사정으로 권리자가 시효중단 절차를 취하기 곤란한 경우에는 그 사유가 해도될 때까지 시효의 완성을 유예시키는 것을 시효의 정지라 합니다.

시효의 정지는 그 정지기간이 종료되면 나머지 기간만 지나면 시효소멸의 효과가 있다는 점에서 중단사유의 종료시점부터 새로이 시효가 진행하는 시효중단과 다릅니다.

민법상의 시효정지 사유는 다음과 같습니다.

1) 무능력자를 위한 정지

소멸시효의 기간 만료전 6개월내에 무능력자의 법정대리인이 없는 때에는 그가 능력자가 되거나 법정대리인이 취임한 때로부터 6월내에는 시효가 완성하지 아니합니다. 왜냐하면 행위무능력자는 법정대리인이 없으면 단독으로 시효를 중단시킬 수 없기 때문입니다.

2) 혼인관계의 종료에 의한 정지

부부 일방의 타방에 대한 권리는 혼인관계가 종료한 때로부터 6월내에는 소멸시효가 완성하지 아니합니다.

3) 상속재산에 관한 정지

상속재산에 속한 권리나 상속재산에 대한 권리는 상속인의 확정, 관리인의 선임 또는 파산선고가 있는 때로부터 6월내에는 소멸시효가 완성하지 아니합니다.

4) 천재지변 기타 사변에 의한 정지

천재지변 기타 사변으로 인하여 소멸시효를 중단할 수 없을 때에는 그 사유가 종료한 때로부터 1월내에는 시효가 완성하지 아니합니다.

8. 소멸시효 기간

소멸시효 기간은 20년, 10년, 5년, 3년, 2년 1년, 6개월이 있습니다. 각각의 기간에 대한 소멸시효 기간은 다음과 같습니다.

1) 20년 소멸시효

20년 소멸시효 채권입니다.

① 채권 및 소유권 이외의 재산권은 20년간 행사하지 아니하면 소멸시효가 완성 합니다.

② 지상권, 지역권, 전세권이다. 단, 전세권은 10년이며 연장이 가능합니다.

③ 물권중 소유권은 소멸시효의 대상이 아닙니다.

2) 10년 소멸시효

다음은 10년 소멸시효 채권입니다.

① 채권은 10년간 행사하지 아니하면 소멸시효가 완성됩니다.
(지급명령, 조정조서, 인락조서, 배상명령, 협동조합 및 새마을금고 등 사업상발생채권, 유상분배청구권, 이득상환청구권)

② 판결에 의하여 확정된 채권은 단기의 소멸시효에 해당된다 하더라도 10년으로 완성됩니다.

③ 사채의 상환청구권도 10년 등입니다.

3) 5년 소멸 시효

다음은 5년 소멸시효 채권입니다.

① 상사채권(은행, 상호신용금고 등)은 5년입니다.

② 사채이자 청구권, 주주 이익배당금의 지급청구권, 신용카드 대금도 5년 등입니다.

4) 3년 소멸시효

다음은 3년 소멸시효 채권입니다.

① 이자, 부양료, 급료, 사용료 기타 1년 이내의 기간으로 정한 금전 또는 물건의 지급을 목적으로 하는 채권입니다.

② 도급 받은 자, 기사 기타 공사의 설계 또는 감독에 종사하는 자의 공사에 관한채권

③ 생산자 및 상인이 판매한 생산물 및 상품의 대가

④ 수공업자 및 제조자의 업무에 관한 채권

⑤ 의사, 조산자, 간호사 및 약사의 치료, 근로 및 조제에 관한 채권

⑥ 변호사 및 변리사, 공증인, 공인회계사 법무사에 대한 직무상 서류의 반환을 청구하는 채권 및 직무에 관한 채권

⑦ 근로자의 임금채권과 각종 재해보상청구권

⑧ 어음 공정증서

⑨ 약속어음의 발행인 및 환어음의 인수인에 대한 청구 등은 3년입니다.

⑩ 또한 외상매출금 채권 즉, 물품대금 채권도 3년입니다. 이는 민법에서 상사채권은 5년으로 정하여져 있지만 상법에 3년으로 정하여져 있어, 상법은 민법의 특별법으로서 우선하여 3년 적용을 하는 것입니다.

5) 2년 소멸시효

다음은 2년 소멸시효 채권입니다.

① 보험금액의 청구권과 보험료 또는 적립금의 반환청구권

② 선박의 충돌로 인해 생긴 손해배상의 청구권

③ 구조료 청구권 등입니다.

6) 1년 소멸시효

다음은 1년 소멸시효 채권입니다.

① 여관, 음식점, 대석, 오락장의 숙박료,음식료,대석료,입장료,소비물의 대가 및 채당금의 채권

② 노역인, 연예인의 임금 및 그에 공급한 물건의 대금채권
③ 의복, 침구, 장구, 기타 동산의 사용료의 채권
④ 노역인, 예술인의 임금 및 그에 공급한 물건의 대금 채권
⑤ 학생 및 수업자의 교, 의식 및 유숙에 관한 교주, 숙주, 교사의 채권
⑥ 보험료의 청구권
⑦ 소지인의 배서인, 환어음 발행인에 대한 청구(소구권)
⑧ 수표지급 보증인에 대한 지급 보증채권
⑨ 운송주선인의 위탁자 또는 수하인에 대한 채권
⑩ 운송인에 대한 채권
⑪ 창고업자의 임치인 또는 창고증권 소지인에 대한 채권
⑫ 운송인의 송하인 또는 수하인에 대한 채권
⑬ 정기용선계약상의 채권 등입니다.
⑭ 해상여객운송수수료 등입니다.

7) 6개월 소멸시효

다음은 6개월 소멸시효 채권입니다.
① 수표 소지인 발행인에 대한 청구권
② 어음배서인 구상청구권 등입니다.

9. 시효이익의 포기

소멸시효에 의하여 생기는 법률상 이익을 받지 않겠다는 일방적 의사표시를 시효이익의 포기라고 합니다.

1) 포기의 시기

시효의 이익은 시효완성전에 포기하지 못합니다. 시효제도는 법질서의 안정을 위하여 인정되는 공익적 제도인 것이므로 시효완성 전에 미리 이를 포기하도록 하는 것은 허용할 수 가 없기 때문입니다.

그러나 반대로 시효 완성 후의 시효이익의 포기는 허용됩니다.

2) 포기의 요건

소멸시효 완성 후에 시효이익을 포기하려면 그 포기를 하는 자가 처분의 능력과 권한을 가지고 있는 자이어야 합니다.

따라서 시효완성 이익의 포기의 의사표시를 할 수 있는 자는 시효완성의 이익을 받을 당사자 또는 대리인에 한정된다고 할 것이고 그 밖의 제3자가 시효완성의 이익 포기의 의사표시를 하였다하더라도 이는 시효완성의 이익을 받을 자에 대한 관계에서 아무효력이 없습니다.

3) 포기의 방법

시효이익의 포기는 반드시 명시적인 의사표시일 필요는 없고 묵시적인 포기도 가능합니다.

4) 포기의 효과

일단 소멸시효의 이익을 포기하면 다시는 소멸시효의 완성을 주장하지 못합니다. 만일, 시효완성의 사실을 모르고 채무를 승인하였다고 하더라도 그후 시효완성을 주장할 수 는 없습니다. 왜냐하면 이는 신의 성실의 원칙에 반하기 때문입니다.

제2장

신용 조사 기법

제2장 신용 조사 기법

1절 신용조사 기본

1. 신용조사 개념

신용조사란 무엇 입니까?

거래하고자 하는 상대방의 상거래, 자산, 금융 등 경제상의 신용에 관한 사항을 조사 하여 거래선의 현재 및 장래에 걸쳐 채무변제 능력을 측정하고 예측하기 위하여 하는 행위를 말한다.

계약을 체결하기 전에 상대방의 경제적 신용과 변제 능력을 조사할 때 실시하는 것이 일반적이며 필요시 수시로 조사하여야 한다.

2. 신용조사의 목적

신용조사를 왜 하여야 한다고 생각 하십니까?

기업의 궁극적 목적은 기업가치에 있지만 이를 달성하기 위하여는 이윤을 추구할 수 있어야 가능합니다.

아무리 많이 판매하여도 정상적으로 대금회수가 이루어지지 않고 장기채권 또는 부실채권으로 남는다면 유동성 위기를 초래 할 수 있습니다.

따라서 신용조사를 하는 목적은 다음과 같습니다.

첫째, 대출금 또는 외상판매대금의 지급능력 유무에 대하여 확인한다.

둘째, 계속적 외상거래를 할 수 있는가 여부를 확인한다.

셋째, 재무 현황에 대한 경영분석을 통하여 신용공여의 외상한도설정 또는 거래한도를 얼마나 증액할 수 있는가를 검토하여야 한다.

3. 신용조사의 전제 조건

신용조사를 위하여 사전에 필요한 조건을 살펴보면 다음과 같다.

1) 광범위한 자료 수집

조사대상자의 거래은행이나 동종업종에 종사하는 타사의 경우 등을 알아보는 등 광범위한 자료수집이 요구된다.

2) 객관성

신용조사의 조사대상 항목의 기준설정 등을 객관적으로 명확하게 판단하여야 한다.

3) 독자적으로 진행

외부의 압력을 배제하여 독자적으로 진행하여야 한다. 즉, 상대방의 화려한 경력 때문에 상대방을 과신한다든지 다른 조사기관에서의 자료만에 의하여 현장 확인 등을 소홀히 하여서는 아니된다.

4. 신용조사의 시기

신용조사는 거래하는 기업의 여러 상황이 발생할 때마다 즉시 하여야 한다. 어떠한 문제가 발생하여 신용조사를 하여 외상한도에 대한 거래 규모, 거래를 지속적으로 하여야 하는지 결정하여야 하는데 이를 간과 하고 관행적으로 판매를 하면 문제가 발생될 것이다. 신용조사는 수시로 할 수도 있지만 다음의 경우는 필히 하여야 한다.

- 처음으로 거래를 개시하고자 할 때 반드시 조사를 한다.
- 계약의 이행을 하지 않을 때에도 조사를 한다.
- 신용 조사 후 장기간 경과 할 때에 조사를 한다.

- 대금지급의 체납 및 거래기업의 영업을 하지 않을 때 조사를 한다.
- 유동성 위기 및 부도발생시 조사를 한다.
- 거래조건의 변경을 요구하여 올 때 조사를 한다.
- 대손처리를 위한 자료 수집시 조사를 한다.
- 가압류, 가처분, 경매 등 법률행위가 진행시 조사를 한다.
- 정기적으로 6개월 단위 또는 1년 단위로 조사를 한다.
- 담보물의 교체를 요구하는 경우 조사를 한다.
- 대금지급연체, 혹은 어음기간 연장이 빈번한 경우 조사를 한다.
- 연대보증인의 교체를 요구하는 경우 조사를 한다.

5. 신용조사의 대상

1) 개인

개인은 아무리 가까운 사이라도 금전적으로 채권. 채무가 성립하면 동시에 법적인 문제도 발생한다는 것을 알아야 한다. 따라서 상대방에 대한 신원확인은 채권채무의 성립에 있어서 중요하다고 말할 수 있다. 상대방에 대한 신원 확인 방법은 신분증 즉 주민등록증과 운전면허증 등인데 이를 사전에 잘 확인하는 것은 후일에 상대방이 채무를 변제하지 않을 때 이를 기초로 하여 돈을 받기 위한 작업의 출발점이 되기 때문이다.

그러므로 다음과 같이 개인에 대한 신원을 확인하고 조사하는 것은 중요하다.

(1) 개인과 거래시는 상대방의 신원을 확인하는 것이 중요하다. 주민등록증 및 운전면허증을 확인하고 신분상의 주소지와 실제 거주지의 일치 여부를 확인하는 것이 중요하다.
(2) 신분상의 주소지와 실제상의 주소지의 부동산등기부등본을 확인한다. 본인의 소유인지 아니면 임차하여 사용하고 있는지 확인한다.
(3) 거래하고 있는 당사자가 재산이 미약할 경우를 대비하여 배우자에 대한 연대보증을 받아 놓을 필요가 있다.

특히, 일상가사 범위를 벗어날 경우는 거래당사자에 대하여 법적 책임을 물을 수가 없을 수 있다.

2) 개인사업자

개인사업자는 대부분 자기명의로 사업자등록을 내고 영업을 하고 있으므로 사전에 상대방으로부터 사업자등록증 사본을 교부받아 다음의 사항을 확인하여야 한다.

(1) 개인사업자는 실제 본인이 사적 재산을 포함하여 개인적으로 모든 책임을 지기 때문에 공부상 대표자와 실 경영상의 대표자 파악이 중요하다.
다시 말해 사업자등록증에 기재되어 있는 상호·소재지, 대표자의 성명·주민등록번호·주소지 등의 인적 사항과 사업장 소재지 등이 실제와 일치하는지의 여부를 확인한다.
그 이유는 사업자등록증상에 등록된 대표자와 실제 사장(경영실권자)이 다를 경우에는 실제 사장이 과거 부도 등의 금융 사고로 인해 본인명의로는 사업자등록을 내고 영업을 할 수 없는 처지에 있으므로 타인의 명의를 빌려서 영업을 하고 있는 경우가 많기 때문이다.

(2) 따라서 개인사업자는 본인 명의로 사업자등록증을 발급 받아 영업 행위를 하기 때문에 사업자등록증 사본을 받아서 확인하는 것이 필요하다.

(3) 또한 사업자등록상 상호, 소재지, 대표자성명, 주민등록번호 상의 주소지와 실제 사업장소재지 상의 일치 여부를 확인 하여 적절한 채권보전조치를 강구하면서 거래를 하여야 안전하다.

(4) 그리하여 본인(개인)재산과 개인사업자 명의로 되어 있는 재산 파악을 하여 놓는 것이 필요하다. 개인사업장의 공부상 부동산등기부등본 등 권리 및 법률행위와 관련 침해사실 등이 있는지, 자금은 잘 돌아 가는지, 판매는 잘되고 있는지 종업원들의 사기는 어떠한지 등 개인사업 운영에 대한 전반적인 상황을 수시로 파악하는 것이 중요하다.

(5) 개인사업자와 거래할 경우에는 개인사업자의 상호가 중요한 것이 아니라 대표자의 개인성명이 중요하다. 그 이유는 개인사업자의 재산은 주식회사처럼

재산과 대표이사의 개인자산이 구분되는 것이 아니라 개인사업자의 개인자산과 회사 재산 모두를 하나의 재산으로 보기 때문이다.

(6) 상대방의 경영실권자와 거래를 할 경우 가급적 사업자등록증상의 형식적인 대표자도 채무자의 연대보증인으로 세우도록 하여 채권확보를 유리하게 해놓도록 하는 것이 중요하다.

(7) 또한 상대방이 회사에 다니고 있는 경우에는 회사에 문의하여 재직 사실의 여부를 확인하고 자영업자인 경우에는 사업자등록증 사본을 교부받아 인터넷상 국세청 홈텍스(www.hometax.go.kr)들어가 휴폐업 사실의 여부를 확인하여야 한다.

(8) 그리고 개인사업자가 개인회사에서 법인으로 전환되었을 경우에는 개인의 채무액을 법인회사가 승계취득하도록 하는 중첩적 채무인수계약(개인이 법인과 연대하여 채무액을 부담함)을 체결토록 하여 채권을 확브하여 놓도록 한다.

3) 법인 및 조합

(1) 확인하여야 할 내용

법인 및 조합에 대하여는 다음의 내용을 확인하여야 한다.

① 법인의 사업자등록증과 법인등기부등본을 확인하여 법인의 실체여부를 확인하여야 한다.

② 또한 대표이사가 각자대표이사인지, 공동대표이사인지를 확인한다.
법인의 대표이사는 개인적으로 보증을 하지 않는 이상 출자한 금액범위 이상으로 책임을 지지 않는다.
공동대표이사의 책임은 단독으로 한 행위 책임은 물을 수 없고 공동날인 또는 서명하여야 책임을 물을 수 있다.

③ 법인과의 거래시 대표이사를 연대보증인으로 확보하여 두면 거래시 다소 안전한 거래를 할 수 있다.

판례

판례(대법원2002.3.29 선고2000 다47316)임

법인의 대표이사 개인은 업무집행으로 인하여 타인에게 손해를 가한 때 회사와 연대하여 손해배상책임이 있다(상법 제389조, 제210조).

또한 악의 또는 중대한 과실로 인하여 그 임무를 해태한 때에는 제3자에 대하여 손해배상책임이 있다(상법 제401조, 민법750조).

다만, 위 두 경우 모두 불법행위를 전제로 한 손해배상책임이므로 단순히 채무불이행책임을 묻는 것은 불가능 할 것으로 사료된다.

(2) 법인

법인은 다음과 같이 합명회사, 합자회사, 유한회사, 주식회사로 구분한다.

① 합명회사

모든 사원이 무한책임사원으로서 회사채권자에 대하여 직접, 연대, 무한의 책임을 부담하고, 원칙으로 회사의 업무를 집행 할 권리와 의무를 가지며, 그 지위를 타인에게 자유로이 이전할 수 없는 회사이다.

따라서 사원의 회사에 대한 관계가 깊고, 인적 신뢰가 있는 소수인의 공동기업에 적합하다.

② 합자회사

합명회사와 같은 무한책임사원과 회사채권자에 대하여 출자액을 한도로 하는 유한책임을 부담하는 사원으로 성립되는 이원적 조직의 회사이다.

무한책임사원은 기업경영을 담당하나, 유한책임사원은 업무집행에 참여 하지 아니한다.

③ 유한회사

주식회사의 주주와 같이 출자액을 한도로 하는 간접의 유한책임을 부담하는 사원만으로 성립하는 회사이다.

중소기업에 적합하도록 주식회사의 복잡한 조직을 간단하게 하여 합명회사와 같은 점을 가지고 있는 점에서 주식회사와 다르다. 따라서 이것은 중소기업의 경영에 적합한 회사이다.

④ 주식회사

주식의 인수가액을 한도로 하는 유한의 간접책임을 부담하는 사원, 즉 주주만으로 성립하는 회사이다. 주주는 간접·유한책임이라는 데 비추어, 주주총회의 결의에는 참가하나 업무집행에는 당연히 참여하지 못한다.

또 주식양도는 원칙으로 자유이고, 사원의 개성이 문제가 되지 아니하므로 직원의 수가 많고 대 자본이 필요한 대기업에 적합하다.

따라서 거래하는 상대방이 법인인 경우에는 상대방 회사의 임직원 명함상 기재된 내용과 법인 등기부등본상 등재된 내용에 대하여 상이 여부를 확인한다.

확인방법은 다음과 같이 한다.

먼저, 등기소(대법원홈페이지 www.scourt.go.kr)에 가서 상대방의 상호로 법인등기부등본을 신청한다. 그 결과 신청한 회사의 상호가 없으면 그 회사는 개인 기업이라고 보면 된다. 이러한 경우에는 상대방 회사의 임직원이 실제는 회사가 개인 업체임에도 불구하고 상대방의 신뢰를 사기 위하여 임의적으로 명함에다 주식회사를 새겨 넣고 사용하기 때문이다.

다음으로 상대방 회사의 법인등기부등본을 발급받았을 경우에는 다음 사항을 확인한다.

첫째, 상호를 본다.

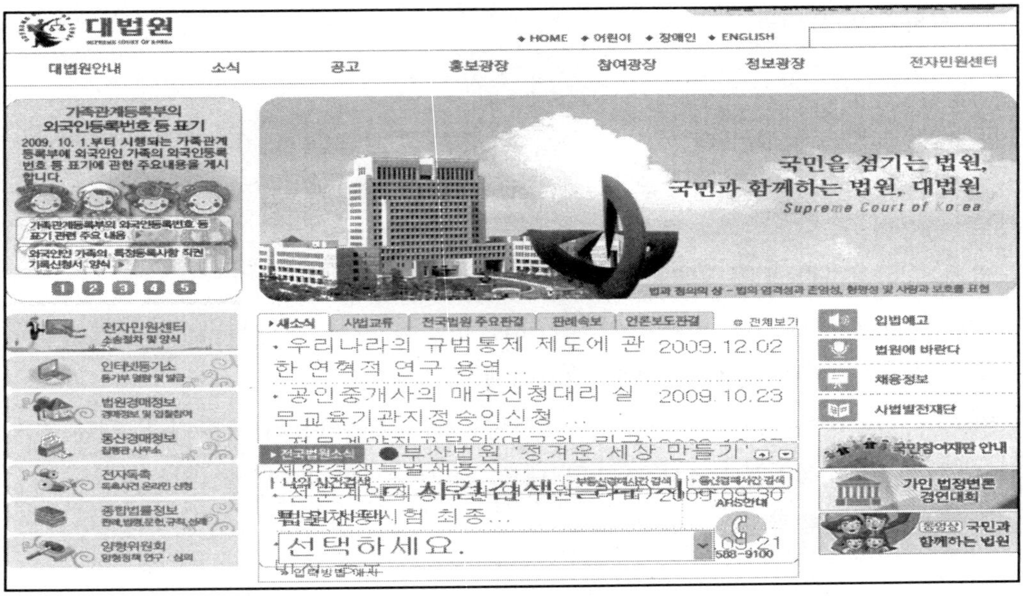

법인등기부의 상호란을 보고 주식회사가 앞에 붙어있는지 뒤에 붙어 있는지를 잘 살펴 본다. 이는 법원에 소장 등을 제출할 경우 상대방의 상호는 법인등기부에 등재된 상호 그대로를 표기해야 하기 때문이다.

둘째, 본점의 주소지를 살펴본다.

법인등기부의 본점란의 주소지를 살펴보고 지점이 등재되어 있는 경우는 지점 주소지까지도 확인한다. 또한 본점주소지와 실제주소지가 상이한 경우는 실제주소지도 잘 파악해 놓아야 한다.

법원의 소송시에는 상대방 회사의 법인등기부상 본점주소지가 주소지의 기준이 되나 법원의 송달 업무시에는 상대방 회사의 법인등기부상 본점 주소지가 아니더라도 송달이 가능한 실제사업장의 주소지 또는 대표이사의 주소지 등 송달이 가능한 곳이면 어디든지 모두 가능하다.

셋째, 대표이사의 성명. 주민등록번호와 주소지를 살펴본다.

대표이사의 인적 사항인 주민등록번호와 주소지는 법인의 사업자등록증상에는 기재되어 있지 않기 때문에 알 수가 없다. 대표이사의 인적사항을 알려면 법인등기부상 대표이사의 란을 보면 알 수가 있는데 2003.1.1.부터는 개인정보보호로 주민등록번호 뒷자리가 삭제되어 발급되기 때문에 이 부분은 알 수 가 없다.

그러나 후일에 상대방에게 채무불이행사유가 발생하여 채권자가 상대방 회사를 상대로 소송을 제기할 경우 법원 송달업무에 필요한 주소보정을 사유로 하여 동사무소에 가서 대표이사의 주민등록초본을 떼어 보면 대표이사의 주민등록번호를 알 수가 있다.

⑤ 익명조합

익명조합이란 당사자의 일방(익명조합원)이 상대방(영업자)의 영업을 위해 재산출자를 하고 상대방이 영업으로 인하여 얻은 이익을 분배할 것을 약정하는 계약을 통해서 성립하는 조합이다.

익명조합은 실질적으로는 익명조합원과 영업자의 공동기업형태이지만 외부에 대하여는 상인인 영업자만 나타나고 익명조합원은 나타나지 않게 된다. 익명조합은 양당사자관계이지만 당사자 중 일방이 복수인이어도 상관없다. 익명조합원의 자격에는 제한이 없으나 영업자는 성질상 상인이어야 한다.

익명조합원은 영업자의 행위에 관하여서는 제3자에 대하여 권리・의무가 없다.

익명조합의 책임은 합자회사처럼 무한책임조합원과 유한책임조합원으로 구분된다.

⑥ 민법상 조합

즉 민법상에 조합은 2인 이상이 상호 출자하여 공동사업을 경영하기로 약정하는 계약이다.

조합의 가장 큰 특성은 이익은 조합원 모두에게 균등하게 분배되어야 하고 책임 또한 균등하게 지므로 무한 책임조합원이다. 조합원의 탈퇴는 부득이한 경우 가능하다.

6. 신용조사시 유의 사항

신용조사시 유의할 점은 다음과 같다.

① 유용한 정보 제공자를 선택하여 정보를 취합한다.

② 주관적 판단을 배제하여야 하며 즉, 편견에 사로잡혀 대세에 지장을 줄만한 자료를 누락시킬 우려를 감소시켜야 한다.

③ 조사 담당자의 행동이 상대방에게 거부감을 주지 않아야 하며 품의를 지켜야 한다.

④ 조사기간이 너무 길어 영업상 필요한 시기에 조사결과를 얻지 못하지 않도록 신속히 처리하여야 한다.

⑤ 신용조사기관의 신용조사에 대한 과신은 특히 배제하여야 한다. 즉 수치만 믿고 결정하여서는 아니 되며 보다 이면적인 현황파악이 중요하다.

2절 신용조사 내용

1. 신용조사의 내용

1) 인적 요소의 조사

① 기업의 경영자 및 종업원에 대하여 실태 조사를 한다.

② 특히 중소기업의 경우 그 경영자의 마인드에 따라 그 기업의 성패를 좌우하므로 경영자의 경영 수완 내지는 활동력 등의 조사가 필요하다.

③ 기업경영에서 파업 등이 일어나면 경영에 치명상이 될 수 있으므로 노조 유무 단체와의 관계, 노사협의관계 등의 조사가 필요하다.

2) 물적 요소의 조사

① 기업의 제품이나 시설상태에 대한 조사를 한다.

② 기술 혁신 또는 제품의 우열 등을 조사를 한다.

③ 특히 제품우열은 기업의 장래를 결정하고 요소로 작용하므로 공정하고 객관적인 조사를 필요로 한다.

3) 재무적 요소의 조사

① 동종업계에 있어서 지위와 경쟁력을 파악하여 장래성을 판단하여야 한다.

② 기업의 성쇠는 수요동향에 크게 좌우하므로 수요 예측 없이 기업의 성쇠를 판단하는 것은 어려운 일이며 수요동향에 중대한 영향을 주는 것은 소비자의 동향, 생활환경, 경제상황, 기술적 조건은 무단히 변화하고 있으므로 이로 인한 생활양식과 태도도 변화하고 특정 제품에 대한 수요도 변화함으로 이들의 수요 동향에 대한 조사는 물론 광범위한 외부환경조사가 필요하다.

4) 기타 반드시 조사하여야 할 항목

① 주거래 은행과의 관계를 조사한다.
② 경영자에 대한 경영방침을 조사한다.
③ 사생활에 대한 주요 문제점을 조사한다.
④ 중소기업의 경우 노사관계를 조사한다.
⑤ 고금리의 사채 이용 여부를 조사한다.
⑥ 융통어음 사용여부를 조사한다.
⑦ 주요 거래처에 대한 변경 사항을 조사한다.

2. 신용조사 방법

신용조사란 거래상대방이 대금을 지불할 의사와 지불능력이 어느 정도인지를 알아보는 것이다.

신용조사는 개인이든 법인이든 간에 거래를 시작하기 전에 상대방의 신용상태를 파악하는 것은 아주 중요하다. 신용조사는 거래처와의 채권관리상 첫 단추이다.

거의 모든 거래는 외상 즉 신용으로 이루어지고 있으며 현실적으로 어음·수표로 받는 경우가 일반적이다.

따라서 거래행위를 하기 전에 신용조사야 말로 필수적이다. 신용조사 결과 위험에 대한 리스크를 대비하고 관리할 수 있고 신용거래에 따른 외상 등 여신한도 등을 결정 할 수 있다. 또한 신용상태가 불안하면 담보를 요구하거나 연대보증을 요구함으로써 외상거래에 따른 위험 요소를 사전에 방지 할 수 있다.

신용조사는 크게 2가지 측면에서 조사해야 한다.

하나는 비재무적 측면(직접조사 및 공적장부조사)이다.

이는 상대방을 직접 방문하여 경영자 면담 등 현장의 목소리를 통해서 파악해야 한다. 또 다른 측면에서는 재무적 측면에서 신용조사를 하여야 한다. 이는 객관적인 측면에서 거래처에 대한 재무상태, 경영손익, 자금흐름, 이익처분, 대표자의 평판 등 자료를 입수하여 분석하고 검토하여야 한다.

이 같은 신용조사의 기본 방향을 이해하고 구체적인 조사 방법에 대하여 숙지하고 실행에 옮겨야 거래의 안전성을 도모할 수 있다.

1) 직접조사

(1) 「직접 면담」

상대방 본인을 직접 만나서 대화를 나누는 방법이 좋다. 상대방 본인과 대화를 통하여 경영철학 또는 채무에 대한 상환 의지의 유무를 어느 정도인지 확인한다. 또한 거래 당사자가 법인인지, 자연인인지 확인한다.

(2) 「거래처 방문」

상대방이 운영하고 있는 사업장을 직접 방문하여 경영 상태를 파악한다. 상대방의 사업장에 대하여 관찰하여 보면 공장은 잘 돌아가고 있는지, 노동자들의 사기가 높은지 아닌지, 생산성이 높은지 아닌지를 어느 정도 파악을 할 수 가 있다.

(3) 「재산 조사」

신용조사 상대방이 채무를 변제할만한 능력이 있는가는 부동산소유여부와 기타 재산의 소유 여부에 달려 있다. 따라서 부동산 소유 여부 조사를 하여야 한다. 그 외 동산, 유가증권, 금융기관, 자동차, 임대보증금, 채권 등에 대하여 최대한 조사를 한다.

재산조사시는 부동산등기부등본을 볼 줄 알아야 한다.

등기제도의 핵심을 이루는 등기부는 부동산의 권리관계를 기재하는 공적 장부이다. 이는 토지등기부와 건물등기부의 두 가지가 있으며 1필의 토지나 1동의 건물에 대하여 1개의 용지를 사용한다.

부동산등기부용지는 표제부, 갑구, 을구의 세부분으로 구성된다.

① 표제부 : 부동산의 표시

표제부에는 표시번호란과 표시란이 있는데 표시번호란은 등기한 순서를 표시란에는 각 토지나 건물대지의 지번, 부동산의 상황과 그 변경에 관한 사항을 기재한다. 다만 아파트 등 집합건물의 경우에는 전체 건물에 대한 표제부와 구분된 개개의 건물에 대한 표제부가 따로 있다. 면적은 M2로 표시되어 있는바 이것에 0.3025를 곱하면 평(坪)이 된다.

② 갑구 : 소유권에 관한 사항

갑구에는 순위번호란과 사항란이란 것이 있다. 순위번호란에는 사항란의 기재순서를 표시하는 번호를 적게 되며 사항란에는 소유권이 누구에게 언제, 어떤 원인에 의해 이전되었는가를 기재한다.

③ 을구 : 기타 물권에 관한 사항

을구에도 순위번호란과 사항란이 있는데 사항란에는 어떤 권리가 언제부터 어떤 원인에 의해 설정, 변경, 말소되었는가를 기재한다.

【표 제 부】
① 제1동의 건물의 표시(표시번호, 접수일, 소재지번, 건물명칭, 번호, 건물내역)
② 대지권의 목적인 토지의 표시
③ 전유부분의 건물의 표시
④ 대지권의 표시

[집합건물] 서울시 송과구 신천동 ○○번지 제 ○동 제 ○층 제 ○○호 고유번호 1234-5678-123456

【표 제 부】 (제 1동의 건물의 표시)

표시번호	접 수	소재지번,건물명칭 및 번호	건물 내역	등기원인 및 기타사항
1 (전 1)	1983년 3월19	서울시 송과구(이하 생략) (이하 생략)	고압벽돌조 슬래브지붕 5층 아파트 1층 692.16㎡ 2층 692.16㎡ 3층 692.16㎡ 4층 692.16㎡ 5층 692.16㎡	

【갑 구】
① 소유권의 표시
② 압류,가압류,가처분,가등기,예고등기,강제(임의)경매,환매특약,금지사항등기

【갑 구】 (소유권에 관한 사항)

순위번호	등기목적	접 수	등기 원인	권 리 자 및 기 타 사 항
1 (전 1)	소유권 이전	1995년1월20일 제123호 (이하 생략)	1994년12월25일 매매	소유자 홍길동 371220-1******

【을 구】
① 소유권이외의 권리에 관한 사항
② 지상권, 지역권, 전세권, (근)저당권 등

【을 구】 (소유권 이외의 권리에 관한 사항)

순위번호	등기목적	접 수	등기 원인	권 리 자 및 기 타 사 항
1 (전 1)	근저당권 설정	2009년5월15일 제123호 (이하 생략)	2009년4월27일 설정계약	채권최고액 금 100,000,000원 채무자 홍 길 동 서울시 송과구 신천동(이하 생략) 근저당권자 우리은행 서울 송과구 신천동 123번지(송과지점)

부동산등기부를 열람하는데 있어서 다음의 사항을 유의하면서 권리관계를 살펴보아야 한다.

가령 어떠한 부동산을 조사하려고 한다면 먼저 거래대상인 부동산이 등기부 기재사항과 일치하는지를 살펴야 한다. 그리고 실제 소유권자로 기재되어 있더라도 다음 사항에 주의 하여야 한다.

먼저 갑구란을 확인한다.

예고등기, 압류, 가압류등기, 처분금지의 가처분등기, 소유권이전등기, 청구권의 가등기, 경매개시결정등기, 환매특약등기, 금지사항등기 등의 유무를 확인하여야 한다. 이러한 등기들이 있으면 후일 그로 인해 자기권리를 주장할 수 없게 되는 경우가 생길 수 있다.

다음으로 을구란을 확인한다.

을구에 지상권, 지역권, 저당권, 근저당권, 전세권, 임차등기권 등의 등기는 없는지 확인하여야 한다. 저당권이나 근저당권이 실행되는 경우 권리를 잃게 되며 전세권이 설정된 경우에도 매수자가 그 건물을 직접 사용할 수 없게 되기 때문이다.

부동산 등기부는 공신력이 없다. 등기를 믿고 상대방과 거래한 경우에도 상대방이 실제로 무권리자라면 매수인은 보호 받지 못한다. 따라서 다음의 점에 유의하여야 한다.

우선 등기부상은 짧은 기간에 소유자가 자주 바뀐 경우는 의심할 필요가 있고 재산 상속을 해서 바로 매도한 경우에도 그 상속이 정당한지 관계서류를 통하여 확인할 필요가 있다. 또한 매도인이 법률상 행위능력을 가지고 있는가를 조사해야 하며 대리인과 거래하는 경우에는 대리권을 가지고 있는가 확인하여야 한다. 그리고 자주 등기부등본을 발급받아 직접 권리관계를 확인하는 것이 가장 안전하다.

(4) 법인등기부등본 확인

① 대표이사의 대표권 행사의 범위

법인의 대표이사는 정관이나 등기부상 사업목적의 범위 내에서 법인을 대표하여 행위를 할 수 있으나 법인의 대표자가 법인을 위하여 한 행위라 하더라도 사업목적과 전혀 관계없는 행위는 법인의 행위가 될 수 없다.

② 영업 양도

회사가 영업의 전부 또는 중요한 일부의 양도를 하거나 영업전부의 임대 또는 경영위임, 타인과 영업의 손익전부를 같이하는 계약 기타 이에 준할 계약의 체결, 변경 또는 해약하는 경우이거나 또는 다른 회사의 영업전부의 양수를 하는 경우 그리고 회사의 영업에 중대한 영업을 미치는 다른 회사의 영업 일부의 양수하는 경우 상법 434조에서 정하는 결의가 있어야 한다.

③ 공동대표이사

법인의 대표이사가 여러 명인 경우 각각 회사를 대표할 수 있는 각자 대표가 원칙이다. 그러나 법인등기부등본상에 공동대표이사로 되어 있는 경우 공동대표이사전원과 계약을 체결하여야 효력이 있다.

④ 회생절차

채무자회생 및 파산에 관한 법률상에 보전처분이나 개시결정이 된 회생회사와 부득이 거래를 하는 경우가 있다. 이 경우 보전관리인 또는 관리인과 계약을 체결하여야 공익채권으로서 보호를 받을 수가 있다.

⑤ 이사의 제3자에 대한 손해배상 책임

가. 이사

회사의 이사는 주주총회 또는 창립총회에서 선임된 이사회의 구성원으로 회사의 업무집행에 관한 의사 결정과 대표이사 등의 업무를 감시할 수 있는 권한을 가진 자를 말한다.

대표이사는 이사 중에서 이사회에서 선임되어 내부적으로 업무를 집행하고 대외적으로 회사를 대표하여 법률행위를 하는 자를 말한다.

나. 이사의 의무

대표이사를 포함한 이사는 기본적으로 개인의 능력 등과는 상관없이 직업상 선량한 관리자의 주의의무를 가지고 업무를 집행할 의무와 법령과 정관을 준수하여 직무를 성실히 수행할 의무가 있다.

이외 상법이 규정하고 있는 이사의 의무는 (a) 이사회 승인 없이 본인 또는 제3자의 이익을 위해 회사의 영업부류에 속한 거래를 하지 말아야 할 의무 (b) 이사회 승인 없이 동종영업을 목적으로 하는 다른 회사의 무한 책임사원 또는 이사가 되지 말아야 할 의무 (c) 이사회 승인 없이 본인 또는 제3자의 이익을 위해 회사와 거래를 하지 말아야 할 의무 (d) 회사에 현저하게 손해를 미칠 염려가 있는 사실을 발견할 때는 즉시 감사 또는 감사위원회에 보고할 의무 (e) 대표이사를 포함한 이사는 다른 이사가 정당하게 업무를 집행하는지 감사 또는 감사위원회가 정당하게 업무를 집행하고 있는지 등을 감시할 의무 등이 있다.

다. 이사의 제3자에 대한 손해배상책임

이사가 악의 또는 중대한 과실로 그 임무를 게을리 하여 제3자에게 손해를 끼친 때는 그 이사는 제3자에 대해 회사와 연대하여 손해를 배상할 책임을 진다(상법 제401조 제1항). 예를 들면 이사가 분식회계를 하거나 등기·공고를 허위로 하여 제3자가 손해를 입은 경우 이사가 회사의 자금능력, 경영상태 등을 참작할 때 만기에 지급이 불가능한 사실을 알면서도 어음을 발행하여 부도를 낸 경우가 그 예라고 본다.

또한 책임을 부담하는 이사는 다음과 같다.

(a) 우선 해당이사(상법 제401조 제1항), (b) 그 결의에 찬성한 이사(상법 제399조 제2항), (c) 그 결의에 참가한 이사로서 의사록에 이의를 한 기재가 없는 자도 결의에 찬성한 것으로 추정되어 반대한 사실을 입증하지 못하면 책임을 진다(상법 제401조 제2항), (d) 이사가 아니면서 회사에 대한 영향력을 이용하여 이사에게 업무집행을 지시하거나 경영권을 사실상 행사하는 지배주주 즉, 실 경영주 등은 이사로 보아 책임을 진다(상법 제401조 제2항). 여기에해당하는 자는 다음과 같다. 우선 회사에 대한 자신의 영향력을 이용하여 이사에게 업무집행을 지시한 자, 둘째로는 이사의 이름으로 직접업무 집행을 지시한자, 마지막으로는 이사가 아니면

서 회장, 사장, 부사장, 전무, 상무, 이사, 기타 회사업무를 집행할 권한이 있는 것으로 인정될 만한 명칭을 사용하여 회사업무를 집행한 자를 말한다.

(5) 「금융기관 거래 여부 조사」

① 신용대상거래처가 사업자인 경우 은행과 당좌거래를 하고 있는지의 여부를 확인한다.

② 또한 은행과 가계종합예금거래를 하고 있는지 하고 있으면 어느 은행의 지점인지를 확인한다.

③ 현재 은행과 신용카드 및 신용거래를 하고 있는지 확인한다.

④ 현재 주거래 은행이 대상 거래처의 신용상태를 어떻게 평가하고 있는지를 확인한다.

⑤ 은행을 통하여 대상 거래처에 관한 개인 신용정보를 조사 확인한다. 특히 대상 거래처가 불량거래처인지 아닌지를 확인하되, 만일 거래처가 불량거래처로 분류되어 있으면 그 사유 또는 경위를 확인하여야 한다.

2) 간접조사

(1) 「경영 분석」

기업의 재무현황을 수집하여 유동성, 안전성, 활동성, 수익성, 성장성 등 경영분석을 통하여 계량적인 부분을 조사한다.

재무제표를 통한 신용조사는 제 3강에서 다룰 예정입니다.

(2) 「업계 평판 조사」

주의로부터 흘러나오는 거래 업체에 대한 평판 정보 수집을 한다.

평판 조사 결과 상대방의 주변사람들이 상배방의 신용에 대하여 좋게 말해주면 조금은 안심이 되지만 나쁘게 말할 때에는 돈을 빌려주는데 있어서 한번 더 생각해 본 후 결정하는 것이 좋다.

3. 신용조사에 따른 위험한 거래 유형

다음의 경우에는 일반적으로 대금회수에 문제가 있을 소지가 높아 이러한 거래처와 거래를 할 경우 세심한 주의를 하여 거래를 하여야 한다.

1) 계약서 작성 기피하는 경우

특별한 이유 없이 계약서 작성을 기피하거나 거래를 증명할 서류 작성을 의도적으로 회피하는 경우는 주의를 하여야 한다.

2) 거래단계에서 필요서류 꺼리는 경우

거래단계에서 사업자등록증, 기타 필요서류를 제출하여 달라고 요구하는 것에 대하여 기분나빠하거나 제출을 꺼리는 경우 주의를 하여야 한다.

3) 실제 사업주 확인 징구

사업자등록이 타인명의로 된 경우에는 사정에 따라 다를 수 있으므로 실제 사업주가 누구라는 확인서 등을 징구 받을 필요가 있다.

4) 주민등록상 주소지 수시 변동

주민등록주소지가 주민등록에 등재해 놓거나 기혼자인데도 가족과 별도로 영업장주소지에 주민등록이 등재된 경우 주의를 하여야 한다.

5) 주민등록 말소

주민등록이 말소되어 있거나 장기간 말소되어 있다가 최근에 다시 등재한 경우 주의를 하여야 한다.

6) 거래대금 일부만 지급

계속 거래중 대금의 일부만을 지급하고 나머지 대금은 항상 깔아 놓고서 물건을 계속 요구하는 경우가 있다. 이러한 경우 다른 거래처에도 같은 방법으로 거래를 하기 때문에 상당한 채무가 발생된 상태인 경우가 많아 결국 어느 시기에 사업체를 정리해 버릴 가능성이 많음으로 주의를 하여야 한다.

7) 지불각서 수시 작성

계속 거래 중 대금결제일을 자주 연기하는 경우가 있다. 특히 지불각서를 수차례 작성하고도 이행을 하지 않는 경우가 있는데 이런 경우에 사실상 변제할 마음이 없다고 보아도 무방하므로 주의를 하여야 한다.

8) 연락처 제공을 꺼리는 경우

거래할 때 전화번호만 알려주고 주소지, 사무소, 영업장 주소지, 기타 신상에 관한 정보 제공을 꺼리거나 계약서 등에 신상에 관한 정보를 허위로 기재하는 경우가 있는데 주의를 하여야 한다.

9) 부동산 명의 변동

거래 중에 특별한 이유 없이 소유 부동산을 배우자 등의 명의로 바꾸는 경우가 있는데 이는 부도를 내기전 사전에 준비 작업일 가능성이 높음으로 주의를 하여야 한다.

10) 회사 분위기가 산만한 경우

여러 명의 직원이 동시에 퇴사하고 어딘지 모르게 회사 분위기가 산만하여 전화도 잘 받지 않는 경우 주의를 하여야 한다.

11) 허위 이혼한 경우

서류상에는 이혼한 것으로 되어 있고 부동산 등 재산도 이혼한 배우자 명의로 되어 있는데 실제는 배우자 및 가족과 동거 생활을 계속하여 오는 경우 이는 채무면탈을 위해 재산을 배우자 명의로 해 놓고 가장 이혼한 경우가 상당히 많음으로 주의를 하여야 한다.

12) 유동성에 문제가 생긴 경우

거래처로부터 많은 금액을 부도 맞거나 많은 금액의 미수금이 물린 업체의 경우 자금유동성에 문제가 생겨서 대금 지급이 상당히 지체되거나 지불능력이 상실되므로 주의를 하여야 한다.

4. 신용정보 서비스 이용 방법

1) 신용정보서비스

신용정보서비스란 신용정보의 이용 및 제공자가 금융거래 등 상거래에 있어 거래 상대방의 신용거래정보, 불량거래정보, 조회처정보, 조기경보, 기타 공기록 정보 등의 신용정보를 신용조회업을 영위하는 신용정보업자로부터 지속적으로 제공받아 영업에 이용할 수 있는 제도를 말한다.

2) 이용절차

신용조회업을 영위하는 신용정보업자와 신용정보서비스계약을 체결하고 계약내용에 따른 신용정보를 제공받아 이를 영업에 이용하고 매월 일정한 수수료를 납부하면 된다.

3) 신용조회업자를 통하여 알아보는 방법

신용조회업자를 통하여 알아볼 수 있는 외부기관은 다음과 같다.

① 오아시스(www.oacis.co.kr)
② 한국기업데이터(주)(www.cretop.com)
③ 한국신용평가정보(주)(www.kisinfo.com)
④ 한국기업평가정보(주)(www.korearating.co.kr)
⑤ 한국신용정보(주)(www.nice.co,kr)

⑥ 금융감독원전자공시시스템(www.dart,fss.or.kr)
⑦ 대법원 홈페이지(www.scourt.go.kr 또는 www.iros.go.kr)
⑧ 국세청(www.nts.go.kr)
⑨ 인터넷우체국(www.epost.go.kr)

5. 신용조사 절차

신용조사는 다음과 같이 절차상 흐름에 따라서 진행한다.

1) 해당부서에 의뢰

신용조사 절차는 우선 먼저 영업필드 담당자가 신용조사를 담당하는 채권관리부서에 의뢰한다. 거래 중이던 업체에 대하여는 주기적으로 신용조사를 하고 신규 거래선에 대하여는 거래 개시전에 신용조사를 의뢰한다.

2) 조사계획 수립

다음으로는 신용조사를 의뢰받은 채권관리부서는 조사 목적, 방향 등 조사계획을 수립하여야 한다.

3) 정보 및 자료 수집

이어서 조사하고자 하는 거래 상대방에 대한 사업개요, 재무내용, 경영활동, 시장위치, 담보 내용 등에 대한 정보 및 자료를 수집하여야 한다.

4) 정보 및 자료 분석

정보 및 자료 수집이 되면 이를 바탕으로 조사하고자 하는 거래처에 대하여 방문을 하거나 측면조사를 하고 재무분석, 제품, 원재료, 시장에서 위치 등을 분석하여야 한다.

5) 결과 보고

분석이 끝나면 특징, 문제점에 대한 평가, 인적·물적 담보 평가, 신용한도 결정 등 결과 보고를 상급자에게 보고하여야 한다.

6) 신용조사 서류 구비 및 담보 설정

다음으로 결과 보고 후 상급자의 의사결정에 따라서 세부적인 신용조사 자료를 추가적으로 징구하고 담보를 설정한다.

7) 계약 체결

마지막으로 담보가 설정되면 본 계약서를 체결한다.

신용조사 절차

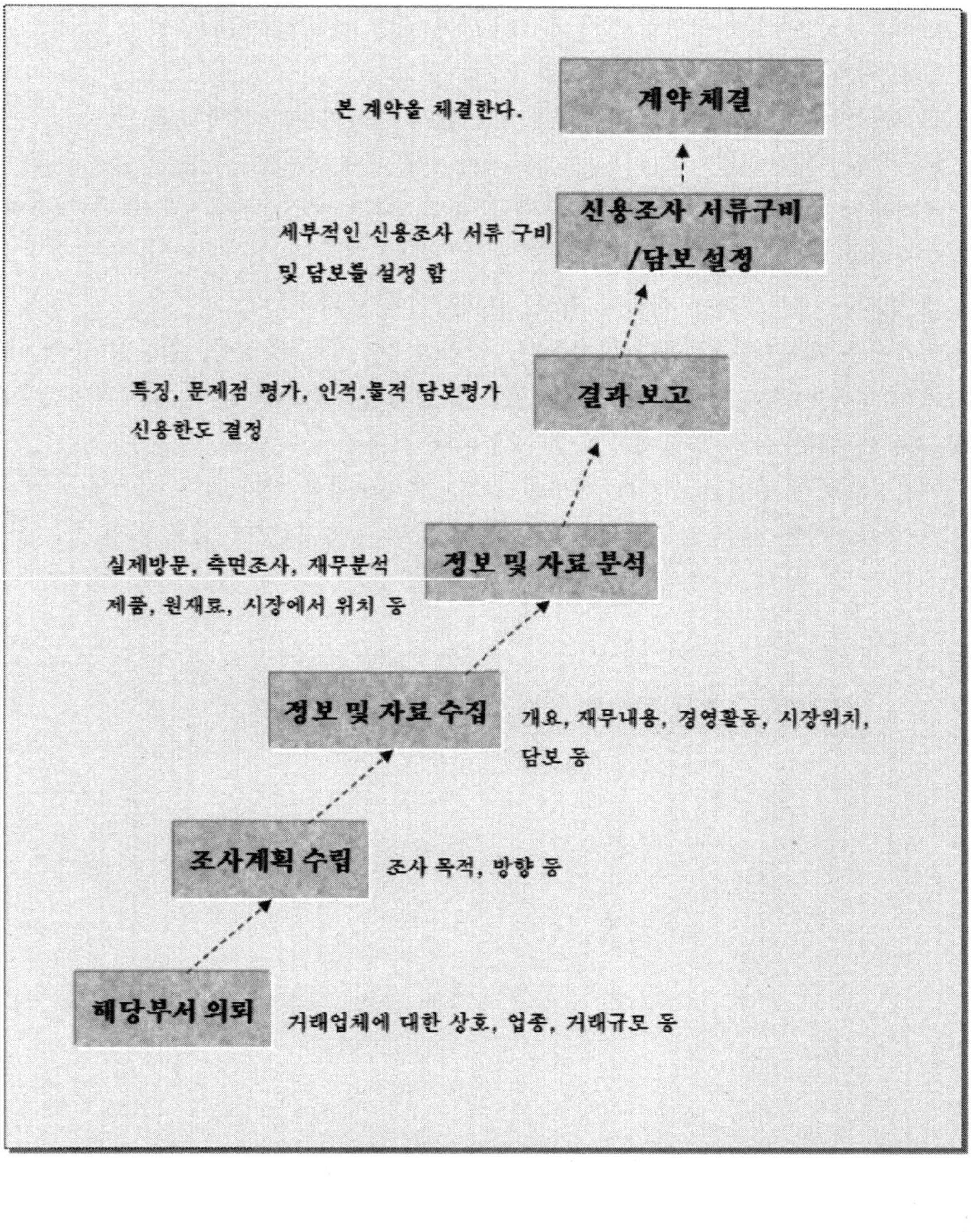
계약 체결
본 계약을 체결한다.
신용조사 서류구비
/담보 설정
세부적인 신용조사 서류 구비
및 담보를 설정 함
결과 보고
특징, 문제점 평가, 인적.물적 담보평가
신용한도 결정
정보 및 자료 분석
실제방문, 측면조사, 재무분석
제품, 원재료, 시장에서 위치 등
정보 및 자료 수집
개요, 재무내용, 경영활동, 시장위치,
담보 등
조사계획 수립
조사 목적, 방향 등
해당부서 의뢰
거래업체에 대한 상호, 업종, 거래규모 등

6. 신용조사 검토

신용조사시 다음의 사항을 자세히 검토하고 분석하여야 한다.

우선 인적사항을 검토·분석하여야 한다.

여기에는 주거자료, 신원자료, 변동사항 등에 대하여 검토하여야 한다.

두 번째는 재산권에 대하여 검토·분석하여야 한다.

여기에는 재산능력, 자본금 규모, 지급 능력, 대외 채권, 은행거래 등에 대하여 검토하여야 한다.

세 번째는 재무제표에 대하여 검토, 분석하여야 한다.

여기에는 재무제표를 통하여 유동성, 안전성, 수익성, 성장성, 활동성 등에 대하여 검토하여야 하고 감사보고서를 통하여 감사의견을 검토한다. 구체적인 분석 및 내용에 대하여는 제3강에서 다룰 것입니다.

마지막으로는 영업권 사항에 대하여 검토·분석하여야 한다.

여기에는 경영 실적 자료, 사업능력, 결제 방법 등에 대하여 검토 한다.

분석 및 검토항목

인적 사항 **재산권 사항** **재무제표 사항** **영업권 사항**

인적 조사	재산권 조사	재무제표	영업권 조사
▪ 주거 자료 ▪ 신원 자료 ▪ 변동 자료	▪ 재산능력 ▪ 자본금 ▪ 지급능력 ▪ 대외 채권 ▪ 은행거래	▪ 재무제표 ▪ 감사보고서	▪ 경영 실적 자료 ▪ 사업 능력 ▪ 결제 방법

조사 분석 자료 입수 (공적 자료)

법 인	개 인	확인 사항
사업자동록증	사업자동록증	사업설립일,등록증상 대표자와 실운영자 일치여부, 상호,주소,대표자성명,주민등록번호,사업의 종류(업태,종목), 휴.폐업
법인등기부등본		상호, 사업목적, 자본금,발행주식총수 본지점현황, 공동대표이사,이사,감사의 성명, 주소 및 변동사항, 공고시 이용할 신문명
	대표자 주민등록등본.초본	대표자의 공부상 주소지 및 실주소지 변동사항, 가족관계
	호적등본	개명,입양,이혼,한정치산,금치산 여부
부동산등기부등본 (본사 및 공장 등)	부동산등기부등본 (사업장 및 대표자)	보유부동산내역,소유자변동,권리사항 압류,가압류 근저당, 전세권, 경매 등
토지.건축물관리대장	토지.건축물관리대장	부동산과세 시가 표준액
법인인감증명	대표자인감증명	어음.수표상의 날인인장과 동일 여부 거래(계약)시 인감 진위여부 확인
감사보고서		감사의견, 재무상태, 손익사항
재무제표	세무사 확인용 재무제표	과거, 현재 재무상태, 손익 사항 등
부가가치세 신고서 법인세신고서 납세완납증명서 회사설명서	부가가치세 신고서	매출액 및 거래 구성 내역 확인

7. 신용조사 평가

신용조사 평가는 신용조사에 대하여 분석 및 검토 후에 그 결과에 대하여 어떻게 평가하고 관리하여야 할지를 하기 위하여 하게 된다.

신용조사 평가는 크게 판매력, 신용도, 재력, 팀평가 등 100점 만점을 가중평균화 한 기준으로 하여 평가한다.

1) 판매력

먼저, 판매력에 대한 평가는 다시 상경력, 지역연고, 나이, 학력 등으로 나누어 평가를 한다.

2) 신용도

두 번째는 신용도에 대한 평가로 신원조회, 금융정보, 거래처체크리스트 등으로 나누어 평가를 한다.

3) 재력

세 번째는 재력에 대한 평가로 본인의 재산, 보증인에 대한 보증능력, 본인의 담보제공 능력에 대한 평가를 한다.

4) 팀평가

마지막으로 팀 평가로서 이 부분은 주관부서의 주관적인 평가이다.

거래처 신용조사 평가 항목

구분		가중치	평점	평가 기준
1.판매력	상경력	15		동업종3점/년,타업종1점/년 : 최근 5개년도
	지역연고	10		5년, 4년, 3년, 2년, 1년 : 년도별거주 2점
	나이	10		30~40세 : 10점, ±5년당 1점 감점
	학력	5		대졸이상: 5점, 고졸 3점, 기타 1점
2.신용도	신원조회	5		전과자 0점, 경범전과자 : 건당 -1.5점
	금융정보	5		적.황색거래자 : 0점, 부실거래자 : 건당 -2점
	거래처C/list	20		양호80점이상(20점),보통60점이상(10점),미흡60점미만(7점)
3.재 력	본인재산	10		1억원당 2점
	보증인보증	5		부적격자 인당 -1점
	본인담보제공	5		전부5점, 일부3점, 타인1점
4.팀평가		10		영업팀의 객관적 및 주관적 평가를 함
평가 합계		100	100	

평가	A 매웅양호	B 양호	C 보통	D 미흡	E 불량
등급	91-100	81-90	71-80	61-70	60이하

E급은 선현금입금거래, 담보100%확보후 거래, C급 이하는 특별관리

위 사항에 대하여 종합 평가한 결과 이에 대한 결과로서 점수화하여 다음과 같이 5등분하여 등급별로 어떻게 대응할지를 결정한다.

가령 평가결과 91점부터 100점대는 매우 양호한 업체로서 이러한 경우는 판매 극대화 위주로 영업 전략을 펼쳐야 할 것이다. 81점부터 90점대는 양호한 업체로서 판매 및 수금에 대한 관심을 갖고 탄력적으로 대응하여야 한다. 71점부터 80점대는 보통 업체로서 여신관리를 하면서 대응하여야 한다. 61점부터 70점대는 미흡한 업체로서 판매시 담보한도내에서 관리하여야 한다. 60이하는 불량한 업체로서 판매시 현금 및 선입금을 조건으로 하는 판매를 하여야 한다.

제3장
경영분석을 통한 거래처 진단

제3장 경영분석을 통한 거래처 진단

1절 경영분석 기본

1. 경영분석 개념

재무제표를 중심으로 하는 재무정보나 기업내외의 여러 정보를 이용하여 기업활동의 적부를 심사하거나 기업자본을 평가하는 것이다.

2. 경영분석의 목적

경영분석은 내부분석과 외부분석으로 나눈다.

1) 내부 분석

- 경영자의 의사결정
- 경영계획수립, 경영통제
- 경영전략수립
- 기업가치를 극대화시키기 위한 투자 결정

2) 외부 분석

외부이해관계자에게 의해 신용평가 등을 목적 한다.

3. 경영분석의 발전 과정

산업혁명이후 철도산업중심으로 공업화가 확산되면서 거대자본이 필요하게 되었고 이 과정에서 금융기관의 역할이 증대되고 금융기관에 의하여 신용분석 및 경영평가가 이루어지게 되었다.

주) 1962년 한국은행 – 기업경영분석 발간(비율분석으로 이용됨)
1970년대 경영분석이 본격적으로 도입됨
1980년대 다양한 투자정보제공, 증권회사대형화, 민간경제연구소설립, 투자자문회사설립, 신용평가기관설립 등으로 투자정보가 넘쳐나게 되었다.
1990년대 경영관리 차원의 경영분석 확산, 신용평가기관 및 금융기관을 중심으로 자체 개발된 경영분석 시스템 활용되기 시작하였다.
2000년대 인터넷 발달로 기업정보가 실시간 노출하게 되었다.

4. 경영분석의 체계

경영분석은 의사결정 과정의 하위시스템이다.

■ 분석자료 ⇨ 경영분석시스템 ⇨ 정보분석 ⇨ 의사결정시스템 ⇨ 의사결정

경영분석은 의사결정 목적에 적합한 정보를 얻기 위한 하나의 정보처리시스템이다.

■ 현재기업 ⇨ 기업정보 ⇨ 미래예측 ⇒ 기업가치 평가
미래현금흐름
미래수익성과 위험

경영분석 체계

경영분석	실수에 의한 경영 분석	차 감 법		
		절 하 법		
		증 감 법	비교대차대조표 비교손익계산서 비교제조원가명세서	재무상태변동표 자금이동표 · 현금흐름표 이익변동원인표
	비율에 의한 경영 분석	구성비율법	백분율대차대조표 백분율손익계산서 백분율제조원가명세서	
		관계비율법	정태비율 동태비율	
		표준비율법	자기기업의 과거비율 산업평균비율	
		지 수 법	wall Trant Burichett	
		추 세 법	추세대차대조표 추세손익계산서 추세제조원가명세서	

2절 경영분석 내용

1. 경영분석 방법

경영분석 방법은 재무자료 분석과 비재무자료 분석으로 한다.

1) 재무자료 분석

① 비율분석(표준비율과 비교)
② 실수분석(항목의 값을 그대로 이용)
③ 지수분석(가중평균지수를 계산해서 평가)
④ 통계분석(계량적 분석)

2) 비재무자료분석

① 경제분석(경제 동향, 방향 파악)
② 산업분석(산업 특성, 동향 파악)
③ 기업분석(질적요인 분석)

2. 경영분석의 기초 자료

1) 회계자료

(1) 재무상태표(B/S)
(2) 손익계산서(I/S)

2) 비회계 자료

(1) 증권시장 자료

① 일간자료(증권시장지)
② 주간자료(신용평가비지니즈, 신용정보)
③ 월간자료(선물거래소 : 주식, 금융감독원 : 증권조사월보)
④ 연간자료(선물거래소 : 증권통계연보, 금감원 : 자본시장연보)

(2) 경제 관련자료

① 한국은행 : 주요경제지표, 주간해외 경제 동향, 조사통계월보
② 산업은행 : 경제브리핑

3) 경영분석 통계

① 한국은행 : 기업경영분석
② 산업은행 : 기업재무분석
③ 중소기업협동조합중앙회 : 중소기업실태보고서

4) 인터넷자료

각종 자료를 활용한다.

3. 재무제표 보는 방법

재무제표란 정보이용자가 경제적 의사결정을 하는 데 유용한 정보를 제공한다는 회계의 기본목적을 달성하기 위해서 기업의 경제적 사건이나 거래를 기간별로 측정·기록·분류·요약하여 전달하는 일정한 틀을 갖춘 재무보고서를 말한다. 재무제표란 재무회계의 과정을 통해 수집·처리된 정보를 정기적으로 이용자에게 전달하는 방법으로서 재무보고의 가장 핵심적인 보고수단으로 활용되고 있다. 상법에는 대차대조표, 손익계산서 및 이익잉여금처분계산서 또는 결손금처리계산서

를 재무제표로 하고 있으며, 기업회계기준에서는 대차대조표, (포괄)손익계산서, 자본변동표, 이익잉여금처분계산서 또는 결손금처리계산서, 현금흐름표, 주석을 재무제표로 정하고 있다. 상장기업이나 중소기업이냐에 따라 다소 차이가 있다.

이 중에서 재무상태표와 손익계산서를 중심으로 학습한다.

1) 재무상태표(대차대조표)

재무상태표는 일정시점에 있어서 재무상태 또는 신용상태를 나타내는 일람표이다.

차변은 자금의 운영을 나타내는 것으로 유동자산과 비유동자산으로 나누고 유동자산은 다시 당좌자산과 재고자산으로 나눈다. 비유동자산은 투자자산, 유형자산, 무형자산으로 나눈다.

여러분들은 매출채권관리차원에서 당좌자산에 있는 매출채권의 규모를 주목하여야 한다. 만일 매출채권의 규모가 매출액의 20%미만이라면 정상채권이라고 볼 수 있으나 20%초과 상태라면 이는 장기채권 또는 부실채권이 많이 있다고 판단할 수 있다.

대변은 부채와 자본으로 자금의 조달 상태를 나타낸다. 부채는 타인자본이라고도 하며 이는 유동부채와 비유동부채로 나눈다.

자본은 자산에서 부채를 차감한 것으로 자기자본이라고 하며 이는 자본금, 자본잉여금, 자본조정, 기타포괄손익누계액, 이익잉여금로 나눈다.

이러한 재무상태를 통하여 각각의 재무비율에 의한 경영분석을 할 수 있어야 한다.

가령, 유동비율분석, 레버리지비율분석, 안전성, 수익성, 성장성, 활동성 등 비율분석을 통하여 거래선에 대한 신용상태를 확인할 수 가 있다. 이러한 경영분석은 별도로 다루게 된다.

재무상태표

<table>
<tr><th colspan="2">자산(자금의 운영)</th><th colspan="2">부채와 자본(자금의 조달)</th></tr>
<tr><td rowspan="2">유동 자산</td><td>당좌 자산</td><td rowspan="2">부 채</td><td>유동 부채</td></tr>
<tr><td>재고 자산</td><td>비 유동부채</td></tr>
<tr><td rowspan="5">비 유동 자산</td><td>투자 자산</td><td rowspan="2">자 본</td><td>자본금</td></tr>
<tr><td rowspan="2">유형 자산</td><td>자본잉여금</td></tr>
<tr><td rowspan="3"></td><td>자본조정</td></tr>
<tr><td rowspan="2">무형 자산</td><td>기타포괄손익누계액</td></tr>
<tr><td>이익잉여금</td></tr>
</table>

2) (포괄)손익계산서

손익계산서는 기업의 일정기간 경영성적 또는 영업성적을 나타내는 일람표이다. 손익계산서의 구조는 매출액에서 매출원가를 차감하면 매출총이익이 산출된다. 다음으로 매출총이익에서 판매비 및 일반관리비를 차감하면 영업이익이 산출된다. 또한 영업이익에서 영업외수익을 가산하고 영업외 비용을 차감하면 법인세비용차감전순이익이 산출된다. 법인세비용차감전순이익에서 법인세 등을 공제하면 최종적으로 당기순이익이 나온다.

손익계산서상의 분석결과 업종에 따라 차이는 있지만 제조업의 경우 매출총이익율이 20%이상은 되어야 하고 영업이익율 역시 10%이상은 되어야 양호하다고 본다.

손익계산서

Ⅰ. 매 출 액	XXX
Ⅱ. 매 출 원 가	XXX(−)
Ⅲ. 매출 총이익	XXX
Ⅳ. 판매비및일반관리비	XXX(−)
Ⅴ. 영 업 이 익	XXX
Ⅵ. 영업외 수익	XXX(+)
Ⅶ. 영업외 비용	XXX(−)
Ⅷ. 법인세비용차감전순이익	XXX
Ⅸ. 법인세 등	XXX(−)
Ⅹ. 당기순이익	XXX

4. 재무분석을 통한 경영분석

1) 경영분석 의의

경영분석은 재무적 정보를 분석하여 기업의 재무상태와 경영성과에 대한 평가이다. 재무상태는 재무유동성과 재무구조 균형에 관한 것이며 경영성과는 수익성과 관련된 것이다.

경영분석은 전통적인 경영분석과 현대적인 경영분석으로 구분된다. 전통적인 경영분석은 기업의 재무제표를 이용하여 과거와 현재의 재무상태와 경영성과를 파악해 미래를 예측하는 분석체계이다. 현대적 경영분석은 기업의 역사적 회계정보뿐만 아니라 비회계정보를 이용하여 기업의 실체를 파악하고 미래를 예측하는 분석체계이다. 채권자는 이해관계자들이 회계정보와 비회계정보를 분석하여 과거와 현재의 기업 실체를 파악하고 기업의 미래를 예측, 이를 의사결정목적에 적합한 정보를 얻고자 한다.

여기서는 재무분석을 통한 경영분석을 바탕으로 하고자 한다.

2) 경영분석의 전제조건

(1) 분석자료의 진실성

경영분석이 경영관리의 도구로서 유효하게 이용될 수 있기 위해서는 재무제표 및 기타 자료가 진실하게 작성된 것이어야 한다. 그러므로 이들이 명료하게 정확하지 못하면 기업의 재무상태와 경영성과를 정확하게 분석할 수 없게 된다.

(2) 분석자료의 공개성

경영분석이 효과적으로 수행하기 위해서는 분석에 필요한 충분한 자료가 분석자에게 공개되어야 한다. 재무제표는 기업이 회계기간 동안에 수행한 경영활동의 결과를 간결하게 요약한 재무보고서이다. 재무제표의 작성 목적은 기업의 이해관계자에게 다양한 형태의 재무정보를 제공하는데 있다. 기업의 이해관계자들이 요구하는 정보욕구를 충족시켜 주기 위해서는 자료의 공개성이 필요하다.

(3) 분석자료의 비교성

분석자료가 진실하게 작성되고 공개된 것이라고 하여도 경영분석에 이용되기 위해서는 회계수치가 비교가능성을 갖지 아니하면 안 된다. 분석자료의 비교성은 분석자료가 통일성과 계속성을 가질 때 가능하다.

3) 재무분석

(1) 유동비율

유동성 비율은 기업의 단기채무지급능력을 나타내는 비율로 유동비율과 당좌비율이 있다.

① 유동비율

(유동자산÷유동부채)×100(%)의 계산식으로 산출된다. 유동비율은 기업이 보유하는 지급능력, 또는 그 신용능력을 판단하기 위하여 쓰이는 것으로 신용분석적 관점에서는 가장 중요하다. 이 비율이 클수록 그만큼 기업의 재무유동성은 크다. 200% 이상으로 유지되는 것이 이상적이며, 2대 1의 원칙(two to one rule)이라고 한다.

이 비율은 은행이 기업에 대한 신용수여의 관점에서 중요시하기 때문에 은행가 비율(banker's ratio)이라고도 한다. 기업의 경영자로서도 재무유동성의 확보는 매우 중요하므로 이 비율에 언제나 주목하여 그 지급능력을 유지할 필요가 있다. 따라서 기업의 입장에서는 기업자본의 수익성을 저하시키지 않는 한도 내에서 유동비율이 커지도록 배려해야 한다.

② 당좌비율

산성시험비율이라고도 한다. 현금·예금·매출채권, 시장성 있는 유가증권 등으로 구성된 당좌자산 합계액을, 외상매입금·단기차입금 등의 유동부채 합계액으로 나누어서 얻는 비율이다. 일반적으로 이 비율이 100% 이상이면 좋다고 한다. 당좌자산은 화폐적 자산으로 지체없이 부채에 대한 지불수단이 될 수 있기 때문이다.

유동비율이 당좌자산에 재고자산(상품·제품·반제품·원재료 등)을 보탠 유동자산을 유동부채와 대비시키는 데 비하면 당좌비율에 의한 분석방법은 한층 엄격하나, 이들은 정태분석의 일종이므로, 그 결과만으로써 기업의 지불능력을 속단할 수는 없다. 지불능력의 종합적인 판단은 유동회전율 등의 동태적인 분석을 곁들여야 한다.

(2) 레버리지비율

기업이 타인자본에 의존하고 있는 정도를 나타내는 비율로 '부채성 비율'이라고도 한다. 유동성 비율과 함께 재무위험을 측정하는 지표로 활용된다.

레버리지비율은 부채의존도를 나타내는 것으로 기업의 장기지급채무능력을 나타내는 비율로서 부채비율, 자기자본비율, 이자보상비율 등이 있다.

① **부채비율**

부채, 즉 타인자본의 의존도를 표시하며, 경영분석에서 기업의 건전성의 정도를 나타내는 지표로 쓰인다. 기업의 부채액은 적어도 자기자본액 이하인 것이 바람직하므로 부채비율은 100% 이하가 이상적이다.

이 비율이 높을수록 재무구조가 불건전하므로 지불능력이 문제가 된다. 이 비율의 역수는 자본부채비율(자기자본/부채총액)이 된다.

② **자기자본비율**

총자산중에서 자기자본이 차지하는 비중을 나타내는 지표로서 기업 의무구조의 건전성을 나타내는 가장 대표적 지표이다. 자기자본은 직접적인 금융비용을 부담하지 않고 기업이 장기적으로 운용할 수 있는 안정된 자본이므로 이 비율이 높을수록 기업의 재무구조는 건전하다고 할 수 있으며 일반적인 표준비율은 50% 이상으로 보고 있다. 자기자본비율 = (자기자본/총자산) × 100

③ **이자보상배율**(이자보상비율)

이자보상배율은 기업의 채무상환능력을 나타내는 지표로, 기업이 영업이익으로 금융비용(이자비용)을 얼마나 감당할 수 있는지를 보여주는 지표, 즉 과연 이 회사가 영업이익으로 이자를 감당할 수 있는가, 감당한 후 얼마나 여유가 있는가를 알아보는 지표이다.

이자보상비율이 1이면 영업활동에서 창출한 돈을 이자지급비용으로 다 쓴다는 의미이며. 이자보상비율이 1보다 클 경우 해당 기업은 자체 수익으로 금융비용을 능히 부담하고 추가 이익도 낼 수 있다는 사실을 의미한다. 기업의 이자지급 능력이 충분하다는 뜻이다.

반대로 1보다 작다는 것은 기업이 영업활동으로 창출한 이익을 갖고 대출금이나 기발행 회사채에 대한 이자 등 금융비용조차 감당할 수 없는 상태를 의미한다. 이자를 지급하기 위해 또 다시 자금을 차입해야 하는 상태인 셈이다.

영업이익이 적자인 경우 이자보상비율은 당연히 1이하가 되며, 잠재적 부실기업으로 볼 수 있다.

통상 1.5배 이상이면 이자지급 능력이 충분하다고 본다.

(3) 효율성 비율

이는 활동성 비율이라고도 하며 보유자산의 이용효율성을 측정하는 비율로서 매출채권회전율, 재고자산회전율, 총자산회전율이 있다.

① 매출채권회전율

매출채권회전율은 판매하여 현금화가 이루어지는 비율로서 매출액을 평균매출채권으로 나눈 것으로 업종에 따라 다소 차이는 있지만 최소한 4회전 이상이 되어야 양호하다.

(매출채권회전율 공식)

매출채권회전율=매출액(부가세 포함)/평균매출채권

평균매출채권=[(기초외상매출금+기말외상매출금)+(기초받을어음+기말받을어음)]/2

매출채권회전기간=365/매출채권회전율

② 재고자산회전율

재고자산회전율은 연간매출원가를 평균재고자산으로 나누어 계산하며 재고자산이 어느 정도의 속도로 판매되고 있는가를 나타내는 지표로 사용된다. 재고자산회전율은 일반적으로 높을수록 기업이 양호한 상태이며 이 비율이 낮다는 것은 재고자산에 과잉투자가 발생했음을 의미한다. 따라서 재고자산회전율이 낮은 기업은 수익성도 떨어진다. 세법은 재고자산회전율(상품회전율)을 추계과세기준의 하나로 규정하고 있다.

(재고자산회전율 공식)

재고자산회전율=매출원가/평균재고자산

평균재고자산=(기초재고자산+기말재고자산)/2

재고자산회전기간=365/재고자산회전율

③ 총자산회전율

총자산회전율은 총자본회전율이라고도 하며 매출액을 총자산으로 나눈 것이다.

이 비율은 기업이 소유하고 있는 자산들을 얼마나 효과적으로 이용하고 있는가를 측정하는 활동성비율의 하나로서 기업의 총자산이 1년에 몇 번이나 회전하였는가를 나타낸다. 총자산회전율이 높으면 유동자산·고정자산등이 효율적으로 이용되고 있다는 것을 뜻하며, 반대로 낮으면 과잉투자와 같은 비효율적인 투자를 하고 있다는 것을 의미한다. 총자산회전율＝매출액/총자산

(4) 수익성 비율

수익성비율은 매출 또는 투자에 대한 이익을 타내는 것으로 경영의 총괄적 효율성을 측정하는 비율로서 총자산순이익율, 자기자본순이익율, 매출액순이익율이 있다.

① 총자산순이익율

총자산순이익율은 기업의 총자산에서 당기순이익을 얼마나 올렸는지를 가늠하는 지표로서 기업의 일정기간 순이익을 자산총액으로 나누어 계산한 수치로, 특정기업이 자산을 얼마나 효율적으로 운용했느냐를 나타낸다.

금융기관에 있어서는 특정 금융기관이 총자산을 얼마나 효율적으로 운용했느냐를 나타내는 지표를 말하며, 금융기관이 보유자산을 대출, 유가증권 등에 운용해 실질적으로 얼마만큼의 순익을 창출했는지를 가리킨다.

② 자기자본순이익율

자기자본순이익율은 투입한 자기자본이 얼마만큼의 이익을 냈는지를 나타내는 지표로서 기업이 자기자본(주주지분)을 활용해 1년간 얼마를 벌어들였는가를 나타내는 대표적인 수익성 지표로 경영효율성을 표시해 준다.

자기자본이익률(ROE) = 당기순이익/평균 자기자본 ×100

위 공식에 의해 ROE 가 산출되며, ROE가 10%이면 10억원의 자본을 투자했을 때 1억원의 이익을 냈다는 것을 보여주며 ROE가 20%이면 10억원의 자본을 투자했을 때 2억원의 이익을 냈다는 의미다.

따라서 ROE 가 높다는 것은 자기자본에 비해 그만큼 당기순이익을 많이 내 효

율적인 영업활동을 했다는 뜻이다. 그렇기 때문에 이 수치가 높은 종목일수록 주식투자자의 투자수익률을 높여준다고 볼 수 있어 투자자 측면에선 이익의 척도가 된다.

일반적으로 ROE가 회사채수익률보다 높으면 양호한 것으로 평가되며 적어도 정기예금 금리는 넘어야 적절하다고 볼 수 있다.

주주(투자자) 입장에서 보면 ROE가 시중금리보다 높아야 기업투자의 의미가 있는 것이다. ROE가 시중금리를 밑돌경우 투자자금을 은행에 예금하는 것이 더 낫기 때문이다.

③ 매출액순이익율

매출액순이익율은 매출액과 순이익과의 관계를 표시해 주는 비율로서 기업활동의 총체적인 능률을 판단하는 지표이며 기업의 최종 수익성을 판단하는 비율이다. 즉, 매출액 100에 대하여 순이익이 몇 %나 되는가를 나타내는 것으로 보통 비율이 높을수록 양호한 상태를 나타낸다.

(5) 성장성 비율

성장성비율은 외형 및 수익의 성장가능성을 측정하는 것으로 총자산증가율, 매출액증가율, 순이익증가율이 있다.

① 총자산증가율

대차대조표는 기업의 건강상태를 나타내는 것으로 재무구조가 튼튼한지 여부를 볼 수 있다. 이를 토대로 성장성 지표인 총자산증가율을 눈여겨봐야 한다.

"총자산증가율=(당기총자산－전기총자산)/전기총자산×100"의 산식으로 나오는 총자산증가율은 지난 1년 동안 총자산이 얼마나 늘었는지를 보여주는 것이다. 그러나 자산규모만 늘었다고 좋은 기업은 아니다. 부채가 아닌 자기자본으로 자산이 늘어나야 건강해졌다고 볼 수 있다. 이를 가늠하는 것이 자기자본증가율이다.

계산식은 "자기자본증가율=(당기 자기자본－전기자기자본)/전기 자기자본×100"이다.

② 매출액증가율

매출액이란 회사가 1년 동안 영업활동에 의해 판매한 제품이나 상품의 총액을 의미한다. 따라서 전년도 매출액에 비해 당해년도 매출액이 어느 정도 증가하였는가를 나타내는 매출액증가율은 회사의 영업활동이 전년에 비해 어느 정도 활발하게 이루어졌는가를 알려준다.

매출액증가율 = 당기 매출액 / 전기 매출액 ×100－100

③ 순이익증가율

기업의 최종적인 경영성과인 당기순이익이 전년에 비해 어느 정도 증가하였는지를 보여주는 지표로, 기업이 일정 기간 동안 얼마나 성장하고 있는가를 검토하는 성장성의 분석에 사용된다.

순이익증가율=당기의 당기순이익/전기의 당기순이익×100−100

(6) 생산성 비율

생산성비율은 생산요소의 성과를 측정하는 비율로서 부가가치율, 노동생산성, 자본생산성이 있다.

① 부가가치율

일정기간 동안 기업이 창출한 부가가치액을 매출액으로 나눈 비율로서 소득률이라고도 한다. 이는 매출액 중 생산활동에 참여한 생산요소에 귀속되는 소득의 비율을 나타내는 지표로서 다음과 같이 계산된다.

② 노동생산성

노동생산성은 일정 시간이 투입된 노동량과 그 성과인 생산량과의 비율로, 노동자 1인이 일정기간동안 산출하는 생산량 또는 부가가치를 나타낸다.

일반적으로 노동투입량에 대한 산출량의 비율을 나타내는 〈물적 노동생산성〉과 노동 투입량에 대한 부가가치의 비율을 나타내는 〈부가가치 노동생산성〉으로 대별된다.

③ 자본생산성

투입된 자본과 산출량의 비율로 표시되는 자본의 유효이용도를 말한다. 여기서 말하는 자본이란 산출에 기여하는 자원의 의미로 생산설비의 양, 생산능력(물적 표시), 유형고정자산액(가치적 표시) 등을 들 수 있으며 산출량으로는 생산량, 생산액, 매출액, 부가가치액 등을 들 수 있다.

일반적으로 자주 사용되는 지표로는 기계 1대당 생산량, 조업도, 유형고정자산 회전율 등이 있는데 이 지표들이 높을수록 좋은 것이다. 한편 생산성분석에서 자본생산성이라고 하는 경우는 부가가치액÷유형고정자산을 가리키는 경우가 많다.

그러나 산출에 기여하는 것은 자본뿐만 아니라 노동이나 원재료 등도 포함되어 있으므로 자본생산성이 기업 전체의 효율성을 의미하는 것은 아니라는데 주의하여야 한다.

(7) 시장가치 비율

시장가치 비율은 주식시장에서 평가를 측정하는 비율로서 주가수익비율, 주가장부가치비율, 토빈의 q비율이 있다.

① 주가수익비율

현재의 주가를 주당순이익으로 나눈 것이다. 주가가 주당순이익의 몇 배인가를 나타낸 것으로 투자판단의 지표로 사용된다. 예를 들어 A사의 주가가 3만원, 1주당 순이익이 3천 원이면 PER은 10(배)이다. 주당순이익이란 1회계연도에 발생한 당기순이익(세 공제 후)을 총발행 주식수로 나눈 것으로 1주가 1년 동안 벌어들인 수익력을 나타낸다.

PER이 높으면 기업이 영업활동으로 벌어들인 이익에 비해 주가가 높게 평가되었으며, 반대로 PER이 낮으면 이익에 비해 주가가 낮게 평가되었음을 의미하므로 주가가 상승할 가능성이 크다.

② 주가장부가치비율

주가를 한 주당 순자산으로 나눈 것. 재무 내용면에서 주가수준을 판단하는 척

도다. 그러므로 PBR이 1 이상인 종목은 자산가치에 비해 주가가 높고 1미만인 종목은 자산가치에 비해 주가가 낮게 평가돼 있다는 것을 의미한다.

③ 토빈의 q비율

경제학자 제임스 토빈(James Tobin)이 만든 개념으로, '토빈의 q비율'은 주식시장에서 평가된 기업의 시장가치를 기업 실물자본의 대체비용으로 나눈 것을 의미한다. 이 비율은 설비투자의 동향을 설명하거나 기업의 가치평가에 이용된다.

토빈q 비율 = 기업의 시장가치(시가총액)/ 기업 실물자본의 대체비용(순자산가치)

주식시장에서 평가된 기업의 가치는 주식가격에 발행 주식수를 곱하여 산출한다. 즉, 기업의 시가총액을 의미한다. 기업의 실물자본 대체비용은 기업이 보유하고 있는 자산과 동등하거나 동일한 자산을 취득하는데 소요되는 금액을 의미한다. 쉽게 말하면 동일한 회사를 지금 시점에서 설립하는데 소요되는 예상 금액을 뜻한다.

경영분석 비율

분 류	경제적 의미	관련비율
유동성 비율	단기채무지급능력	유동비율, 당좌비율
자본구조비율 (레버리지)	부채의존도를 나타내는 것으로 기업의 장기지급채무능력을 측정	부채비율, 자기자본비율, 이자보상비율
효율성 비율 (활동성)	보유자산의 이용효율성을 측정	매출채권회전율, 재고자산회전율, 총자산회전율
수익성 비율	매출 또는 투자에 대한 이익을 타내는 것으로 경영의 총괄적 효율성을 측정	총자산순이익율, 자기자본순이익율, 매출액순이익율
성장성 비율	외형 및 수익의 성장가능성을 측정	총자산증가율, 매출액증가율 순이익증가율
생산성 비율	생산요소의 성과를 측정	부가가치율, 노동생산성, 자본생산성
시장가치비율	주식시장에서 평가를 측정	주가수익비율, 주가장부가치비율, 토빈의 q비율

5. 트란트의 채점표

트란트의 채점표는 재무비율분석의 종합적 관찰방법의 일종으로 기업을 종합적으로 평가하는 방법이다.

트란트의 배점표

구 분	주요 비율	가중치(%)
정태 비율	1. 유동비율 2. 부채비율 3. 고정비율	15 10 10
동태 비율	4. 상품회전율 5. 매출채권회전율 6. 매입채무회전율 7. 고정자산회전율	20 10 15 20
합 계		100

6. 기업부실 원인

기업부실의 개념에는 경제적 부실, 지급불능 그리고 법률적 파산이 있다.

1) 기업부실 개념

(1) 경제적 부실

경제적 부실은 (1) 기업의 총수익이 총비용에 미달하거나, (2) 기업의 평균투자수익률이 자본조달비용에 미달하는 경우 및 (3) 기업이 실현한 투자수익률이 업종 평균투자수익률에 미달하는 경우와 같이 주로 기업의 수익성 저하가 원인이 되어 나타나는 경제적 현상을 말한다. 그러나 경제적 부실이 곧 도산을 의미하지는 않는다.

(2) 지급불능

지급불능이란 기업이 유동성 부족으로 만기가 도래한 채무를 상환할 수 없는 기술적 지급불능과 기업의 총부채가치가 총자산가치를 넘어 실질순자산가치가 마이너스가 되는 실질적 지급불능으로 구분된다. 전자는 도산의 직접적인 원인이 되기도 하지만 일시적인 현상인 경우도 많다. 그러나 후자의 경우는 그 원인이 일시적인 유동성 부족이라기보다 만성적인 결손누적에 의한 경우가 일반적이기 때문에 일명 파산적 지급불능이라고도 한다.

(3) 파산

파산이란 파산적 지급불능의 경우 또는 법원에 의해서 파산선고가 공식적으로 내려진 경우를 뜻한다. 그러나 실제적으로는 기업의 총자산가치가 총부채가치에 미치지 못하여 실질적인 지급불능 상태에 빠졌을 경우 채권자들의 신청에 의해 법원이 파산선고를 내림으로서 파산이 발생된다.

2) 부실 원인

기업의 부실 원인을 살펴보면 대체로 판매부진과 판매 대금 회수지연에 의하여 부실원인이 가장 크게 발생한다.

또한 방만 경영, 거래 업체 및 관련 기업 도산, 차입경영으로 상환 능력 상실, 투자 실패, 누적 적자 등이다.

7. 기업부실 징후

기업의 부실징후는 감사보고서를 통한 감사의견과 재무제표의 각종 분석 지표를 통하여 파악한다.

1. 감사보고서를 통한 부실징후 파악

① 감사의견이 적정여부인지를 확인한다.

② 한정의견인 경우 그 이유를 확인한다.

2. 재무제표를 통한 부실징후의 판단

1) 재무상태표(B/S)

① 현금·예금 절대 부족

② 자산대비 매출채권과 재고자산 규모는 얼마인가?
업종에 따라 차이는 있지만 표준비율이 33%이다.
매출채권은 업종에 따라 차이는 있지만 표준비율이 20%이다.

③ 단기차입금 등 유동부채 증가
부채비율이 업종에 따라 차이는 있지만 표준비율이 100%미만이다.

④ 타인자본 의존도 심화

⑤ 자본잠식 심화

⑥ 외형대비 자산규모는 얼마인가?
업종에 따라 차이는 있지만 표준비율이 80%이다.

2) 손익계산서(I/S)

① 매출액 등이 상승 추세에 있는지 확인한다.

② 현금흐름이 양호한지 확인한다.

③ 자회사의 실적을 체크한다.

④ 매출액대비 매출원가비율은?
표준비율이 80%, 90% 넘으면 한계기업이다.

⑤ 매출액 대비 일반관리비의 비율은?
표준비율이 10%, 13% 넘으면 관리가 필요하다.

⑥ 매출액 대비 영업외 비용의 비율은?
표준비율이 5%, 9% 넘으면 위험신호이다.

8. 비재무제표를 통한 부실징후의 판단

1) 재산 측면

① 과다한 차입금으로 사업을 확장하고 있는가
② 사업장 및 거주지의 임대차계약을 타인명의로 했는가
③ 본인 소유의 부동산이 타인명의로 되어 있는가
④ 소유부동산에 근저당설정이 이중삼중으로 되어있는가
⑤ 갑자기 부동산을 처분하고 있는가

2) 자금 측면

① 결재조건을 자주 변경하는가
② 융통어음을 남발하는가
③ 빈번하게 지급어음의 지급기한을 연장하는가
④ 사채를 쓰고 있는가
⑤ 별다른 이유 없이 주거래은행을 변경하는가

3) 경영자 측면

① 특별한 이유 없이 주민등록상 단독세대구성인가
② 무단전출에 의한 주민등록말소경험이 있는가
③ 정치에 지나친 관심 및 참여하고 있는가
④ 부부관계가 원만한가
⑤ 건강이 양호한가
⑥ 사생활이 복잡하고 도박을 좋아하는가

4) 회사분위기 측면

① 종업원들이 친절한가
② 사무실이 호화 사치스러운가
③ 경영층의 심한 내분으로 파벌이 심한가

④ 회사에 대한 불만으로 직원들의 이동이 심한가
⑤ 사업장이 정리정돈 되지 않고 지저분한가
⑥ 노조와 갈등이 있는가

5) 영업적 측면

① 대표자와 실경영자가 동일한가
② 사업자등록증이 다수인가
③ 주문량이 갑자기 증가 또는 감소하는가
④ 본업이 아닌 타사업에 투자하는가
⑤ 거래선으로부터 부도를 맞았는가
⑥ 대형거래선이 유지되는가
⑦ 고정거래선과의 납품은 유지되는가

6) 부실예방 및 수습

사고 발생 즉시 강제 집행 할 수 있도록 서류는 갖추어져 있는가

제4장
합리적 여신관리 운영 기법

제4장 합리적인 여신관리 운영 기법

1절 여신관리 기본

1. 여신관리 개념

여신관리란 판매하고자 하는 거래처의 선정에서부터 수금, 채권·채무관계의 한도를 정하고 관리하는 업무로서 영업극대화를 통하여 이윤을 창출하고 안정적으로 매출을 신장 하는데 있다.

2. 여신관리의 필요성

기업의 목적은 기업 성과에 따른 이윤을 추구하는데 있다. 그러나 많이 판매하고도 부실채권으로 남는다면 흑자도산을 면하지 못할 것이다.

만일 매출액 대비 당기 순이익율이 1%라고 가정할 때 부실채권 1억 원을 대손처리 한다면 매출액 100억원의 판매를 하여야 할 것이다. 거래하고자 하는 업체는 무수히 많고 또한 이중에는 우량거래선, 부실거래선 등이 있다. 거래의 안전성을 확보하기 위해서는 전문성을 갖고 부실가능성이 있는지 없는지를 시스템적으로 접근하고 체크하여 부실채권 발생 가능성을 없애야 한다.

1) 내수부분의 증대

국제거래에 있어서는 L/C라는 보증수단에 의하여 판매를 하기 때문에 대금 회수에 있어서는 별로 어려움이 없이 회수가 가능하나 국내거래에 있어서는 보증수단이 여의치 못하여 여신관리의 필요성이 대두되고 있다.

2) 신용불량자 증대

최근 신용불량자가 지속적으로 늘어나고 있는데 이는 채권의 상당금액을 회수 할 수 없다는 것을 말하고 있다. 경기침체와 더불어 경영환경이 악화되고 있는 상황은 신용불량자를 양산할 수밖에 없는 상황이므로 여신의 안전성 확보가 무엇보다도 중요하다고 할 수 가 있다.

3) 대손비용 방지

많이 판매 하고도 부실채권이 발생하여 대손처리를 한다면 이익은 그 많큼 감소하게 되고 결국 기업은 어려움에 처하게 된다.

따라서 부실채권이 발생되어 대손처리를 발생하지 않도록 여신관리를 철저히 관리하여야 한다.

3. 여신관리의 목적

여신관리의 목적은 경영 목표를 달성하기 위하여 관리하게 되는데 이는 기업이윤을 창출하는 것 외에 다음과 같은 목적이 있다.

첫째, 합리적 관리를 통하여 사전에 부실 채권을 예방 하고자 하는데 있다.

둘째, 우량 거래선을 확보하여 영업기반을 견고히 확보 하는데 있다.

셋째, 거래 중 부실을 최소화하고 거래의 안전성을 확보하는 데 있다.

넷째, 판매 극대화를 통하여 이익을 창출하는데 있다.

4. 여신관리의 기본 요건

여신관리를 운영하기 위해서는 기본적으로 시스템정비가 이루어져야 한다.

1) 여신관리 규정 정비

수주, 판매, 수금, 영업관리, 영업심사를 적절히 규율하고 통제할 수 있는 여신관리 규정이 마련되어야 한다.

여신관리규정은 별도로 설명을 하고자 한다.

2) 통제와 견제가 이루어질 수 있는 심사조직 운영

일선 영업부서는 우선 먼저 판매하려고 하는 속성이 강하다. 따라서 여신관리 부서는 적절한 견제와 통제, 조정을 할 수 있어야 한다.

만일, 적절한 통제와 조정이 이루어지지 않으면 여신 한도에 대한 적절한 여신 규모를 관리할 수 가 없어 리스크는 크다 할 것이다.

3) 거래의 경영 상태를 파악하여야 함

거래선에 대한 재무 및 신용상태, 경영실적 등을 주기적으로 확인, 체크하여 제공할 수 있는 여신의 규모를 판단하여야 한다.

또한 공적 장부를 통하여 부동산등기부등본, 법인등기부등본, 자동차등록원부, 주민등록초본 등을 통하여도 신용상태를 파악하여야 한다.

4) 여신의 규모 및 매출채권의 잔액을 확인 가능한 시스템 정비 구축

여신한도 및 매출 채권의 잔액이 얼마인지 알고 있어야 적절한 여신한도 관리를 할 수 있다. 또한 지점, 영업소, 대리점 등 많은 지역에서 판매가 이루어질 시 제공된 여신 금액 및 매출 채권 금액이 합산 가능하도록 시스템을 갖추고 정비되어야 한다.

여신한도 관리 대장

(단위 : 백만)

업체명	여 신 한 도(a)					여신액 (b)	차 액 (a–b)	여신율 (b/a)	여신한도운용율(%)	
	담보	보증	신용	특별	계				매출채권	여신기일

주) 여신한도 운용율 = 당사거래액/여신한도 × (365/여신기일)]

여신한도운용율이란 거래선에 제공한 여신한도 및 여신기간을 어느 정도 성실히 납부하였는가를 측정하는 것이다.

5) 신용상태에 따라 거래를 지속적으로 할 것인지, 여신한도를 증감 운영할 것인지 판단

판매를 증가 또는 축소 운영할 것인지를 판단 할 수 있어야 한다. 내부 부서간, 상하간의 의견이 다를 때는 충분히 협의를 하여 결정한다.

다만, 결정된 사항에 대하여는 준수하고 지킬 수 있어야 한다.

여신관리 운영 여부 판단

일 자	업체명	대표자	코 드	여신액	매출채권	초과여부	영업부	사유

주) 여신액은 담보한도, 보증한도, 신용한도, 특별한도를 합산한 금액을 말한다.

매출채권은 외상매출금 및 받을어음(배서, 할인어음, 전자어음 포함),전자결제금액을 말한다.

6) 합리적이고 객관성을 갖고 처리함

여신관리 업무를 효율적으로 관리 및 추진하기 위해서는 합리적이고 객관적으로 처리 하여야 한다.

또한 거래선에 대한 정보는 수시로 파악하고 논의 할 수 있어야 한다.

7) 영업사원의 관리 능력 있어야 함

영업사원은 회사의 꽃이라 할 수 있다.

영업사원은 자신의 꽃을 잘 피우고 가꾸기 위해서는 스스로의 노력도 필요하지만 협조 부서도 최대한 협조하여야 한다.

영업사원은 거래선과의 수주상담 및 계약 등 많은 활동을 하고 있는데 이는 회사를 대표하고 있다고 보아야 한다.

여신관리부서는 최일선에서 활동하는 영업사원을 일일이 관리하고 통제 하기가 불가능하다.

따라서 영업사원의 스스로 관리할 수 있는 자질과 능력이야 말로 중요하다.

영업사원 스스로 거래선에 대하여 신용상태를 조사하고 평가를 할 수 있는 능력과 지식을 갖추어야 한다.

또한 문제발생시 스스로 법률행위를 할 수 있는 처리 능력도 갖추어야 한다.

2절 여신관리 내용

1. 여신관리 방법

1) 영업정책 및 판매 계획 수립

영업부는 판매하고자 하는 상품을 어떠한 판매 조건으로 얼마에 팔 것인가를 검토하여 판매계획을 수립하여야 한다.

2) 신용조사

영업부서에서는 거래선의 영업상황, 주요생산품, 시장성 등 1차적으로 조사를 하고 여신관리부서는 1차 신용조사를 바탕으로 재무제표 등 2차 신용 조사를 한다.

3) 거래 여부 판단

거래의 여부판단을 하기 위해서는 수집된 정보와 판매정책을 종합적으로 검토하여 여신관리규정에 부합되는지를 판단하여야 한다.

4) 계약체결 및 채권보전 조치 확보

거래선에 대한 거래여부 판단 결과 거래 적격업체로 판단되면 계약서를 작성한다.

채권보전을 위해서는 담보설정 또는 연대보증인을 확보할 수 있도록 한다.

5) 여신 한도의 설정

거래한도는 일선 영업부서에서 시행 품의한다.

다음으로 여신 심사부서 또는 영업 관리 부서를 경유하여 위임전결규정에 따라 결재권자의 승인을 받는다.

여신한도는 현시점에서 한도설정을 한 것이기 때문에 향후 신용상태에 따라서 증감을 하면서 적절히 운영하면 된다.

거래한도는 매출채권한도와 수주한도로 나누어 관리 한다.

매출채권한도는 다시 담보한도와 보증한도, 신용한도, 특별한도로 나누어진다.

여신한도는 일반적으로 다음과 같이 산출한다.

부동산 담보액은 실담보의 80%

보증보험 담보액은 실담보액의 90%

신용보증보험은 실담보액의 100%

현금 및 채권은 실담보액의 100%

여신관리 흐름표

1. 특정 업체 판매계획에 따른 여신한도 관리 양식

예상 판매		매출 채권 회전 일수	월여신 한도 산출액(D)	여 신 한 도(E)					실 제 판매액 (F)	한 도 초 과 (G)
년간 (A)	월평균 (B)	(C)	Bx(365/C)	담보한도	보증한도	신용한도	특별한도			E-F
1,000	83	120	252	50	30	20		100	70	-30

2. 매출채권 현황 흐름표

구 분	3개월전	2개월전	1개월전	당월	+1개월	+2개월	+3개월	+4개월
1. 판매 액	10	20	30	40	50	60	70	80
2. 수 금	7	15	20	25	35	45	60	60
1) 현 금	3	5	8	10	15	20	20	20
2) 어 음	4	10	12	15	20	25	40	40
3. 매출채권잔액	7	22	44	70	95	123	158	198
1)외상매출금	3	5	10	15	15	15	10	20
2)받을어음	4	10	12	15	20	25	40	40
4. 어음 결제				4	10	12	15	20

3. 매출채권 회전일수 산출

구 분	외상매출금		받을어음		매 출 액	매출 채권 회전율(A)	년 일 수 (B)	회전일수 (C=B/A)
	기 초	기 말	기 초	기 말				
금 액	18	80	20	80	300	3.03	365	120

6) 여신한도의 운영

거래는 여신한도 승인시에 정한 거래조건과 여신한도내에서 이행되어야 한다. 만일, 여신한도 결정시 담보한도, 보증한도, 외상한도를 정하였을 경우는 담보설정 및 보증담보 징수 후 납품하는 것이 원칙이다.

7) 대금 회수

여신 제공시는 거래선과 사전에 판매 대금 결제기일, 판매대금 결제방법 등을 정하여야 한다.

약정 기일에 판매 대금회수가 이루어지지 않으면 상급자에게 보고하고 심사 또는 여신 관리부서에 통보하여 대책 마련을 수립하여야 한다.

2. 여신관리 제도

1) 신규 거래처 등록제도

신규거래처와 거래를 하기 위해서는 먼저 거래처의 신용상태를 파악하여야 한다. 신용조사 결과 거래를 하여야할 업체에 대하여는 신규 등록을 하고 거래를 개시할 수 있도록 한다.

2) 전결권 제도

여신한도금액에 대하여는 단계별로 전결권제도를 두고 시행하여야 한다. 만일 심사부서와 다툼의 소지가 있을 것으로 예상되는 경우에는 위임전결규정상의 전결권한보다 한 단계 높은 차상급까지 전결권을 상승시켜 결재를 득하도록 하여야 한다.

3) 거래한도 제도

거래한도란 거래처의 신용상태가 어떠냐에 따라, 담보제공이 있느냐 없느냐에 따라, 대금결제 조건 등을 충분히 검토한 후 신용으로 거래할 수 있는 최고한도를 얼마로 정할 것이냐 등이 문제이다.

(1) 거래한도

거래한도는 매출채권한도와 선매발주한도로 구분한다.

매출채권한도는 다시 담보한도와 타수어음한도 및 신용한도로 구분하여 관리한다.

① 매출채권한도

– 담보한도

담보한도란 현금, 보증보험회사에서 발행하는 지급보증어음, 지급보증서, 보증보험증권 등 이외에 부동산 근저당 등 담보력 있는 확실한 담보를 징구하여 평가하고 설정한 후 담보액 범위 내에서 제공할 수 있는 한도를 말한다.

담보 한도

담보의 종류	설정액	담보 한도	비 고
부동산근저당설정	감정가 유효분 × 120%	감정가 유효분 × 80%	설정액은 담보한도의 120% 이상이어야함
지급보증어음 지급보증서 보증보험증권		액면가 × 100% 액면가 × 100% 액면가 × 100%	
유가증권 질권설정	정기예금	액면가 × 100%	질권설정계약서 작성
	주택채권	액면가 × 80%	
	산업금융채권	액면가 × 100%	
	주식	액면가 × 50%	
현금담보		액면가 × 100%	약정서 징구

– 타수어음한도

자수어음은 거래하고 있는 거래처에서 직접 발행하여 채권자에게 교부한 어음을 자수어음이 라고 하며, 타수어음은 거래처가 타인이 발행한 어음에 배서를 하여 채권자에게 입금시키는 것을 말한다.

타수어음한도란 거래처가 거래의 담보 또는 지급을 위하여 거래개시 전에 상거래에서 발생한 채권의 지급을 위하여 발행된 진성 어음을 미리 입금시킨 경우 거래할 수 있는 최고한도를 타수어음 한도라고 한다.

타수어음 종류별 여신한도

타수어음 발행인	타수어음 한도	비 고
1. 상장기업	액면금액의 100%	1부 종목
2. 상장 2부 종목 및 비상장업체 중 신용이 확실하다고 인정되는 업체	액면금액의 80%	심사팀과 합의
3. 기타 업체	액면금액의 50%이하	심사팀과 합의

– 신용한도

신용한도는 거래의 필요성에 의하여 신용거래가 불가피한 경우 거래처의 신용 및 재력조사 결과를 감안하여 신용한도를 설정하여 운영할 수 있다.

신용 거래시는 가능한 어음공증을 받아서 하거나 법인 또는 개인의 연대보증을 확보하는 것이 중요하다.

② 선매발주한도

선매발주한도란 선매계약을 체결한 업체에 매출하기 위하여 보유할 수 있는 최고 재고액으로 이는 발주미착재고와 발주도착재고를 합한 것이다.

발주한도는 다음과 같이 산출한다.

선매발주한도 = 거래한도 × (발주미착 재고기간 + 30일/여신기간)

발주미착재고기간은 L/C개설일로부터 보세창고 입고일까지 소요되는 기간으로 6개월간의 평균치를 적용한다.

또한 여신기간은 최근 6개월간의 실제거래 평균 여신기간을 산출하여 적용한다.

4) 거래처의 적정거래한도 설정 방법

거래처의 적정거래한도를 설정하고 거래하는 것은 이주 중요하다. 우선 먼저 자사의 연간 판매 목표를 달성하기 위해서는 거래처별로 판매목표를 할당 하여야 한다.

가령 A사의 연간 판매할당액이 1억이라고 할때 월별로 판매하여야 하는 금액은 8백3십만원이다. 만일 A사의 결제조건이 120일 이라면 월별로 거래를 하여야 적정거래한도는 25백만원이 된다.

적정거래한도 = 월 판매액×(365일/120일) = 25백만원(월별 신용여신한도액)

5) 거래한도 심사시 CHECK-POINT

여신한도를 산정하는데 있어서 거래처에 대한 체크 포인트는 중요하다. 이는 일반적으로 신용조사시 체크포인트와 동일한 내용을 가지고 판단하면 된다.

거래한도 심사시 CHECK-POINT

항 목	체크내용	비 고
재산측면	1. 과다한 차입금으로 사업을 확장하고 있는가? 2. 사업장 및 거주지의 임대차 계약을 타인명의로 하였는가? 3. 본인 소유의 부동산이 타인 명의로 되었는가? 4. 소유부동산에 근저당 설정이 이중삼중으로 되어 있는가? 5. 갑자기 부동산을 처분하고 있는가?	
자금측면	6. 결제조건을 자주 변경 하는가? 7. 융통어음을 남발 하는가? 8. 빈번하게 지급어음의 지급기한을 연장 하는가? 9. 사채를 쓰고 있는가? 10. 별다른 이유 없이 주거래은행을 변경 하는가? 11. 공공요금(전기료, 수도료, 전화료)을 체불하고 있는가? 12. 종업원 임금을 체불 하는가?	
경영자 측면	13. 특별한 이유 없이 주민등록상 단독세대 구성원인가? 14. 무단전출에 의한 주민등록 말소 경험이 있는가? 15. 정치에 지나친 관심 및 참여 하는가? 16. 부부관계가 원만한가? 17. 건강이 양호한가? 18. 사생활이 복잡하고 도박을 좋아 하는가?	
회사분위기 측면	19. 종업원들이 친절한가? 20. 사무실이 호화 사치스러운가? 21. 경영층의 심한 내분으로 파벌이 심한가? 22. 회사에 대한 불만으로 직원들 이동이 심한가? 23. 사업장이 정리정돈이 되지 않고 지저분한가? 24. 노조와 갈등이 있는가?	
영업적 측면	25. 대표자와 실경영자가 동일한가? 26. 사업자등록증이 다수인가? 27. 주문량이 갑자기 증가 또는 감소하는가? 28. 본업이 아닌 타사업에 투자하는가? 29. 거래선으로부터 부도를 맞았는가? 30. 대형 거래선이 유지되는가? 31. 고정 거래선과 납품은 유지되는가?	
부실예방 및 습득	32. 사고발생즉시 강제집행을 위한 서류는 징구되어 있는가?	

3. 여신관리 절차

여신관리는 다음과 같이 절차상 흐름에 따라서 진행한다. 먼저 영업부서에서 영업정책 및 판매정책을 수립한다. 다음으로 거래하고자하는 거래선을 선정하고 신용조사를 실시한다.

신용조사는 1차적으로 영업부서에서 의뢰하면 2차로 관리부서에서 진행한다. 그 결과에 따라 여신관리 규정에 의하여 거래여부를 판단하고 계약체결을 진행한다.

또한 여신을 제공하기 전에 여신관리 규정에 의하여 여신한도내에서 운영을 하고 대금을 회수한다.

여신관리 절차

영업정책 . 판매정책 수립	영업부에서 수립
거 래 선 선 정	영업부에서 선정
신 용 조 사	1차 영업부서 / 2차 관리부서
거 래 여 부 판 단	여신관리 규정에 의한 판단
계약체결 및 채권보전조치	영업부서에서 진행
여 신 한 도 설 정	여신관리 규정에 따라 진행
여 신 한 도 운 영	영업부서
대 금 회 수	영업부서

제5장
계약관리 및 거래 상대방에 대한 이해

제5장 계약 관리 및 거래 상대방에 대한 이해

1절 계약의 기본

1. 계약 개념

복수당사자의 반대방향의 의사표시의 합치로써 이루어지는 법률행위로서 일방당사자가 상대방에게 청약을 하고 이를 승낙하는 것을 말한다.

구두상도 계약이지만 다툼의 소지를 방지하기 위하여 서면으로 작성한다.

청약의 의사표시는 계약의 내용을 결정할 수 있을 정도로 명확해야 하고 상대방에게 도달 한때에 효력이 발생합니다.

일반적으로 우편함에 투입된 때 또는 상대방의 손에 들어 간 때에 도달한 것으로 봅니다. 청약의 구속력으로 인하여 청약의 효력이 발생한 이후에는 청약자가 청약을 임의로 철회할 수 없으나 승낙기간을 정한 경우에는 승낙기간 동안, 승낙기간을 정하지 않은 경우에는 상당한 기간 동안만 철회할 수 없습니다.

이에 대하여 승낙이라 함은 청약과 결합하여 계약을 성립시킬 것을 목적으로 하는 의사표시 입니다. 승낙에 의하여 계약이 성립하기 위해서는 청약의 내용과 일치하는 의사표시를 승낙기간 내에 발송하여야 할 뿐만 아니라 그 기간내에 승낙의 의사표시가 청약자에게 도달하여야 합니다. 만약 승낙자가 청약의 내용에 변경을 가함으로써 승낙이 최초의 청약의 내용과 다르게 된 경우에는 청약자가 그에 대하여 승낙하여야 계약이 성립합니다.

(1) 광의의 계약

2인 이상 당사자의 서로 대립하는 의사표시가 반대방향으로 합치하여 성립하는 법률 행위이다.

목적에 따라 채권계약, 물권계약, 가족법상 계약으로 구분할 수 있다.

(2) 협의의 계약

채권의 발생을 목적으로 하는 계약 즉 「채권 계약」만을 의미한다.

채권계약은 채권·채무를 발생시키는 내용의 계약으로서 채권행위가 대부분을 차지합니다. 이는 매매계약, 임대차계약, 고용계약, 위임계약, 도급 계약 등으로 모두 채권계약입니다. 이 개념은 물권계약과 구별되는 개념으로 쓰이고 있습니다.

이중 매매계약은 우리 일상 생활에서 가장 많이 발생하는 법률관계로서 민법이 규정하고 있는 매매는 당사자의 의사표시만으로 성립합니다. 실제로 매매계약과 동시에 물건이나 권리를 상대방에게 이전할 것을 요구하지는 않습니다.

따라서 매매목적물은 반드시 매도인의 소유에 속하는 것일 필요는 없습니다. 만일 매도인이 타인의 소유물을 매도한 경우에는 이행기가 될 때까지 그 물건을 취득하여 매수인에게 이전하면 됩니다.

2. 계약의 구속력

당사자간에 계약이 성립하면 그것은 계약 당사자를 구속하는 힘을 가진다.

첫째, 계약 성립 후 당사자는 임의로 계약 체결을 없었던 것으로 만들 수는 없다.

둘째, 계약으로부터 당사자는 계약상의 의무를 이행할 책임을 진다.

셋째, 당사자의 합의에 의하여 성립한 계약은 당사자의 합의에 의해서만 변경될 수 있다.

계약은 계약체결의 원칙으로 체결의 자유, 상대방 선택의 자유, 내용결정의 자유 방식의 자유가 있다.

단, 다음의 경우는 제한을 가하고 있다.

① 반사회질서 법률행위(민법103조), 불공정한 법률행위(민법104조)

② 불공정거래의 금지 및 약관 규제

- 사회질서에 반하거나 당사자 일방에만 유리하게 하여 공정성 잃은 계약은 무효(민법)
- 불공정거래의 금지 및 약관의 규제 등을 통하여 계약내용을 제한.
  (독점규제 및 공정거래에 관한 법률)
- 허가구역 안에서 토지 거래시 시장, 군수 또는 구청장의 허가 받아야 함
  (국토의 계약 및 이용에 관한 법률)
- 농지를 거래 할 때는 "농지취득자격증명서"를 발급 받아야 한다.

3. 계약서와 계약금

1) 계약서

매매와 같이 당사자의 의사표시만으로 성립하는 계약은 계약서를 작성하지 않아도 유효하게 성립하는데 이러한 계약을 낙성계약이라고 합니다.

그렇지만 계약의 체결을 증명하거나 그 내용을 증명할 필요가 있는 경우에는 계약서가 중요한 역할을 하게 됩니다. 계약서의 적성에 있어서는 특별한 방식을 요구하지 않으며 계약의 당사자를 확인할 수 있는 사항과 계약을 통하여 달성하려고 하는 목적 및 계약의 이행에 있어서 조건으로 하는 내용 등을 기재하면 됩니다.

2) 약관

약관이란 기업 또는 개인이 고객과의 사이에 그의 업종에 속하는 다수의 계약을 체결하는 때에 사용하기 위하여 미리 계약의 내용이 될 사항들을 정하여 놓는 것을 말합니다. 예를 들면 인터넷 쇼핑몰 회원약관, 버스운송약관 등을 말합니다.

약관은 계약의 체결을 간편하게 하기 위한 것이기는 하지만 계약을 체결하는 고객이 약관의 내용을 충분히 파악할 수 있는 기회를 갖지 못함으로서 불리한 내용의 계약을 체결할 수도 있다는 점에서 문제가 됩니다. 그리하여 「약관의 규제

에 관한 법률」에서는 사업자가 고객에게 약관을 명시하거나 교부하여야 하고 또 약관의 중요한 내용에 대해서는 설명 하도록 하며 이러한 의무를 다하지 아니한 경우에는 그 약관 조항을 계약의 내용으로 주장할 수 없도록 하고 있습니다.

또한 약관의 내용이 불분명한 경우에는 고객에게 유리하게 해석하여야 하고 약관의 내용과 다른 내용의 약정을 체결한 경우에는 개별약정이 약관에 우선하여 적용됩니다.

그리고 약관의 내용이 고객에게 부당하게 불리한 경우에는 그 약관 조항은 무효입니다.

3) 계약금

매매는 낙성계약이므로 매매계약 체결 당시에 대금을 지급할 것을 필요로 하지 않는 것이 원칙이지만 일반적으로는 계약체결시에 매수인이 매도인에게 매매대금의 일부에 해당하는 금전을 건네주는 경우가 있는데 이를 계약금이라 합니다.

계약금은 당사자 사이에 계약이 체결되었다는 증거인 증약금, 계약을 이행하지 않은 경우에 부과하는 위약금 또는 손해배상액의 예정, 일정기간 동안 계약을 해제할 수 있는 권한을 계약 당사자에게 부여하는 해약금으로서 의미를 가집니다.

민법은 계약금을 계약의 해제권을 보류하기 위해 수수되는 금전인 해약금으로 추정하고 있으며 이 경우 계약금을 지급한 당사자는 상대방이 이행에 착수할 때까지 계약금을 포기하고 계약을 해제할 수 있고 계약금을 받은 당사자는 계약금의 2배를 반환하고 계약을 해제할 수 있습니다.

4. 계약의 일반적 효력

1) 권리 · 의무의 발생

계약이 체결되면 양당사자는 계약의 내용에 따른 권리와 의무를 취득합니다. 예를 들면 매매의 경우 매도인은 목적물을 이전할 의무와 대금을 청구할 권리를 취득하고 매수인은 대금을 지급할 의무와 목적물의 이전을 청구할 권리를 취득하게 됩니다.

이와 같이 양당사자가 서로 대가적 의미를 지닌 채무를 부담하는 계약을 쌍무계약이라 하는데 쌍무계약은 양당사자의 채권과 채무가 서로 동시에 이행되어야 할 긴밀한 의존관계에 있다는 특성을 가집니다.

2) 동시이행의 항변권

쌍무계약에서 당사자 일방이 자신의 채무를 이행하지 않고서 상대방에 대해 채무이행을 요구한 경우 상대방은 이행의 청구를 한 자에 대해 그 자의 채무이행이 있기까지는 자기 채무의 이행을 거절 할 수 있는데 이를 동시이행항변권이라고 합니다.

동시이행의 항변권은 쌍무계약의 당사자 사이에 적용됩니다.

3) 위험 부담

위험이란 일반적으로 양당사자에게 책임 없는 사유로 발생한 물품의 손실을 가리킵니다. 매매계약의 목적은 목적물을 판매하고서 그 대가를 얻고자 하는 것입니다. 현실매매의 경우에는 즉석에서 대금을 지급하고 목적물을 인수하기 때문에 특별히 문제될 것은 없습니다. 그러나 계약체결과 이행간에 시간적 간격이 있는 경우에는 그 사이에 양당사자의 귀책사유 없이 도난 또는 화재에 의하여 목적물이 멸실 될 수 있습니다. 이러한 경우에 매수인은 물품을 수령하지 못했기 때문에 대금을 지급할 필요가 없습니다. 즉 우리민법은 채무자가 위험을 부담하도록 규정하고 있습니다. 이러한 경우 채무자는 목적물을 인도해야 하는 자신의 의무를 면하기는 하지만 상대방에 대하여 매매대금을 지급하라고 청구 할 수 있는 권리도 잃게 됩니다.

5. 계약의 해제와 해지

1) 계약해제와 해지

계약해제라고 함은 계약이 성립되어 그 효력이 발생한 후에 계약내용의 위반 또는 기타의 원인을 이유로 계약의 효력을 소급적으로 소멸시키는 일방적 의사표시를 말합니다.

계약해제는 상대방에게 통지하여야 효력이 발생하기 때문에 당연해제는 원칙적으로 인정되지 않습니다. 다시 말해 당사자 일방이 그 채무를 이행하지 아니하는 때에는 상대방은 상당한 기간을 정하여 그 이행을 최고하고 그 기간 내에 이행하지 않은 때에 상대방은 해제의 의사표시를 함으로써 계약을 해제할 수 있습니다. 다만 이행을 최고하면서 정해진 기간 내에 이행하지 않은 경우에는 해제된 것으로 하는 것은 가능합니다.

한편 계약해지라고 함은 계속적 거래관계에 있어서 계약의 효력을 장래에 향하여 소멸케 하는 일방적 의사표시입니다.

계약의 해지는 임대차와 같은 계속적 거래관계에 적용됩니다. 계약의 해제나 해지는 당사자 사이에 계약금만 교부된 경우와 같이 약정해제권이 인정된 경우나 채무불이행이 있는 경우와 같이 법률의 규정에 의하여 해제권이 부여된 경우에 할 수 있습니다.

2) 계약해제 및 계약해지의 효과

계약이 해제되면 양당사자는 계약상의 의무를 면합니다. 즉 매도인은 재산권이전의무를 면하고 매수인은 대금지급의무를 면합니다. 그런데 계약의 해제는 양당사자로 하여금 모든 의무를 면하게 하지는 않습니다. 즉 계약해제의 결과를 정리하여야 할 법률관계는 여전히 남습니다.

계약이 해제되어도 여전히 남는 법률관계는 첫째, 계약해제로 말미암아 손해를 입은 당사자는 상대방에 대하여 손해배상을 청구할 수 있고, 둘째 이미 이행한 부분이 있는 경우에는 원상회복의무가 발생한다는 것 등이 있습니다.

해제와 비교하여 해지의 경우에는 장래를 향하여 계약의 효력이 소멸할 뿐이고 이미 이행된 부분에 대해서는 아무런 영향을 미치지 않으므로 손해배상의 문제만 남습니다.

6. 강행법규에 의한 계약

(1) 미성년자와 계약

미성년자가 부모, 후견인 등 법정대리인의 동의를 얻지 아니한 계약은 취소 할 수 있다. 따라서 동의 여부를 확인하는 것은 중요하다.

법정대리인의 동의를 얻지 아니한 행위는 취소할 수 있다. 다만, 연령을 속이고 계약한 경우는 취소할 수 없다.

미성년자라도 혼인한 경우는 성년자로 봄으로 법정대리인의 동의 없이도 단독으로 법률행위를 할 수 있다.

소송행위는 법정대리인에 의해서만 할 수 있다.

단, 예외적으로 법정대리인의 동의 없이도 법률행위를 할 수 있다.

즉, ① 단순히 권리만을 얻거나 의무만을 면하는 행위(부담 없는 증여를 받거나 채무변제를 받는 일 등), ② 처분이 허용된 재산의 처분행위, ③ 영업이 허락된 경우에 그 영업에 관한 행위는 미성년자가 단독으로 할 수 있다.

(2) 한정치산자, 금치산자와의 계약

금치산자가 체결한 계약, 한정치산자가 후견인의 동의를 얻지 아니하고 체결한 계약은 취소 할 수 있다.

다만, 선의의 제3자에게는 대항할 수 없다.

(3) 착오로 인한 계약

체결한 계약 내용의 중요 부분에 착오가 있는 경우는 취소할 수 있다. 다만, 그 착오가 착오를 일으킨 쪽의 중대한 과실로 인한 때에는 취소할 수 없다.

다만, 선의의 제3자에게는 대항할 수 없다.

(4) 사기, 강박에 의한 계약

당사자의 일방이 상대방으로부터 강박을 받거나, 속아서 체결한 계약은 취소할 수 있다.

(5) 서면에 의하지 않은 증여 및 부부간의 계약

서면에 의하지 않은 증여계약, 부부간의 계약 등도 언제든지 취소할 수 있다.

7. 계약 작성시 기본지식

1) 의의

계약서는 제목 그 자체가 계약서로 되어 있든 혹은 각서, 합의서, 약정서, 협정서 등 어떠한 명칭으로 되어 있든 내용 자체가 법률적으로 판단하여 계약으로 인정된다면 그 문서의 법률적 성질은 계약서 입니다.

2) 계약서의 작성요령 및 절차

물품 매매계약을 체결함으로써 매도인은 매매대금을 받을 권리와 물품을 양도할 의무가 발생하고 매수인은 물품을 양도받을 권리와 매매대금을 지급할 의무가 발생하는 것처럼 계약서는 권리 및 의무를 발생·변경·소멸시키는 효력이 있으므로 6하 원칙에 따라 정확·간결·명료하게 작성되어야 합니다.

또한 계약서는 어떠한 법률관계가 어떻게 이루어져 어떻게 이행될 것인가에 관하여 요점이 되는 사실만을 어법에 맞게 그리고 법률용어 및 거래상 명확하게 확정된 용어로 작성되어야 하는 것입니다.

3) 계약서에 쓰는 용어 및 문자

당사자 사이에 다르게 해석될 가능성이 있는 용어의 사용은 피해야 합니다. 예를 들면"상당한 기간"이라고 계약서에 쓰게 되면 나중에 상당한 기간이 어느 정도를 의미하는지에 관하여 당사자 사이에 견해가 갈릴 수 있기 때문입니다.

4) 문언의 구체성과 추상성

계약의 문언은 다른 해석을 허용치 않는 명확한 것, 즉 구체성이 있는 상세. 면밀한 것이어야 하지만 어떠한 상황하에서 계약을 체결하였지만 그 후 예상치 못한 사태가 발생하거나 또는 사정이 변경되는 경우 등이 있을 수 있기 때문에 계약은 본질적으로 그 문언이 다소 추상적일 필요가 있습니다.

5) 계약조항의 항목 및 부호

계약서의 문장형식은 지나치게 형식에 구애 받을 필요는 없겠지만 최소한 명확성을 가져야 할 것입니다. 계약서의 길이 내지 양에 따라 편, 장, 관, 조, 항, 호, 목 등으로 구분하여 1.2.3. .…… 가.나.다. ……. (1)(2)(3) ……. 등으로 나누어 표시합니다.

6) 수정방법

계약서를 작성하다 보면 오자 탈자 또는 불필요한 부분이 발생할 수 있습니다. 이에 대하여는 자구의 삭제·추가·정정 등의 수정을 하게 되는데 어느 경우에든 깨끗하고 알기 쉽게 해당 부분을 수정한 후 당사자 쌍방의 정정인을 찍습니다.

7) 계약당사자 표시

계약 당사자를 특정하는 한편 권한 있는 자가 계약서를 작성·서명하였다는 것을 증명하기 위해서는 계약서에 당사자를 표시하여야 합니다.

그 표시방법으로는 보통 성명(또는 상호), 주소, 대표자 내지 대리인의 세 가지로 합니다.

(1) 성명(내지 상호)의 표시

① 자연인

호적상의 본명을 표시하는 것이 원칙이지만 속칭(예명 등)이라도 무방합니다. 단, 목적물이 등기나 등록을 필요로 하는 계약서에 있어서는 본명을 사용하여야 합니다.

② 법인

반드시 등기부에 기재되어 있는 정식명칭을 표시하여야 합니다. 영리법인인 경우는 회사 형태에 따라 주식회사·유한회사 등으로 표시하여야 할 것이며 비 영리법인인 경우는 종교법인, 의료법인, 학교법인, 재단법인, 사단법인 등으로 표시하여야 할 것입니다.

그리고 권리능력이 없는 사단의 경우는 통용되고 있는 단체규약상의 정식 명칭을 표시하면 됩니다.

(2) 주소

① 자연인

주민등록상에 기재된 주소를 표시하는 것이 원칙이고 주민등록상의 주소와 실제 거주지가 다른 경우에는 함께 사용하면 좋습니다.

② 법인

해당 법인의 등기부에 등재된 본점을 표시하며 또한 법인의 등기된 지점과 계약할 때에는 그 지점을 표시하는 것이 원칙입니다. 그리고 등기된 본거지와 실제 영업활동의 본거지 내지 목적물의 등기부상의 주소가 다른 때에는 함께 표시합니다.

(3) 대표자 내지 대리인의 표시

① 대리인과 대표자와의 구별

법인의 대표자는 법인의 기관이고 또한 대표자의 행위는 법인 자체의 행위로 간주 됩니다. 이에 반하여 대리인은 법인 측에서 본다면 사용인일 뿐이고 법인과는 별개의 존재입니다. 다만 대리인은 그의 명의로 법률행위를 하며 그에 따른 법률효과가 법인에 귀속하게 되는 것입니다.

② 주식회사의 경우 그 표시 방법

가. 대표이사

통상은 사장이 법인등기부상 대표이사이겠지만 사장이 대표이사가 아닐 수 있고, 반면에 사장 이외의 회장, 부사장, 전무 등이 대표이사인 경우도 있습니다.

나. 주식회사 이외의 법인에 있어서의 대표자의 표시

재단법인·사단법인은 이사로 표시하고, 종교법인도 이사로 표시합니다. 그리고 합명회사, 합자회사는 무한책임사원으로 표기합니다.

8. 계약 체결시 주의 할 사항

(1) 자연인인지 법인인지 확인할 것

법인의 명판과 대표이사의 명판과 인장을 사용한 경우 법인 자체인지 또는 대표이사가 아닌 개인의 자격인지 명확히 확인하여야 한다.

(2) 정당한 대리인인지를 확인할 것

대리인이 그 권한 내에서 본인을 위한 것임을 표시한 때에는 직접 본인에게 효력이 있다.

실제의 매매계약에 있어서는 매도인과 매수인이 직접 면담하거나 상대가 되어 계약을 하는 경우 이외 그들이 대리인이라고 칭하는 사람과 계약 하는 경우도 있다.

물론 대리인이라고 칭하는 사람이 매도인 또는 매수인으로부터 정당히 대리권을 준 것으로 되어 있다면 문제는 없겠지만 대리권도 받지 않고 대리인이라고 하면서 거래하는 경우도 있어 이러한 계약은 원적으로 무효가 되는 수도 있다. 다만, 이러한 경우에 표현대리로서 유효가 되는 경우가 있다.

따라서 정당한 대리권이 있는 지를 파악해야 한다.

(3) 계약서에는 주소를 명기 할 것

주를 명기하는 것은 채무의 이행을 할 장소, 분쟁이 있을 경우 재판관할을 정하는 기준이 된다.

(4) 계약의 무효 · 취소와 추인

무효인 계약은 추인하여도 효력이 생기지 않는다.

그러나 당사자가 무효임을 알고 추인한 때에는 새로운 계약을 체결한 것으로 본다.

(5) 기간계산은 정확하게 명시 할 것

기간을 표시할 때는 방법을 명확히 한다. 만일, 명확하지 않을 경우는 민법에 의한다.

2절 계약 당사자 및 내용

1. 거래 상대방에 대한 이해

거래처와의 거래 하기전 또는 거래중이라도 상대방에 대하여 이해하고 당사자를 확인하고 거래를 하여야 향후 이를 간과함으로서 발생할 수 있는 리스크를 줄일 수 있다.

1) 당사자가 법인인지 개인사업자인지 구별한다.

법인사업자보다는 개인사업자와의 거래가 채권의 회수에 있어서는 그 담보가치가 높다고 할 수 있다.

법인의 경우 회사가 해산되고 청산되면 책임의 주체가 사실상 존재하지 않지만 개인사업자의 경우 생존하는 동안 책임을 부담하여야 하는 의무가 있기 때문이다.

2) 거래처의 존재 여부를 확인한다.

거래처에 대한 법인등기부등본, 부동산등기부등본, 사업자등록증으로 사업자가 임차하고 있는지 여부를 확인한다.

사업자등록증상의 사업장주소 및 사업자 주소와 대표자의 주소가 같은지를 확인한다.

또한 등기부상 등기변동의 내역 및 임원의 관계 내지 연령 등도 고려한다. 이와 같이 서류를 반드시 서면으로 확인 한 후 거래처를 직접 방문하여 그 사실 여부를 확인 하여야 한다.

3) 명의대여자 인지를 확인한다.

타인에게 자기의 성명 또는 상호를 사용하여 영업할 것을 허락한 자를 명의대여자라 하며, 명의대여자는 자기를 영업주로 오인하여 거래한 제3자에 대하여 그 타인과 연대하여 변제할 책임을 진다(상법 제24조). 명의대여자 책임제도는 외관을 신뢰하고 거래한 제3자를 보호하기 위한 외관 이론의 표현이며, 상호진실주의를 간접적으로 인정한 규정이다.

실제적인 경영주와 형식적인 경영주가 분리되어 있지 않나 확인을 하는 것은 중요하다. 명의대여의 경우 명의차용자가 책임을 부담하지만 거래상대방의 입장에서는 대여자와 차용자에게 연대하여 책임을 추궁할 수도 있다(상법 제24조). 또는 대여자와 차용자가 사용자관계에 있는 민법상 사용자배상책임 을 추궁할 수 있다(민법 제756조).

4) 영업 양도

(1) 의의

일정한 영업목적에 의하여 조직화된 총체 즉, 물적·인적·조직을 그 동일성을 유지하면서 일체로서 이전하는 채권계약이다.

영업양도는, 영업용재산과 재산적 가치가 있는 사실관계가 기능적으로 조직화된 일체가 그 동일성을 유지하면서 이전하는 것이므로, 개개의 영업용 재산 또는 단순한 영업용재산의 전부의 양도와는 구별된다.

(2) 영업양수의 책임

영업양수인이 양도인의 상호를 계속 사용하는 경우에는 양도인의 영업으로 인한 제3자의 채권에 대하여 양수인도 변제할 책임이 있다(상법 제42조 1항).

(3) 책임의 존속기간

영업양수인이 제42조 제1항(상호를 속용하는 양수인의 책임) 또는 전조의 규정에 의하여 변제의 책임이 있는 경우에는 양도인의 제3자에 대한 채무는 영업양도 또는 광고 후 2년이 경과하면 소멸한다.

5) 합병

(1) 의의

2개 이상의 회사가 상법의 특별규정에 의하여 청산 절차를 거치지 않고 합쳐짐으로써, 1개 이상의 회사의 소멸과 권리의무의 포괄적 이전을 생기게 하는 회사법률상의 법률요건이다.

상법의 특별규정에 의하여 합병의 절차를 밟으면 청산절차를 거치지 않고 1개 이상의 회사의 소멸의 효과가 생기고, 또 권리의무가 개별적으로 이전 행위를 할 필요 없이 포괄적으로 이전되는 점에 합병의 본질이 있다.

(2) 효과

존속회사 또는 신설회사는 소멸회사의 모든 권리의무를 포괄적으로 승계한다(상법 제235 조, 제269조, 제530조 2항, 제603조). 즉 소멸회사의 재산을 구성하는 권리의무의 개별적인 이전행위 없이 법률상 당연히 이전한다는 점에서 영업양도와 근본적으로 다르다. 합병은 합병등기가 있음으로써 비로소 그 효력이 생긴다(상법 제530조 제2항 제234조).

흡수합병의 경우에는 존손회사가 본점소재지에서 변경 등기를 한때이며, 신설합병의 경우는 신설회사가 본점소재지에서 설립등기를 한때이다(상법 제234조).

즉, 합병등기는 합병이라고 하는 회사법상 제도의 성립요건인 동시에 효력 요건이다.

2. 계약의 내용

계약서는 체결의 자유, 상대방 선택의 자유, 형식의 자유, 내용의 자유가 있어 상대방과의 어떠한 형식의 내용이든 가능하다.

단, 사회적 타당성과 공정한 거래 행위여야 한다.

계약서 작성 내용

계약 당사자는 기본적인 내용을 검토하여야 한다. 구체적이 내용은 상호 합의 내용을 기술하면 된다. 각 조문마다 중요사항을 언급하니 참조하시기 바랍니다.

(1) 계약 전문

㈜A(이하 "갑"이라함) B㈜(이하 "을"이라함)는 제1조에서 정한 매매에 관하여 다같이 체결한다.

(2) 목적

당사자는 계약이행의 목적 달성 내용을 간단히 기재한다.

■ 매매의 경우

제1조(목적)

매도인은 매매목적물을 매수인에게 매도하기로 약정하고 매수인은 이를 매수하기로 한다.

■ 임대차의 경우

제1조(목적)

임대인은 목적부동산을 임차인에게 대여하고 임차인은 이를 차용한다.

(3) 계약 기간

20○○년 ○월 ○일부터~20○○년 ○월 ○일 까지로 한다.

자동연장 조항을 둘 경우는 계약종료 o개월 전에 연장여부를 명시하여야 하고 해약 및 해지시는 통보를 한다.

(4) 계약 제품

당사자가 공급하고 구매하고자 하는 상품에 대하여 확정하고 모델명, 수량 등을 기재한다.

(5) 계약상품의 가격

상품에 대한 상품명, 수량, 단가, 금액 등을 표기한다. 또한 부가세 및 각종 비용을 포함하여 분쟁이 발생하지 않도록 한다.

(6) 주문 조건

주문서를 통하여 구체적인 제품명, 수량, 인도시기, 인도장소, 기타 조건을 정한다.

(7) 인도 및 소유권 유보

인도장소 및 인도장소 결정 방법은 계약서에 명시한다.

제품 특성상 특수한 장비를 인도시 어느 측에서 준비할 지를 명시한다.

또한 현금이 아닌 할부에 의한 분할 지급시는 소유권은 구매자에게 이전되지 않고 판매자에게 유보된다. 즉 소유권유보부판매 조항을 둔다.

단, 위험 부담은 구매자가 부담한다는 조항을 명시한다.

(8) 검수 및 시험

검수방법과 합격기준을 명시한다.

검수에 대한 기간은 일정한 기간을 정하여 그 기간내에 검수를 완료하도록 명한다.

검수 결과에 대한 이의가 발생할 경우는 외부 제삼자 공인 기관에 의뢰하여야 하는데 이에 대한 비용부담은 누가 부담할 것인지를 명시한다.

(9) 하자 보증

하자기간의 기산점을 명시하여야 한다. 통상 인도일로 명시한다.

하자보수시 하자물품의 운송비 부담과 위험부담은 누가 부담해야 하는지 분명히 명시하여야 한다.

(10) 대금 지급

대금 지급에 대한 지급일을 명시한다.

만일 연체 시는 연체이자율을 정한다.

(11) 담보의 제공

담보는 인적담보(연대, 보증), 물적담보(근저당 등)를 설정하는 것을 명시한다.

담보는 법정절차만이 아니라 담보설정자가 임의로 처분하여 충당할 수 있도록 하는 명시적 문구를 명시한다.

(12) 규격의 변경

장기 계약기간 거래중 규격이 변경 될 수 있다는 것을 명시한다. 규격 변경이 있을 경우 단가가 변동될 수 있다는 것을 포함한다.

(13) 상표의 사용

대리점, 특약점, 구매자 등이 자사의 상표를 사용하도록 허락할 경우는 다음의 조건을 명시한다.

- 회사가 정하는 방법(규격, 색상)에 따라 사용하도록 한다.
- 임의로 변경하여 사용하지 못하도록 한다.
- 위반사항에 대하여 손해를 배상하여야 한다는 조항을 명시한다.

(14) 상계

계약의 해제, 해지, 기한의 이익상실이 발생 하였을 때 최고 없이 상계할 수 있다는 문구를 명시한다. 이는 내용증명으로 발송한다.

(15) 계약해제, 해지, 기한의 이익상실

계약의 해제, 해지 사유가 발생한 경우 적절한 유예기간을 정하여 처리 할수 있도록 한다.

기한의 이익 상실 조항이 명시되지 않으면 구매자가 부도발생시 어음만기일 또는 외상매출금 약정 변제일까지 보증보험금을 청구 할 수 없는 어려움을 겪을 수 있다.

(16) 권리 · 의무 양도 금지

계약상의 권리 · 의무를 제3자에게 양도 금지 또는 양도하고자 할 경우 사전에 동의를 구하는 문구를 명시한다.

대금이 완제되지 않은 경우 사전 서면 승인 없이 질권이나 근저당 등 담보권을 설정하지 못하도록 하여야 한다.

이는 장기 계약, 대리점 계약, 특약점 계약시 사고로 인한 물품을 조기회수 또는 임의 양도로 인한 손해를 방지 할 수 있다.

(17) 관할법원

계약상 분쟁 발생시 법적 다툼을 다룰 관할법원을 정한다. 가급적 채권자의 관할 법원으로 한다.

(18) 계약체결일, 당사자 표시, 서명날인

계약서 말미에 계약서 체결일을 기재한다.

당사자가 법인일 경우는 법인명과 대표이사 성명을 기재한다.

법인의 대표이사가 공동대표이사 일 경우는 모두 기명날인하여야 한다.

또한 법인의 대표이사와 실대표자가 다를 경우는 실대표자를 연대보증인으로 한다.

3. 법률행위의 대리

1) 의의

대리인이 본인에 갈음하여 법률행위를 하거나 의사표시를 수령함으로써 그 법률 효과가 직접 본인에게 생기게 하는 제도를 말한다.

제3자에 대하여 타인에게 대리권을 수여하였음을 표시한 본인은 그 대리권의 범위내에서 행한 타인과 제3자간의 계약에 대하여 책임이 있다.

그러나 제3자가 그 타인이 대리권이 없음을 알았거나 알 수 있었을 경우는 책임이 없다.

① 대리인이 권한 외의 계약을 한 경우에 제3자가 권한이 있다고 믿을 만한 정당한 이유가 있는 때에는 본인은 그 행위에 대하여 책임이 있다.

② 대리권의 소멸은 선의의 제3자에게 대항하지 못한다.

③ 대리권 없는 자가 타인의 대리인으로 한 계약은 본인이 이를 추인하지 않으면 본인에 대하여 효력이 없다.

2) 대리 행위의 종류

① 유권 대리

정당한 대리권을 가지고 있는 경우

② 무권 대리

정당한 대리권이 없는 경우

3) 표현대리 및 무권대리

① 표현 대리

본인에게도 책임이 일부 있다고 생각되는 특수한 경우이다.

- 대리권 수여표시에 의한 표현대리
- 권한을 넘는 표현대리
- 대리권 소멸후의 표현대리

② 무권 대리

특수한 사정이 없는 경우

4) 대리권 소멸

① 본인의 사망

② 대리인 사망

③ 대리인의 금치산 또는 파산의 경우는 소멸한다.

4. 채무자 변경

1) 개인 사업 양도시(개인사업자의 대표자 변경 및 추가)

개인사업자의 사업양도시 양수인은 책임을 부담하지 않는 것이 원칙이다. 다만, 사업양수인이 상호를 속인하는 경우에 양수인은 책임을 부담합니다.

따라서 개인사업자의 대표자 변경시 채무자 변경에 해당하므로 기존대표자와 새로운 대표자를 중첩적으로 체결해야 합니다.

2) 개인사업자에서 법인으로의 변경

이는 채무자 변경사유에 해당하므로 신규법인과 새로운 계약을 체결하여야 합니다.

또한 개인사업자와 신규법인을 중첩적 채무인수계약을 하여야 합니다.

3) 법인의 상호변경

회사의 경우 경영자가 전부 변동된다고 하여도 이에 대하여 회사의 책임은 변경되지 않습니다. 다만, 회사가 영업의 일부를 양도하고 이를 양수한 자에 대하여는 책임을 물을 수 없습니다.

법인이 바뀌어 계약의 변경계약을 하려면 법인등기부등본번호가 바뀌어야 합니다.

5. 계약의 인증 · 공증

(1) 인증

문서나 행위가 정당한 절차로 이루어졌다는 것을 공적 기관이 증명하는 문서이다.

인증은 집행력은 없지만 계약 사실을 법률적으로 인정받는 문서이다.

(2) 공증

계약서의 공증은 약속어음공증으로 받는다면 재판을 받지 않고 바로 집행할 수 있다.

① 물품대금 채권

채무자로부터 변제의 약속을 받는 경우에는 이행각서를 받는 외에 따로 채무자로 하여금 약속어음을 발행하게 하고 이를 공증을 받아 두는 것이 좋다.

약속어음을 공증하는 경우에는 그 약속어음이 진정하게 발행된 사실이 증명되는 외에 작성된 공정증서상에 강제집행의 뜻을 기재함으로써, 채무자가 약속을 지키지 않으면 채권자는 약속어음수취인으로서 공정증서에 기해 강제 집행을 실시할 수 있기 때문이다.

② 대여금 채권

대여금채권인 경우에는 기존의 계약서를 대여금채권이 아닌 경우에는 채무자와 준소비대차계약서(민법 제605조 참조: 기존채무를 소비대차채무로 변경하는 계약)를 작성하여 이를 공증 받는다. 여기에도 채무자의 강제집행을 허가하는 문구가 기재되어야 한다.

(3) 공정증서 부여 장소

공증인 법에 의해 법무부장관이 임명한 공증인의 사무소, 법무법인 사무소, 합동 법률사무소 중 공증인가를 받은 사무소에서 공증사무를 취급하고 있으므로 공정증서를 하기 위해서는 위 사무소 중 한 곳에서 하여야 한다.

(4) 공정증서 작성 내용

공증인이 촉탁인 확인 등의 사항과 "약속어음 발행인이 강제집행을 인낙한다.는 문구 및 공증한다"라는 문구를 기재하여 직접 작성하여 약속어음에 부착한다. 공정증서가 작성되면 약속어음이 부착된 공정증서정본을 수취인에게 부여하고, 대리인이 촉탁한 경우에는 발행인 본인에게 공증사실을 통지 한다.

(5) 공정증서 집행문 부여

채무자가 채무를 이행하지 않으면, 채권자는 약속어음공정증서에 기해 강제집행을 실시하게 된다. 이때 채권자는 약속어음을 공증한 사무소에서 공정증서 집행문을 부여 받아야 한다. 공증인은 약속어음 공정증서 작성일로 부터 7일이 지난 후에는 집행문을 부여할 수 있다.

제6장

담보관리 및 평가

제6장 담보관리 및 평가

1절 담보관리 기본

1. 담보개념

1) 의의

보증이란 타인이 채무를 갚지 않으면 자기가 갚겠다고 채권자와 약정하는 것을 말한다.

보통 보증은 채권자가 보증인에게 채무를 갚으라고 할때 주채무자에게 먼저 청구할 것을 요구할 수 있고 이러한 요구가 있으면 채권자는 먼저 주채무자에게 청구를 하고 변제를 하지 않으면 보증인에게 청구하여야 하며 주채무자가 재산이 있어서 강제집행을 할 수 있는 사실을 보증인이 입증하면 채권자는 주채무자의 재산에 먼저 강제 집행을 하여 변제를 받아야 의무가 있으며 만약, 주채무자에게 강제 집행을 게을리 하지 않았더라면 변제 받을 수 있었는데도 채권자가 게을리 하여 변제 받지 못했을 때는 보증인은 그 범위에서 보증채무를 면하게 된다.

그러나 연대보증은 주채무자가 채무를 이행하지 않으면 채권자는 주채무자가 변제할 재산이 충분하더라도 주채무자에게 청구하지 않고 연대보증인에게 바로 청구할 수 있고 이때 연대보증인은 이의를 할 수 없고 보증채무를 갚아야할 의무가 있다.

보증에는 인보증(연대보증, 보증채무)과 물적담보가 있다. 따라서 거래를 위하여 주채무자와 계약시 보증을 세우고 거래하는 것은 리스크를 줄일 수 있다.

물적담보의 종류는 법적담보물권, 약정담보물권, 가등기담보물권, 관습법상물권이 있다.

2) 인보증

① 연대보증

- 채권자는 연대채무자 가운데 어느 한사람에게 대하여 채권의 전부나 일부를 청구할 수 있다.
- 모든 채무자에 동시에 또는 순차적으로 채무의 전부나 일부를 청구할 수 있다.
- 이행의 청구는 재판외 또는 재판상에서도 할 수 있다.
- 동시에 공동피로 청구 할 수 있다.
- 연대 채무자의 전원 또는 그 중의 수인이나 1인이 파산 선고를 받은 경우에도 채권자는 각 파산재단에 대하여 채권전액으로써 배당에 가입할 수 있다.
- 어느 연대채무자가 변제한 경우에는 다른 연대채무자의 부담부분에 대하여 구상권 청구가 가능하다.

② 보증채무

- 주채무자가 그 채무를 이행하지 않을 때 보증인이 이를 이행하여야 할 채무이다.
- 이는 채권자와 보증인 사이에 체결된 보증계약에 의하여 성립한다.
- 연대채무와 다른 점은 연대채무에 있어서는 각 채무가 독립성을 가지는데 반해 보증채무는 주채무에 종속하는 성질을 갖는다.
- 그러나 보증인도 주된 채무에 관한 책임만을 부담하는 것은 아니고 자기고유의 채무를 부담한다.
- 최고의 항변권을 주장할 수 있다. 주 채무자에게 우선 청구하라는 항변이다.
- 검색의 항변권을 주장할 수 있다. 주 채무자의 재산에 대하여 집행하라는 것이다.
- 항변권을 행사할 수 없는 경우
  - 보증인이 주채무자와 연대하여 채무를 부담한 때
  - 주채무자가 파산선고를 받은 때
  - 주채무자가 행방불명이 된 때

3) 물적 담보

① 법적담보물권

유치권, 법정질권, 법정저당권, 우선특권 등이 있다.

② 약정담보물권

전세권, 질권, (근)저당권 등이 있다.

③ 가등기담보물권

소유권이전청구권가등기, 담보가등기 등이 있다.

④ 관습법상물권

명인방법, 분묘기지권 등이 있다.

⑤ 동산물건의 변동

현실인도, 간이인도, 점유개정, 목적물반환청구권양도 등이 있다.

4) 물적 담보의 필요성

거래시 현금 판매로 하면 얼마나 좋겠는가.

하지만 신용으로 판매하는 것이 많고 이 또한 거래선의 불확실한 변동에 의한 리스크 관리 문제가 항상 존재한다.

가치 있는 물적 담보를 확보 하면 거래의 안전으로부터 자유로울 수 가 있다.

특히, 경매 배당시에 일반채권자는 다른 권리를 배당한 후 최종 후순위권자로서 집행순서에 무관하게 동순위로서 안분 배당권자이다. 따라서 항상 최우선 변제를 받기 위해서는 물적 담보를 확보하는 것이 중요하다.

5) 동산물권의 변동

인도는 점유의 이전, 즉 물권의 사실상 지배를 이전하는 것을 말한다.

인도는 현실의 인도가 원칙이지만 의사표시만으로도 물권변동의 효력이 발생하는 관념적 인도를 인정하고 있다.

① 현실 인도

실제로 물권의 사실상의 지배를 양도인으로부터 양수인에게 이전하는 것을 말한다.

② 간이 인도

양수인이 이미 동산을 점유한 때에는 양도인과 양수인의 물권적 합의만으로 물권을 이전하는 것을 말한다.

③ 점유 개정

양도인이 양도한 후에도 종래와 같이 점유를 계속하지만 양수인과의 사이에 점유매개관계를 설정함으로서 양수인에게 간접점유를 취득시키고 자신은 양수인의 점유매개자로서 직접점유를 계속하는 경우이다.

④ 목적물반환청구권의 양도

양도인이 목적물의 간접점유자이고 제3자가 이를 직접점유하고 있는 경우 양도인이 제3자에 대한 반환청구권을 양수인에게 양도함으로써 양수인에게 간접점유를 취득시키는 것을 말한다.

2. 물적 담보의 성질

1) 우선변제권

담보물 경매시 경매대금에서 일반채권자 및 후순위 물권자에 우선하여 변제 받을 수 있는 권리를 말한다.

2) 수반성

피담보채권이 이전되면 담보물권도 이전된다.

3) 물상대위성

담보물권의 목적물이 멸실, 훼손, 공용징수에 의하여 그 물권의 소유자가 보상금, 손해배상금, 보험금 등 금전 기타의 물권을 받을 청구권을 취득한 경우에 그 담보물권이 그 청구권 위에 효력이 미치는 것을 말한다. 유치권은 물상대위권이 없다.

4) 불가분성

담보권자는 피담보채권의 전부를 변제받을 때까지 목적물의 전부 위에 그 권리를 행사할 수 있다.

5) 처분성

채무자 의사와 상관없이 담보권으로 집행권원 없이도 담보권실행경매나 당사자간의 사전특약에 의하여 채권자 스스로가 임의 처분할 수 있는 권리를 말한다.

6) 부종성

담보물권의 존재는 피담보채권의 존재에 종속한다는 뜻이다.

따라서 피담보채권이 소멸하면 자동적으로 담보물권도 소멸한다. 단, 근저당, 근질권은 소멸하지 않는다.

3. 담보권자 배당

담보권자는 배당을 요구할 수 있다.

1) 배당요구를 할 수 있는 자

- 집행력 있는 정본을 가진 채권자
- 경매개시결정이 등기된 뒤에 가압류를 한 채권자
- 민법·상법 그 밖의 법률에 의거하여 우선변제권이 있는 채권자

  주) 우선변제권이 있는 채권자중 경매개시결정의 기입등기 이전에 등기되어 있는 근저당권자는 별도의 배당을 요구하지 않더라도 순위에 따라 배당을 받는다.

또한 가압류권자도 경매개시결정전의 기입이 이루어졌다면 별도의 배당을 요구하지 않더라도 배당을 받을 자격이 있다.

2) 배당 순위

배당 순위는 일반적으로 다음과 같이 이루어진다.

① 일반 채권자

일반채권자들은 서로 순위가 없다.
즉, 동순위로서 안분 배당을 받는다.

② 담보권자

담보권자는 접수번호 우선으로 배당을 한다.
단, 부동산등기부상에 갑구, 을구상 같은 구이면 순위번호 기준으로 하고 별도 구이면 접수번호 순으로 배당을 한다.

③ 선순위 가압류와 후순위 근저당권자

가압류는 마지막까지 안분배당만을 받게 된다.
근저당권자는 후순위 권리자보다 우선변제를 받는다.

④ 임금채권, 소액임대차보증금, 상가건물임대차보증금, 당해세, 근저당권자 보다 우선하여 변제 받는다.
단, 배당요구종기일까지 배당요구를 하여야 배당을 받을 수 있다.

⑤ 가등기권자

가등기권리자는 등기기재 내용으로만은 순위보전인지, 담보가등기인지 구분하기 어려우므로 채권신고를 하여야 배당을 받을 수 있다.

채권신고한 가등기권자는 배당시 근저당권자로 취급한다.

4. 부종성

피 담보채권이 소멸하면 자동적으로 담보물권도 소멸한다.

단, 근저당권 및 근질권은 소멸하지 않는다.

5. 담보의 범위

담보로 취득 할 수 있는 것은 다음과 같다.

1) 부동산

단, 도시계획 구역외의 전, 답, 과수원, 개발제한구역 부지는 원칙적으로 취득할 수 없다.

2) 보증보험증권, 은행지급보증서

3) 유가증권(국공채, 지방채, 산업금융채권, 보증사채 등)

4) 기명채권(정기예금 등)

5) 동산(시장성 있는 제품, 공장기계 등 유체물)

6) 임차보증금

6. 취득 제한 부동산

다음 부동산에 대한 담보취득은 제한 한다.

① 교회, 학교, 사찰 등 특수용도 이외 사용이 어려운 부동산
② 체비지 등 등기부상 사용이 제약이 있는 부동산
③ 소송계류 중으로 예고등기가 되어 있으나 가압류, 가등기가 있는 경우
   단, 가압류권자나 가등기권자의 채권확인 및 말소 조건이면 가능
④ 원격지의 전, 답, 임야, 급경사 토지
⑤ 공부와 일치하지 않는 지상건물 및 토지
⑥ 국내 비거주자가 제공하는 부동산
⑦ 중종 소유 부동산
⑧ 주거용 건물로서 주택임대차 보증금이 많은 경우
⑨ 공사법상 행정조치에 의한 제한으로 담보취득이 부적합한 물건
⑩ 토지와 지상물이 존재하는 물건의 일부만 담보로 제공하는 경우

7. 담보설정 및 제반 절차

담보설정 및 제반절차는 다음과 같이 한다.

1) 담보물 선정

거래선이 담보물을 제공하면 현업부서는 토지 및 건물의 등기부등본, 토지대장, 건축물관리대장, 도시계획확인원 등의 서류를 받아 소재지, 면적, 구조, 등기사항 여부 등 공부상과 실제현황이 일치하는지를 확인한다. 또한 실소유자 및 권리관계, 선순위 현황 및 임대차 사항, 도시계획 등 공사법상의 환가성과 채권보전 및 법적조치상의 문제점을 우선적으로 파악하여 담보취득 여부를 판단하여야 한다.

2) 감정의뢰 및 현지 답사

담보취득이 가능하다면 감정을 의뢰하고 필요시 현지답사를 통하여 취득적격 여부와 적정담보가액을 판단한다.

3) 설정 품의

현업부서는 감정평가결과와 거래현황을 고려하여 담보설정을 품의한다.

4) 서명 날인

채무자, 담보제공자 및 관계인으로부터 채권서류를 수취할 때는 항상 자필 서명을 날인 받도록 한다.

5) 서류 징구

현업부서는 담보의 유형별로 필요한 제반 서류를 다음과 같이 수취한다.

① 등기권리증
② 근저당권설정계약서
③ 주 채무자 법인등기부등본(개인은 주민등록등본)
④ 주 채무자의 법인인감증명(개인은 개인인감증명)
⑤ 담보제공자(부동산소유자)인감증명서 및 주민등록등본
⑥ 사업자등록증
⑦ 전세계약서
⑧ 임의처분각서 및 담보제공승낙서(제3자 담보 제공시)

6) 담보물의 보관

현업부서는 담보설정등기를 완료하고 담보관리대장 및 담보철을 비치하여 관리한다.

7) 담보물의 교체

기 설정한 담보물의 가치가 변하거나 거래선의 요구 및 기타 사유로 교체가 필요할 시는 재 득결을 하여야 하며 교체시는 다음의 사항을 따른다.

① 취득예정 담보는 해지예정 담보와 비교하여 가치 및 환가성이 양호 하여야 한다.

② 취득 예정 담보를 취득한 다음 기존 담보를 해지 한다.

8) 비용 부담

① 부동산 담보물

구 분	감정비	설정비	해지비	교체비	채무자 명의변경	주택채권매입
당 사						
거래처						

② 보증보험 및 지급보증서

보험료는 최초 보험계약시 및 연장시 거래처 부담으로 한다.

③ 비용부담은 채무자 부담 원칙이나 거래처와 협의하여 당사자간 비율로 부담할 수 있다.

8. 담보 해지

1) 해지 사유

거래가 종결되어 채무가 없거나 잔고회수가 완료되지는 않았지만 담보에 상응하는 채권보전 수단을 확보한 때에는 거래선의 요청에 의하여 해지할 수 있다.

2) 일부 해지

거래선으로부터 담보의 일부해지 요청이 있을 경우 외상잔고, 거래상황, 여신한도 등을 감안하여 채권보전에 지장이 없는 경우에는 해지할 수 있다.

3) 조건 부여

담보를 해지함에 있어서 채권확보에 필요한 각서, 공증 등의 기타 필요한 원인증서를 요구하여야 한다.

9. 담보물 관리

1) 정기 평가

채권관리부서는 주기별로(1년 또는 2년 단위)현장 답사 및 재감정을 한다. 또한 급격한 변동이 있는 경우는 수시로 한다.

회원권은 반기 또는 분기별로 권리 이양 상태를 조사한다.

2) 수시 평가

채권관리부서는 담보물의 이상 유무와 권리관계의 변동을 수시로 확인한다.

3) 채무자 명의 변경

채무자 변경시 담보에 대한 명의 변경을 한다.

4) 형질 변경

형질 변경 후 새로 등기한다.

문제소지가 있는 경우는 추가담보를 요구하거나 공증 등 필요한 조치를 취한다.

10. 담보관리 흐름도

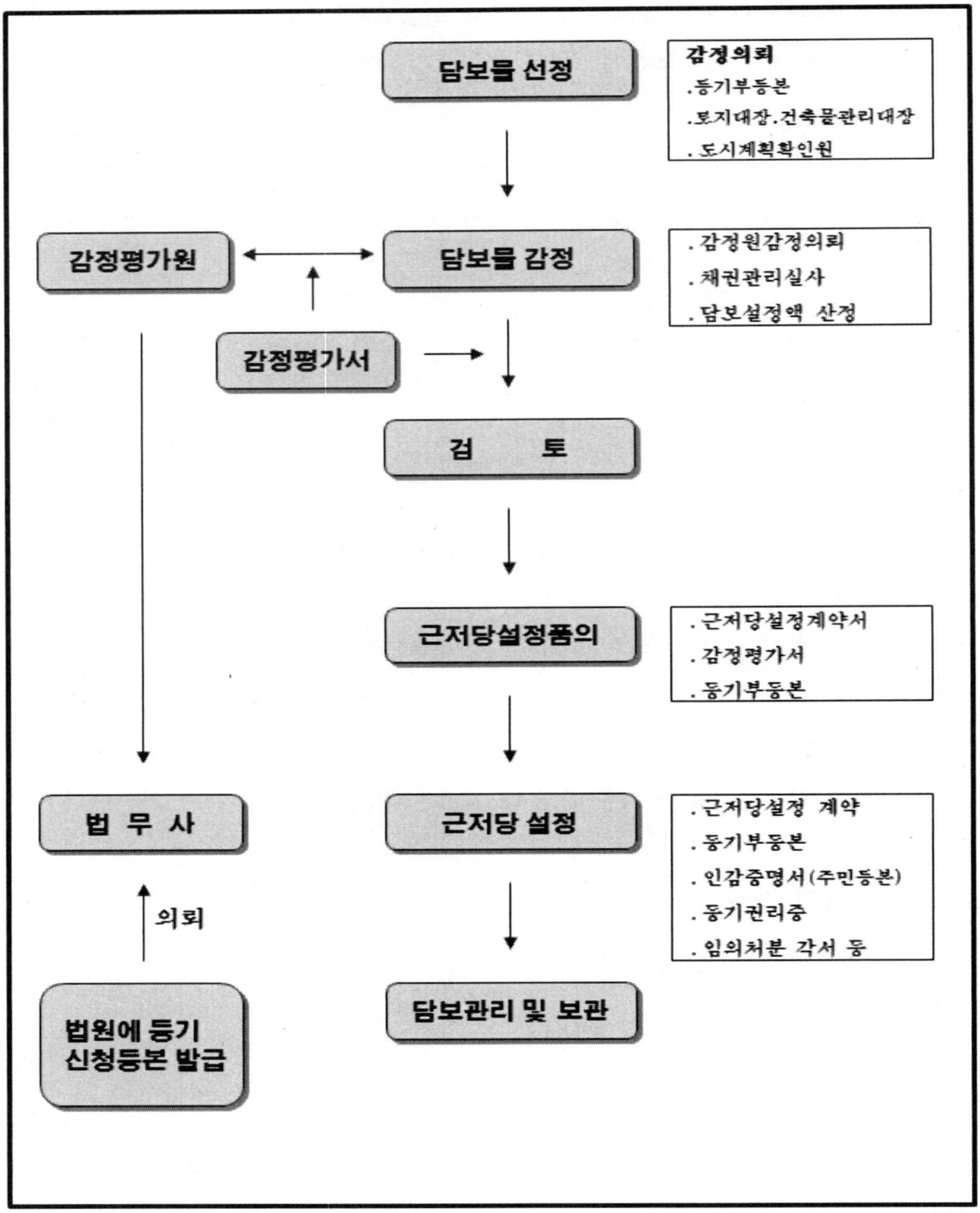

담보물 선정
감정의뢰
.등기부등본
.토지대장.건축물관리대장
.도시계획확인원
감정평가원
담보물 감정
.감정원감정의뢰
.채권관리실사
.담보설정액 산정
감정평가서
검 토
근저당설정품의
.근저당설정계약서
.감정평가서
.등기부등본
법 무 사
근저당 설정
.근저당설정 계약
.등기부등본
.인감증명서(주민등본)
.등기권리증
.임의처분 각서 등
의뢰
법원에 등기 신청등본 발급
담보관리 및 보관

2절 담보물 종류

1. 담보물권의 개념

채무자 또는 보증인이 채권담보로 제공하는 부동산 등에 저당권 등을 설정 등기하여 놓고 채무불이행시 그 재산을 경매 등을 통하여 매각대금에서 후순위 채권자 보다 우선변제 받는 법적인 제도이다.

2. 담보 제공이 금지 · 제한되는 재산

1) 금지되는 경우

학교 교육에 직접 사용되는 토지, 건물, 기타 시설물 등 학교법인의 재산은 처분 또는 담보제공이 금지되며 이를 위반시는 무효가 된다.

학교법인에는 유치원, 특수학교, 기타 이와 유사한 교육기관 모두가 포함되며 사립학교 경영자 개인 소유재산 중 교육에 직접 사용되는 재산은 위와 동일하다.

2) 담보제공이 제한되는 경우

다음 재산을 양도, 담보 제공할 때는 감독관청의 허가를 먼저 얻어야 하며, 이를 위반한 양도, 담보 제공행위는 무효가 된다.

① 학교교육에 직접 사용되지 않는 학교법인의 기본재산
② 공익법인의 기본재산
③ 의료법인 소유재산
④ 감독관청에 등록된 전통사찰소유의 재산
⑤ 향교재단의 재산

3. 담보물권의 종류

1) 전세권

임대차는 채권이고 전세권은 물권이다. 전세권은 등기하여야 효력이 있다. 전세권은 전세금을 지급하고 타인의 부동산을 점유하여 그의 용도에 좇아 사용·수익 하는 권리를 말한다.

전세권은 기본적으로 용익물권이고 부수적·종적으로는 담보물권의 특징도 가지고 있다.

건물뿐만 아니라 토지도 전세권 목적이 될 수 있으나 농경지는 전세권의 목적이 될 수 없다.

전세권의 존속기간은 등기하여야 제3자에게 대항할 수 있다. 전세권의 존속기간을 약정하지 아니한 때에는 각 당사자는 언제든지 상대방에게 대하여 전세권의 소멸을 통고할 수 있고 상대방이 이 통고를 받은 날로부터 6월이 경과하면 소멸한다.

전세권자는 목적물의 현상을 유지하고 그 통상의 관리에 속한 수선을 하여야 한다.

전세권자는 타인에게 양도 또는 담보로 제공할 수 있고 그 존속 기간 내에 서 타인에게 전전세 임대할 수 있다.

전세권자는 전세금의 반환에 대하여 후순위권리자 기타 채권자보다 우선변제를 받을 권리가 있다.

전세권의 존속기간은 10년을 넘지 못한다. 당사자의 약정기간이 10년을 넘을 때에는 이를 10년으로 단축한다.

건물에 대한 전세권의 존속기간을 1년 미만으로 정한 때에는 이를 1년으로 한다.

2) 유치권

(1) 의의

타인의 물건이나 유가증권을 점유한 자가 그 물건이나 유가증권에 관하여 생긴

채권이 변제기에 있는 경우에 그 채권을 변제 받을 때까지 그 물건이나 유가증권을 유치할 수 있는 권리이다.

(2) 법적담보물권

유치권은 법정담보물권이며, 부종성, 수반성, 불가분성은 있으나 물상대위성은 없고, 점유로써 공시되므로 등기가 필요 없다.

(3) 우선변제권 유무

유치권자는 채권의 변제를 받을 때까지 목적물의 점유를 계속하면서 인도를 거절할 수 있다. 유치권자는 유치물의 경매권이 있으며, 법원에 청구하여 유치물로 직접 변제에 충당하는 간이변제충당권을 행사할 수 있다.

유치권자는 우선변제권은 없으나, 경락인 등이 목적물을 인도받으려면 유치권자에게 변제하여야 하므로 사실상 우선변제를 받는 결과가 된다. 유치권자는 별제권을 가진다.

(4) 필요비, 유익비 청구권

유치권자는 유치물의 과실을 수취하여 다른 채권보다 먼저 채권의 변제에 충당할 수 있는 과실수취권이 있다.

유치물에 관하여 지출한 필요비와 유익비의 상환청구권이 있다.

유치권자는 선량한 관리자의 주의의무가 있으며, 채무자의 승낙 없이 유치물의 보존을 위한 사용 이외의 사용・대여, 담보제공을 하지 못한다.

(5) 소멸시효

유치권은 다른 물권과 마찬가지로 포기・혼동・목적물의 멸실 등에 의하여 소멸하지만, 소멸시효에는 걸리지 않는다.

3) 질권

(1) 의의

채권자의 담보로서 채무자가 채무의 변제가 있을 때까지 유치함으로써 채무의 변제를 간접적으로 강제하는 동시에 채무의 변제가 없을 때에는 그 목적물로부터 우선적으로 변제를 받는 권리이다.

(2) 동산 질권

동산 질권은 양도가 가능하고 압류가 금지되지 않아야 한다. 따라서 자동차, 항공기, 선박, 중기 등은 질권의 목적물이 될 수 없다.

■ 동산질권의 효력

- 채권자는 채권의 변제를 받을 때까지 질물 전부에 대하여 그 권리를 행사할 수 있다.
- 동산 질권의 효력은 설정계약에 의하여 인도된 물건의 전부에 미친다.
- 질권자는 채권전부의 변제를 받을 때까지 질물을 유치할 수 있다. 따라서 다른 권리자에 의해 경매된 경우에도 경락인은 질권자에게 변제하지 아니하면 그 목적물을 수취할 수 없다.
- 질권자는 채무변제를 받기 위하여 질물을 경매할 수 있고 경매 대금에서 우선변제를 받을 수 있다.
- 동산질권은 피담보채권이 소멸되거나 당사자 사이의 약정해지 사유가 발생하거나 질물을 질권설정자에게 반환한 때에 소멸한다. 또한 질권설정자의 승낙 없이 사용, 임대하거나 또는 담보에 제공한 때에는 질권설정자는 질권의 소멸을 청구할 수 있다.

(3) 권리 질권

양도성을 가진 재산권 즉, 채권, 주식, 무체재산권, 예금 등이 이용된다.

■ 권리 질권의 효력

- 질권설정자는 질권자의 동의 없이 입질된 채권을 추심하거나 이를 면제 또는 상계하지 못한다.
- 질권자는 채권의 전부를 변제 받을 때까지 질물을 유치할 수 있다.

(4) 질권 계약 및 설정시 참고 사항

① 질권 설정시 질권 설정 승낙의뢰서를 임대인 등으로부터 필히 징구하여야 한다.

② 향후 문제의 소지를 없애기 위하여 채무자로부터 위임장을 받아 질권설정승낙의뢰서와 채무자로부터 징구한 위임장과 같이 확정일자를 받는다. 위임장을 받은 목적은 향후 채무자가 없을 경우를 대비하기 위한 것이다.

③ 이해관계인이 있을 경우는 내용증명으로 통지하도록 한다.

4) 저당권

(1) 의의

저당권이란 채무자 또는 제3자(물상보증인)가 담보로 제공한 토지, 건물 등의 부동산을 채무자의 사용·수익에 맡겨두면서 채무가 변제되지 않는 경우에 경매를 하여 우선적으로 채권을 회수 받을 수 있는 채권을 말한다.

다시 말해 부동산(토지, 건물) 및 부동산에 준하는 동산(자동차, 건설기계 등)등에 저당권설정 등기를 하고 채무불이행시 담보물을 경매하여 우선 변제 받는 담보물권이다.

(2) 성격

저당권은 경매시 우선변제와 관련하여 다음과 같은 성격이 있다.

① 원금, 약정이자, 지연이자, 저당권실행비용을 후 순위권자 보다 우선하여 변제받는다.

② 이자 약정을 하고 이율이 등기되어 있으면 연체된 약정이자는 제한 없이 후순위 채권자 보다 우선하여 변제 받는다.

③ 지연이자(민사채권은 원금에 대하여 연5%, 상사채권은 연6%)는 연체한 때로부터 1년분에 한하여 변제받는다.
④ 저당권자가 경매한 경우 경매비용은 순위에 관계없이 최우선적으로 변제 받는다.

(3) 담보되는 목적물 범위

① 저당부동산에 종속, 부합된 물건 모두에 효력이 미친다.
② 천연과실은 저당 부동산이 경매가 개시된 이후부터는 매수인에게 귀속된다. 단, 저당부동산에 소유권, 전세권, 지상권을 취득한자가 있는 경우에는 저당권자가 그 자들에게 압류사실을 통지해야만 매수인에게 귀속됨을 유의한다.
③ 저당권이 설정된 토지 위에 건물이 있으면 건물에는 저당권 등기를 하지 않았어도 건물과 함께 경매를 할 수 있으나 건물대금으로부터는 변제받지 못한다.

(4) 저당권의 물상대위권

저당권 등이 설정된 부동산 등이 화재 등으로 멸실, 훼손되거나 공용 징수된 경우 소유자가 그 건물에 대해 보험을 든 경우 보험금을 받을 수 있고 토지가 수용된 때에는 수용보상금 등을 보상받는데 이 경우 저당권자가 보험금이나 수용보상금, 기타 물건에 대하여도 저당권을 행사할 수 있는 권리를 물상대위권이라 한다.

이때 저당권자가 물상대위권에 의해 보호 받기 위해서는 담보제공자가 보험회사 등으로부터 금전, 기타 물건을 수령 또는 인도 받기 전에 반드시 지급인인 보험회사 등을 제3채무자로하여 목적물(보험금 등)을 압류하여야 하고 이를 해태한 때는 물상대위권을 행사할 수 없다. 물상대위권은 질권자도 저당권자와 동일하게 인정된다.

(5) 잉여 경매의 원칙

순위가 늦은 저당권자, 전세권자 또는 판결 등 집행권원에 의해 경매 신청할 경우는 매각가격에서 1순위 저당권자가 완전한 변제를 받을 수 있고 이와 동시에 경매를 신청한 채권자에게도 집행비용을 제외하고 배당이 돌아올 금액이 있어야 경매 절차가 진행되며 그렇지 않을시 신청권자가 선순위 채권자에게 돌아갈 몫과 집행비용을 제하고 남을 만한 가격을 정하여 그 가격에 매각되지 않을 경우 자기가 매수하겠다는 신청과 함께 상당한 담보를 제공해야 경매절차가 진행되고 그렇지 않으면 경매절차가 취소된다.

(6) 성립

저당권의 목적물이 될 수 있는 것은 법률에 의하여 정해져 있으나 등기. 등록할 수 있는 것이어야 한다.

저당권의 설정은 당사자의 의사의 합치 하에 이를 등기하여야 효력이 있다.

(7) 부종성

저당권은 법률상 특정한 채권의 변제를 담보하는 것을 목적으로 하는 것으로 되어 있기 때문에 채권이 성립하여 있지 않으면 유효하지 않고 채권이 있는 동안 존속하고 채권이 소멸하면 저당권도 소멸한다.

(8) 목적물

1필의 토지 일부에 대하여서는 저당권을 설정할 수 없다. 토지는 1필의 토지 전체가 저당권의 목적물이 된다.

건물의 경우는 1개의 건물로서 등기 가능한 것을 단위로 하여 설정할 수 있다.

(9) 경매에 의한 대금 회수

저당권의 피담보채권이 변제기일에 변제되지 않으면 저당권자는 경매신청에 의하여 대금을 회수할 수 있다.

(10) 저당권의 종류

① 부동산 저당권 : 토지, 건물

② 부동산 권리 저당권 : 지상권, 전세권
③ 입목 저당권 : 입목
④ 재단 저당권 : 공장재단, 광업재단
⑤ 동산 저당권 : 선박, 자동차, 중기, 항공기
⑥ 기타 저당권 : 광업권, 어업권 등이 있다.

(11) 저당권과 근저당권의 비교

저당권과 근저당권의 비교는 다음과 같다.

저당권과 근저당권의 비교

구 분	저 당 권	근 저 당 권
채권액의 표시	채권액	채권최고액
우선변제금	원금, 이자, 위약금, 채무불이행으로 인한 손해배상, 저당권실행비용을 말한다. 단, 채무불이행으로 인한 손해배상 즉 지연배상금에 대하여는 이행기일 경과 후의 1년분에 한하여 담보된다.	채권최고액 한도내에서 발생한 원금, 이자, 위약금, 손해배상, 실행비용, 지연배상금 전액이 담보된다.
피담보채권	저당권을 설정하기 전후에 발생한 채권이 변제되면 저당권은 소멸된다.	채권이 전액 변제되어도 소멸되지 않고 근저당권 설정 이후 피담보채권에 대하여도 효력이 미친다.
저당권 유용	피담보채권이 모두 변제되어 담보로서 효력이 상실되었지만, 말소등기가 되지 않은 상태에서 무효등기를 유효등기로 전환하여 새롭게 발생되는 채무담보액에 이용하는 것을 말한다. 이것은 후순위 권리자가 없어야 하고 만일, 있는 경우라면 동의를 얻어야 한다. 또한, 저당권설정자와 저당권자간에 합의가 있어야 한다.	
기타	통상 1회에 걸쳐서 한다.	거래 기간 중 사용한다.

5) 근저당권

(1) 의의

장래의 계속적인 거래관계로 부터 발생하는 다수의 불특정 채권에 대하여 이를 확정시키지 않고 일정한 한도까지 담보할 채무의 최고액만을 정하는 것이다.

따라서 근저당권은 등기부에 등기된 채권최고액과 실제 채권액이 다를 수 있고 실제 채권액이 얼마인지 알려면 근저당권자에게 조회를 하여 보는 방법이 가장 좋다.

근저당권은 보통 판매금액의 130%를 채권최고액으로 등기해 두는 것이 일반적이다.

보통 저당권은 변제기가 되면 저당권설정등기를 말소하는 것이 관례이지만 근저당권설정등기는 거래관계가 종료되어 근저당권으로 담보된 채권액이 제로가 되어도 말소등기를 하지 않는다.

■ 근저당권이 저당권에 대한 차이점

- 실제 채권액이 등기된 채권최고액보다 많아도 초과부분은 경매 대금에서 변제 받을 수 없다.
- 약정이자는 저당권은 무제한적으로 담보되나 근저당권은 약정이자가 채권최고액에 포함된 것으로 보며 지연이자는 저당권의 경우 연체일로부터 1년분에 한하여 변제 받을 수 있으나 근저당권은 채권최고액 범위 내에서라면 무제한적으로 후순위권자보다 우선 변제 받을 수 있다.
- 그 외 담보되는 목적물의 범위, 경매절차 등은 저당권과 동일하다.

(2) 대상

근저당의 대상은 양도 가능한 물권으로 등기, 등록이 가능하여야 하고 여신의 제공이 수반되는 것이므로 반드시 환가성을 고려하여 설정하여야 한다.

① 부동산 : 부동산등기부에 등기한다.

- 토지, 건물 - 단독주택, 공동주택을 설정한다.
- 임야 - 위치성을 고려한다.

- 농경지 – 환가성을 고려한다.
- 공장 – 공장소유 부동산등기부에 등기한다.

② **동산** : 이는 준부동산으로 등록원부에 등기, 등록한다.

- 자동차 – 자동차등록원부에 등기한다.
- 중기 – 중기저당법에 의해 중기등록원부에 등기한다.
- 선박 – 선박저당법에 의해 선박등록원부에 등기한다.
- 항공기 – 항공기저당법에 의하여 항공기등록원부에 등록한다.
- 입목(묘목, 삼림) – 입목법에 의하여 보험부보로 한다. 입목은 벌채된 것에 대하여도 유효하다

③ 재단저당

- 공장저당
  공장에 속한 토지, 공작물, 기계, 기구 등 목록을 작성하여 근저당권을 설정함.
- 광업저당, 광업권, 토지와공작물, 지상권기타의 토지 사용권. 기계, 기구 등 목록을 작성하여 근저당권을 설정함

④ **기타 지상권과 전세권에 대하여도 근저당설정이 가능하다.**

지상권과 전세권에 대하여 근저당 설정시 부기등기를 하여야 한다. 전세권의 실행방법에 있어서는 채무자인 전세권자가 전세기간이 만료되기 전에 채무를 불이행한 때에는 전세권에 기한 근저당권자는 근저당권의 목적물인 전세권에 대하여 경매를 신청할 수 있다.

전세기간이 만료되었는데도 불이행한 경우는 전세금반환청구권에 기하여 채권압류 및 추심명령(전부명령)을 신청하여야 한다.

만일 이를 하여 놓지 않으면 전세권설정자는 전세금을 전세권자에게 지급하고 전세권등기와 부기등기로 이루어진 전세권에 기한 근저당권의 말소등기를 청구하면 모두 말소된다.

(3) 담보취득기피 부동산

① 교회, 학교, 사찰 등 특수 용도이외 사용이 어려운 부동산

② 체비지 등 등기부상 제약이 있는 부동산
체비지란 구획정리사업에 소요되는 비용을 충당하기 위하여 원 토지 소유자들에게 분배하지 않고 종료되면 체비지대장상에 등재된자에게 소유권보존등기를 하여 준다.

③ 소송 계류중으로 예고등기가 되어 있으나 가등기, 가압류가 되어 있는 경우 단, 가등권자나 가압류권자의 채권확인 및 말소 조건이면 가능하다.

④ 원격지의 전・답・임야・급경사 토지

⑤ 공부와 일치하지 않는 지상건물 및 토지

⑥ 국내 비거주자가 제공하는 부동산

⑦ 중종 소유 부동산

⑧ 주거용 건물로서 주택임대차 보증금이 많은 경우

⑨ 맹지(도로에 접하지 않은 토지를 말한다.)

⑩ 토지 별도등기 있는 집합건물
이는 집합건물이 건축되기 전에 압류, 가압류, 가처분, 가등기, 금지사항등기, 근저당권 등이 등기되어 있는 경우이다.

⑪ 주거용, 상가 건물 임대차보증금이 많은 경우

(4) 효력

① 효력 발생 시기

근저당권은 등기 또는 등록되어야만 효력이 발생한다.

② 피 담보채권의 범위

가. 채권최고액을 초과하는 채권이 발생한 경우

근저당 설정 계약에서 정한 채권최고액 범위 내에서 현존하는 채권액의 전부에 대하여 근저당권의 효력이 미친다(원금, 이자, 지연이자, 비용).

근저당에 있어서 피담보채권액이 채권최고액을 초과하는 경우에도 후순위 담보

권자나 담보물권의 제3취득자가 없을 때에는 근저당권의 효력이 초과부분까지 미친다고 판례는 보고 있다.

나. 포괄근저당

은행과 여신거래로부터 발생하는 모든 채무를 담보하기로 하는 포괄근저당을 설정한다는 문언이 기재된 경우이다.

담보채무 범위에는 문언에 따라 추가로 부담하는 연대보증채무 및 신용카드 채무가 포함되고 어음채무가 명시되어 있는 경우 어음채무금도 포함된다.

다. 목적물의 범위

근저당권은 소유자가 동일시 부동산의 부합물이나 종물에까지 영향을 미친다.

(예, 주물 : 주유소토지와 건물, 종물: 주유기, 부합물 : 지하기름탱크)

또한 주물에 설정된 근저당권은 종물인 대지권에도 영향을 미친다.

따라서 근저당권자가 경매가 진행되어 주물로부터 전액회수가 안될 경우 종물인 대지권으로 부터도 우선변제를 받을 수 있다.

토지와 건물은 별개의 부동산으로 공동저당을 하지 않으면 서로 영향을 미치지 않는다. 단, 토지를 목적으로 근저당권을 설정 후 그 설정자가 그 토지위에 건물을 지을 경우 근저당권자는 토지와 함께 건물도 일괄경매를 할 수 있으나 건물의 매각대금에 대하여는 우선변제권이 없다.

저당목적물의 멸실, 훼손, 공용징수로 인하여 근저당설정자가 수령할 화재보험금, 수용보상금 등의 금전 기타 물건에 대하여 근저당권자는 물상대위권을 행사할 수 있다. 근저당설정자가 파산하면 그 목적물에 대하여 별제권을 행사할 수 있다.

근저당권자는 저당물에 의하여 변제를 받지 못한 부분의 채권에 한하여 채무자의 다른 재산에 대하여 청구할 수 있고 다른 재산이 경매개시가 진행중이면 가압류를 하여 배당에 참여할 수 있다.

(5) 공동근저당권의 설정

① 의의

공동 근저당이란 동일한 채권을 담보하기 위하여 수 개의 부동산에 근저당권을 설정한 것을 말한다.

② 목적물 범위

공동저당권을 설정하지 않은 이상 토지 또는 건물에 설정한 근저당권의 효력이 설정하지 않은 토지나 건물에는 영향이 미치지 않는다.

그러나 토지를 목적으로 하는 근저당권을 설정한 후 그 설정자가 그 토지에 건물을 지을 때에는 근저당권자는 토지와 함께 건물에 대하여 경매를 청구할 수 있으나 건물의 경매대금에서 우선변제권이 없다.

③ 공동 근저당 설정시 주시의 사항

가. 반드시 토지와 건물을 공동담보로 설정하여야 한다.

나. 나대지인 경우 반드시 지상권을 동시에 설정토록 한다.

다. 담보제공자가 미성년자인 경우 법정대리인과 계약 체결하고 설정행위를 한다.

라. 근저당설정계약서, 연대보증서, 담보제공승낙서, 임대차확인각서 등 일체의 서류에는 본인의 자필서명, 무인을 받도록 한다.

마. 담보제공자는 반드시 부동산등기부등본상 소유자이어야 한다.

담보제공자가 계약자(연대보증인)가 아닌 경우는 필히 담보제공자의 승낙서를 징구한다.

바. 담보물의 가치중 건물의 비중이 큰 경우는 재보험에 부보토록 한다.

사. 주거용 건물을 근저당 설정 코져 할 때에는 반드시 임대차 현황을 파악하고 이를 선순위로 간주해야 한다.

아. 채무자 및 담보제공자의 주소가 주민등록등본, 근저당설정계약서, 설정후등기부등본, 인감증명, 사업자등록증, 담보제공승낙서상의 주소와 일치해야 한다.

자. 법인이 타인을 위해 담보를 제공한 때는 장차 무효가능성이 있으므로 가급 적 피해야 한다. 이 경우 필히 이사회 결의서를 받는다.

④ 공동근저당권 과 후순위저당권자의 지위 관계

동일한 채권 금액에 대한 담보로 수개의 부동산에 저당권을 설정한 후 그 부동산에 대한 경매 배당 시 각 부동산의 경매대가에 비례하여 그 채권의 부담을 정한다.

근저당부동산중 경매 매각대금을 일부 먼저 배당하는 경우는 그 대금에서 그 채권의 전부를 받을 수 있다.

차순위저당권자는 선순위저당권자가 다른 부동산의 경매 매각대금에서 변제를 받을 수 있는 금액의 한도 내에서 선순위자를 대위하여 행사할 수 있다.

(6) 저당권과 다른 채권자와의 순위 관계

① 저당권자(근저당권자 포함) 상호간

이 경우는 먼저 등기된 저당권이 우선한다.

② 전세권자와의 관계

가. 저당권이 먼저 설정된 경우

어느 쪽이 경매신청하든 저당권, 전세권등기는 모두 말소되고 배당순위는 등기 선후에 의한다.

나. 전세권이 먼저 등기된 경우

전세권자가 경매 신청을 하면 양쪽 모두가 말소되고 저당권자가 경매신청 하면 저당권만 말소되고 전세권등기는 그대로 존속되는 것이 원칙이나 전세권자가 배당을 요구하면 전세권은 말소된다.

다. 지상권, 지역권 등기된 임차권과의 관계

저당권보다 먼저 등기된 경우에는 말소되지 않고 낙찰자에게 승계되며 저당권보다 후에 등기된 때는 대항하지 못하고 말소된다. 이러한 관계는 압류채권, 가압류채권자와 관계에서도 동일하다.

라. 가등기권자와의 관계

가등기는 채권담보를 목적으로 하는 가등기(담보가등기)와 순수하게 소유권 이전등기를 받을 목적으로 하는 가등기가 있다. 등기부상에는 어느 것이든 소유권 이전등기청구권 가등기로 하기 때문에 그 가등기가 담보가등기인지, 소유권이전등기청구권 보전을 위한 가등기인지 구별이 쉽지 않은데 만약, 가등기가 1순위로 되어 있고 그 가등기가 채권담보를 위한 담보가등기인때에는 가등기권자가 담보권실행으로 청산을 하고 가등기에 기해 소유권을 취득하면 후순위 저당권자 등은 청산금이 소유자에게 돌아갈 몫이 있으면 그 범위에서 변제를 받을 수 있고 그 가등기가 1순위로서 순수한 소유권이전등기청구권 보전을 위한 가등기인 경우에는 후일 가등기권자가 예약완결권을 행사하여 본등기를 실행해 버리면 후순위 저당권등은 모두 말소되어 담보권이 상실되어 버린다.

가등기가 저당권보다 후에 이루어진 경우에는 그 가등기권자가 선순위 저당권 채무 등을 떠안고 소유권이전등기를 받으려고 하는 등 특별한 경우가 아니면 담보가등기로 볼 수는 있으나 실제에 있어서는 강제집행면탈을 위해 허위 채무를 부담하는 방법으로 경료해 두는 등 악용하는 사례가 있다.

후순위 담보가등기권자는 경매절차에서 담보가등기임을 신고하고 배당요구를 해야만 배당을 받을 수 있다.

마. 가압류권자와의 관계

저당권이 먼저 등기되어 있으면 무조건 가압류보다 우선한다. 그러나 가압류보다 늦게 저당권등기가 된 경우에는 가압류와 저당권 순위는 동일하고 채권액에 따라 안분배당 관계에 있다.

바. 처분금지 가처분권자와의 관계

소유권이전등기 보전을 위한 가처분이 먼저 되고 후에 저당권등기가 된 경우에 가처분권자가 본안 소송에서 승소하여 그 판결에 따라 소유권이전등기를 하면 저당권은 등기 공무원에 의해 직권말소 된다. 저당권등기가 가처분보다 먼저되고 저당권자의 경매신청으로 경락될 경우 가처분권자는 배당 요구할 수 없고 경락인에게도 대항할 수 없다.

사. 임차권자와의 관계

주택임대차보호법과 상가임대차보호법에 의해 보호되는 임차권은 저당권 등기일자와 확정일자 순위에 따라 정해지며 저당권등기와 임차인의 주민등록전입일자가 같은 날에 이루어진 때는 저당권자가 우선한다. 그 이유는 임차권자는 주택임대차보호법상 주택을 인도 받고 주민등록을 마치면 그 다음날로부터 제3자에 대한 대항력이 생기기 때문이다. 소액임차인은 일정한 한도에서 저당권자보다 먼저 배당을 받을 권리가 있다.

아. 임금채권자와의 관계

근로자의 임금, 퇴직금, 채해보상금, 기타 근로관계에서 발생된 채권은 사용자의 총재산으로부터 질권, 저당권에 의해 담보된 채권과 질권, 저당권보다 우선하는 조세, 공과금 채권을 제외하고 기타 조세, 공과금, 기타 채권보다 우선하여 변제를 받을 수 있다.

최종 3월분의 임금, 퇴직금, 재해보상금은 사용자의 총재산으로부터 어떠한 질권, 저당권, 조세, 공과금채권 보다 우선한다.

그 밖의 근로관계채권은 질권, 저당권 및 질권, 저당권에 우선하는 조세 채권, 소액임차보증금을 제외한 여타 채권보다 우선한다.

6) 담보가등기

(1) 의의

가등기는 순수한 소유권이전등기를 보전하기 위한 가등기와 채권을 담보하기 위한 가등기가 있다. 소유권이전등기를 보전하기 위한 가등기는 부동산매매계약을 하고 계약금 또는 중도금을 치른 상태에서 소유자가 매수인 앞으로 가등기를 먼저 해주고 잔대금을 모두 받을 때 본등기를 해주는 경우이다. 채권을 담보하기 위한 가등기는 돈을 빌려주면서 기한 내 변제를 하지 못하면 차주 소유의 부동산을 대물로 받겠다는 대물변제예약 또는 매매예약을 하고 채권자 앞으로 가등기를 해주는 경우이다. 그러나 등기부상에는 모두 소유권이전등기청구권가등기로 되어 있기 때문에 채권담보를 위한 가등기 인지 순수한 소유권이전등기 보전을 위한 가등기 인지 구별이 쉽지 않다. 대체로 가등기 원인이 대물변제예약으로 되어 있거나 저당권 등이 설정된 후에 이루어진 가등기는 가등기권자가 저당채무를 인수하는 조건으로 매매계약을 체결한 경우와 같은 특별한 사정이 없으면 진정한 채무를 담보하는 것이든 허위채무를 부담하고 가등기를 경료한 것이든 채권담보를 위한 가등기로 볼 수 있겠으나 반드시 그렇다고 단정하기는 어렵다.

(2) 담보가등기의 효력

채권을 담보하기 위한 가등기는 그 부동산이 경매될 경우 저당권과 동일하게 취급되어 등기 순위에 따라 배당을 받게 되고 담보가등기권자가 경매절차에서 배당을 받기 위해서는 권리신고(담보가등기신고)와 함께 배당요구를 해야 한다.

또한 채무자가 기한 내 채무를 이행하지 않아 담보가등기권자가 그 부동산에 대한 소유권을 취득하기 위해서는 가등기담보등에 관한 법률이 정한 청산절차를 거쳐야 한다. 즉, 그 부동산을 평가하여 부동산 평가가액이 채권액 보다 많을 때는 그 차익을 소유자에게 반환해 주고 소유권을 취득해야 한다.

7) 양도담보

(1) 의의

양도담보란 채무자 또는 제3자가 부동산이나 동산에 대한 소유권을 채권자에게 이전시키고 채무자가 약정기일에 채무를 변제하면 그 부동산 등을 다시 채무자에게 반환해 주는 형식의 담보물권을 말한다.

(2) 양보담보의 효력

부동산에 대한 양보담보는 채권자에게 소유권이전등기를 해주고 동산의 경우에는 양도담보 계약과 함께 소유권을 채권자에게 이전한 후 다시 채무자가 채권자로부터 임차하여 사용하는 형식을 취하는 경우가 많다.

양도담보는 원래 판례에 의해 인정되었으나 가등기담보등에 관한 법률이 제정되면서 부동산에 대한 양도 담보는 위 법률의 적용을 받는다. 따라서 부동산에 대한 양도 담보를 취득한 후 채무자가 돈을 갚지 않아 부동산소유권을 취득하려면 담보가등기의 경우와 같이 청산 절차를 거쳐야 한다.

또한 기계, 기구 등의 동산을 채권자가 양도담보로 취득하고 채무자가 다시 임차하여 사용하다가 제3자에게 거래를 통해 양도하거나 채권담보로 질권을 설정해 버릴 경우 제3자가 선의 취득 요건을 갖추면 양도담보권자는 권리를 잃어버리게 된다.

제7장

어음 · 수표 실무

제7장 어음·수표 실무

1절 어음·수표 기본

1. 어음·수표 개념

1) 어음이란 무엇 입니까?

일정한 금액의 지급을 목적으로 하여 발행(작성 및 교부)되는 유가증권을 말한다. 어음의 종류는 다음과 같이 구별할 수 있다.

법률상 어음에는 약속어음, 환어음, 전자어음이 있다. 이러한 법률상 어음을 회계처리상으로 장부에 표기 할때, 수취(받을)할 때는 받을어음(자산)으로 처리하고 지급할 때는 지급어음(부채)으로 처리한다.

또한 실무상으로는 이러한 법률상, 회계상 어음을 상업어음, 진성어음, 은행도 어음, 융통어음, 백지어음 등으로 불리고 있으며, 이와는 별도의 방법으로 발행되는 표지어음도 있다.

2) 수표란 무엇입니까?

발행인이 자기가 거래하는 은행에 대하여 수표의 수취인인 소지인에게 일정한 금액의 지급을 위탁하는 형식의 유가증권이다.

수표의 종류에는 다음과 같이 구별할 수 있다.

자기앞수표는 발행인이 은행인 수표를 말하는데 이를 통상 보증 수표라고도 한다. 일반횡선수표는 수표앞면에 두 줄을 나란히 긋고 두 줄 안에 아무것도 적지 않은 수표로 이는 다른 은행이나 자기거래처에만 지급 한다. 특정횡선수표는 횡선사이에 특정한 지급인(은행)을 적은 수표로 지정한 특정 은행에 예치한 후라야 현금화 할 수 있다.

선일자(先日字)수표라는 것도 있는데 이는 현재 수표를 발행하면서 미래의 도래되지 않은 날짜로 하여금 수표를 발행할 수 있는 것으로 이를 연수표라고도 한다.

이러한 상기 모든 발행 수표에 대하여 소지인은 언제라도 지급제시가 가능하다. 따라서 발행인의 지급지 은행에 잔고가 없으면 부도 처리되므로 수표 발행자는 주의를 하여야 한다.

2. 어음 · 수표의 종류

1) 어음의 종류

(1) 환어음

환어음은 국제거래에서 대금추심의 목적으로 주로 이용되며 그 구조는 발행인(수출자)이 자기와 거래관계에 있는 제3자(수입자)에 대하여 어음에 기재되어 있는 금액을 일정한 일자에 어음상의 권리자에게 지급할 것을 위탁하는 어음이다.

(2) 약속어음

발행인이 소지인에 대하여 자기 스스로가 일정한 금액을 무조건 지급할 것을 약속하는 형식의 어음이다.

(3) 전자어음

전자어음이라 함은 전자문서로 작성되고 전자어음 관리기관에 등록된 약속어음을 말한다.

전자어음의 만기는 발행일로부터 1년을 초과할 수 없고 총 배서회수는 20회를 초과 할 수 없다.

2) 수표의 종류

(1) 당좌수표

당좌거래가 있는 은행에서 교부한 수표용지에 발행자가 필요적 기재사항을 기재하여 기명날인한 수표이다. 지불책임자는 발행자에게 있다.

(2) 자기앞수표

일명 보증수표라고도 하며 발행자와 지급인이 은행으로 되어 있는 수표이다. 은행의 신용이 담보되어 있기 때문에 가장 안전하다.

(3) 가계수표

봉급생활자나 개인사업자가 가계종합예금 구좌를 개설한 후 발행한 수표이다. 개인사업자는 500만원을 초과할 수 없도록 되어 있다.

은행은 장당 발행한도 초과라는 이유로 지급은 거절하지만 수표 자체는 유효하기 때문에 발행인, 배서인을 상대로 소송을 제기하여 승소한 후 강제 집행을 실시하여 수표금을 회수할 수 있다(1998.2.13. 선고97다48319).

(4) 선일자수표

발행인이 미래의 날을 발행일로 기재하여 발행한 수표로 수표상 발행일자 이전에도 지급제시하여 수표금을 지급받을 수 있으나 당사자 사이에 수표상의 발행일 이전에 제시하지 않기로 합의하고 제시하였다면 손해배상의 문제가 발생한다.

(5) 횡선수표

횡선수표란 수표 표면에 평행한 두줄(//)을 그은 수표로서 도난 방지의 목적으로 주로 이용된다. 이런 횡선수표는 추심에 의해서만 지급 받을 수 있다. 다시 말하면 지급제시기간내 지급 은행의 창구에서 직접 제시를 하였다 하더라도 당일 날 지급 받지 못하고 소지인 구좌에 입금 시켜서 그 다음 날 호후 2시30분이 지나야 지급 받을 수 있다.

3. 어음 · 수표 기본 행위

어음 · 수표의 소지인이 어음 · 수표상 기명날인 또는 서명한 자 모두에게 청구할 수 있기 위해서는 먼저 완전한 어음 · 수표이어야 하고 그 다음으로 지급제시기간(어음은 지급일 포함 3영업일, 수표는 발행일 포함 11일)내에 제시했다가 거절되어야 한다.

완전한 어음 · 수표가 아닌 백지어음 · 수표를 제시했거나 지급제시기간 경과 후에 제시했다가 지급거절이 된 경우에는 약속어음의 배서인, 수표의 발행인, 배서인, 보증인에게는 어음 · 수표금을 청구할 수 없다(1994.9.30. 선고94다8754).

그러나 완전한 어음이 아닌 백지어음을 제시했거나 지급제시기간 경과 후에 어음을 제시했다 하더라도 주채무자인 약속어음의 발행인과 환어음의 인수인, 이러한 자를 위하여 보증인자는 지급기일로부터 3년간인 어음의 소멸시효가 완성될 때까지는 지급책임을 면할 수 없다.

4. 어음 · 수표 행위

어음 · 수표는 필요적 기재사항 및 임의적 기재사항이 있다. 반드시 필요적 기재사항을 기재하고 서명날인(또는 기명날인, 사인 가능) 하여야 한다.

이는 필요적 기재사항으로서 하나라도 누락시키면 백지어음이 되어 소송시 무용지물이 될 수 있다.

1) 어음 · 수표 행위의 종류

(1) **환 어 음** – 발행, 인수, 참가인수, 배서, 보증이 있다.

(2) **약속어음** – 발행, 배서, 보증이 있다.

(3) **수　　표** – 발행, 배서, 보증, 지급보증(지급인만이 할 수 있음)있다.

2) 어음행위와 의사표시

어음행위도 법률행위이므로 어음·수표법에 특별한 규정이 없으면 민법, 상법을 일반적으로 적용한다. 의사능력, 권리능력, 행위능력의 문제에 관한 규정 등은 어음행위에도 그대로 적용된다.

(1) 비진의 의사표시

원칙적으로 유효하다. 단, 상대방이 알았으면 무효이다. 선의의 제3자에 대하여는 불가능하다.

(2) 통정에 의한 표시

원칙적으로 무효이다. 선의의 제3자에 대하여는 불가능하다.

(3) 착오에 의한 의사표시

중대한 과실이 없고 중요부분에 하자가 있어 야 취소가 가능하다. 선의의 제3자에 대하여는 불가능하다.

(4) 사기, 강박에 의한 의사표시

상대방이 그 사실을 알았거나 알 수 있었을 경우 취소가 가능하다.

3) 어음행위와 반사회적 질서 행위

반사회적 질서행위이면 그 원인관계는 무효이므로 당사자 간에는 원인무효를 이유로 지급을 거절할 수 있다. ⇨ 이를 인적 항변이라 한다.

그러나 제3자에게 배서양도 되면 인적항변은 절단된다. ⇨ 이를 인적 항변의 절단이라 한다.

5. 어음 · 수표 비교

구 분	환어음	약속어음	수 표
최초 당사자	발행인 수취인 지급인	발행인(=지급인) 수취인	발행인
필요적 기재사항	1. 환어음 문구표시 2. 일정한 금액 무조건 지급 조건 3. 지급인의 명칭 4. 지급일 표시 5. 지급지 6. 수취인 7. 발행일과 발행지 8. 발행일의 기명날인	1. 약속어음표시문구 2. 일정한 금액 무조건 지급 조건 3. 지급일 표시 4. 지급지 5. 수취인 6. 발행일과 발행지 7. 발행인의 기명날인	1. 수표의 문구 2. 일정한 금액 지급할 뜻의 무조건의 위탁 3. 지급지 4. 발행일과 발행지 5. 발행인의 기명날인 또는 서명
어음 · 수표 행위	1. 발행 2. 배서 3. 보증 4. 인수 5. 인수참가	1. 발행 2. 배서 3. 보증	1. 발행 2. 배서 3. 보증 4. 지급보증(지급인만이 할 수 있음)

6. 어음 · 수표 위조와 변조

1) 위조

(1) 의 의

권한 없는 자가 타인의 기명날인 또는 서명을 위작한 행위를 말한다.

약 속 어 음 (앞면)

귀하 NO

금 W

위의 금액을 귀하 또는 귀하의 지시인에게 이 약속어음과 상환하여 지급하겠습니다.

지급기일	발행일
지급지	발행지
지급장소	주 소
	발행인 (인)

앞면에 적은 금액을 ○ ○ ○ 또는 그 지시인에게 지급하여 주십시오. (뒷면)

(목적 또는 부기)

거절증서 작성을 면함

년 월 일

주 소

성 명

(2) 책임

위조자는 자기의 어음·수표행위에 의한 책임을 진다. 위조자는 민법상의 불법행위 책임과 유가증권위조죄에 해당된다. 피위조자는 대행시키지도 않았기 때문에 책임을 지지 않는다. 단, 표현책임, 사용자책임, 신의성실원칙상책임, 추인에 의한 책임은 질 수 있다.

2) 변조

(1) 의의

권한 없는 자가 기재 문언을 변경하는 것을 말한다.

(2) 책임

변조전 기명 날인자 또는 서명날인자의 책임자는 원 문언에 따라서 책임을 진다.

변조후 기명 날인자 또는 서명날인자의 책임자는 변조후의 문언에 따라 책임을 진다.

7. 어음·수표 항변

항변은 어음·수표 채무자가 청구자에게 청구를 거절할 수 있는 모든 사유를 말한다. 항변에는 인적항변과 물적항변이 있다.

1) 인적항변

어음·수표채무자가 특정한 어음·수표소지자에 대하여 직접적인 인적관계로 인하여 성립한 항변을 말한다. 이는 특별한 사정이나 약정이 존재한다.

(1) 어음의 무효, 취소가 된 경우

(2) 어음행위의 흠결 또는 하자로 인한 경우

(3) 어음상 권리가 소멸한 경우(상계, 면제, 백지어음, 수표남발, 무권리자격)

2) 물적 항변

어음·수표상의 의사표시의 효력에 관한 항변으로서 어음자체로부터 생기는 항변이다. 이는 어음채무자가 모든 어음소지자에게 대항하는 항변이다.

(1) 어음 형식 불비의 항변, 배서 불연속 항변

(2) 만기미도래 항변, 어음상 명료한 채무면제의 항변

(3) 시효에 의한 채무소멸의 항변

8. 어음·수표 배서와 말소

1) 의의

어음의 표면에 배서인이 어음금액을 피배서인에 대하여 지급할 것을 의뢰하는 것을 말한다.

이러한 배서는 어음·수표의 원활한 유통을 보장하기 위하여 마련된 간편한 방법이다.

2) 효과

어음에 지시문구가 없는 경우에도 어음은 법률상 당연 지시증권이므로 배서에 의하여 이전한다.

3) 배서의 종류

(1) 기명식 배서(정식배서)

피배서인을 기재하고 배서한다는 문언을 적은 다음에 배서인이 기명날인한 배서를 말한다.

기명식 배서는 피배서인이 그 다음 배서인이 되어야 배서가 연속된 어음이 된다.

(2) 백지식 배서

피배서인을 기재하지 않고 배서한다는 문언을 적은 다음에 배서인이 기명날인한 배서를 말한다. 백지식 배서 뒤에는 누가 배서를 하더라도 배서가 연속된 어음이 된다.

기명식 배서를 하느냐 백지식 배서를 하느냐는 배서인의 자유이다.

(3) 약식 백지식 배서

배서인 기재도 배서한다는 문언의 기재도 없이 배서인이 기명날인한 배서를 말한다.

(4) 무담보 배서

어음상 책임을 부담하지 아니한다는 취지의 기재를 한 배서를 말한다. 무담보배서를 한 배서인은 어음 부도시 자기 뒤의 모든 어음권리자에게 상환청구를 부담하지 아니한다.

이러한 무담보배서도 권리이전적효력, 자격수여적효력, 인적항변 절단의 효력은 있다.

(5) 배서금지 배서

배서인이 배서를 한 때에 새로운 배서를 금한다는 취지의 기재를 한 배서를 말한다. 이러한 배서인은 자기로부터 직접 어음을 수취한 자에게만 담보적 책임을 지고 그 후의 어음 취득자에 대하여는 담보 책임을 부담하지 아니한다. 방법은 배서란의 목적 또는 부기 사항에 「배서금지」「지시금지」「○○○에게만 지급」이라는 기재를 한다.

어음·수표 등 배서가 금지되지 아니한 유가증권을 압류할 경우 유체 동산에 대한 압류방법에 따라 집행관이 그 증권을 점유하여야 하며 배서가 금지된 유가증권의 압류의 경우에도 법원의 압류명령 외에 집행관의 점유를 요한다.

(6) 기한후 배서

지급제시기간 경과후의 양도를 기한 후 배서라 한다. 법적으로는 거절증서 작성 후 또는 그 기간 경과 후의 배서를 말하지만 실무에서는 거절증서의 작성이 면제되고 있기 때문에 지급 제시기간 경과후의 배서를 기한 후 배서라고 이해하면 된다. 만기 후 배서와 기한 후 배서는 같은 의미가 아니다. 만기 후에 이루어진 배서라 하더라도 지급제시기간 내에 이루어진 배서는 기한 후 배서가 아닌 정상적인 양도배서에 해당한다.

그러나 여기서 주의할 것은 배서의 일자가 기재되어 있지 아니하면 거절증서 작성기간 경과전에 배서한 것으로 추정된다는 것이다. 기한 후 배서는 담보적 효력, 선의취득, 인적항변의 절단이 부인된다.

다시 말하면 기한 후 배서는 선의 취득이 인정되지 않게 때문에 기한 후 배서인이 무권리자라면 그 뒤에 모든 사람들은 무권리자가 되고 기한 후 배서인이 유권자이면 그 뒤에 모든 사람들은 유권리자가 된다.

기한 후 배서는 지명채권의 양도의 효력만 있다. 여기서 지명채권 양도의 효력만 있다는 것은 어음채무자인 발행인·보증인·배서인이 기한 후 배서인에게 지급을 거절할 수 있는 사유를 갖고 있다면 그 사유로서 지급제시기간 경과 후에 어음을 취득한 소지인에게도 지급을 거절할 수 있다는 것과 기한 후 배서인은 지급제시기간 경과 전에 이루어진 양도배서인과 같은 배서인으로서의 담보적 책임을 부담하지 않는다는 의미이다.

그러나 기한후배서가 지명채권양도의 효력만이 있다고 하여 양도절차까지 지명채권의 양도 절차를 따라야 한다는 의미는 아니다. 다시 말하면 최후 배서가 백지식인 경우에는 교부만으로 양도할 수 가 있고 최후 배서가 기명식인 경우는 배서하고 교부하는 방법으로 양도할 수 있다는 것이다.

(7) 환배서

환배서란 앞의 사람들에게 돌려주는 배서이다. 어음소지자가 어음채무자(발행인, 인수인, 배서인, 보증인 등)에게 하는 배서를 말한다. 환배서 후 어음을 돌려받은 자가 다시 유통시켰을 때 최종소지인에게 환배서인이 지급책임을 지지 아니하려면 자기 배서를 말소하거나 배서란 마지막 “어음 금액을 정히 영수함”란에 기명날인을 돌려주어야 한다.

(8) 추심위임배서

추심위임배서란 거래은행에게 어음의 추심을 위임하는 즉 어음상 권리행사의 대리권을 수여하는 배서를 말한다. 추심위임배서의 방식은 「회수를 위하여」, 「추심하기 위하여」, 「대리를 위하여」의 문구를 배서란에 기재함으로써 한다.

(9) 입질배서(질권설정 배서)

입질배서란 어음상 권리 위에 질권을 설정할 목적으로 하는 배서인데 실제로는 거의 행하여지지 않고 있다. 실무상으로는 양도배서의 형식을 주로 이용한다.

입질배서의 피배서인이 단순히 배서하면 추심위임 배서의 효력만 있다. 입질배서한 어음을 회수하거나 질권을 해제하는 경우에는 반드시 배서로 되돌려 받아야 질권이 소멸한다.

4) 배서의 연속

어음의 소지인이 적법한 권리자로 인정받기 위해서는 발행인으로부터 최종소지인까지 배서가 연속되어 있어야 한다.

배서연속은 실질적인 연속이 아니고 형식상 연속하기만 하면 된다. 왜냐하면 실질적으로는 배서가 연속되지 않는다고 하더라도 형식적으로 연속되면 어음소지인은 선의취득자로서 적법한 권리자가 될 수 있기 때문이다.

5) 어음 배서의 효력

배서인은 최종소지인이 지급제시기간 내에 완전한 어음을 제시하였음에도 불구하고 지급을 받지 못한 경우에는 자기 뒤의 어음상 권리자들에게 어음금을 지급할 책임이 있다. 이를 상환청구의무라 한다.

어음의 배서의 효력에는 권리이전적 효력, 담보적 효력, 자격수여적 효력이 있다.

(1) 권리이전적 효력

배서에 의하여 어음상의 모든 권리가 피배서인에게 이전된다.

(2) 담보적 효력

배서인은 배서에 의하여 피배서인과 그 후자 전원에 대하여 어음의 인수와 지급을 담보하는 책임을 진다.

(3) 자격수여적 효력

배서연속되어 있는 어음소지인은 정당한 어음상의 권리자로서 추정을 받는다.

6) 배서의 말소

배서의 말소가 있으면 말소권의 유무나 그 방법 시기와 관계없이 배서의 연속에 있어서 그 배서의 기재가 없는 것으로 본다.

9. 어음 · 수표 보증

1) 의의

주된 어음행위에 의하여 생긴 어음상의 채무를 담보할 목적으로 하는 부속적 행위 이다.

어음 · 수표 보증이란 어음 · 수표상 또는 보전지에 하는 보증으로서 어음 앞면에 보증을 하면 발행인을 위한 보증이 되고 배서란에 보증을 하면 배서인을 위하여 보증을 한 것이 된다. 따라서 발행인을 위하여 보증을 한 사람은 발행인과 동일한 지급책임을 지고 배서인을 위하여 보증을 한 사람은 배서인과 동일한 지급책임을 져야 한다.

2) 특징 및 효력

어음발행을 위하여 보증인이 된 자는 발행인과 동일한 책임을 져야 하고 배서인을 위하여 보증인이 된 자는 배서인과 동일한 책임을 져야 한다.

조건부 보증을 한 경우에는 조건 충족 시에만 지급책임을 지며 어음금액의 일부 보증도 가능하다. 또한 보증인이 어음금을 지급한 경우에는 구상권을 행사할 수 있다.

(1) 주 채무자가 불명인 때에는 발행인을 위한 것으로 본다.

(2) 주 채무자가 실질적으로 무효인 때에도 성립한다.

(3) 최고. 검색의 항변권이 없다.

(4) 불특정 어음소지인에게 책임을 진다.

(5) 어음소지인에게 주 채무자의 항변으로 대항하지 못한다.

3) 방식

(1) 보증은 어음 또는 보전에 이를 하여야 한다.

어음·수표상 또는 보전지 위에 보증의 문언을 기재하고 보증인이 기명날인 또는 서명을 한다.

(2) 보증은 누구를 위한 것임을 표시하여야 한다.

누구를 위한 보증인가에 대하여 명시적 표현이 없으면 발행인을 위한 보증인으로 본다.

(3) 전자어음 보증

전자어음에 보증하는 자는 전자어음에 보증의 뜻을 기재한 전자문서를 첨부하여야 한다.

4) 보증채무의 독립성

피보증인의 어음행위가 형식상 존재하는 한 어음상의 채무가 실질적으로 무효, 취소되어도 보증채무는 독립적으로 유효하게 존재한다. 다시 말하면 발행인을 위하여 보증을 한 자는 발행이 위조된 경우 발행인은 지급책임을 지지 않지만 발행이 위조되었는지를 알고 보증을 하였건 모르고 하였건 상관없이 보증인으로서 지급책임을 져야 한다는 것이다.

5) 공증어음 발행시 보증의 문제점

공증어음을 작성하는 목적은 채무자의 채무불이행시 소송제기에 소요되는 시간과 비용을 절감하고 바로 강제집행을 실시하는 것인데 공증어음상의 보증인에 대하여는 별도로 소송을 제기하여 승소하여야 비로소 강제집행을 실시할 수 가 있으므로 공증어음의 작성목적이 달성되지 않는다.

따라서 공증어음을 작성할 때는 지급책임을 져야 하는 사람 전원을 공동발행인으로 하여 작성하여야만 채무불이행시 즉시 강제집행을 실시할 수 있다.

10. 백지어음 · 수표

1) 의의

백지어음·수표란 어음·수표 요건(필요적 기재사항)의 일부 또는 전부를 뒤의 어음·수표 취득자에게 보충시킬 의사로써 공백으로 둔채, 기명날인하고 유통시킨 어음·수표이다. 백지어음을 정상적으로 취득한 사람은 어음의 백지부분을 보충할 수 있다. 따라서 백지어음·수표는 보충권이 향후 어음·수표 취득자에게 유보되어 있다는 점에서 보충권이 없는 불완전한 어음·수표와는 다르다. 다시 말하면 백지부분을 보충할 권한을 발행인이 부여하지 않은 어음은 불완전한 어음이고 불완전어음은 무효어음이고 무효어음이면 발행인은 지급책임을 지지 않는데 보충권을 주지 않았다는 입증은 발행인이 하여야 한다는 것이다.

2) 지급제시 및 효과

백지어음·수표의 소지자가 백지부분을 보충하지 않고 지급제시 한 경우에는 어음채무자가 지급거절을 하더라도 채무불이행 되지 않는다(1992.3.10 선고91다28323). 따라서 어음채무자가 지급을 하지 않더라도 지연이자 등이 발생하지 않는다.

또한 백지어음·수표가 제시되면 상한청구의무자인 약속어음의 배서인, 환어음의 발행인, 배서인, 보증인, 수표의 발행인, 배서인, 보증인은 지급책임을 면한다. 따라서 소송을 해도 승소할 수 없을 뿐만 아니라 시효중단의 효력도 없다.

그리고 약속어음 발행인, 환어음의 인수인은 주채무자이므로 백지어음이 지급되었다고 하더라도 소멸시효가 완성될 때까지는 지급 책임을 면할 수 없다. 따라서 주채무자를 상대로는 소멸시효가 완성되기 전에 어음금청구소송을 제기하고 2심의 변론이 종결될 때까지만 백지를 보충하면 승소할 수 있다. 만약 변론이 종결될 때까지도 백지부분이 그대로 남아 있는 때에는 주채무자인 약속어음의 발행인과 발행인을 위한 보증인에 대하여도 승소할 수 없다(1994.9.9 선고 94다12098). 그러므로 실무적으로는 소송을 제기하기 전에 백지부분을 보충하여 완전한 어음으로 만든 후 소송을 제기하여야 한다.

3) 백지어음의 보충기간

(1) 주채무자를 위한 보충기간

주채무자인 약속어음의 발행인, 앞면 보증인, 환어음의 인수인에게 청구하기 위해서는 지급기일로부터 3년의 어음 소멸시효 완성 전에 소송을 제기하고 2심의 변론종결시까지 보충하면 승소할 수 있다.

(2) 상환청구의무자를 위한 보충기간

① 만기가 기재되어 있는 백지어음

상환청구의무자인 약속어음의 배서인, 환어음의 발행인, 배서인, 보증인, 수표의 발행인, 배서인, 보증인에게 상환청구권을 행사하기 위하여는 지급제시기간내에 제시전까지 백지부문을 보충하여 완전한 어음·수표를 제시하여야 한다.

② 만기(수표는 발행일)의 기재가 없는 백지어음

보충권을 행사할 수 있는 때(거래종료일)로부터 어음은 3년, 수표는 6월내에 보충하여 행사하여야 한다.

4) 백지어음 보충권

(1) 어음 소지인의 보충권

어음·수표의 취득자가 어음·수표 면에 백지로 된 부분을 보충할 수 있는 권리를 백지어음보충권이라고 한다. 백지어음 보충권은 어음과 함께 이전함으로 최종 어음 소지자가 어음상권리를 행사할 때 보충권을 행사하여 백지부분을 기재하면 발행시부터 요건을 완비한 어음과 동일하게 취급된다.

판례는 어음·수표금액이 백지인 경우 발행인에게 직접 확인하지 않고 부당 보충한 것은 취득자에게 중대한 과실이 있다고 하고 있으므로 주의를 요한다(1999.6.11 선고 99도 10945).

백지어음·수표의 부당 보충은 유가증권위조죄에 해당한다.

(2) 백지어음보충권 부여증

발행인이 백지어음·수표를 교부하였다는 것은 어음 수표 소지인에게 백지를 보충할 수 있는 권한을 부여한 것이 되므로 어음·수표를 정상적으로 취득한 사람은 백지어음보충권 위임장을 받지 않았다 하더라도 백지부분을 보충할 수 있다.

그러나 분쟁 예방이라는 차원에서 금액, 지급기일이 백지인 어음을 수취할 때는 백지어음보충권 위임장을 부여 받는 것이 바람직하다.

백지어음(당좌수표) 보충권 위임장

당사 ○○○㈜ 는 귀사 앞으로 발행한 다음 내용의 백지어음은 본인에 대하여 장래 발생할 귀사 채권의 보전을 위하여 발생하는 것인 바, 본인과 귀사간에 체결된 거래 약정에 따라 약정 기일 내에 그 채무를 이행하지 못하였을 때에는 아래 사항을 보완 기재하여 어음상의 권리를 행사할 권리를 부여함에 하등의 이의 없기를 동(同) 백지어음과 함께 본 증서를 제출합니다.

어음의 종류 및 수량	
어음의 종류	
만기일	
지급장소	
지급지	
발행지	
발행일	
금 액	

년 월 일

위본인 주소 :
상호 :
성명 : (인)

연대보증인 주소 :
상호 :
성명 : (인)

○○주식회사 귀중

위의 어음에 사용된 인감 및 명판은 귀사에 제출된 것과 상위 없음을 증명합니다.

---

1. 백지어음이란 후일에 그 소지인으로 하여금 어음요건의 전부 또는 일부를 보충시킬 의사로서 이를 기재하지 않고 백지상태에서 기명날인 또는 서명을

하여 교부한 미완성 어음을 말한다. 미완성어음인 백지어음은 보충에 의하여 완성어음이 된다.

2. 보충권의 내용은 어음행위자와 수취인간의 합의에 의하여 결정한다.
3. 보충권의 효과는 민법147조의 준용을 받아 보충한 때부터 장래에 향하여 발생한다.
4. 발행인이 법인이면 대표이사를 개인자격으로 연대보증인을 받도록 하는 것이 유리하다.
5. 은행도어음(수표)은 채무자(발행자)가 주거래은행(당좌거래 개설 은행)에 가서 인감의 확인을 받아 오도록 한다.
6. 백지어음(수표) 보충권 위임장은 좌측 옆에 백지어음(수표)을 붙이고 간인을 찍는다.

2절 어음 · 수표 실무

1. 어음 · 수표의 선의 취득

1) 의의

선의취득이란 어음·수표 소지인한테서 자기를 마지막 피배서인으로 하여 배서가 연속된 어음·수표를 양수한 소지인은 설사 자기에게 배서 또는 양도한 자가 사실은 무권리자였다 하더라도 그 사실을 몰랐거나 또는 몰랐는데 큰 잘못이 없는 한 그 어음·수표의 권리를 정당하게 취득하는 것을 말한다.

2) 요건

어음·수표의 선의 취득은 다음과 같다.

① 어음·수표의 양도인이 무권리자이어야 한다.

② 어음·수표상의 유통방법에 의하여야 한다. 즉 배서에 의한 양도이어야 하며 최후의 배서가 백지식인 경우나 소지인지급식 수표인 경우에는 어음·수표의 교부에 의한 양도도 가능하다. 따라서 회사의 합병, 발행인이 배서금지를 배서한 경우, 기한 후 배서에 의하여 어음을 취득한 자는 선의 취득이 되지 않는다.

③ 배서 연속이 되어야 한다.

④ 어음 취득자(최종 소지인)가 양도인이 무권리자라는 것을 몰랐거나 몰랐는데 중대한 과실이 없어야 한다.

⑤ 지급제시기간내 취득하여야 한다.

2. 어음 · 수표 지급제시

어음·수표에 대하여 추심은 정상추심을 하여야 한다. 어음은 만기일에 지급제시가 되어야하고 만일, 지급제시가 안되었을 경우는 영업일 2일까지는 하여야 한다. 수표는 발행일로부터 10일까지는 지급 제시되어야 한다.

어음은 만기일을 경과할 때까지 지급제시가 않 되었을 경우 상환청구 기간내 직접 실물을 가지고 지급지은행에 방문하여 창구에 제시하여야 한다.

상환청구 기간 내에도 지급제시가 않되면 배서인에 대한 청구권이 상실되기 때문에 주의를 요한다. 다만 발행인에게는 청구할 수 있다.

수표는 발행일 익일부터 10일내에 지급제시를 하여야 한다. 만일 지급제시일내 추심을 하지 않는다면 발행인 및 배서자에게도 상환청구권이 상실된다는 점과 유가증권 위조죄로 고소를 할 수 없다는 점 주의를 요한다.

1) 어음 지급 제시 기간

(1) 확정일 출급어음, 일람후 정기출급, 발행일자후 정기출급

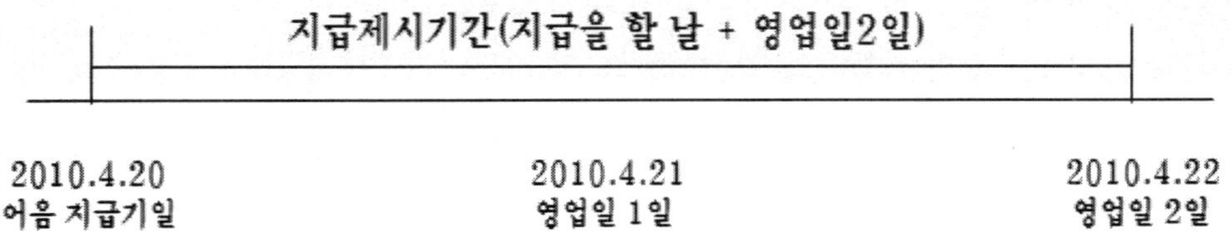

(2) 일람출급어음(지급제시 기간 1년)

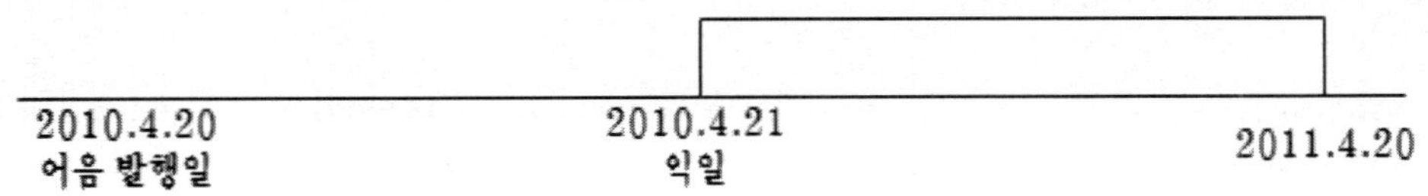

일람출급어음은 1년 이내에 지급 제시하여야 한다.

2) 수표 지급 제시 기간

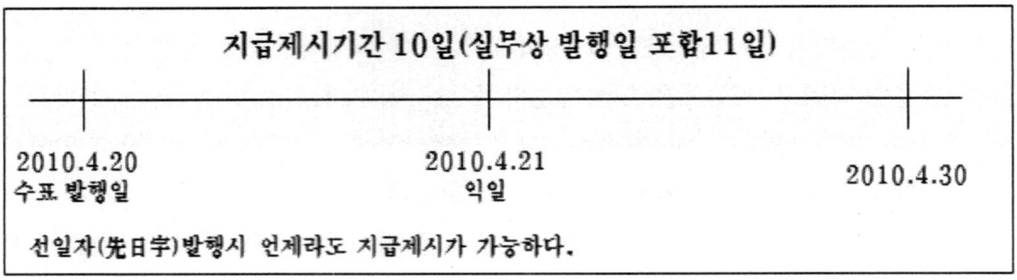

3. 어음 · 수표 분실시 공시최고 및 제권판결

1) 의의

공시최고란 어음·수표가 분실·도난 된 경우에 법원에 당사자의 신청으로 권리를 신고할 것과 기간 내 신고가 없으면 권리를 잃는다.

단, 횡령, 사기, 강박은 공시최고를 할 수 없다.

2) 어음 · 수표 분실

(1) 지급정지 의뢰

분실자는 선의 3자가 취득 하기전 은행 및 발행자에게 유선으로 먼저 분실 신고하여 지급 정지를 의뢰한다.

(2) 사고신고담보금 예치

그리고 나서 어음발행자가 서면으로 신고하도록 요청한다.

이때, 발행자는 지급정지를 요청하면서 어음·수표 상당액을 지급지 은행에 별단예금(사고신고담보금)으로 예치하여야 한다.

(3) 분실 신고 및 공시최고 신청

다음으로 관할경찰서에 분실 또는 도난 계를 제출하고 사고신고접수증을 발급받아 원본은 공시최고신청시 법원에 제출하고 사본은 은행에 제출한다.

3) 공시최고 및 제권판결 절차

(1) 의의

공시최고를 신청할 수 있는 자는 분실 당시의 정당한 소지자이다. 관할법원은 전속관할이므로 당사자의 합의에 의하여 변경할 수 없다.

(2) 공시최고 신청

공시최고시 다음의 서류를 구비하여 법원에 신청하여야 한다.

① 공시최고 신청서

공시최고신청서에는 그 신청의 원인과 제권판결을 구하는 취지를 작성한다.

② 어음 · 수표 사본

어음 · 수표 사본이 없을시 발행인이 증명한 발행사실 증명서를 발급 받는다.

③ 분실(도난)신고 증명서

관할경찰서에서 발급 받는다.

④ 미지급 증명서

지급은행에서 증명한 미지급증명원을 발급 받는다.

공시최고 및 제권판결 절차

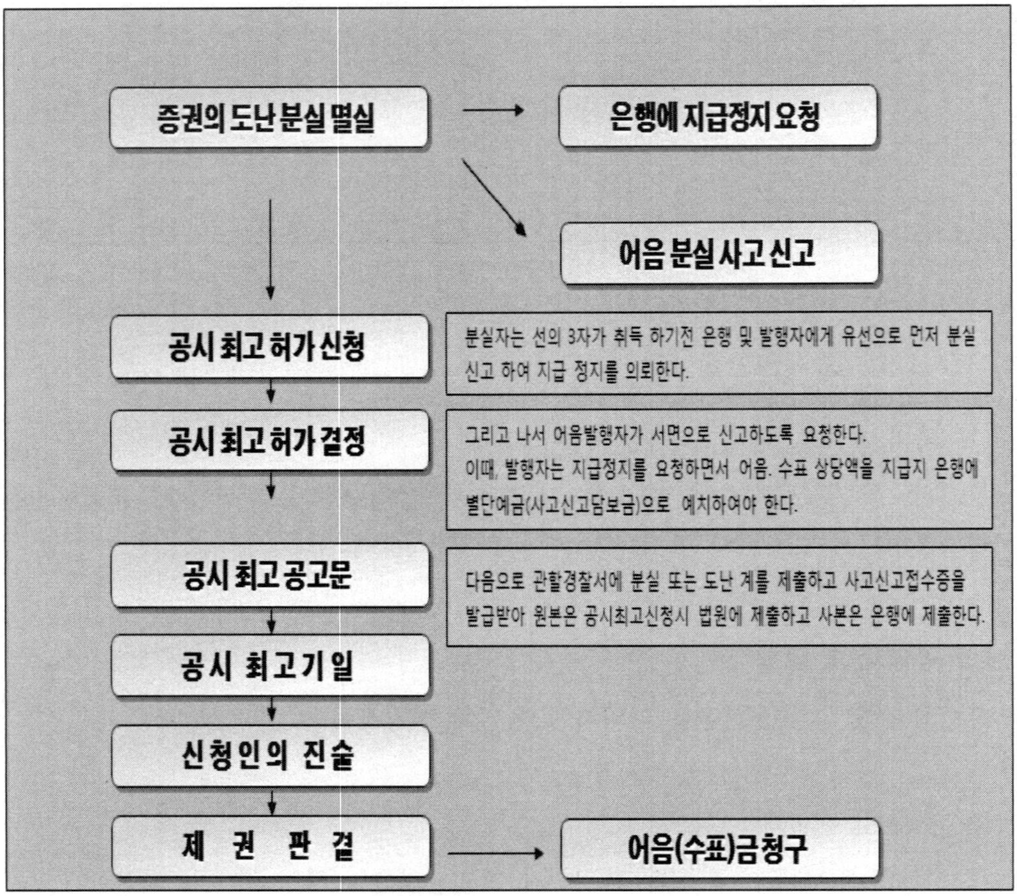

(3) 제권판결

① 의의

설권증권설에 의하여 발생된 권리를 무효화 시키는 판결로서 법원은 신청인의 진술이 있은 후 제권판결의 신청이 정당하다고 인정될 때에는 제권판결을 선고하여야 한다.

제권판결은 다음과 같은 효력이 있다.

② 제권판결의 효력

가. 권리추정력 상실

공시최고에 의한 제권판결이 있으면 상실된 어음 수표는 무효로 되어 그 이후에는 어음·수표로서 권리추정력이나 면책력은 없고 선의 취득도 인정되지 않는다.

나. 선의취득 부인

대법원 판례는 제권판결취득자 우선을 인정한다.

제권판결 선고 전에 선의 취득자가 있고, 공시최고신청인이 이를 알았다하더라도 그 선의취득자가 공시최고법원에 권리신고를 하지 아니하여 일단 제권판결이 선고되면 그 선의 취득자는 증서상의 권리를 행사하지 못한다.

이 경우 선의취득자는 제권판결에 대한 불복의 소를 제기하거나 손해배상의 소를 제기할 수 있을 뿐이다.

다. 면책력 실효

면책력의 실효 어음·수표채무자나 지급인이 어음 소지자에게 어음금(수표금)을 지급할 경우 설령 그 소지인이 실질적으로 무권리자라 하여도 형식상 무권리자(배서의 불연속, 필요적 기재사항 누락)가 아닌 이상 채무자나 지급인이 선의이면 면책이 되고 정당한 권리자가 다시 지급청구하여도 지급할 의무가 없게 되는데 이를 면책력이라고 한다.

그러나 제권판결이 있게 되면 이와 같은 면책력이 없어진다.

라. 어음 · 수표 원본 없이 권리 행사

어음 · 수표 원본 없이 권리 행사 어음 · 수표는 상환증권성이 있기 때문에 지급받기 위해서는 어음 · 수표원본을 제시하여야 한다. 그러나 제권판결이 있게 되면 이러한 원본 없이도 채무자에게 권리를 행사할 수 있게 된다. 또한 백지어음의 제권판결을 받은 자는 발행인에 대하여 백지부분에 대하여 어음외의 의사표시에 의하여 보충권을 행사하고 그 어음금의 지급을 구할 수 있다.

4. 이득상환청구권

1) 의의

어음상의 권리가 소멸시효완성 또는 백지어음의 제시, 지급제시기간 경과 후의 제시, 거절증서작성이 면제되지 아니한 상태에서 거절증서 미작성 등의 사유로 소멸함으로 인하여 어음상 채무자가 지급책임을 면하게 되어 이익을 얻은 경우 소지인은 어음 · 수표의 발행인, 배서인, 환어음의 인수인, 수표의 지급보증인에 대하여 그가 받은 이익의 한도 내에서 상환을 청구할 수 있는데 이를 이득상환청구권이라고 한다.

2) 이득상환청구권의 당사자

(1) 권리자

어음 · 수표상의 권리가 소멸할 당시의 정당한 어음 · 수표 소지인이다.

(2) 의무자

상업어음 또는 수표의 발행인, 융통어음, 수표의 실제 이용자인 제1배서인이 이득상환청구권의 의무자이고 나머지 배서인과 융통어음의 발행인은 적극적 이득을 얻은 자가 아니기 때문에 이득상환청구권의 의무자가 아니다.

3) 이득상환청구권의 성립요건

(1) 자기앞수표는 지급에 갈음하여 취득한 것으로 본다.

(2) 당좌수표, 가계수표, 은행도어음, 문방구어음은 지급을 위하여 또는 지급의 담보목적으로 취득한 것으로 본다.

(3) 자기앞 수표는 자기앞수표를 교부하는 순간 원인채권인 물품대금 지급 청구권은 소멸한다.

(4) 은행도 어음

청구자가 형식적으로나 실질적으로 완전한 어음상의 권리자로서 소멸시효가 완성되지 아니하였거나 적법한 지급제시가 되었더라면 어음·수표상의 권리를 행사할 수 있었음을 요한다. 또한 이미 유효하게 존재하고 있던 권리자가 소멸시효의 완성 또는 적법한 지급제시의 결여 등으로 인하여 소멸하였음을 요한다.

4) 이득상환청구권의 내용

청구권자는 이득을 한 발행인, 인수인 또는 배서인에 대하여 이득의 상환을 청구할 수 있다. 또한 피청구자는 그가 받은 이득의 한도내에서 반환하여야 한다. 이득상환청구권의 양도는 배서양도의 방법으로는 할 수 없고 오직 지명채권의 양도 방법에 의해서 지명채권으로서만 양도할 수 있다(1972.5.9 선고 70다 2994).

3절 어음제도 보완

1. 의의

최근에는 진성어음이 점점 줄어들고 있는 추세에 있다. 또한 진성어음이 부도가나면 이로인한 연속적인 폐혜가 발생되는 등 문제점들이 발생되고 있다. 이로인하여 진성어음에 대한 보완차원에서 전자결제제도가 시행되고 있다.

2. 전자결제

1) 기업구매카드 제도

기업구매카드란 '구매전용카드'라고도 불리는 것으로, 기업간 거래에서 납품업체와 구매업체간에 어음이나 외상 거래로 대금을 결제하던 방식에서 벗어나 카드로 결제를 하는 새로운 거래 체계다. 1999년 4월 처음 도입되었다.

개인이 물건을 사기 위해 신용카드를 쓰듯, 기업이나 정부가 구매활동을 위해 사용하는 신용카드이다.

구매카드는 기업활동에 필요한 각종 물품 및 용역 등을 구매하는 기업이 납품업체에 대금을 결제하는 시스템이다.

기업이 거래은행에서 전용카드를 만들고 납품대금을 어음이 아닌 전용카드로 결제하면 납품업체 관련 카드사(지급대행 은행)로부터 이 대금을 즉시 회수하는 방식이다. 구매기업이 카드를 발급받은 카드회원이 되고 다수의 납품업체는 카드가맹점이 돼 대금을 즉시 지급받는 것이다.

납품업체는 결제일에 대금을 전액 받거나 필요할 경우 그전에라도 할인해 받을 수 있다. 어음의 경우 통상 3개월에서 6개월까지 기다려야 하지만 전용카드의 경우 평균 30～40일 걸린다.

기업구매 카드 제도

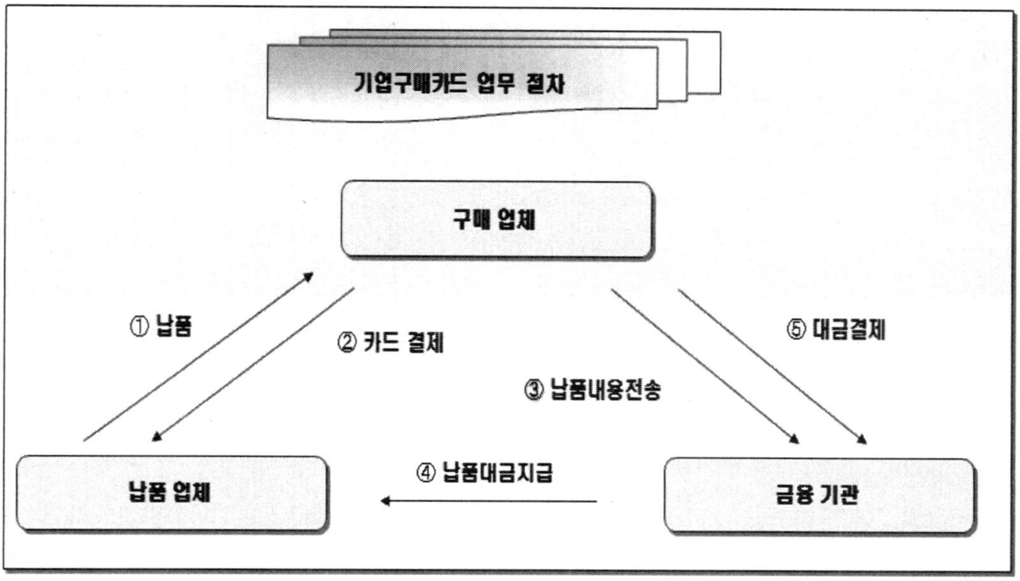

2) 기업구매자금 대출제도

기업구매자금 대출제도는 납품업체가 주도적으로 물품대금을 조기에 회수하는 방식으로 납품업체가 물품을 납품한 후 구매기업을 지급인으로 하고 납품금액을 지급금액으로 하는 환어음을 발행하여 거래은행에 추심을 의뢰하면 구매기업은 거래 은행을 통하여 통보 받는 환어음의 지급결제를 요청하면 거래은행과 사전 약정한 대출한도 범위 내에서 기업구매자금을 융자받아 구매대금을 결제하는 방식이다.

기업 구매 자금 대출 제도

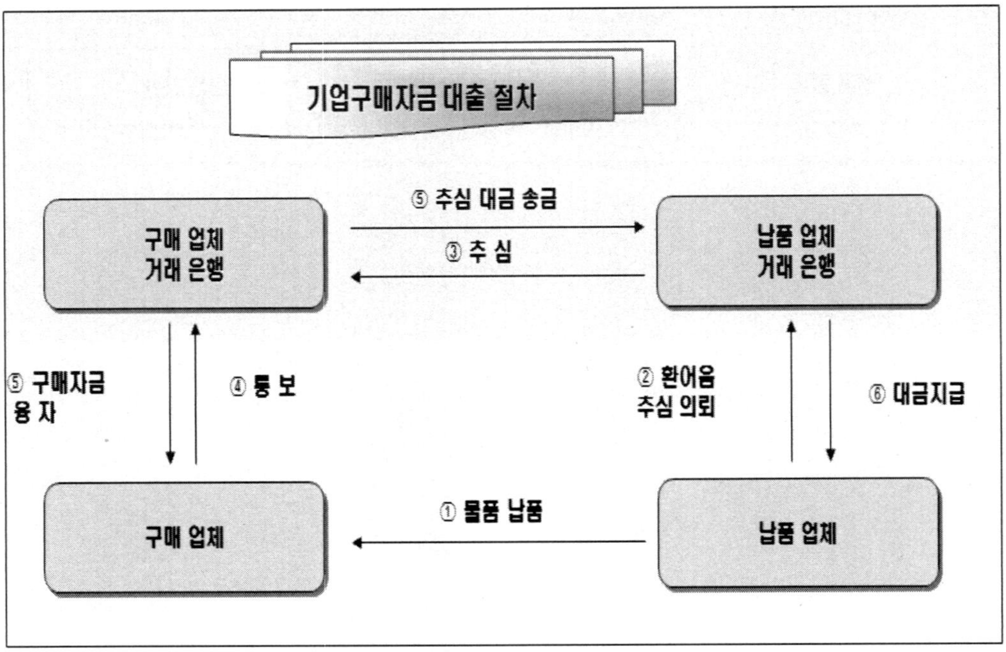

3) 전자방식 외상매출채권 담보대출제도

일명 B2B대출로 불리는 전자 방식 외상매출채권담보대출(이하 외담대)은 납품업체로부터 물품을 구매한 기업(주로 원청 업체)이 물품 구매 대금을 어음으로 지급하는 대신, 납품 업체가 그 어음(외상매출채권)을 담보로 은행에서 대출을 받는 제도다. 후일 외상매출채권 만기가 돌아오면 구매 기업이 이 대출금을 대신 상환한다. 전자 어음과 비교했을 때, 전자 문서로 작성되고 전자 방식으로 유통된다는 사실은 공통점이지만, 전자 어음은 전자어음관리기관에 등록된 약속 어음이고, 외담대는 은행 대출의 일종이라는 점에서 다르다. 어음은 만기일까지 갚지 않으면 부도 처리가 되지만, 외담대는 대출금 연체로 처리된다. 전자 어음은 전자어음법에 의거해 운용되며, 금융결제원의 관리를 받는다.

전자방식 외상매출채권 담보대출 제도

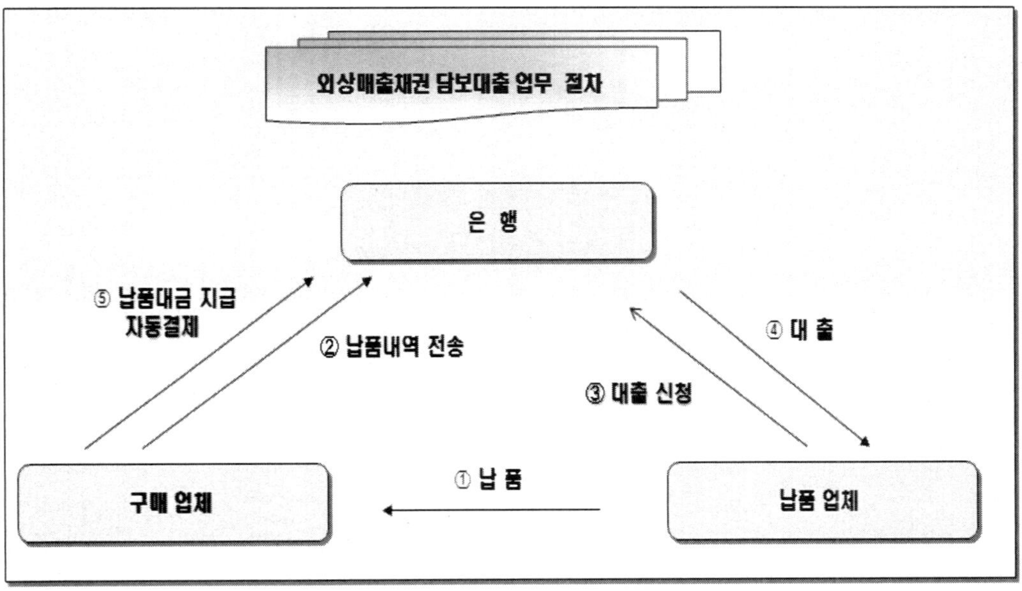

제8장

임의적 채권회수 기법

제8장　임의적 채권회수 기법

1절　임의적 채권회수 기본

1. 임의적 채권회수

1) 의의

판매대금은 정상적으로 회수가 이루어져야 한다. 기본적으로 당월 판매분은 월말에는 대금 청구가 이루어져야 하고 익월에는 회수가 이루어져야 한다. 다만, 결제조건에 따라 다를 수 는 있다.

이와 같이 정상적으로 대금회수가 이루어지는가를 판단하는 것은 결제조건대로 대금회수가 이루어 지는가 또는 수금회전율은 양호한가를 주기적으로 살펴보아야 한다.

2) 임의적 회수 기법

첫째, 협의로 회수하는 방법이 최고이다.

둘째, 담보권의 실행을 위한 경매로 회수하는 방법으로 이것은 근저당권 등 물적 담보물권을 확보하여야 한다.

셋째, 강제적 수단에 의하여 회수하는 방법으로 이것은 협의가 안되고 법률 행위를 진행하면서 하여야 하기 때문에 비용과 시간이 걸린다.

넷째, 합병, 해산, 회수 정리 절차 등 회수하는 방법으로 이것은 정상적으로 회수가 어렵고 상황에 따라서 대응하던지, 상대방의 법률적 절차에 따라서 회수할 수 밖에 없다.

2. 임의적 채권회수 장 · 단점

1) 장점

가능하면 임의적으로 채권 회수하는 방법이 가장 유리하다. 거래처와의 원만한 관계를 유지하면서 대금회수도 하고 거래도 지속적으로 유지하면서 할 수 있다.

법률행위에 따른 비용절감 및 시간 단축이 된다.

2) 단점

임의적 회수방법이 반드시 최선은 아니다. 혹, 잘못 대응하면 주도권이 상실될 수 도 있고 시간만 낭비할 수도 있다.

상대방의 입장 및 요구사항을 고려하다 보면 아무런 대책도 세우지 못하고 시간과 비용만 허비하고 만다.

3. 임의적 채권회수 판단

1) 채무자가 채무를 이행할 수 있는 능력이 있는지 판단

첫째, 사회적 위치, 과거경력, 인성 등 자금 동원능력이 있는지

둘째, 본인의 소유재산은 있는지 없는지

셋째, 처분 및 은익 재산, 타인명의로 한 재산은 있는지

2) 채무자가 채무를 이행하려고 하는 의사가 있는지 판단

첫째, 채무 이행하려고 하는 사회적, 윤리적 책임감을 갖고 있는지

둘째, 채무자의 신용, 사회적 위치를 이용한 심리적 압박 중요함

4. 임의적 채권회수를 위한 사전 조사 방법

임의적 채권회수를 원할하게 하기 위해서는 계약전이거나 거래도중에 항상 채무자에 대하여 신용조사 및 재산을 파악하여야 한다.

기본적으로 다음의 내용을 조사한다.

첫째, 계약서상 채무자, 연대보증인의 주소를 통하여 재산 유·무를 확인한다. 또한 사업장의 재산을 파악한다. 이러한 경우 재산파악은 인터넷 대법원 홈페이지(scourt.go.kr)를 이용하면 확인할 수 있다.

둘째, 채무자를 직접 만나 확인한다.

상대방을 자주 접촉하다 보면 여러 상황을 파악할 수 있다.

셋째, 신용조사기관을 활용하여 파악한다.

이 경우는 한국기업데이터 홈페이지(cretop.co.kr)등을 이용하면 확인할 수 있다.

넷째, 재산관계명시명령을 통하여 확인한다.

다섯째, 재산관계명시신청(1심 법원에 신청)을 통하여 확인할 수 있다. 재산관계명시가 끝난 경우 다음의 사유 및 재산목록만으로 불 충족한 경우 공공기관, 금융기관, 단체 등에 채무자 재산조회를 할 수 있다.

이 경우 명시기일 불출석, 재산목록의 제출 거부, 선서 거부에 하나라도 해당하는 경우 법원은 결정으로 20일이내 감치에 처한다. 또한 거짓의 재산목록 제출로 3년 이하의 징역 또는 500만원 이하의 벌금에 처한다.

여섯째, 채무불이행자명부 등재 제도(1심 법원 또는 지급명령이나 조정명령 법원)집행권원에 의하여 금전채무를 6개월 이내에 이행하지 않거나 재산관계명시에 불성실목록을 작성하거나 선서를 거부한자는 채무불이행자명부에 등재를 할 수 있다. 이 경우 자동적으로 금융기관에 통보되어 신용불량자로 등록되어 신용상 불이익을 받을 수 있기 때문에 채무자는 변제 노력을 할 것이다.

2절 임의적 채권회수 방법

1. 채무이행 최고로 회수하는 방법

통지 방법은 내용증명으로 한다. 이는 채무의 소멸시효를 중단하는 효과가 있으며 6개월 연장 효과가 있다. 단, 기일예고장은 시효중단효력이 없다. 또한 계약당사자간에는 계약해지 또는 해제권이 발생한다. 변제기가 지정되지 않았을 경우는 이행기를 확정시킬 수 있다.

1) 수금 안내장 형식으로 발송할 경우

수금안내장(내용증명 또는 최고장, 독촉장)

수　신 ○○(주)
강원도 원주시 ○○동 ○○리 ○번지
대표이사 ○○○
우편번호 000 - 000

발　신 ○○(주)
서울시 송파구 ○○동 ○○리 ○번지
대표이사 ○○○
우편번호 000 - 000

제　목 : 물품 대금 지급 독촉

1. 귀사의 건승과 사업의 번창을 귀원합니다.
2. 당사는 귀사와의 xx년 x월 x일 현재 ○○매매에 기인한 외상매출금 금○○○원이 변제되지 않고 있습니다.

당사에서는 귀사가 선의적으로 변제할 수 있도록 요구하였으나 차일피일 기일만 연기하고 있습니다.

3. 따라서 당사는 규정에 의거 귀사에 대하여 법적조치를 검토중에 있으니 본 최고장 송달 익일부터 ○일내 귀사가 당사에 부담하고 있는 채무액 전액을 아래의 계좌로 입금하여 줄 것을 거듭 당부 드립니다.
4. 만일 귀사에서 최고일 기준으로 변제치 않으면 당초 변제 약정일 기준으로 기한이 도래되어 연 ○%의 이자를 부담하여야 하며 담보물 경매 등 기타 법적조치를 당하게 되오니 이점 양지하시길 바랍니다.

년 월 일

위 발신일 ○○ 주식회사

대표 이사 ○ ○ ○

입금계좌번호 : 외한 · 송파 ○○○○○-○○-○○○○○

예 금 주 : ○○ 주식회사

수금안내장형식으로 발송하는 경우 정상적인 영업기간 중 수금이 약정기일 대로 이루어지지 않으면 1차적으로 수금 안내장 형식으로 부드럽게 표현하여 발송하고 2차 발송시는 좀더 강력한 문장으로 표현하고, 3차 발송시는 최고장 등 법적인 문구를 표현하여 보내면 효과가 있다.

2) 지불각서 형식으로 받는 방법

지불각서 형식으로 받는 경우 변제이행이 이루어지지 않으면 구두상 보다는 지불각서 형식으로 받는 경우가 유리하다.

이 경우 계약서가 없는 경우라든지, 자주 말로 미룬다든지 하면 지불각서는 원인행위서류가 될수 있어 향후 법률행위시 증거 서류로 활용할 수가 있다.

더욱 수령시 공증인사무실에 채무자와 함께 방문하여 공증문서로 받아두면 별도의 소송행위가 필요 없다.

지 불 각 서(또는 상환계획서)

상　　호 ○○(주)
강원도 원주시 ○○동 ○○리 ○번지
대표이사 ○○○
법인등기번호(　　　　　　　)

상기 본인은 20○○.○.○. 일부터 20○○.○.○. 까지 귀사로 부터 ○○○을 구매하여 ○○○현장에서 공사를 하였으며 귀사에 아직까지 지급하지 않은 대금 ○○○원이 남아 있음을 인정합니다.

따라서 귀사에 아직까지 지급하지 않은 ○○대금을 아래와 같이 지급할 것을 각서 하는바, 이를 변제하지 못할 경우는 기한의 이익을 상실함은 물론 귀사에서 민·형사상의 그 어떠한 조치를 취하여도 이의를 제기하지 않을 것을 각서로 제출 합니다.

\- 아　래 -

총 외상매입금 대금　○○○,○○○,○○○ 원
1 차 변제일 :　　년　　월　　일
2 차 변제일 :　　년　　월　　일
3 차 변제일 :　　년　　월　　일

위각서인 채무자
상　　호 : ○ ○㈜
주　　소 :
대표이사 :
전화번호 :

위각서인 채무자의 연대보증인
성　　명 : 홍 길 동(인)
주　　소 :
전화번호 :

년　　월　　일

위 발신일 ○○ 주식회사
대표이사　○　○　○

입금계좌번호 : 외한.송파 ○○○○○-○○-○○○○○
예　금　주 : ○○ 주식회사

2. 채권양도로 회수하는 방법

1) 의의

채권양도란 채권의 동일성을 유지하면서 법률행위에 의하여 채무자 등이 제3자로부터 받을 채권을 채무자 등의 채권자가 이를 양수하여 이전받는 계약을 말한다.

다시 말해 채권양도는 채권자가 채무자에게 채무를 변제할 것을 요구할 경우 채무자 자신도 받을 채권을 변제받지 못하여 지급할 수 없다는 주장을 할 경우, 이때 제 3자가 변제할 능력이 있다면 채무자의 제3자에 대한 채권을 양도받아 채권을 확보할 수 있다.

2) 채권양도의 방법

채권양도 방법은 당사자간 설정계약과 공시방법을 갖춤으로써 설정되는데 그 대상이 채권이라는 점에서 지명채권양도방법에 의한다. 지명채권이란 채권자가 특정되어 있는 채권을 말한다. 이 경우에 채권증서가 있을 때의 설정은 그 증서를 양수인에게 교부하여야 그 효력이 생긴다. 그리고 만일 채권증서가 없을 경우는 계약의 합의로 그 효력이 생긴다.

① 양도인과 양수인 사이의 유효요건

양도인과 양수인사이에서는 채권양도계약의 체결만으로 양도효과가 발생한다. 만일 양도인이 양수인과 양도계약을 체결하고 양도통지를 하기 전에 양도대상 채권을 수령하여 가지는 행위는 양수인에 대하여 횡령죄가 성립한다.

② 양도인, 양수인, 양도대상채권의 채무자 사이의 유효요건

양도인과 양수인 사이의 채권양도계약을 체결하고 양도인이 채무자에게 채권양도통지를 하거나 채무자로부터 양도승낙을 받아야 한다. 이 경우 양도통지서나 확정일자가 없는 경우라도 유효하다.

③ 제3자에 대한 유효요건

양도인, 양수인, 채무자외의 제3자에 대하여 채권양도를 주장하려면 양도통지서나 승낙서에 확정일자가 있어야 한다. 채권양도가 이중으로 이루어진 경우는 그 통지서 또는 승낙서에 확정일자가 있는 것과 없는 경우에는 확정일자가 있는 것이 우선한다. 그리고 확정일자가 둘 다 있는 경우는 빠른 것이 우선하다. 확정일자 있는 증서로서 채권양도통지가 되었다는 것은 적법한 권리자라는 것이므로 양도 이후 양도인의 채권자가 한 가압류, 압류, 이중양도 등은 모두 무효가 된다.

그러나 그 양도통지서에 확정일자가 없는 경우에는 제3자에 대하여는 채권양도를 주장할 수 없으므로 나중에 들어온 가압류, 압류, 채권압류 및 추심명령 또는 전부명령이 우선하여 보호된다.

④ 확정일자를 득하는 방법

양도인이 통지를 하는 경우에는 내용증명우편으로 통지를 하면 확정일자 있는 증서로 통지한 것이 되고 채무자로부터 승낙을 받은 때에는 승낙서를 가지고 공증사무소 또는 등기소에 가서 확정일자를 받아 놓으면 된다.

⑤ 채무자가 승낙을 하는 방법

채무자가 채권양도에 대하여 승낙을 하는 경우 채무의 변제기가 도래할 때까지 자신의 채권자인 양도인에 대하여 가지는 채권으로 상계를 한 후 양도인에 대하여 지급할 채무가 있으면 양수인에게 지급하겠다는 취지로 조건부 승낙을 하면 된다(1989.7.11. 88다카20866).

3) 채권양도 통지 방법

채권양도의 통지 방법에는 다음과 같이 세 가지 방법이 있다.

① 양수인이 양도통지를 직접하는 경우

채권양도통지는 양도인이 채무자에게 하는 것이 원칙이지만 양도인이 양수인에게 양도통지에 관한 대리권을 부여한 때에는 양수인이 직접 양도통지를 하는 것도 가능하다.

② 양수인이 양도통지서 접수를 대신하는 경우

양도인 명의로 채권양도 통지서를 3부 작성하여 양도인의 도장을 받고 이것을 우체국에 가지고 가서 양수인이 직접 접수하여 보낼 수 있다. 이때 채권양도 통지서에 양도인 명의 인감증명서 1통을 첨부하여 발송하여야 한다.

③ 3자가 공증사무소에서 양도계약서를 작성하는 경우

채권양도에 대하여 채무자의 동의를 얻어낼 수 있다면 양도인, 양수인, 채무자가 함께 공증사무소에 가서 채권양도계약서를 작성하고 인증을 받아 그 중 1부를 채무자에게 교부할 수 있다. 이 방법은 교부 즉시 확정일자 있는 증서로 채권양도 통지를 한 효과까지 얻을 수 있으므로, 시각을 다투어 황급히 채권양도를 진행하지 않으면 안되는 경우로서 부도 전후에 하는 것이 유리하다. 이 경우에는 채권양도 원인을 "지급에 갈음하여"로 하여야 취소를 당하지 아니할 수 있다.

4) 채권양도가 제한되는 경우

채권양도는 모든 채권이 다 가능한 것이 아니다.

① 법률 등에 의하여 제한되는 경유

법률 등에 의하여 제한되는 경유가 있다. 가령 예를 들면 부양청구권, 공무원 연금 급여 청구권, 산업재해 보상청구권 등이다.

② 채권의 성질에 의하여 채권양도가 제한되는 경우

또한 채권의 특성상 채권의 성질에 의하여 채권양도가 제한되는 경우도 있다. 이에는 사용대차의 사용자의 채권, 종신 정기금 채권 등이다.

③ 당사자간 사전약정에 의하여 양도금지 특약이 정해진 경우

당사자간 사전약정에 의하여 양도금지 특약이 정해진 경우는 채권양도가 되더

라도 당사자 간에는 양도성이 없다. 그러나 이때도 선의의 제3자에게는 대항하지 못하므로 그러한 사실을 모르고 채권을 양도받은 양수자에게는 채권양도의 효력이 유효하게 발생한다.

5) 채권양도시 주의 사항

① 상계적상에 있는 채권유무 확인

자동채권(받을 돈)의 변제기가 채권양도 통지나 승낙일보다 빠르다면 수동채권(줄 돈) 변제기가 채권양도 통지 또는 승낙일보다 늦더라도 상계가 가능하다. 간혹 채권양도 통지에 의하여 채권을 양도 받는 경우에 양도인과 제3채무자가 서로 공모하여 자동채권을 소급하여 만들어 놓는 경우가 있으므로 주의하여야 한다. 따라서 이 경우 채권양도 계약 후 양도통지 도달시점에 제3채무자를 만나 채권양도 통지서 수령여부와 채권의 존속여부 등을 반드시 확인하여야 한다.

② 2중양도 여부 확인

채권양도인(채무자)은 여러 채권자들로부터 채무변제 독촉을 받게 되면 이중, 삼중으로 채권을 양도하는 경우가 있다. 이중 양도시는 확정일자 있는 문서에 의한 양도 승낙일이나 양도 사실을 제3채무자가 송달받은 날의 선후에 의하여 우선순위가 정하여 진다. 따라서 채권을 양도 받은 채권에 대한 채무자의 채권양도 통지전에 다른 채권자에 대한 채무자의 채권양도 통지가 먼저 있었는지를 확인하여야 한다.

③ 계약서에 문구를 잘 써야 한다.

계약서나 약정에서 "대금의 지급에 갈음하여"와 "대금지급을 위하여"라는 문구가 있다. 이중 채권양도계약서상에는"대금의 지급에 갈음하여"라는 문구를 넣어서는 아니된다. 만일 이러한 문구를 넣어 채권을 양도 받게 되면 채무자에 대한 원인채권이 소멸하기 때문이다. 따라서 "대금지급을 위하여"라는 문구를 넣어 채권을 양도 받도록 하여야 한다.

6) 채권양도 계약서와 양도 통지서

채권양도 계약서

【(주택 · 점포)보증금 반환청구채권을 양도하는 경우】

채권양도계약서

목적물 표시 :

채 권 표 시 : 위 목적물에 관하여 년 월 일 건축주 ○○○와 계약을 체결하여 동 계약의 보증금조로 예치시킨 금 원정의 반환청구 채권 중 금 원의 반환청구 채권

위에 표시된 채권은 본인의 권리인바 아래와 같이 귀사에 정히 양도합니다.

－아 래－

1. 위 채권은 타에 양도되거나 담보로 체공되거나 압류등 권리의 하자가 없음을 확인 한다
2. 위 건물주는 본인에 대한 상계적상에 있는 반대채권을 가지고 있지 않음을 확인한다.
3. 본 채권양도로서 기왕 및 현재 부담하고 있거나 장래 부담하게 될 본인의 귀사에 대한 일체의 채무에 대하여 상계를 주장하지 아니한다.
4. 귀사에서 본 채권을 추심하여 추심에 소요된 비용, 손해금 등을 제한 후 귀사의 선택에 의하여 어느 채무의 변제에 충당하여도 이의 없음을 확인한다.

년 월 일

위 발신인 ○○주식회사

대표이사 ○○○

양도인 주 소

성 명 (인)

양수인 상 호

주 소

대표이사 (인)

위 채권양도를 이의 없이 승낙함.

건축주 주 소

성 명 (인)

채권양도통지서

채권양도통지서

수 신 :　　　　　귀하

　　○○시 ○○구 ○○동 ○○번지

제목 : 임차보증금반환채권의 양도통지

(양도 채권의 표시)

위 목적물에 관하여　　년　　월　　일 귀하와 본인간에 계약을 체결하고 본인이 귀하에게 동 계약의 보증금조로 예치시킨 금　　　원정의 반환청구 채권을　　시　구　동　번지 ○○주식회사에게 양도하였음을 통지하오니 동 금원을 ○○주식회사에게 지급하시기 바랍니다.

년　　월　　일

위 발신인(양도인)　○○주식회사

대표 이사　○ ○ ○

양 수 인 주 소

(임 차 인) 성　명　　　　(인)

양 도 인 주 소

(임 대 인) 성　명　　　　(인)

3. 재고자산 확보로 회수하는 방법

1) 재고자산 확보

재고자산으로 확보하는 방법은 부도나 도산이 발생하기 전에 가장 효과가 크다고 볼 수 있다. 따라서 부도 후에는 효과가 없다.

2) 재고자산 확보시 유의 사항

① 사고가 예상되면 제일 먼저 재고를 챙긴다.
② 재고를 확보하더라도 반드시 안전한 곳으로 이동한다.
③ 임가공은 자사제품이더라도 종업원들의 처분에 대비하여 가처분 등의 조치를 하여야 할때도 있다.
④ 재고는 신속하고 과감한 결단력이 필요하다.
⑤ 무리하면 형사문제로 고소를 당할 수 있다.
따라서 인수증 및 물품 품목을 작성하여 동의를 구하여야 한다.

3) 재고자산에 대한 소유권 유무

소유권유보부매매란 대금완납시까지 목적물의 소유권이 매도인에게 유보된다는 특약을 담고 있는 특수한 형태의 매매계약서이다.

이와 같이 특약에도 불구하고 매수인이 목적물을 제3자에게 매도한 경우에는 제3자의 선의취득으로 매도인은 목적물에 대한 소유권을 상실할 위험에 빠지게 된다.

이렇게 되면 매수인은 횡령죄에 따른 처벌을 받게 되며 매도인에 대하여는 계약위반으로 인한 손해배상책임을 부담하게 된다.

매도인이 대금채권의 확보를 위하여 목적물을 회수하려면 매수인과 협의를 하여 매수인으로부터 목적물을 인도 받던가 아니면 우선 법원에 점유이전금지가처분신청을 하고 그 결정을 받은 후 본안 소송을 통하여 동 목적물을 회수할 수밖에 없다.

만일 매도인이 매수인의 동의 없이 실력으로 목적물을 회수한다면 주거침입죄나 권리행사 방해죄 등의 형사책임을 지게 될 위험이 있다.

또한 매수인의 타채권자가 목적물을 압류한 경우에는 매도인은 법원에 집행정지의 가처분신청을 함과 동시에 제3자 이의의 소를 제기하여 다툴 수 있다.

① 소유권 유보부매매 조항이 없는 경우

이 경우는 거래처의 동의를 얻어 거래처가 보관하고 있는 상품을 회수한다. 거래처의 동의로는 반품, 대물변제, 처분위탁 등이 있다. 이 때 제품반품확인서를 반드시 수취한다. 동의가 없는 경우는 절도, 강도, 주거침입 등 형사문제가 될 우려가 있다.

② 소유권 유보부매매 조항이 있는 경우

소유권 유보부매매 조항이 있는 경우는 별도의 계약서를 작성하는 것이 아니라 계약서 조항에 삽입한다. 이 경우 거래처가 부실해지면 계약해지를 채무자에게 내용증명으로 통보하고 거래처의 동의를 받아 재고를 회수하거나 필요한 경우는 가처분 등을 한다.

4) 재고자산 회수시 주의 사항

① 승낙서 작성

비록 자사제품이라 하더라도 물품의 임의 반출시는 형법상의 절도죄에 해당될 위험성이 있으므로, 반드시 채무자 또는 그의 고용인이 작성한 양도 승낙서를 받아 두어 회수 절차에 무리가 없도록 한다.

② 법적조치된 물건인지 여부 확인

이미 압류 되었거나 가압류된 물건은 아닌지 또는 이미 타인에게 양도된 물품은 아니지를 살펴보아야 한다.

③ 민 · 형사상 문제소지 방지

후일 절차 또는 사해 행위 등 민·형사상 복잡한 문제 발생의 소지를 피하기 위해서도 인수증 및 물품 품목을 확실하게 받도록 한다.

4. 상계처리로 회수하는 방법

1) 의의

상계라 함은 채권자와 채무자가 서로 동종의 채권. 채무를 가지는 경우에 그 채권과 채무를 대등액에 있어서 소멸케 하는 일방적 의사표시이다. 예컨대 갑에게 300만원을 차입한 을이 갑에 대하여 200만원의 외상대금이 있을 때에 을은 자기의 200만원의 채권과 갑의 자기에 대한 채권 가운데 200만원을 소멸시키는 것이다. 일종의 채권담보적 작용을 한다. 상계는 광의로는 당사자사이의 계약에 의한 상계(상계계약)를 포함하지만 협의로는 일방적인 의사표시에 의한 상계만을 가리킨다. 상계하는 측의 채권을 자동채권이라고 하고, 상계를 당하는 측의 채권을 수동채권이라고 한다. 양채권이 상계할 수 있는 사정에 놓여질 때 이를 상계적상이라고 한다. 상계는 상대방에 대한 의사표시에 의하지만 이것은 재판상이거나 재판 외이거나를 불문한다. 상계의 의사표시가 있으며 상계적상시로 소급하여 효력을 발생한다. 상계의 상대방이 수개의 채권을 지니고 있을 경우에는 어느 채권을 먼저 충당할 것인가 하는 문제가 발생하지만, 이에 대하여는 변제의 충당에 관한 규정이 준용된다.

2) 상계의 요건

상계를 하려면 서로 대립되는 채권에 관하여 여러 가지 요건이 구비하여야 하는데 이를 상계적상이라고 한다. 상계적상에 있기 위해서는 그 요건이 다음과 같다.

① 채권이 대립하고 있을 것

당사자는 상대방에 대하여 채권을 가지고 있어야 한다. 상계하는 쪽의 채권을 자동채권이라하고 상계를 당하는 쪽의 채권을 수동채권이러고 한다.

② 양 채권이 동종의 목적을 가질 것

상계할 수 있는 채권은 종류채권에 한한다. 즉, 양 채권이 동종의 목적을 가져야하므로 금전 또는 대체물을 목적으로 하는 채권상호간에 행해진다. 그러나 채권액이 동일할 필요가 없음은 물론이고 채권액이 확정되어 있을 필요도 없다.

③ 양 채권이 변제기에 있을 것

채무자는 그 채무를 이행기 도래 전이라도 이행할 수 있고, 기한의 이익을 포기할 수 있으므로 채무자는 자신의 채무의 이행기가 도래하지 않았더라도 자신의 채권(자동채권)을 가지고 상계를 하여 자신의 채무를 소멸시킬 수 있다. 그러나 자동채권은 반드시 이행기에 있어야 한다.

④ 채권의 성질이 상계가 허용되는 것일 것

가. 부작위채무("예" 서로 경업을 하지 않는다는 채무)나 "하는 채무"("예" 서로 노무를 제공하는 채무)는 상계가 허용되지 않는다.

나. 항변권이 붙어 있는 자동채권은 성질상 상계가 허용되지 않는다. 이를 허용하면 상대방은 이유 없이 그의 항변권을 잃게 되기 때문이다.

⑤ 상계가 금지되어 있지 않은 채권일 것

가. 당사자의 의사표시에 의한 금지

계약자유의 원칙에 의거 당사자간에 상계금지를 약정할 수 있다. 그러나 그 약정은 선의의 제3자에게 대항할 수 있다. 예를 들면 甲의 乙에 대한 200만원의 채권에 관하여 상계금지의 약정이 있는 때에는 甲·乙 어느 쪽도 이를 상계에 의하여 소멸시킬 수 없다. 그러나 甲으로부터 그 채권을 양수한 선의의 丙은 자신의 乙에 대한 채무와 그리고 乙로부터 채무를 인수한 선의의 丁은 자신의 甲에 대한 채권과 상계할 수 있다.

나. 법률에 의한 금지

Ⓐ 고의의 불법행위에 의한 손해배상청구권

고의의 불법행위에 의한 손해배상 채권은 상계할 수 없다.

Ⓑ 압류금지의 채권

압류금지채권을 수동채권으로 하는 상계는 할 수 없다.

3) 소멸시효완성 된 채권에 의한 상계

상계적상은 원칙적으로 상계의 의사표시가 행하여지는 당시에 현존하여야 한다. 따라서 일방의 채권이 부존재나 무효인 때 또는 변제·계약해제 기타의 사유로 소멸한 때에는 상계할 수 없다. 그러나 소멸시효가 완성된 자동채권에 대해서는 예외가 인정된다.

4) 상계의 방법

① 일반 채권

상계는 상계자가 상대방에게 상계하겠다는 의사표시를 함으로써 한다. 상계의 사표시에는 자동채권과 수동채권의 동일성을 알 수 있을 정도로 표시하면 되고 반드시 발생시기, 원인, 수액을 명시할 필요는 없다. 그러나 실무적으로는 상계할 채권, 채무의 종류, 발생원인, 시기, 원본, 이자, 지연이자, 그 계산기간, 이율 등의 계산의 기초, 충당관계 등을 명시하는 것이 분쟁을 미연에 방지할 수 있는 방법이다.

상계의 의사표시는 재판상으로 하든 재판 외로 하든 상관이 없다. 재판상으로 할 때에는 그 변론을 종결할 때까지 하여야 한다.

재판외로 할 때에는 구두에 의하건 전화에 의하건 상대방에게 도달하기만 하면 되나 상계여부와 상계시기에 관하여 향후 다툼이 생길 수 있으므로 반드시 서면으로 하되 내용증명으로하는 것이 바람직하다. 그리고 이러한 상계의사표시에는 조건이나 기한을 붙일 수 없다.

② 어음 채권

어음·수표채권 등 지시채권으로서 상계할 때는 그 유가증권으로서의 성격상 상대방에 대한 상계의사표시 말고도 그 어음 등을 제시·교부하여야 한다(1977.3.8. 선고76다2999).

어음채권을 자동채권으로 하여 상계의 의사표시를 하는 경우에 있어 재판외의 상계의 경우에는 어음채무자의 승낙이 없는 한 어음의 교부가 있어야만 상계의 효력이 발생하는 것이나 재판상 상계의 경우에는 어음을 서증으로 법정에 제출하여 상대방에게 제시되게 함으로써 충분하다(1991.4.9. 선고91다2892).

③ 상계 의사표시의 상대방

상계의 의사표시는 원칙적으로 자동채권의 채무자에게 하여야 한다. 그러나 지급할 채무가 타인에게 양도되거나 전부명령에 의하여 이전된 경우에는 양수인에게 상계통지를 하여야 한다.

5) 상계의 효과

① 채권의 소멸

상계에 의하여 당사자 쌍방의 채권은 그 대등액에서 소멸한다. 또한 피상계자가 수개의 수동채권을 가지고 있고 자동채권이 그 전부를 소멸케 하는 데에 부족한 때에는 변제충당에 관한 규정을 준용하여 상계되는 채권을 결정한다.

② 상계의 소급효

상계에 의한 채권소멸은 그 의사표시에 의하여 생긴다. 즉, 상계적상이 생긴 때 이후에는 이자채무불이행을 원인으로 하는 손해배상채무가 발생하지 아니하며 이행지체도 상계와 더불어 소멸한다. 단, 당사자간에 소급효가 발생하지 않기로 하는 특약이 있는 때에는 소급되지 않는다.

6) 상계 계약서

상계계약서

주식회사 ○○○(이하 "갑"이라 한다)과 ○○○주식회사(이하 "을"이라 한다)는 서로 갖고 있는 채권·채무의 상계에 관하여 다음과 같이 체결한다.

제1조(채무부담 확인)
"을"은 "갑"에게 20○○.○.○. 현재 다음의 채무를 부담하고 있는 것을 확인한다.
외상매입금 금 ○○,○○○,○○○ 원

제2조(채무확인)
"갑"은 "을"에게 20○○.○.○. 현재 다음의 금전소비대차계약에 기한 ○○,○○○,○○○원의 차용금채무가 있음을 확인한다.

제3조(상계합의)
"갑" 및 "을"은 전1조, 전2조의 각각의 채권·채무에 관하여 기한의 이익을 포기하고 상계하기로 합의한다. 이 상계의 결과 "갑"이 "을"에 대하여 갖는 외상매출금 잔액 ○○,○○○,○○○원에 대하여는 "갑"은 면제한다.
상기 계약의 증명으로서 본 계약서를 2통 작성하여 "갑"과 "을"은 서명 날인 후 각각 1통씩 보관한다.

년 월 일

"갑" 주 소 :	"을" 주 소 :
상 호 :	상 호 :
대표이사 : 갑 돌 이(인)	대표이사 : 갑 순 이(인)

5. 대물변제 등 새로운 담보를 제공하게 하여 회수하는 방법

1) 의의

대물변제란 원래의 채무에 갈음하여 다른 내용의 급부를 이행함으로써 채무를 면하는 것을 말하는 것으로, 가령 2,000만원을 지급할 채무에 갈음하여 부동산이나 골동품 등으로 채무를 이해하는 경우이다.

대물변제는 대물변제 목적물이 부동산일 때에는 등기가, 자동차인 경우에는 등록과 함께 자동차 등의 인도가 채권자에게 현실로 이루어져야 대물변제 효과가 발생하고 단순히 대물변제 약정만 가지고는 대물변제 예약에 불과할 뿐 대물변제가 아니다. 따라서 채무자가 대물변제예약을 하고 대물변제를 하지 않을 시는 채권자는 대물변제예약 약정을 취소하고 원래의 채무를 청구할 수 있다.

2) 대물변제의 효력이 발생하기 위한 요건

대물변제는 채권자의 승낙이 있어야 하고 당초 채무와 내용 및 종류가 다른 것으로 급부를 현실적으로 이행 하여야 한다. 그러나 대물로 변제한 물건이 원래의 채무와 동일한 가치가 있어야 하는 것은 아니다.

또한 어음·수표의 경우 은행이 발행·배서한 자기앞수표는 대물변제로서 유효하나 기타 어음·수표의 교부는 대물변제로서의 효력이 발생하지 않는다.

3) 대물변제 효과

대물변제가 유효하게 성립하면 채무는 소멸한다. 그러나 대물변제한 목적물에 하자가 있는 경우에는 채권자는 대물변제계약을 해제할 수 있고 그로 인하여 손해를 입었다면 손해배상을 청구할 수 있다.

4) 대물변제 계약서

대물변제계약서

1. 부동산의 표시
   ○○시 ○○동 ○○번지
   대 500㎡
   위 지상 시멘트 벽돌조 콘크리트지붕 3층 주택 200㎡ ○○○을 "갑"으로 하고 ○○○을 "을"로 하여 "갑"과 "을"간에 다음 채무의 대물 변제에 관한 계약을 체결한다.
2. "갑"과 "을"간에 있어서 20○○.○.○. 체결한 계약에 기한 "을"이 "갑"에게 대하여 부담하는 원금○○○원 및 그 원금에 대한 이자 20○○.○.○.부터 20○○.○.○.까지의 금○○○원을 채무변제에 갈음하여 "을"은 그 소유의 위 부동산을 "갑"에게 이전한다.
3. "을"은 대물변제를 할 위 부동산에 대하여 즉시 소유권이전의 등기절차를 이행하기로 하고 "갑"은 위 등기를 필 할 때에 위 채권일체가 모두 소멸하는 것을 승낙한 것으로 한다.
   위 계약의 성립을 입증하기 위하여 본 계약서 2통을 작성하고 "갑"과 "을"은 각각 서명날인하여 1통씩 보관한다.

년 월 일

"갑"(채권자)	"을"(채무자)
주 소 :	주 소 :
상 호 :	상 호 :
대표이사 :	대표이사 :

6. 제 3자가 채무를 인수하도록 하여 회수하는 방법

1) 의의

채무인수란 채무의 내용을 바꾸지 않고 채무를 이전하는 것을 목적으로 하는 계약이다. 즉 채무자가 부도로 재산이 없는 상황에서 변제 자력이 있는 제3자로 하여금 채무를 인수하도록 하는 방법이며 기존 채무자가 채무를 면하고 인수인이 채무자가 되는 경우를 면책적 채무인수라고 하고, 종래의 채무자가 채무의 면함이 없이 채무자, 인수인이 함께 같은 내용의 채무를 부담하는 채무인수를 중첩적 채무인수라고 한다.

2) 채무인수의 당사자 요건

① 3면 계약

채무가 이전성을 가지고 있는 한 3당사자의 3면 계약으로 채무가 인수됨은 계약자유의 원칙상 당연하다.

② 채권자 · 인수인간의 계약

채무인수의 기본적 형태로 이해관계가 없는 제3자라도 채무자의 의사에 반하지 않는 한 채권자와의 계약으로 인수할 수 있다. 채무자에게 불이익하지 않기 때문이다.

③ 채무자 · 인수인간의 계약

채권은 채무자의 자력 여하에 따라 그 경제적 가치에 영향을 받기 때문에 채권자의 승낙이 있어야 이 인수계약은 효력이 생긴다. 채권자의 채무인수에 대한 승낙은 다른 의사표시가 없으면 채무를 인수한 때에 소급하여 그 효력이 생긴다.

3) 채무인수의 효과

① 채무의 이전

채무인수에 의한 채무는 그 동일성을 유지하면서 전 채무자로부터 인수인에게 이전된다.

② 채무이전의 시기

당사자의 특약이 없는 한 인수계약의 성립과 동시에 발생한다.

③ 항변권·종된 권리 이전

인수인은 전 채무자가 가지고 있었던 항변으로 채권자에게 대항할 수 있다. 그러나 발생원인이 되는 계약의 취소권, 해제권 및 상계권은 이전하지 않는다.

이자채권, 위약금채무 등 인수되는 채무의 종된 권리도 원칙적으로 이전한다.

④ 법정담보의 경우

유치권, 법정질권, 법정저당권 등은 특정 채권의 보전을 위하여 법률상 당연히 성립된 것이므로 채무인수에 의해 아무런 영향을 받지 않는다.

⑤ 약정담보의 경우

제3자가 제공한 담보는 인적담보이든 물적담보이든 채무자 책임재산에 변경이 생기므로 채무인수로 소멸하는 것이 원칙이나 이들이 동의한 때는 존속한다. 물상보증인이 인수인이 된 경우에도 물적담보는 존속한다. 채무자가 설정한 담보는 채권자. 인수인의 계약의 경우는 소멸하고 채무자. 인수인의 계약에 의한 경우는 존속한다고 본다.

4) 면책적 채무인수

① 의의

채무의 동일성을 유지하면서 인수인에게 채무를 이전하는 채무를 말한다.

② 효과

구채무자의 채무가 신채무자에게 이전한다. 항변권도 이전되어 인수인은 구채무자가 채권자에게 가지는 항변권으로 채권자에게 대항할 수 있다.

또한 보증과 제3자가 제공한 담보는 채무인수로 소멸한다.

③ 면책적 채무인수계약서

면책적 채무인수계약서

홍길동이를 "갑"으로 갑돌이를 "을"로 하여 "갑"과 "을"은 다음과 같이 면책적 채무인수계약을 체결한다.

제1조 채무인수인 "갑"은 채권자 "을"이 채무자 ○○○에 대하여 가지고 있는 아래 채권에 관하여 채무자 ○○○의 채무인수를 이행할 것을 약속하며 채권자 "을"은 이를 승낙한다.

-아　래-

채권자 "을"이 채무자 ○○○에 대하여 가지고 있는 20○○.○.○.일자 상품판매계약에 의거 원금 ○○○,○○○원 및 그 원금에 의한 이자 20○○.○.○.부터 20○○.○.○.까지 ○○○,○○○원의 전부의 채권임.

제2조 채무인수인 "갑"은 채권자 "을"에 대하여 제1조의 금원에 해당하는 채무를 이행하여야 한다.

제3조 채권자 "을"은 채무자 ○○○ 에 대하여 제1조의 채권전부를 면제한다.

위 계약의 성립을 위하여 본 계약서를 작성하여 "갑"과 "을"은 서명 또는 기명날인 하고 이를 각각 1부씩 보관한다.

년　월　일

"갑" 채무인수인	"을" 채권자
주 소	주 소
성 명	성 명

5) 중첩적 채무인수

① 의의

제3자가 채무관계에 가입해서 채무자가 되어 종래의 채무자와 함께 연대하여 동일 내용의 채무를 부담하는 채권자와 인수자와의 계약이다.

② 효과

인수인은 발생된 채무에 대하여 원래의 채무와 연대관계이다. 즉 채무의 이전 없이 원래 채무자와 채무인수인이 공동으로 채무를 부담한다. 또한 채무자의 승낙 없이도 제3자는 채무인수가 가능하다.

실무에서는 면책적 채무인수가 아니라 중첩적 채무인수로 유도하는 것이 효과적이다.

③ 중첩적 채무인수계약서

중첩적채무인수계약서

채권자를 "갑"으로 채무자를 "을"로 채무인수자를 "병"으로 하여 "갑" "을" "병"은 다음과 같이 중첩적채무인수계약을 체결한다.

제1조 "병"은 "갑"이 "을"에 대하여 년 월 일 현재 가지고 있는 채권 일금 원에 대하여 채무변제 이행할 것을 약속하고 "갑"은 이를 승낙한다.

제2조 "갑"은 상기 제1조의 채권에 관하여 "을"과 "병"에 대하여 동시에 또는 순차로 전부나 일부의 이행을 청구할 수 있다.

제3조 "을"과 "병"은 상기 제1조에 의한 "갑"에 대한 채무를 이행하지 않을 때에는 즉시 "을"과 "병"이 "갑"에게 제공한 담보 및 "을"과 "병"의 모든 재산에 대하여 "갑"이 강제집행을 하여도 이의 없음을 확약한다.

위 중첩적채무인수계약을 확실히 하기 위하여 본 계약서를 작성하여 “갑” “을” “병”이 서명 또는 기명날인하고 이를 각각 1부씩 보관한다.

년　　월　　일

“갑” 채 권 자

“을” 채 무 자

“병” 채무인수자

7. 형사범으로 인지케 하여 회수하는 방법

때로는 민사와 병행하여 형사 사건 요건이 성립하면 채무자나 이와 관련된 자를 사기죄, 강제집행면탈죄, 배임죄 등으로 고소하여 심리적 압박을 통하여 대금을 회수할 수 있다.

1) 고소 종류

① 당좌수표 및 가계수표

부정수표단속법에 의하여 처벌할 수 있다.

② 강죄집행면탈죄

재산을 은익, 손괴, 허위양도, 허위채무부담시 처벌이 가능하다.
3년 이하의 징역 또는 1천만원이하의 벌금에 처한다.

③ 횡령죄

타인의 재물을 보관하는 자가 횡령 또는 반환 거부시 처벌이 가능하다.

④ 사기죄

기만행위시 처벌이 되며 처음부터 사기, 거래 중에도 사기, 나중에도 사기가 되어야 사기죄 로 고소를 할 수 있다.

⑤ 공무상비밀표시무효죄

유체동산 가압류, 압류의 봉인을 뜯어내거나 훼손시 처벌한다.

⑥ 배임죄

타인의 사무를 처리하는 자가 그 임무에 위배하는 행위로 재산상의 이득을 취득하거나 제3자로 하여금 이를 취득케하여 본인에게 손해를 가할 때 처벌한다.

⑦ 부당이득죄

사람의 궁박한 상태를 이용하여 현저하게 부당한 이득을 취하거나 제3자로 하여금 부당한 이익을 취하게 한 때 성립한다.

⑧ 유가증권 위조죄

행사할 목적으로 대한민국 또는 외국어 공채증서 기타 유가증권을 위조, 변조하거나 유가증권의 권리의무에 관한 기재를 위조, 변조한때 성립한다.

2) 고소장

고소장

고 소 인 주　소 : ○○시 ○○구 ○○동 ○○번지
상　호 : ○○○㈜
대리인 : ○○○(주민등록번호　　　　　　)
연락처 :

피고소인 주　　소 :
성　　명 :
주민등록번호 :
연 락 처 :

위 피고소인을 사기 등 죄로 이 고소를 제기하오니 의법 처단하여 주시기 바랍니다.

고 소 사 실

고소인은 위 주소지에서 제조업을 경영하면서 ○○ 제품을 생산하고 국내 ○○에 납품하고 있습니다.

2. 위 표시 피고소인은 ○○을 운영하면서 홍길동이로부터 20○○.○.○.약속어음 1억을 차용하여 고소인에게 발행하여 주었으나 이 어음은 이미 은행으로부터 지급 정지된 어음 이었습니다.

고소인은 이미 1억 상당의 물품을 공급하였고 이에 대한 변제 요청을 하고자 동년 ○월 ○일 방문하여 보니 이미 행방불명이 된 상태이오니 조속히 수배, 체포 하시어 엄벌에 처해주시기 바라며 이에 고소에 이르렀습니다.

(내용은 6하 원칙에 따라 상세히 기술함)

본 고소장에 기재한 내용은 고소인이 알고 있는 지식과 경험을 바탕으로 모두 사실대로 작성하였으며, 만일 허위사실을 고소하였을 때에는 형법 제156조 무고죄 처벌 받을 것임을 서약합니다.

첨　부 : 1. 계약서 사본 1부.
2. 세금계산서 사본 1부.
3. 부도어음 사본 1부. 끝.

년　　월　　일

위고소인　○○○㈜
대리인　○○○(인)

○○ 경찰서장 귀하

제9장

가압류 및 가처분

제9장 가압류 및 가처분

1절 가압류

1. 가압류 개념

1) 개념

가압류는 임시적 압류를 의미한다. 채무자가 빚을 갚을 능력이 있으면서도 가지고 있는 재산을 전부 처분하여 빚을 갚지 않으려는 경우 또한 주택을 매수하여 잔금까지 지불하였는데도 매도인은 다시 그 집을 제3자에게 처분 후 도망가려고 하는 경우 채권자가 소송을 제기하여 승소한 후 그 판결문을 가지고 강제집행하기까지는 많은 시간이 소요되고 그 사이에 채무자가 그가 가진 재산을 모두 처분하는 경우에는 채권자가 재판상 이기고도 강제집행 하지 못하여 많은 손해를 입을 수 있습니다.

따라서 채권자의 권리를 확보하기 위하여 재판 확정전에 채무자가 그의 재산을 처분하지 못하도록 임시로 채무자의 재산을 묶어두는 절차가 가압류, 가처분이라고 합니다.

2) 성격

가압류는 장래의 강제집행을 보전하기 위하여 하는 임시적 절차입니다.

① 채권자의 권리는 금전채권이나 금전으로 환산할 수 있는 채권에 한합니다.

② 가압류로서 보전하고자 하는 채권은 기한이 도래하지 아니한 것이라도 상관없습니다.

③ 가압류의 피보전 권리는 통상적인 강제집행이 가능한 권리이어야 합니다.

3) 특징

가압류는 가압류 명령 신청에 대하여 변론을 거친 경우에는 판결로 진행합니다. 그러나 변론절차를 거치지 않는 경우는 결정으로 합니다.

4) 요건

가압류는 다음의 요건이 성립하면 가능합니다.

① 가압류에 적합한 청구채권이어야 합니다.
② 변제하여야할 채무에 대하여 이행기가 도래한 채권 또는 도래하지 않은 채권에 대하여도 가능합니다.
③ 집행보전의 필요가 있어야 합니다.
④ 이미 집행권원을 획득하지 않았어야 합니다.
만일, 집행권원을 획득하였다면 강제집행으로 진행하여야 합니다.
⑤ 외국에서 강제집행을 하게 되는 사정이 있는 경우는 가압류가 가능합니다.

5) 효과

가압류를 신청하면 법원은 그 신청에 대해 심리를 하고 받아들일지 여부를 재판하게 됩니다. 만일, 이미 가압류가 되어있거나 당사자와 가압류의 청구 내용이 동일하다면 중복 신청은 되지 않습니다. 일반적으로 가압류를 하게 되면 소멸시효가 중단됩니다. 그러나 가압류가 취소되면 소멸시효 중단의 효력은 발생하지 않습니다.

6) 취하

가압류를 취하하고자 하는 경우에는 가압류 명령이 발효된 후 상대방의 동의를 받지 않고도 가압류 신청을 취하할 수 있습니다. 이는 가압류가 변론을 열고 재판을 하여 확정된 경우라 하더라도 본안 소송과 같은 확정력이 있는 것은 아니기 때문입니다. 또한 가압류는 집행 여부와 관계없이 언제든지 취하할 수 있습니다.

2. 가압류 유형

가압류의 유형에는 다음과 같이 구분하여 진행할 수 있습니다.

먼저, 금전가압류, 유체동산가압류, 부동산가압류, 부동산 수익권에 대한 가압류, 금전채권가압류, 유체물 인도 또는 권리이전을 목적으로 하는 채권가압류, 기타 재산권가압류 등이 있습니다. 구체적인 각각의 가압류 내용은 아래 팝업에서 확인하시기 바랍니다.

1. 금전가압류
2. 유체동산가압류
3. 부동산가압류
   - 토지, 건물
4. 부동산 수익권에 대한 가압류
   - 신탁재산에 대한 수익권
5. 채권가압류
   - 급여 및 퇴직금 채권
   - 임대차보증금 채권
   - 예금 채권
   - 전세권부 채권
   - 근저당권부 채권
   - 공사 채권
   - 기계대금
   - 변제공탁금
   - 보험금 청구채권
   - 추심금
   - 피사취보증금
6. 유체물 인도 또는 권리이전을 목적으로 하는 채권 가압류
7. 기타 재산권 가압류
   - 자동차, 건설중기, 선박, 항공기

- 골프회원권
- 광업권
- 상표권
- 아파트 분양권
- 어업권
- 입목벌채권
- 저작권
- 주권반환청구채권
- 특허권, 실용신안권
- 출자증권

3. 가압류 신청 절차

1) 가압류 신청서 작성시 내용

가압류 신청시 다음 절차와 내용에 따라서 진행합니다.

가압류 신청은 채권자의 서면 신청에 따라 다음의 내용을 기재합니다.

예를 들면 제목은 "OOO가압류 신청서"라고 기재하고 그 내용은 ① 당사자와 법정대리인 ② 청구채권의 표시③ 피보전권리의 요지 ④ 가압류할 목적물의 표시 ⑤ 신청취지 ⑥ 신청이유 ⑦ 소명방법 ⑧ 첨부서류 등입니다.

위 항목에 따라서 설명을 참조하시고 아래의 "가압류의 신청절차 흐름도"는 팝업에서 참조하시기 바랍니다.

(1) 당사자와 법정대리인

채권자와 채무자를 나타내고 채권자와 채무자의 성명(상호), 주소, 주민등록번호, 전화번호를 기재한다. 만일 채권자와 채무자가 법인일 경우는 법인명(상호), 주소, 대표이사, 법인등록번호를 등을 기재한다. 대리인이 있을 경우는 대리인을 표시하여야 합니다.

(2) 청구채권의 표시

채권자가 채무자에게 청구하여야 할 금원을 표시합니다. 즉 채권자가 채무자에게 받아야 청구 채권을 말합니다.

(3) 피보전권리의 요지

재산상의 청구권으로서 금전채권이나 금전채권으로 환산할 수 있는 채권입니다. 즉 청구권이 성립하여 있을 것이거나 강제집행에 적합한 권리인 것입니다.

만일 甲이 乙에게 받을 돈이 5천만원이 있어서 乙의 부동산에 가압류를 했다면, 가압류는 보전처분이고 5천만원을 받을 권리가 피보전권리가 되는 것입니다.

(4) 가압류할 목적물의 표시

부동산가압류나 채권가압류 및 가처분 신청시 "별지목록기재와 같음"이라고 작성하여 첨부합니다. 단, 유체동산을 가압류하는 경우는 기재하지 않습니다.

부동산가압류에 있어서 별지목록을 작성시 부동산등기부의 표제표에 기재되어 있는 사항을 기재하면 됩니다. 채권가압류를 하는 경우 채권자가 가압류하고자하는 내용을 정확히 알기 어려우므로 보통 "채무자가 제3채무자에 대하여 가지는 물품대금채권중 금 XXX원에 이르기까지의 금원" 등과 같이 기재를 하면 됩니다.

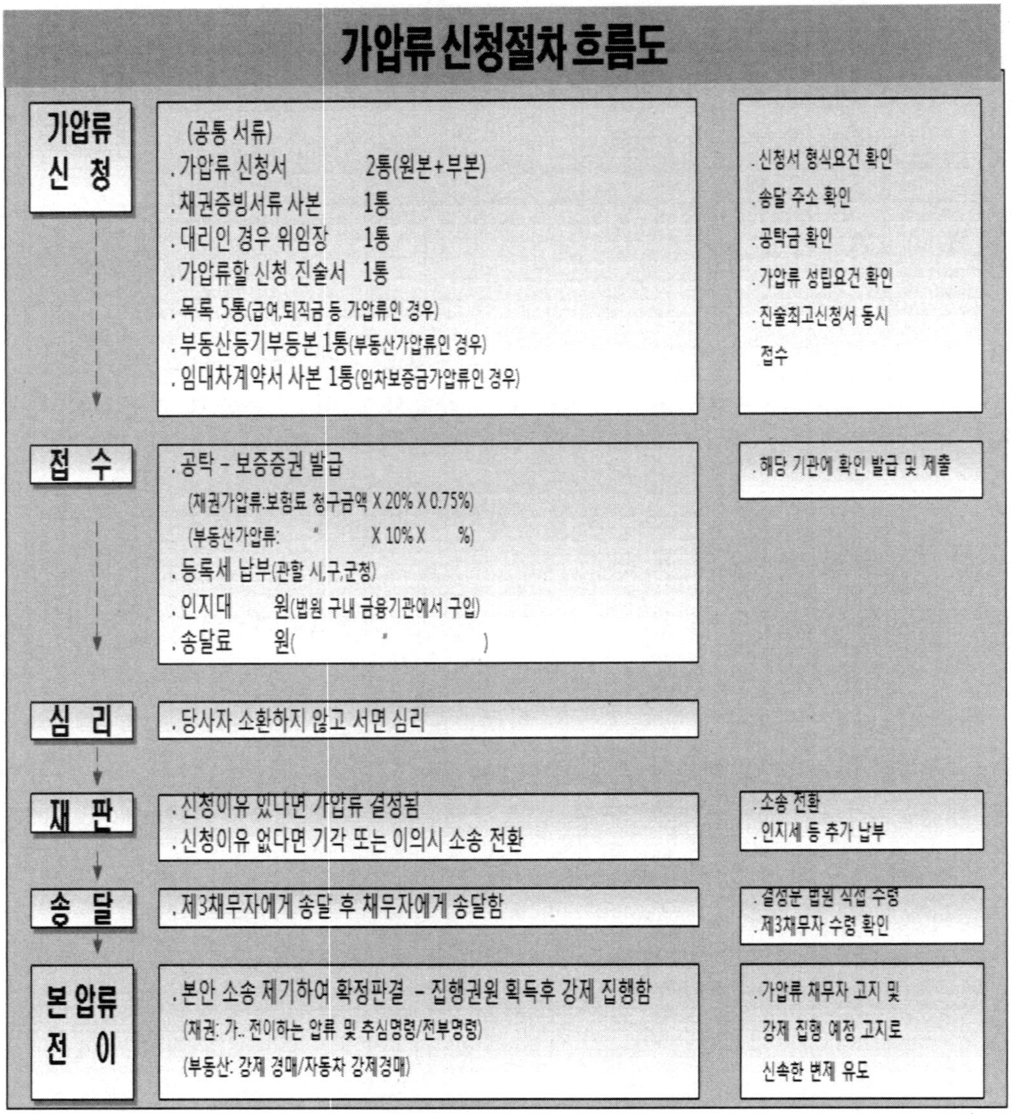

(5) 신청취지

가압류를 신청하게 된 취지를 기재하면 됩니다. 법원의 가압류 결정문은 통상 신청의 취지대로 나옵니다. 따라서 신청의 종류, 목적, 범위를 정확하고 명백하게 기재하는 것이 좋습니다.

(6) 신청이유

가압류를 신청하게 된 이유를 6하 원칙에 따라서 기재하고 청구하는 내용과 금액을 기재하고 당사자와의 관계, 청구의 발생원인, 가압류의 필요성 등을 기재합니다. 그리고 말미에는 담보제공에 대해서는 지급보증위탁계약을 체결한 문서로 제출하는 것을 허가해 줄 것을 기재합니다.

2) 소명방법에 대한 증빙 서류

채권자가 소명하는 증빙서류는 소 "갑" 제○호 라고 하고 증빙서류는 계약서, 지불각서, 세금계산서사본, 거래명세서사본, 부도어음 사본 등을 첨부하여 제출합니다.

3) 신청시 첨부 서류

채권자 및 채무자가 법인일 경우 각각 법인등기부등본과 부동산 가압류시는 부동산등기부등본을, 채권가압류시는 가압류할 채권의 표시, 자동차가압류는 자동차등록원부를 첨부하여 제출합니다.

4) 신청시 제출 서류

채권자가 가압류 신청시 제출 서류는 다음과 같이 준비하여 제출합니다.

우선 "○○○가압류 신청서"는 법원보관용인 원본용과 채무자에게 송달하는 부본 등 2부를 작성하여 제출합니다.

둘, 가압류할 채권의 표시는 별지 목록을 작성하되 부동산의 경우는 5통, 채권의 경우는 5통을 작성하여 제출합니다.

셋, 만일, 신청자가 대리인인 경우는 위임장 1통을 제출합니다.

넷, 당사자가 법인인 경우는 법인등기부등본 1통을 제출합니다.

관할법원에 따라 법인인감증명 및 사용인감계를 제출합니다.

다섯, 제출서류는 동일하나 채권형태에 따라 일부 서류를 추가로 제출합니다.

예를 들면 급여 및 퇴직금 가압류의 경우는 제3채무자의 법인등기부등본을 임차보증금의 가압류는 건물등기부등본을 제출하나 임대차계약서사본은 없어도 무방하다. 또한 예금채권가압류는 제3채무자의 법인등기부등본을 제출합니다.

여섯, 법원에 비치되어 있는 ○○○가압류 신청 진술서를 작성하여 제출합니다.

채권가압류 신청시에 제3채무자 진술최고신청서를 작성하여 함께 제출한다. 이 경우 제3채무자는 채무자에게 변제하여야 할 금액에 대하여 채권자를 위하여 채권 유・무를 밝혀야 합니다.

5) 가압류 신청 접수시 준비하여야 할 사항

(1) 보증증권 및 현금공탁금

우선, 가압류 접수시 서울보증보험회사에 먼저 가서 선(先)공탁 공탁보증보험증권을 발급하고 후(後)공탁을 하여야 하는 경우는 현금 공탁을 합니다.

① 부동산 및 자동차의 경우 청구금액의 1/10을 현금 또는 보증서로 납부합니다.

② 채권의 경우 청구금액의 2/5(현금, 영업자예금의 경우 1/5이내 현금공탁포함)를 납부합니다.

③ 유체동산은 청구금액 4/5(청구금액의 2/5 이내의 현금공탁포함)를 납부합니다.

(2) 등록세

부동산인 경우 부동산 소재지 관할시・군・구청에서 납부합니다. 채권자는 가압류를 법원에 신청시 가장 먼저 하여야 할 것이 법원에 접수하기전 등록세를 납부하여야 합니다.

(3) 인지대

인지대는 선공탁의 경우 2,500원, 후 담보는 10,000원의 인지를 법원내 금융기관에서 구입하여 가압류 신청서류 제출시 앞 표면에 첨부하여 제출합니다.

(4) 송달료

송달료는 법원내 은행에 납부 후 영수증을 신청서 첫장 뒷면에 부착하여 제출합니다.

3,190원 × 2(당사자) × 3회분 = 19,140원

6) 관할 법원

가압류 관할법원은 다음과 같습니다.

① 유체동산은 채무자의 주소지 관할 법원에 신청합니다.

② 채권가압류는 채권자 관할 법원 또는 채무자 관할 법원입니다.

③ 부동산은 부동산소재지 관할법원 및 채권자 관할 법원입니다.

- 군법원 - 2000만원 이하인 경우
- 지원 및 지방법원 - 2000만원 초과인 경우

만일, 상고심에 채권자가 계속중인 경우는 제1심 법원이 관할법원입니다.

7) 가압류의 심리 및 재판

(1) 가압류 심리

채권자가 신청한 가압류결정은 채권자 및 채무자를 소환하지 않고 판사가 심리를 하는 것이 일반적입니다.

가압류에 대한 신청이 이유가 타당하다면 결정으로 하고 이유가 없으면 기각합니다.

특히, 가압류신청진술서를 첨부하지 않거나 고의로 진술사항을 누락하거나, 허위 진술할 경우 보정명령이 나오고 신청이 기각될 수 있습니다.

심리의 대상으로는 실체법상 피보전 권리의 존부와 보전의 필요성이고, 심리의 절차로는 변론 없이 서면심리만으로 할 것인가 또는 변론을 거칠 것인가에 대하여는 판사의 재량에 속합니다. 가압류의 사실 인정은 증명 대신 소명에 의합니다.

(2) 가압류 재판

신청을 인용하는 경우라도, 법원은 상대방에게 발생할 손해를 위해 일정액의 담보를 제공시키거나 제공하는 것을 조건으로 하여 가압류결정을 합니다.

담보제공에 관하여, 실무에서는 지급보증위탁계약에 의한 보증서가 제출되면 법원이 이를 허가하는 방법으로 시행되고 있습니다.

가압류 신청서상 청구채권의 금액의 가압류 해방 금액의 산정기준이 되며 실무상 같은 금액으로 하고 있습니다. 채무자가 가압류해방 금액을 공탁하면 가압류의 집행을 정지하거나 취소하여야 합니다.

8) 가압류의 송달

가압류 결정문은 제3채무자 또는 채무자에게 송달한 다음 채권자에게 송달합니다.

채권가압류의 경우 법원이 가압류 결정을 하였으나 제3채무자에게 송달되지 않으면 효력이 발생하지 않습니다.

(1) 금전채권 가압류

금전채권가압류의 경우 제3채무자에게 송달하는 것이 가압류의 집행방법이 때문입니다.

그러나 채권가압류의 경우에는 결정문이 제3채무자에게 송달되지 못하면 법원은 채권자에 제3채무자의 주소를 보정할 것을 명하고 일정한 기간 동안 송달되지 않으면 가압류결정의 효력이 상실됩니다. 이 때 가압류신청채권자는 제3채무자의 주소를 확인하여 법원에 주소보정서를 제출하여야 한다.

(2) 유체동산 가압류

유체동산가압류의 경우는 가압류결정 후 채권자가 집행관에게 위임하여 채무자 소유의 유체동산에 가압류를 집행하기 때문에 채무자에게 가압류결정이 송달되지 않아도 상관 없습니다.

(3) 부동산 가압류 및 중기 가압류

또한 부동산가압류나 중기 가압류의 경우는 등기소 또는 등록청에 촉탁서가 송달되면 가압류의 효력이 발생하므로 채무자에게의 송달이 문제되지 않습니다. 이때에는 채무자에게 가압류결정문이 송달되지 않아도 법원이 채권자에게 주소보정을 명하지 않습니다.

9) 가압류 및 압류가 금지되는 채권

가압류 및 압류를 할 수 없는 채권이 있습니다. 가령, 유체동산의 경우는 의복, 침구, 2개월간의 식료품, 농업상 없어서는 안 될 농기구, 위패, 영정 등이 있습니다.

채권에는 법령상 부양료 및 유족부금, 급료 등 2분의 1 상당액 등이 있습니다.

특별법에 의해 금지되는 것이 있는데 여기에는 의료기재, 공무원 연금, 군인연금, 신탁법에 의한 신탁자산 등이 있습니다. 구체적인 내용은 아래 팝업에서 확인하여 보세요.

(1) 유체동산

① 의복, 침구, 가구, 부엌가구, 기타 생활필수품
② 2개월간의 식료품, 연료 및 조명재료
③ 농업상 없어서 안 될 농기구, 비료, 가축, 사료
④ 어업상 없어서 안 될 어망, 미끼
⑤ 위패, 영정, 묘비, 훈장, 족보

(2) 채권

① 법령상 부양료 및 유족 부조금
② 급료, 봉급, 상여금, 퇴직금의 2분의 1 상당액
☞ 급여가 150만원(제세공과금 공제한 실수령액)이하이면 압류를 할 수 없다.

(3) 특별법에 의해 금지 되는 것

① 의료기재
② 공무원 연금, 군인연금, 사립학교 교직원 연금
③ 근로자의 재해보상금
④ 보호금품
⑤ 신탁법에 의한 신탁자산

10) 가압류의 종류

(1) 부동산에 대한 가압류

① 가압류 신청

채권자가 부동산 가압류를 신청하려면 먼저 가압류하고자 하는 부동산등기부등본을 발급받아 선순위 우선변제권자 등을 확인합니다. 그리고 가압류의 실익이 있는지 없는지를 판단합니다. 이는 비용과 인력 투입 때문인 경우인데요. 실익이 없는 경우는 비용만 들어가기 때문입니다. 다만, 부동산등기부상 실익이 없다고 판단되어 가압류를 하지 않는 것보다는 향후 매매 및 우선순위변제권자들의 변동에 의하여 실익이 발생하는 경우가 있습니다. 따라서 이 경우는 당장은 실익이 없다고 판단되더라도 가압류를 하여 놓는 것이 중요하다고 생각됩니다.

부동산 가압류는 보증보험증권으로 선담보제공이 가능합니다. 따라서 보증보험증권으로 담보제공을 하고자 하는 경우에는 보증보험회사에서 공탁보증보험증권을 교부받아 제출합니다.

가압류를 신청할 법원은 물건 소재지 관할법원이나 채권자의 관할 법원 중 편리한 쪽으로 신청하면 됩니다.

② 가압류의 결정

가압류 신청에 대한 재판은 변론 없이 서면심리에 의하여 결정됩니다. 가압류 결정이 되면 채권자는 가압류결정법원에 가서 찾아오면 됩니다. 만일 채권자가 찾아가지 아니하면 법원에서 송달하여 줍니다.

③ 가압류 결정 및 효력발생 시기

부동산의 가압류 집행은 채권자가 별도로 신청할 필요가 없습니다. 즉, 가압류 법원에서 부동산 소재지 관할등기소에 가압류 결정정본 및 등기촉탁서를 송부하여 가압류사실을 등기부에 기입하여 줄 것을 촉탁하고 채무자에게 가압류 결정을 송달합니다.

이에 따라 등기소의 등기관이 법원의 촉탁에 따라 등기부의 갑구에 가압류등기, 등기원인, 채권자를 표시하게 되면 가압류 집행이 완료하게 됩니다.

가압류의 효력 발생 시기는 부동산 등기부등본에 가압류 등기를 기입한 때부터입니다.

④ 가압류 집행의 효력

가압류가 집행되면 채무자나 제3자에게 효력이 미칩니다. 가압류가 집행되면 가압류 물건에 대해 매매, 증여 및 저당권 설정 등의 일체의 처분행위가 금지 됩니다. 그러나 이때의 처분 행위 금지의 효력은 절대적 무효가 아니라 상대적 무효가 됩니다.

다시 말해, 가압류 물건이 양도되거나 담보로 제공되더라도 상대적 무효로서 가압류 채권자에 대하여 대항할 수 없습니다. 그리고 가압류 채권자 이외의 사람에 대해서는 양도나 담보의 효력을 주장할 수 있습니다.

예를 들어 가압류된 부동산이 양도되어 소유자가 변경되었다고 해도 가압류채권자는 확정판결문이나 확정된 지급명령 등 집행권원으로 해당 부동산에 대해 강제 경매를 신청할 수 있습니다. 이 경우 가압류 후에 저당권을 설정한 경우 저당권자는 앞서는 가압류권자에게 우선변제권을 주장하지 못합니다. 다만, 이때에도 저당권자 뒤에 또 다른 가압류권자가 있다면 이들에 대해서는 우선변제권을 주장할 수 있습니다.

가압류를 하면 그 물건에 대해 다른 채권자가 경매를 진행하는 경우 가압류권자는 배당을 신청한 효과를 갖게 됩니다. 또한 가압류가 되면 소멸시효가 중단되는 효력을 갖게 되어 소멸시효가 그때부터 다시 진행됩니다.

(2) 유체동산에 대한 가압류

① 가압류 신청

유체동산에 대한 가압류는 물건 소재지 관할법원이나 본안의 관할 법원 중 편리한 법원에 신청하면 됩니다. 관할법원에 신청서를 제출하기 전에 법원관내에 있는 우체국 또는 금융기관에서 인지를 구입하여 신청서에 부착하고 송달료를 납부한 후 송달료를 첨부하여 신청하면 됩니다.

가압류에 대한 심리는 채권자가 받을 금전채권이 있음을 소명하고 이에 근거한 서면심리에 의해 결정 됩니다. 법원의 담보명령에 의해 현금과 보증보험증권으로 보증공탁(담보제공)을 제공하여야 하는데 통상 공탁하여야 할 보증공탁금의 50% 정도가 현금공탁명령으로 이루어집니다. 공탁명령에 의해 공탁을 하면 2일내지 3일후 가압류가 결정되어 가압류 결정문이 나옵니다.

② 공탁 절차

유체동산에 대하여 가압류를 신청하면 법원에서는 담보제공명령을 합니다. 이 경우 법원에 따라서 다소 차이는 있지만 통상 청구금액의 4/5(80%)정도입니다. 이 중 50%정도는 현금공탁을 하도록 명령이 나오고 나머지는 보증보험증권으로 제출할 수 있도록 하고 있습니다.

담보명령이 나오면 보증보험증권은 보증보험회사에서 보증보험증권을 발급받고 현금공탁은 공탁소에서 공탁수리 결정을 받아 공탁물 보관자(은행)에게 공탁금을 납입하고 공탁서를 교부 받습니다.

현금 공탁의 경우 공탁수리결정을 받기 위해서는 공탁서 2부를 작성하고 첨부서류로 담보제공명령서, 법인등기부등본, 위임장, 법인인감증명서를 첨부하여 공탁계에 제출하여야 합니다. 공탁보증보험증권과 공탁서 사본을 가압류를 신청한 법원 신청과에 제출하게 되면 공탁절차는 완료 됩니다. 공탁서 원본은 차후에 공탁금을 회수하는데 필요하므로 잘 보관 관리하여야 합니다.

③ 가압류의 집행

가압류가 결정되면 가압류할 유체동산이 있는 곳을 관할하는 집행관 사무실에 유체동산 가압류 집행 신청을 하여야 합니다. 유체동산 가압류 집행 신청시 유체동산 가압류집행신청서에 기재할 사항을 기재하고 가압류 결정정본 2통, 법인등기부등본, 위임장을 첨부해야 하며 이때 집행비용도 함께 예납하여야 합니다.

유체동산에 대한 가압류의 집행은 가압류 결정문을 받은 날로부터 14일 이내에 집행하여야 합니다.

집행하기 전에 집행관과 시간약속을 하고 만나서 집행 장소로 가서 집행을 합니다. 가압류 집행은 집행관이 가압류 물건에 가압류 표지나 공시서를 붙이고 가압류 집행조서를 작성하는 방법으로 진행합니다.

집행 과정에서 금전은 집행관이 집행하여 공탁을 합니다. 가압류 물건은 현금화하지 못하는 것이 원칙이지만 가압류물을 즉시 매각하지 않으면 값이 크게 떨어질 염려가 있거나 보관하는데 지나치게 많은 비용이 드는 경우에는 집행관이 그 물건을 매각하여 매각대금을 공탁합니다.

④ 가압류의 효력

유체동산이 가압류되면 매매, 증여, 저당권, 질권의 설정 등 일체의 처분행위가 금지됩니다. 만일, 채무자가 가압류된 유체동산을 처분하거나 고의로 가압류 표지를 훼손한 경우에는 공무상 비밀표시무효죄로 형사처벌을 받습니다. 이때 공무상 비밀표시무효죄로 고소하려면 우선 집행관에게 가압류물 점검을 신청하여 집행관으로부터 가압류물의 부족 및 손상 유무와 정도를 기재한 점검조서등본을 받아서 가압류 결정문과 점검조서등본을 첨부하여야 합니다.

(3) 금전채권에 대한 가압류

① 가압류 신청

금전채권에 대한 가압류는 채무자 소재지 관할법원이나 본안의 관할 법원 중 편리한 법원에 신청하면 됩니다. 그러나 통상 금전채권을 보전하기 위해서 신청하는 경우 금전채권은 채권자 주소지(이행지)가 본안에서 특별히 인정된 관할법원에 해당되기 때문에 통상 채권자 주소지 관할법원에 신청하는 경우가 많습니다. 인지와 송달료 납부 방법은 부동산, 동산과 같이 관할법원에 신청서를 제출하기 전에 법원관내에 있는 우체국 또는 금융기관에서 인지를 구입하여 신청서에 부착하고 송달료를 납부한 후 송달료를 첨부하여 신청하면 됩니다.

채권가압류 신청에 대한 심리도 채권자가 제출한 서류에 의한 심리만으로 결정됩니다. 금전채권에 대한 가압류를 신청하는 경우 보통 청구금액의 2/5(40%)를 공탁하여야 하는데 급여나 예금의 경우는 그 중 50%정도로 법원에서 명한 금액을 현금으로 공탁하여야 합니다. 가압류신청서에 기재할 사항 중 가압류할 채권의 표시는 별지목록으로 작성하는데 금전채권별로 작성합니다.

가령 예를 들면 물품대금의 경우 청금금액을 표시하고 채무자가 제3채무자에게 판매하고 받을 차량부속품에 대한 물품대금채권중 위 청구금액에 이르기까지의 금액이라고 표기하면 됩니다.

② 결정과 집행

가압류신청서가 법원에 접수되면 재판장이 심사하여 결정되기까지 2~7일정도 걸립니다. 가압류 결정이 되면 법원에서는 바로 제3채무자에게 가압류 결정문을 송달하는데 이로서 채권가압류가 집행되는 것입니다. 즉, 제3채무자는 가압류된 금액 한도내에서는 채무자에게 지급을 하여서는 아니 됩니다. 만일 이를 어기고 변제시에는 이중 부담의 책임이 있을 수 있습니다.

③ 가압류의 효력

가. 제3채무자의 변제금지

채권이 가압류되면 제3채무자는 변제 등으로 가압류된 채권을 소멸시키는 행위를 할 수가 없습니다.

다만, 가압류의 효력이 생긴 이후에도 채권의 발생원인인 법률관계에 대한 채무자의 처분, 즉 계약의 합의해제 등까지 구속하는 효력은 없습니다(대판 2001.6.1. 98다17930).

나. 채무자의 이행청구가능

가압류명령의 주문에는 압류명령의 주문과 달리 채무자의 피압류채권의 영수금지를 명하지 않는 것이 실무사례이지만, 주문의 형식적 표시와 달리 당연히 채무자의 처분과 영수는 금지됩니다. 그러나 채무자의 처분과 영수 이외의 행위는 금지되는 것은 아닙니다. 그러므로 채무자로서는 제3채무자에 대하여 재판외에는 물론 재판상으로도 이행청구를 하는 것이 허용됩니다.

다. 집행공탁

제3채무자는 가압류에 관련된 금전채권의 전액을 공탁할 수 있습니다. 즉 제3채무자가 가압류 집행된 금전채권액을 공탁한 경우에는 그 가압류의 효력은 그 청구채권에 해당하는 공탁금액에 대한 채무자의 출급청구권에 대하여 존속하고 제3채무자는 채무를 면합니다(대판 1999.11.26. 99다35256).

④ 다른 절차와의 경합

가. 처분해위

가압류채무자는 가압류된 채권을 양도할 수 있습니다. 다만 가압류된 채권을 양수 받은 양수인은 가압류에 의하여 권리가 제한된 상태의 채권을 양수받는다고 보아야 합니다.

나. 양도와의 경합

동일채권에 대하여 가압류집행을 한 자와 채권양수인 사이의 우열은 채권가압류명령의 송달과 확정일자 있는 채권양도통지의 도달선후에 의하여 결정되게 됩니다.

다. 체납처분과의 경합

체납처분절차상 보전처분은 전혀 고려하지 아니합니다. 그러므로 체납처분절차상 조세를 징수하고 남은 돈은 체납자에게 반환할 뿐이며 가압류채권자를 위하여 공탁을 하지 아니합니다. 따라서 가압류채권자는 채무자가 가지는 남은 돈에 대한 인도청구권을 가압류하는 등의 보전조치를 취하여야 합니다.

라. 사기죄 성립여부

실체관계상 존재하지 아니하는 채권을 피보전권리로하여 가압류를 신청한 것만으로는 형사상 사기죄의 실행의 착수라고 볼 것은 아닙니다(대판1982.10.26. 82도1529).

(4) 자동차, 건설기계, 선박, 항공기 등 가압류

자동차를 가압류 할 때에는 자동차등록번호를 발급받아 신청하면 됩니다. 다만, 자동차는 이동성이 있기 때문에 채무자는 자동차를 이동시킬 수가 있습니다. 따라서 가압류를 하는 것 보다는 가급적 집행권원을 받아 강제경매절차를 밟는 것이 바람직하다고 보는데 경매 신청전 인도명령(감수보전)신청을 먼저 신청하여 자동차를 일정한 장소에 끌어다 놓고 10일 이내 강제 경매를 신청하는 것이 실무적입니다. 만일, 10일 이내 경매를 진행하지 않으면 차량을 채무자에게 반환하여야 합니다.

자동차를 가압류할 때 채권의 표시는 차량등록원부 복사본 5부를 작성하여 제출합니다.

① 신청

신청서에는 서울특별시장, 광역시장, 도지사가 발부한 자동차. 중기의 각 등록원부 또는 건설교통부장관이 발부한 항공기등록원부를 첨부하여야 하고 목적물의 특정을 위하여 다음의 사항을 기재하여야 합니다.

가. 자동차의 표시

등록번호, 차명, 형식 및 연식, 차대번호, 원동기의 형식, 사용본거지, 등록연월일

나. 중기의 표시사항

등록번호, 중기명, 형식, 규격, 중기차대 일련번호, 원동기명 및 형식, 사용본거지, 등록연월일

다. 항공기의 표시사항

등록기호, 종류, 형식, 제조자, 항공기번호, 정치장, 등록연월일

② 결정

가압류 법원은 채권자의 신청에 의하여 자동차를 집행관에게 인도할 것을 명할 수 있습니다.

③ 가압류의 집행은 부동산의 경우와 같이 목적물의 등록사무소 관청에 그 가압류의 기입등록을 촉탁함으로써 행합니다.

11) 가압류와 다른 채권자와의 압류, 가압류의 경합

가압류에는 우선변제권이 없으므로 원칙적으로 가압류가 경합되든지 가압류와 압류가 경합되는 경우에는 가압류간 또는 가압류와 압류간 우선권이 없습니다. 따라서 채권액에 비례하여 안분배당을 받습니다. 다만, 이미 집행단계가 종료한 후에 가압류의 효력이 발생한 때에는 그 가압류는 효력이 없습니다. 가압류의 효력은 가압류의 신청시가 아니라 각종 가압류의 효력발생시기에 발생합니다.

강제집행이 진행중인 목적물에 대해 가압류한 경우에는 따로 집행법원에 권리신고를 하지 않는 한, 가압류채권자는 강제집행에서 배당을 받을 수 없습니다. 법원은 강제집행신청시까지의 경합된 권리자와 목적물로부터 알 수 있는 권리자외에 따로 배당요구하거나 권리신고 한 자만을 강제집행의 이해관계인으로 간주하고 배당하기 때문입니다.

또한 가압류의 경합에서 특별한 것은 부동산가압류, 자동차가압류, 중기가압류 등 등기, 등록 물건에 대한 가압류가 다른 우선권 있는 1순위 권리자의 권리 발생보다 먼저 이루어진 경우에, 가압류권리자에게 일정 정도의 우선 변제권을 부여하는 소위 흡수 배당이 됩니다.

12) 채무자의 이의와 제3자 이의의 소

가압류결정 및 집행에 대하여 채무자는 결정법원에 이의를 신청할 수 있습니다. 또한 이의를 하면서 법원이 신청채권자에게 제소명령을 하여 줄 것을 함께 신청할 수 있습니다. 가압류는 본안소송을 전제로 하는 조치이므로 당연한 것입니다. 다시 말해 제소명령 신청에 대해 채권자가 본안 소송을 제기하지 않는 경우나 법원이 정한 담보를 공탁하면 채무자는 가압류 취소를 신청할 수 있습니다. 또한 가압류 사유가 소멸하거나 사정이 변경된 경우, 가압류 후 3년이 경과한 경우 등에도 가압류 취소를 신청할 수 있습니다. 따라서 가압류의 효력을 유지하기 위해서는 채권자는 본안소송을 제기하고 소제기증명원을 발부받아 가압류재판부에 제출하여야 합니다.

그리고 채무자의 가압류이의가 형식적 하자를 이유로 각하되지 않으면 법원은 채권자와 채무자를 소환하여 변론을 열고 심리하여 가압류결정의 인용, 취소를 결정합니다. 채권자가 본안소송을 제기한 경우에는 그 소송사건이 배당된 재판부가 가압류재판사건을 병합하여 함께 심리합니다. 그 외에도 채무자 이외의 자가 가압류 목적물에 대한 권리를 주장하면서 가압류의 취소를 구하는 소송을 제기할 수 있습니다.

13) 채무자의 해방공탁과 채권자의 공탁금에 대한 권리행사

법원은 가압류 결정을 한때 채무자가 채권자의 청구금액을 공탁하고 이를 증명하여 가압류 집행의 취소를 청구할 수 있습니다. 이를 "해방공탁"이라고 하는데 채무자의 청구금액공탁과 취소신청이 있으면 법원은 가압류의 취소를 결정하는 것이 통례입니다. 이 경우 채권자의 가압류권리는 공탁금으로 이전됩니다. 즉, 채무자의 공탁금회수청구권에 가압류가 된 효력이 있습니다. 따라서 채무자는 임의로 공탁금을 회수할 수 없습니다.

채권자는 본안소송에서 승소하는 등 집행권원을 획득하는 경우에는 채무자의 공탁금회수청구권에 대해서 채권압류명령을 신청하고 이를 전부 받거나 추심할 수 있습니다.

2절 가처분

1. 가처분 개념

가처분은 금전채권 이외의 권리 또는 법률관계에 관한 판결의 집행을 보전하기 위한 제도로 다툼의 대상에 관한 가처분과 임시지위를 정하기 위한 가처분으로 나눕니다.

즉, 가처분을 하여 두지 않으면 나중에 판결에서 승소하였다 하더라도 상대방이 이미 처분을 하였거나 현상을 변경하면 판결을 집행할 수 가 없게 되거나 현저히 곤란하게 되는 경우가 있습니다. 따라서 채무자의 처분행위를 금지함으로써 현상의 변경을 방지하고 현재의 위험 또는 손해를 막을 필요가 있기 때문에 가처분을 하여두는 것으로 이는 임시적 조전조치라고 합니다.

2. 다툼의 대상

다툼의 대상은 채무자의 소유에 속하는 것이어야 합니다. 즉 다툼의 대상은 가처분에 의하여 보전될 강제집행의 대상이 될 수 있는 물건이어야 하므로 제3자 소유의 물건은 가처분의 대상이 될 수 가 없습니다.

3. 관할기관

본안의 관할법원입니다. 예외적으로 계쟁물의 소재지 관할법원 또는 본안의 관할법원입니다.

4. 가처분시 기재할 사항

① 청구의 표시, 그 청구가 일정한 금액이 아닌 때에는 그 가격을 표시합니다.

② 가처분이 될 사실의 표시

변론을 열지 않는 경우는 결정으로 재판하고, 변론을 열 경우는 판결로 재판합니다.

5. 변론

건물의 명도 또는 철거를 명하는 가처분의 재판은 당사자의 변론이 있어야 합니다. 특별한 사정이 있는 때에는 담보를 제공하게 하고 가처분을 취소할 수 있습니다.

6. 가처분의 종류

1) 부동산에 대한 가처분

① 처분금지가처분

목적물에 대한 채무자의 소유권이전, 저당권, 전세권의 설정, 임차권설정 등 일체의 처분행위를 금지시켜 채권자의 피보전권리의 행사를 쉽게 하기 위하여 하는 가처분입니다.

부동산처분금지 가처분은 채권자가 특정한 부동산의 소유권에 대하여 소유를 주장하면서 그 목적부동산이 다른 제3자에게 이전되는 것을 미리 막아 승소확정 후 그 소유권을 이전 받으려는 목적으로 이용됩니다. 다시 말해 금전채권을 위한 채권보전이 아니라 그 해당 부동산의 소유권을 주장하는 경우에 취해지는 보전처분입니다.

② 점유이전금지가처분

부동산 및 동산에 대한 인도, 명도청구권을 보전하기 위하여 채권자가 목적물의 현상의 변경을 금지시키는 것을 말합니다.

즉 건물철거, 토지인도청구권을 피보전권리로 하는 경우에는 건물에 대한 처분금지가처분으로 하여야 하며, 건물. 토지에 대한 점유이전금지가처분 만으로는 그 목적을 달성할 수 가 없습니다.

따라서 신청시에는 목적부동산을 명백히 특정하여야 하며 집행에는 등기를 요하지 아니하므로 미등기부동산도 목적물이 될 수 있습니다. 특정은 가처분의 범위를 정할 수 있는 정도면 족하고 정확한 측량도면은 필요가 없습니다.

③ 공사금지가처분

건축공사로 인한 지반침하, 주택붕괴의 위험 또는 일조나 조망, 경관 기타 생활이익의 침해를 이유로 건물의 공사금지(또는 공사중지)를 구하거나 그 건축에 대한 방해금지를 구하는 것과 같이 건물의 공사와 관련된 가처분과 일정한 토지・건물에 채무자가 진입・통행하는 것을 금지하는 것을 말합니다.

공사금지가처분은 종래 토지이용권을 둘러싼 소규모 건축에 관한 분쟁이 대부분이었으나, 점차 일조・조망・소음 등 환경권과 차량정체나 주차난 등 무형의 생활상의 불이익 등을 이유로 하여 아파트나 빌딩 등 대규모 건축물의 공사금지가처분 신청이 늘어나는 것이 특징입니다.

2) 동산에 대한 가처분

① 점유이전금지가처분

동산점유이전금지가처분을 신청함에는 그 대상이 되는 동산을 반드시 특정하여야 하며 현재 그 물건의 소재지를 명시하여야 합니다.

② 인도단행가처분

동산의 인도에도 채권자의 인도청구권보전을 위해서 또는 채권자에게 임시의 지위를 부여하기 위하여 인도단행가처분을 할 수 가 있습니다.

예를 들면 채무자는 채권자에게 별지목록 기재 물건을 임시로 인도하라 라고 할 수 가 있습니다.

③ 사용금지가처분

채무자의 물건에 대한 사용을 금지시키는 가처분을 말합니다.

예를 들면 채무자는 채권자 소유의 ○○물건을 사용해서는 아니 된다는 것입니다.

3) 채권에 대한 가처분

채권에 관한 추심 및 처분금지 가처분은 채권이 허위표시에 의하여 성립되어 그 채권이 선의의 제3자에게 양도되면 대항할 수 없는 경우가 생기므로 채권자로 하여금 제3자에게 이를 처분할 수 없도록 금지할 때 이용합니다.

다시 말해 채권의 존부에 대한 다툼이 있을 때 채무자는 채권자로부터 그 이행의 청구를 받더라도 이를 거절할 수 있기 때문에 채무자가 채권자를 상대로 자기에 대한 채권추심을 금지하는 가처분을 할 필요가 없습니다.

그러나 채권이 허위표시에 의해 성립되어 선의의 제3자에게 양도되면 대항력이 없게 되므로 채무자로 하여금 제3자에게 이를 처분할 수 없도록 금지할 필요가 있게 되는 것입니다.

에를 들면 채무자는 별지 목록 기재 채권을 타에 양도하거나 질권 설정 기타 일체의 처분을 하여서는 아니 된다는 것입니다.

4) 금전의 지급을 명하는 가처분

금전지급채무에 관하여 다툼이 있는 경우에 소송을 통한 법률관계의 확정 전에 금전채무의 일부 또는 전부를 지급받지 못하면 채권자가 현저한 손해를 피할 수 없다고 하는 경우 금전의 지급단행을 명하는 가처분입니다.

가처분 신청시 그 금전채권의 존재를 소명하여야 하며 또한 급박하게 지급되어야 할 필요 있는 금액의 산출근거도 함께 소명되어야 합니다.

5) 유가증권에 대한 가처분

어음, 수표 등 유가증권의 인도청구권을 보전하기 위하여 그 증권에 대한 채무자의 점유를 박탈하거나 그 처분을 금지하는 가처분을 신청할 수 가 있습니다.

유가증권에 대한 가처분을 신청함에는 그 유가증권을 특정할 수 있도록 표시하여야 하며 현재의 소재지를 밝혀야 합니다.

집행시는 집행관에게 집행을 위임하여야 하며 제3채무자에게 송달하여야 합니다.

제10장

소송 실무

제10장 소송 실무

1절 민사 소송 개념

1. 개념

1) 의의

소송을 제기하는 것으로 소송이 개시된다. 원고가 법원에 대해 피고와의 관계에서의 권리주장(청구)를 제시하여 그 당부에 대해 심판을 요구하는 요식의 신청을 소송이라고 한다. 다시말해 개인과 개인 간의 권리 또는 법률관계에 있어 다툼이 있을 때 당사자가 이 분쟁의 해결을 청구하는 경우, 국가(법원)가 분쟁을 강제적으로 해결하기 위해 행하는 소송절차이다.

■ 소송절차

분쟁의 발생 ⇨ 소의제기 ⇨ 심리 ⇨ 종국판결 ⇨ 판결의 확정

2) 민사 소송의 종류

민사소송은 급부의 소(이행의 소), 확인의 소, 형성의 소가 있다.

① 급부의 소

이것은 가장 알기 쉬운 보통의 소입니다. 원고가 피고에 대한 급부청구권을 주장해서 법원에 대해 피고에 대한 급부판결을 구하는 소로서 기판력과 강제집행력이 있습니다. 급부청구권이란 물건의 인도를 청구할 수 있는 권리와 같은 것이다.

② 확인의 소

이것은 피고와의 관계에서 특정의 권리, 법률관계의 존재 또는 부존재를 주장해서 그것을 확인하는 판결을 구하는 소송으로서 기판력은 있으나 집행력은 없다.

③ 형성의 소

이것은 일정한 법률요건에 기한 법률상태의 변동을 주장해서 판결에 의한 권리관계의 변동을 선언하는 형성판결을 구하는 소로서 혼인의 무효 소, 취소의 소, 이혼의 소가 있으며 기판력은 있으나 집행력은 없다.

3) 소송관리 현황

소송 진행 사항은 「소송 관리 대장」을 만들어 관리하여야 한다.

소송 진행은 복잡하고 많은 시간과 여러 상황이 발생되어 일정에 따라 순차적으로 기록관리 하지 않으면 정리가 잘 안되어 효율적으로 소송에 대응할 수 가 없다.

소송관리대장

사건번호	소송명	개시일 종료일	채권액	원 고	피 고	관할법원	진행사항	문제점	대 책

2. 소송 요건

소송요건이란 본안의 심리를 속행하여 본안판결을 하기 위한 요건이다. 본안판결이란 청구인용판결과 청구기각판결이 있다. 소송요건을 만족하지 않으면 소각하라고 하는 소송판결이 내려진다. 그래서 법원은 원고에 의해 주장되는 권리관계의 존부의 심리, 판결을 내려야 하는가 어떤가를 판단한다.

소송 요건에는 중요한 요건이 2개가 있는데 하나는 소의 이익이고 다른 하나는 당사자적격이다.

1) 소의 이익

소의 이익이란 심판대상인 특정의 청구가 본안판결에 의한 쟁송의 처리에 적합한가 어떤가의 판단기준이다. 요컨대 소의 이익이 인정되기 위해서는 당해청구에 대해 본안판결이 내려져야할 필요성과 본안판결에 의한 분쟁처리의 실효성이 있을 것이 필요 하다. 이것은 개개의 청구별로 판단된다. 즉 원고가 소를 제기한 하나하나의 청구별로 소의 이익이 있는가 없는가 판단해 간다고 하는 것이다.

2) 당사자 적격

당사자적격이란 당해소송물에 대해 스스로 당사자로서 소송을 수행하여 본안판결을 구할 수 있는 자격을 말한다. 즉 자신이 당사자로 될 수 있는 것과 같은 적격, 자격이다. 이것도 소송물과의 관계에서 개별적으로 결정된다.

3. 집행권원의 종류

소송을 하는 목적은 결국 집행권원을 획득하는 것이다. 집행권원은 강제집행을 하기 위하여 반드시 필요하다. 집행권원의 종류는 여러 가지가 있다.

1) 어음공증

어음공증에는 어음·수표 공증, 금전소비대차공정증서, 동산(소비대차)양도담보부공정계약 증서 등이 있다.

2) 독촉 절차

독촉절차는 지급명령이 있다.

3) 화해 절차

화해절차는 소송전 화해 및 소송중 화해가 있다.

4) 소송 절차

소송절차는 종국판결, 중재판정에 대한 집행판결, 이행권고 결정, 가집행선고부판결, 청구인락조서 등이 있다.

5) 기타

파산채권자표, 정리채권자표, 정리담보권자표, 가압류명령, 가처분명령, 검사의 집행명령, 배상명령 등이 있다.

배상명령이란 어떠한 범죄행위로 피해를 입은 자가 가해자의 형사재판 절차에 대하여 가해자로 하여금 치료비, 기타 물적 손해를 배상하도록 할 것을 신청하는 제도이다.

이는 1심재판이 끝나기 전에 하는 것이 원칙이나 피고인이 항소할 경우 2심재판이 끝나기 전까지 할 수 있다.

상해죄, 과실치사, 치사죄, 절도, 사기, 횡령, 배임, 공갈, 손괴제 등 가해자의 범죄로 인하여 피해를 입은 피해자가 신청할 수 있다.

4. 관할법원

1) 토지 관할

(1) 피고의 보통재판적 소재지의 법원의 관할이다.

- 사람의 경우 피고의 주소, 거소, 최후주소
- 법인의 경우 주된 사무소 또는 영업소 소재지, 업무담당자의 주소이다.
- 국가의 경우 대법원소재지
- 재산권상의 소는 의무 이행지(당사자의 의사표시 또는 성질)의 법원
- 어음, 수표는 지급지

- 불법행위의 경우 불법행위지
- 부동산에 관한 소는 부동산소재지
- 1개의 소로써 수개(수인에 대한 청구)의 청구의 경우 1개의 청구에 관한 관할권이 있는 법원

(2) 합의 관할

- 제1심 법원의 임의관할에 의한다.
- 합의관할은 일정한 승계인에게 미친다.

2) 사물 관할

① 시 · 군법원사건 – [소액사건심판규칙]

소액사건심판규칙 제1조의2(소액사건의 범위)법 제2조 제1항의 규정에 의한 소액사건은 제소한 때의 소송목적의 값이 2,000만원을 초과하지 아니하는 금전 기타 대체물이나 유가 증권의 일정한 수량의 지급을 목적으로 하는 제1심의 민사사건으로 한다. 다만, 다음 각 호에 해당하는 사건은 이를 제외 한다.

- 소의 변경으로 본문의 경우에 해당하지 아니하게 된 사건
- 당사자참가, 중간확인의 소 또는 반소의 제기 및 변론의 병합으로 인하여 본문의 경우에 해당하지 않는 사건과 병합 심리하게 된 사건

② 단독판사사건 – [민사 및 가사소송의사물관할에관한규칙]

지방법원 및 지방법원지원의 합의부는 소송목적의 값이 1억원을 초과하는 민사사건 및 민사소송등인지법 제2조 제4항의 규정에 해당하는 민사사건을 제1심으로 심판한다. 다만, 다음 각 호의 1에 해당하는 사건을 제외한다.

- 수표금 · 약속어음금 청구사건
- 은행 · 농업협동조합 · 수산업협동조합 · 축산업협동조합 · 산림조합 · 신용협동조합 · 신용보증기금 · 기술신용보증기금 · 새마을금고 · 상호저축은행 · 종합금융회사 · 시설대여회사 · 보험회사 · 신탁회사증권회사 · 신용카드회사 · 할부금융회사 또는 신기술사업금융회사가 원고인 대여금 · 구상금 · 보증금 청구사건

- 자동차손해배상보장법에서 정한 자동차·원동기장치자전거·철도차량의 운행 및 근로자의 업무상재해로 인한 손해배상 청구사건과 이에 관한 채무부존재 확인사건
- 단독판사가 심판할 것으로 합의부가 결정한 사건

③ 합의부사건 – 1억을 초과하는 사건

5. 인지

1) 소가 산정 방법

소송목적의 값은 원고가 청구취지로서 구하는 범위 내에서 원고의 입장에서 보아 전부 승소할 경우에 직접 받게 될 경제적 이익을 객관적으로 평가하여 정한 금액을 말하는바, 소송목적에 따라 산정표준이 다음과 같이 다릅니다.

① 금전지급청구의 소

청구금액(이자, 손해배상, 위약금 또는 비용의 청구가 소송의 부대 목적이 되는 때에는 가액에 산입하지 않습니다)

② 확인의 소

권리의 가액으로 합니다.

③ 물건의 인도, 명도 또는 방해배제를 구하는 소

④ 소유권에 기한 경우 : 목적물건 가액의 2분의 1

⑤ 지상권, 전세권, 임차권, 담보물권에 기한 경우, 또는 그 계약의 해지·해제, 계약 기간의 만료를 원인으로 하는 경우 : 목적물건 가액의 2분의 1

⑥ **점유권에 기한 경우** : 목적물건 가액의 3분의 1

⑦ **소유권의 이전을 목적으로 하는 계약에 기한 동산인도청구**: 목적물건의 가액

⑧ 공유물분할청구의 소

목적물건의 가액에 원고의 공유 지분 비율을 곱하여 산출한 가액의 3분의 1

⑨ 사해행위 취소의 소

취소되는 법률행위의 목적의 가액을 한도로 한 원고의 채권액

2) 인지계산 방법

소장에는 인지를 붙이고 송달료를 납부한다. 소장 1부는 법원에서 접수하고 철하여 보관되며 부본 1부는 상대방에게 송부한다.

인지액

소 가	인지액 계산법
1,000만원 미만	소가 × 10,000분의50 = 인지액
1,000만원 이상 ~ 1억원 미만	소가 × 10,000분의45+5,000원 = 인지액
1억원 이상 ~ 10억원 미만	소가 × 10,000분의40+55,000원 = 인지액
10억원 이상	소가 × 10,000분의35+555,000원 = 인지액

산출된 인지액이 1,000원 미만인 때에는 이를 1,000원으로 하고 1,000원 이상인 경우에 100원 미만의 단수가 있는 때에는 그 단수는 계산하지 않습니다.

항소장에는 위 규정액의 1.5배, 상고장에는 2배의 인지를 붙여야 합니다.

소장 등에 첨부하거나 보정할 인지액이 10만원을 초과하는 때에는 전액을 법원구내 은행에 현금으로 납부하여야 합니다. 인지액이 10만원을 초과하지 않는 경우에도 현금으로 납부할 수 있습니다.

6. 송달료

소장을 제출할 때에는 당사자 수에 따른 계산방식에 의한 송달료를 송달료 수납 은행(대부분 법원구내 은행)에 납부하고 그 은행으로부터 교부받은 송달료납부서를 소장에 첨부하여야 하는데 각 사건의 송달료 계산방식은 다음과 같다.

송달료

사 건	송달료 계산법
민사 제1심 소액사건	당사자수 × 3,190원 × 10회분 = 송달료 (2인 기준 63,800원)
민사 제1심 단독사건	당사자수 × 3,190원 × 15회분 = 송달료 (2인 기준 95,700원)
민사 제1심 합의사건	당사자수 × 3,190원 × 15회분 = 송달료 (2인 기준 95,700원)
민사항소사건	당사자수 × 3,190원 × 12회분 = 송달료 (2인 기준 76,560원)
민사 상고사건(다)	당사자수 × 3,190원 × 8회분 = 송달료 (2인 기준 51,040원)
민사 조정사건(머)	당사자수 × 3,190원 × 5회분 = 송달료 (2인 기준 31,900원)
부동산 등 경매사건(타경)	(신처서상의이해관계인수+3) × 3,190원 × 10회분 = 송달료

송달료 잔액은 소송 절차 종료가 된 후 송달료가 남은 경우는 예금 구좌 신청을 한 경우 입금을 하여준다. 잔액 통지서는 송달료 납부은행에서 통보하여 준다. 그리고 송달료를 수령하여 가지 않은 경우는 일정기간 경과 후 국고에 귀속된다.

7. 소송 능력

행위능력이라 함은 의사능력이 있는 자를 말하며 단독으로 유효한 법률행위를 할 수 있다.

행위능력을 가지지 못한 자를 무능력자라 하며 무능력자(미성년자, 한정치산자, 금치산자) 는 소송행위를 할 수 없다.

민법에서는 무능력자인 법정대리인의 동의를 요건으로 스스로 법률행위를 하는 것은 인정하고 있으나 단독으로 한 행위는 취소할 수 있다.

단, 소송행위에 대하여는 법정대리인의 동의가 있어도 단독으로 한 소송행위는 무효이다.

(1) 법정대리인

본인에게 소송능력이 없기 때문에 대신하여 소송을 수행하는 자이다. 법정대리인은 실체법상의 대리인, 친권자, 후견인 등이다.

(2) 임의대리인

본인에게 소송능력은 있으나 본인의 이익을 확대하기 위하여 전문가에게 법률행위를 하게 하는 것이다.

- **법률대리인** : 지배인, 선박관리인, 선장
- **소송대리인** : 변호사

8. 기타 첨부 서면

1) 소송대리허가 신청

[민사소송규칙] 제15조

① 단독판사가 심리・재판하는 사건으로서 민사및가사소송의사물관할에관한규칙 제4조 각호에 해당하지 아니하는 사건에서는 변호사가 아닌 사람도 법원의 허가를 받아 소송대리인이 될 수 있다.

② 제1항과 법 제88조 제1항의 규정에 따라 법원의 허가를 받을 수 있는 사람은 다음 각 호 가운데 어느 하나에 해당하여야 한다.

- 당사자의 배우자 또는 4촌 이내의 친족으로서 당사자와의 생활관계에 비추어 상당하다고 인정되는 경우
- 당사자와 고용, 그 밖에 이에 준하는 계약관계를 맺고 그 사건에 관한 통상 사무를 처리 보조하는 사람으로서 그 사람이 담당하는 사무와 사건의 내용 등에 비추어 상당하다고 인정되는 경우

③ 제1항과 법 제88조 제1항에 규정된 허가신청은 서면으로 하여야 한다.

④ 제1항과 법 제88조 제1항의 규정에 따른 허가를 한 후 사건이 민사 및 가사소송의사물관할에 관한규칙 제4조 각호의 어느 하나에 해당하게 된 때에는 법원은 허가를 취소하고 당사자 본인에게 그 취지를 통지하여야 한다.

2) 소송대리허가 신청서

소송 행위자(수행자)는 본인, 법정대리인, 임의대리인이 진행할 수 있다.

법정대리인은 법률상 법정대리인 즉, 변호사 및 법인의 대표이사이고 임의대리인은 지배인 등 법령상 대리인이 있고 소송위임에 의한 소송대리인이 있다.

법인의 지배인은 소송대리허가신청 없이 소송을 진행할 수 가 있다.

단, 지배인이 아닌 일반직원이 소송을 진행할 경우는 소송대리허가신청을 하여 소송을 진행하여야 한다. 단독판사가 심리. 재판하는 사건 가운데 그 소송물가액이 일정금액 이하인 경우 친족 관계에 있는 사람 또는 당사자와 고용계약관계에 있는 사람은 법원의 허가를 받아 예외적으로 소송 대리를 할 수 있습니다.

소송대리허가신청 및 소송위임장

사건번호
원　　고 :
피　　고 :
이 사건에 관하여 아래와 같이 소송대리허가 신청 및 위임을 합니다.

1. 소송대리허가 신청

500원 첩 부

재판장	허	부

소송대라할 사람의 성　명 :
주　소 :
소송대리허가를 신청하는 이유(간단하게) :
원고회사 직원으로 내용을 잘 알기 때문

첨부서류 : 재직증명서 1통.

2. 소송위임할 사항
   가. 일체의 소송행위, 반소의 제기 및 응소
   나. 재판상 및 재판외의 화해
   다. 소의 취하
   라. 청구의 포기 및 인락
   마. 복대리인의 선임
   바. 목적물의 수령
   사. 공탁물의 납부, 공탁물 및 이자의 반환청구와 수령
   아. 담보권행사, 최고신청, 담보취소신청 등 신청에 대한 동의, 담보취소 결정 정본의 수령, 동 취소결정에 대한 항고권의 포기
   자. 기타(특정사항 기재요)

년　　월　　일

위 신청인 및 위임인 성명 원고　상　　호
대표이사 ○○○(인)

○○지방법원 귀중

9. 1심 법원(지방법원)

일반적으로 제1심법원으로 재판을 하지만 일정한 범위에서는 제2심법원의 기능도 수행하는데, 현재 서울특별시에 민사지방법원·형사지방법원이 있고, 각 광역시와 도청소재지에 1개씩, 도합 14개가 설치되어 있다.

지방법원의 명칭은 소재지명을 붙여 호칭한다. 그 구성은 지방법원장과 법률로 정한 수의 판사로 하며, 사무 일부를 처리하기 위하여 관할구역 내에 44개 지원과 소년부지원 및 등기소를 두고 있다.

지방법원장은 10년 이상의 법조경력이 있는 자 중에서 임명되며, 당해 법원 및 관할지원의 사법행정사무를 관장하고 소속 공무원을 지휘, 감독한다. 지방법원장은 소속 판사로 하여금 민사소액사건 등을 심판하게 하기 위하여 필요한 지역을 순회하게 할 수 있는데, 순회하는 판사가 심판하는 장소를 순회심판소라고 한다.

지방법원의 제1심재판은 단독판사가 관할함이 원칙이나, 특히 중요하다고 법률이 정하고 있는 사건은 판사 3인으로 구성된 합의부가 관할한다. 현재 합의부의 관할로 되어 있는 것은 소송물가액이 1억원을 초과하는 민사사건(수표금, 약속어음금 청구사건 제외)·사형·무기 또는 단기 1년 이상의 징역 또는 금고에 해당하는 형사사건(절도죄 등 일정한 범죄는 제외) 등이다.

소송 절차 흐름도

소장접수	• 원고가 법원에 접수한다.
↓ 재판부 배정	• 원고, 피고에게 증거서류 일괄 제출하도록 한다.
↓ 변론준비절차	• 합의부 이상만 회부한다.
↓ 변론 절차	• 변론기일 지정하여 당사자를 소환한다.
↓ 변론 종결	• 더 이상 다툼이 없고 종결한다.
↓ 판결 선고	• 이에 대하여 이의를 제기하려면 상급심법원에 항고한다. 송달 후 2주후 강제집행력이 발생한다.
↓ 항소	• 원고, 피고, 소송참가인이 청구할 수 있다. 1심 판결 송달일로부터 14일 이내 제기한다. 항소장은 1심법원에 접수한다.
↓ 상고	• 2심 판결 송달일로부터 14일 이내 제기 한다. 2심법원에 항소장을 접수한다. 20일 이내 상고이유서를 제출하여야 한다. 상대방은 10일 이내 답변서를 제출한다. 법령 또는 판례에 위반시는 소액사건도 허용한다.

10. 합의부/항소/상고

합의부 이상인 경우는 "변론준비절차"에 회부되는데 다음과 같이 이루어 진다.

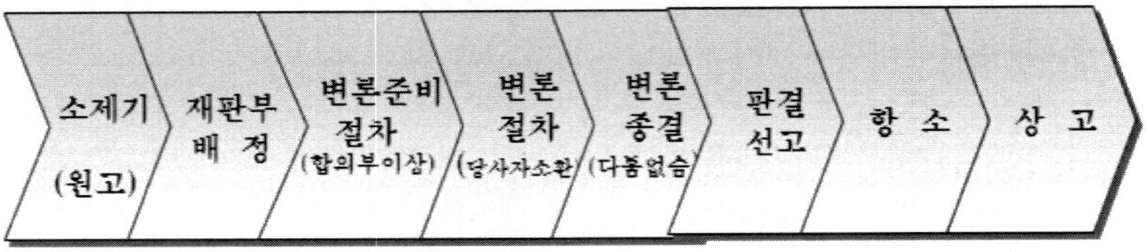

단, 단독심의 경우에도 사안이 복잡하고 중대한 경우에는 준비절차에 회부된다. 판결 선고에 따라 판결문이 채무자 송달후 2주후 경과되면 강제집행력이 생긴다.

항소는 원고, 피고, 소송참가인이 청구가능하며, 1심 판결 정본 송달일로부터 14일 이내 1심 법원에 접수해야 한다.

상고는 2심 판결정본 송달일부터 14일내 2심 법원에 항소장을 접수해야 한다. 상고인은 20일 내에 상고이유서를 제출하여야 한다. 상대방은 10일내 답변서를 제출하여야 한다.

법령 또는 판례에 위반시는 소액사건도 상고가 허용된다.

11. 변론절차

변론절차가 개시되면 이 과정에서 주장할 수 있는 입증자료 및 증인채택을 할 수 있도록 준비하여야 한다. 변론준비절차 없이 바로 변론절차로 개시되면 아래와 같이 준비하면서 진행한다.

1) 준비서면

당사자가 변론에서 진술할 사항을 기재하여 법원에 제출하는 서면을 말한다(준비서면 중 피고의 최초의 준비서면을 "답변서"라 한다).

2) 변론의 실시

재판장이 정한 기일에 당사자 쌍방을 소환하여 공개법정에서 실시한다. 이때 양당사자는 자신들의 주장을 공격, 방어하며 변론을 진행한다.

상황에 따라서 부인, 부지, 자백, 침묵, 항변을 할 수 있다.

3) 증거

당사자간의 다툼이 있는 경우 그 객관성, 합리성의 보장을 위하여 각종의 증거가 요구되며, 여기에는 증인에 의한 진술도 포함된다.

12. 소송의 종료

소송은 종국판결을 함으로써 종료된다. 판결이 형식적으로 종료되면 소송 당사자와 당해 법원을 구속하고 그 후 다시 동일 사항이 문제되더라도 당사자와 법원은 이에 반하는 주장과 판단을 할 수 없게 되는 기판력이 생긴다.

소송에서 승소한 당사자는 집행문등을 부여받아 강제집행을 실시한다. 소송비용은 당해법원에 소송비용액 확정결정신청서를 제출 후 집행문을 부여 받아 강제집행한다.

2절 소송의 내용

1. 소송요건 및 소장의 기재 내용

1) 의의

민사소송법상 원고의 청구의 적부를 판단하는 재판(원고가 주장하는 권리·의무의 존부를 판단하는 재판)을 받기 위해 필요한 요건. 원고가 청구에 대한 재판을 요구해도 법원이 그 사건에 대해 재판할 권한이 없으면 청구 자체를 판단 할 수 없고, 심판한다 해도 분쟁해결에 도움이 안 될 때는 심판의 효과가 없게 된다.

① 청구 및 당사자가 그 국가의 재판권에 복종할 것
② 법원이 관할권이 있을 것
③ 당사자가 당사자 적격을 갖출 것
④ 소송이익이 있을 것 등이다.

2) 소장의 기본적인 내용 기재

법원에서 당사자에게 기본적으로 요구하는 소장의 기재사항은 다음과 같다.

- 원·피고 당사자의 성명, 명칭 또는 상호와 주소, 주민등록번호
- 대리인이 있는 경우 대리인의 성명과 주소
- 일과 중 연락 가능한 전화번호, 팩스번호, E-Mail 주소
- 청구취지(청구를 구하는 내용·범위 등을 간결하게 표시)
- 청구원인(권리 또는 법률관계의 성립원인 사실을 기재)
- 부속서류의 표시(소장에 첨부하는 증거서류 등)
- 작성 년월일
- 법원의 표시
- 작성자의 기명날인 및 간인

2. 소장의 형식

소장표지는 법원용 1부에만 첨부하고 상대방은 첨부하지 않는다.

소 장

<table>
<tr><td>

소 장 (표지)

사건명 물품대금청구의 소
원 고
피 고

적당한 여백에 인지를 붙인다.

청구금액 원
인 지 원
송 달 료 원

○○지방법원 귀중

</td></tr>
</table>

소 장

원 고(이름)
(주소)
피 고(이름)
(주소)

청 구 취 지

1. 피고는 원고에게 금 원 및 이에 대한 이사건 소장 부본 송달 다음 날부터 다 갚는 날까지 연 20%에 의한 금원을 각 지급하라.
2. 소송비용은 피고의 부담으로 한다.
3. 위 제2항은 가집행할 수 있다.

라는 판결을 구합니다.

청구 원인

1. 원고는 위 주소지에서 제품을 제조 및 판매하는 자로서 피고와 20 . . . 갑 제1호증에 의거 계약서를 체결하고 원고는 갑 제2호증 거래처별 원장 사본 기재와 같이 20 . . .일부터 20 . . .까지 피고에게 금 30,000,000원의 제품을 외상으로 판매 하였습니다.
2. 위 외상물품 대금중 원고가 피고에게 지급받은 금액은 금 10,000,000원으로 지급 후 잔액인 20,000,000원에 대하여는 그 지급을 차일피일 미루기만 할 뿐 도무지 지급하여 줄 기미가 보이지 않으므로 이에 청구의 취지와 같은 금원을 지급 받고자 본 건 신청에 이른 것입니다.

입 증 방 법

1. 갑 제1호증 계약서 1통
2. 갑 제2호증 거래처 원장 1통

첨 부 서 류

1. 소장 부본 1통
2. 법인등기부등본(원고) 1통
3. 주민등록초본(피고) 1통
4. 송달료 납부서 1통

20 . . .

위 신청인(원고)

ㅇㅇ지방법원 귀중

3. 청구취지의 기재

1) 기본형

① 피고는 원고에게 금○,○○○,○○○원 및 이에 대한 20○○.○.○.부터 완제일까지 연 ○○% 비율에 의한 금원을 각 지급하라.

② 피고는 원고에게 금○,○○○,○○○원 및 이에 대한 20○○.○.○.부터 20○○.○.○.까지는 연 ○○%, 그 다음날부터 다 갚는 날까지는 연 ○○% 비율에 의한 금원을 각 지급하라.

③ 피고는 원고 甲에게 금○,○○○,○○○원, 원고 乙에게 금○,○○○,○○○원 및 위 각 금원에 대한 20○○.○.○. 부터 20○○.○.○. 까지는 연 ○○% 그 다음날부터 다 갚는 날까지는 연○○% 비율에 의한 금원을 각 지급하라.

④ 피고들은 연대하여 원고에게 금○,○○○,○○○원 및 이에 대한 소장 부본 송달 다음날부터 다 갚는 날까지는 연○○% 비율에 의한 금원을 각 지급하라.

⑤ 원고에게, 피고 갑은 금○,○○○,○○○원, 피고 을은 금○,○○○,○○○ 및 위 각 금원에 대한 소장 부본 송달 다음날부터 다 갚는 날까지는 연 ○○% 비율에 의한 금원을 각 지급하라.

2) 부동산 명도

① 피고는 원고에게 별지목록기재부동산을 명도하라.

② 피고는 원고에게 별지목록기재부동산의 별지도면표시 가, 나, 다의 각 점을 순차로 연결한선내부분을 철거하고 위 각 대지를 인도하라.

③ 원고에게, 별지목록 기재건물중, 피고 甲은 별지도면표시 가, 나, 다의 각 점을 순차로 연결한 선내(가) 부분 방 ○○ 평방미터를, 피고 乙은 별지도면표시 가, 나, 다의 각 점을 순차로 연결한 선내 (가) 부분방 ○○평방 미터를 각 명도하라.

3) 부동산 인도

① 피고는 원고에게 별지목록기재부동산에 관하여 수원지방법원 20○○.○.○. 접수 ○○○호로 경료한 가등기에 기하여 2020○○.○.○. 매매(매매예약완결)을 원인으로 한 소유권 이전등기절차를 이행하라.

② 피고는 원고에게 별지목록기재부동산에 관하여 수원지방법원 20○○.○.○. 접수 ○○○호로 경료한 근저당권에 대하여 20○○.○○.○○ 확정 채권양도을 원인으로 한 근저당권 이전등기절차를 이행하라.

③ 피고는 원고에게 별지목록기재부동산에 관하여 수원지방법원 20○○.○.○. 접수 ○○○호로 경료한 근저당권에 대하여 20○○.○.○. 해지를 원인으로 한 근저당권말소등기절차를 이행하라.

④ 별지목록기재부동산에 관하여, 피고 甲에게 피고 乙은 수원지방법원20○○.○○.○. 접수 ○○○호로 경료한 소유권이전등기의, 피고 丙은 수원지방법원 20○○.○.○ 접수 ○○○호로 경료한 소유권이전등기의 각 말소등기절차를 이행하고, 피고 갑은 원고에게 20○○.○.○. 매매를 원인으로 한 소유권이전등기절차를 이행하라.

4) 장래이행판결

① 피고는 원고에게 20○○. ○.○. 부터 별지기재 건물 명도 완료시까지 월○○○,○○○원 의 비율에 의한 금원을 지급하라.

② 원고에게, 피고 甲은 금○,○○○,○○○원 및 이에 대한 소장 부본 송달 다음날부터 다 갚는 날까지 연 ○○% 비율에 의한 금원을 각 지급하고, 피고 乙은 별지기재부동산을 명도하고 20○○,○,○ 부터 별지 기재 건물 명도 완료시까지 월 ○○,○○○원의 비율에 의한 금원을 지급하라.

4. 청구원인의 기재

1) 당사자와의 관계

당사자의 관계를 정리할 필요가 있는 경우 간략히 기재를 하여 소장에 등장하는 당사자간의 관계를 명백히 할 필요가 있다.

2) 채권발생의 원인

채권발생의 원인은 첨부된 입증방법 등에 의하여 발생된 내용을 6하 원칙에 의하여 구체적으로 기재할 수 있도록 한다.

3) 당사자간의 의무의 내용 및 이행여부

위 채권의 내용에 따라 이행하여야 할 의무의 내용을 명백히 한다. 특히 동시이행 또는 원고자신의 이행의무가 있는 경우 자신의 의무이행이 있었음을 명백히 하도록 한다.

4) 피고의 이행 지체

피고가 이행을 하여야 할 이행기가 있었음에도 불구하고 현재까지 이행을 하지 않고 있다는 사실을 기재한다.

5) 결론

위와 같은 원인에 의하여 피고가 이행의무가 있음을 지적하고 청구취지의 기재사항을 다시 한번 확인을 한다.

5. 준비절차

1) 준비서면

준비서면이란 당사자가 변론에서 진술하고자 하는 사항을 예고적으로 기재하여 법원에 제출하는 서면이다.

준비서면의 여부는 그 내용에 의해 정해지는 것이므로, 소장·상소장에 임의적 기재사항이 포함되었을 때는 그 한도 내에서 준비서면의 성격을 겸유하게 된다(민소송법 제227조 2항, 제368조). 준비서면 중에 피고나 피상소인이 본안의 신청을 기재하여 최초로 제출하는 서면을 답변서라고 한다.

준비서면은 변론의 예고에 그치는 것으로서 그 제출만으로는 소송자료가 될 수 없고, 소송자료가 되기 위해서는 변론에서 진술을 필요로 한다.

그러나 예외적으로 원고 또는 피고가 변론기일에 출석하지 않거나 또는 출석했어도 본안 변론을 하지 않을 때는 그 제출한 소장, 답변서, 기타 준비서면에 기재한 사항을 진술한 것으로 보고 출석한 상대방에 대하여 변론을 명할 수 있다(민소 제137조).

2) 답변서

피고는 소장 및 증거서류를 받아보고 불인정시 30일 이내 제출하여야 한다. 서증이 있으면 답변서에 첨부하여 제출한다.

또한 증인이 있으면 증인신청서와 증인심문사항을 서면으로 제출한다.

서증에 대한 인부 요령

피고는 원고가 제출한 증거서류를 다음과 같이 부인합니다.

갑제 1호증 성립인정, 입증취지는 부인함

갑제 2호증 부지임

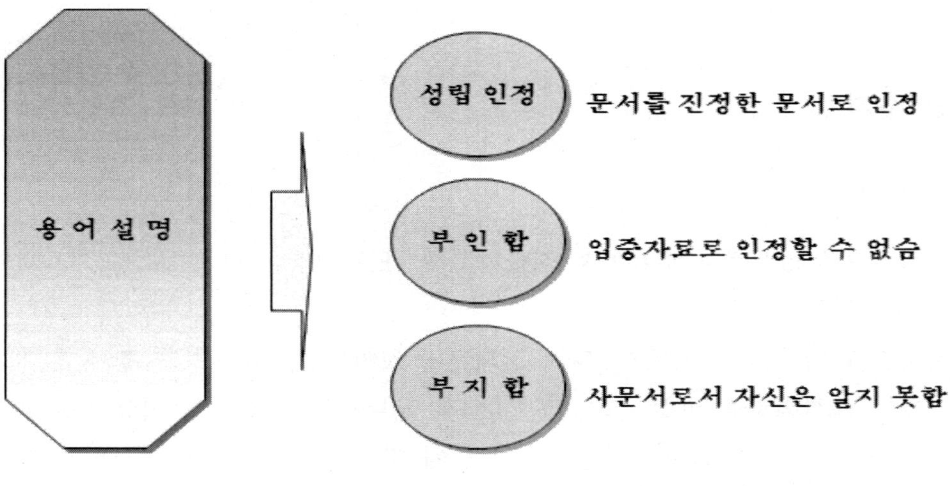

답변서

피고가 최초로 제출하는 준비서면이다.

답변서

사 건

원 고

피 고

위 사건에 관하여 피고는 다음과 같이 답변한다.

청구취지에 대한 답변

1. 원고의 청구를 기각한다.
2. 소송비용은 원고의 부담으로 한다.

라는 판결을 구합니다.

청구원인에 대한 답변

1. 피고는 원고가 소장 청구원인에서 주장하는 내용 중 인정하는 부분과 부인하는 부분을 구분하여 서술하고 부인하는 부분에 대하여 구체적으로 밝힌다.
2. 피고는 1항외에 피고가 주장하고자 하는 내용을 간결 명료하게 밝힌다.
3. 원고가 제출하는 서증에 대하여 인정하는지 부인하는지도 밝혀야 한다.

입 증 서 류

1. 을 제1호증 - 지불각서
2. 을 제2호증 - 합의서

20 . . .

피 고 (인)

ㅇ ㅇ지방법원 귀중

준비서면

준비서면은 원고 또는 피고가 답변서 제출이후 제출하는 경우를 말한다.

준비서면

사 건
원 고
피 고

위 사건에 관하여 원고는 다음과 같이 준비서면을 제출합니다.

- 다 음 -

1. 피고는 원고와 주채무자인 소외 ○○○와 물품공급계약을 체결하는 과정에서 그 사실 관계를 알지 못하였습니다.
   피고로서는 이러한 공급 계약에 대한 연대보증계약서를 작성할 당시 그 자리에 참석하지도 아니하였으며, 연대보증인란에 기재되어 있는 주소 및 주민등록번호, 서명 등은 피고의 자필이 아니고 인감도장만이 피고의 인영인 것이어서 피고가 연대보증을 한 사실은 전혀 없으며, 다만, 원고측에서 그 시경 위와 같은 ○○공급계약에 대한 피고 소유의 부동산에 근저당을 설정할 목적으로 필요하다고 하여 인감도장 및 인감증명서가 필요하다고 하여 피고의 인감을 원고회사 직원인 소외 ○○○대리를 통하여 사취하고 위와 같은 물품공급계약의 연대보증인란에 날인한 것으로 피고는 원고회사에 대하여 위와 같은 물품공급 계약에 연대보증을 한 사실이 전혀 없으므로 원고회사의 주장 사실을 모두 부인한다. 라고 주장하고 있으나 원고가 소외 ○○○를 통하여 계약서를 작성할 당시 계약의 체결이 이루어진 곳은 피고의 사무실이며, 계약 당시 위 소외인의 근저당설정에 필요한 피고의 인감증명서 1통과 연대보증계약에 있어 필요한 인감증명서 1통을 각각 교부받은 사실이 있습니다.

2. 원고가 피고로부터 연대보증인란에 날인을 받고, 인감증명서를 교부받은 사실이 사취가 아닌 진정한 상호간의 합의에 의한 행위였음은 근저당 설정용으로 인감증명서 1통이 제출되었으며, 또한 피고의 인감증명서 1통을

보관하고 있다는 사실로 미루어 보건데 명백하다 할 것입니다.
만약, 원고가 허위로 피고의 인감을 사취하여 날인을 하였다면 인감증명서 역시 원고가 사취를 하였던지, 아니면 근저당 설정을 하지 않았어야 하나, 분명 원고는 피고 사유의 건설기계에 대하여 근저당권을 설정하였으며, 연대보증을 증명하기 위하여 인감증명서 1통을 사취가 아닌 피고의 교부 행위를 통하여 보관하고 있습니다.

3. 가사 피고가 주장하는 연대보증인란에 기재되어 있는 주소 및 주민등록번호, 서명 등은 피고의 자필이 아니라는 주장이 사실이라 하더라도 계약서의 연대보증인란에 날인을 한 곳이 피고의 사무실이고, 날인행위와 더불어 인감증명서를 교부받았다면 이는 피고가 한 법률행위가 아니더라도 피고의 직원이 날인과 인감증명서의 교부행위를 대리하였다고 판단되어 민법 제126조 소정의 표현대리의 법리에 따라 원고는 피고의 직원이 대리행위를 할 권한이 있다고 믿었고, 원고에 대한 인감증명서의 교부라는 정당한 이유가 있어 원고는 연대보증인란의 날인이라는 표의가 진의가 아님을 알 수 있을만한 정황이 없었으므로 민법 제107조1항 소정의 진의 아닌 의사표시의 법리에 따라 원고의 피고에 대한 청구는 정당한 것이라고 할 수 있습니다.

4. 20 . . .이후 피고의 연대보증 행위로 인하여 발생된 연대보증채무 금액이 금 원이라는 피고의 주장은 인정하지만, 주 채무의 소멸에 따른 부종성에 의하여 연대채무가 당연 소멸된다는 주장은 피고가 연대보증인으로 입보하기 이전 발생된 채권이 금 원 이었으나 피고가 연대보증인으로 입보 후 원고가 소외 주 채무자 ○○○로부터 면제받은 금원은 금 원으로 위 금원에 미치지 못함으로 이유 없다할 것입니다.

5. 결론적으로 피고가 주장하는 주 채무의 소멸에 따른 부종성은 주 채무가 소멸되지 않았으므로 이유 없는 주장이며, 피고가 연대보증인란에 서명날인을 하지 않았다 하더라도 원고가 허위로 인감의 날인 및 인감증명서의 사취를 하지 않았음이 명백함으로 원고의 청구취지는 마땅이 확정되어야 할 것입니다.

6. 소취하

1) 의의

민사소송법상 소의 취하는 소를 제기한 자가 법원에 대해 요구한 심판의 일부 또는 전부를 철회하는 소송상의 의사표시이다(민사소송법 제239조) 소의취하는 판결에 의하지 않는 소송 종료 원인의 하나로서 소송계속(訴訟係屬)은 소급적으로 소멸되므로 소를 제기한 경우는 물론 소의 변경, 중간확인의 소, 반소(反訴),독립당사자참가, 공동소송적 당사자참가, 가집행 목적물 반환신청, 형사절차에 있어서의 배상명령신청 등과 같이 소의 제기와 동일시되는 경우에도 할 수 있다. 소의 취하는 원고의 법원에 대한 일방적 소송행위인 점에서 소송 외에서 당사자가 합의하는 소취하계약과 다르고 법정 외에서 할 수 있는 화해와도 다르다.

2) 소취하의 방법

소의 취하는 상대방이 아니라 법원에 대한 일방적 의사표시로서 서면으로 함이 원칙이나 변론 또는 준비절차에서는 구술로써도 할 수 있다(동법 제239조3항). 취하의 진술은 조서에 기재되며, 상대방이 결석한 때에는 조서등본이나 소취하서를 상대방에게 송달해야 한다(동법 제239조 4·5항). 이는 상대방에게 취하에 동의할 것이냐의 여부를 촉구하고 불필요한 준비를 하지 않도록 배려하는 취지이다. 소의 취하는 묵시적으로 할 수도 있다. 피고의 동의를 요하지 않는 경우에는 취하서의 제출 또는 취하의 진술과 동시에 취하의 효력이 발생하고, 피고의 동의가 필요한 경우에는 법원에 대하여 서면이나 구술로써 한다.

3) 소취하의 효과

소의 취하는 확정된 소각하판결에 해당하고 청구포기는 확정된 청구기각판결과 그 효력이 동 일하다. 따라서 청구포기의 경우에는 분쟁을 실체적으로 해결하는 것이므로 다시 소를 제기할 수 없으나, 소의 취하의 경우에 할 수 있다.

4) 소취하의 의제

민사소송법에는 그밖에도 소취하의 의제(擬制)제도가 있는데 첫째, 기일에 당사자 쌍방이 출석하지 않거나 출석하더라도 변론하지 않아 새로 지정한 다음 기일 또는 그 후의 기일에 다시 결석하거나 출석해도 변론하지 않은 때에는 30일 내에 기일지정신청을 하지 않는 한 소의 취하가 있는 것으로 보며(민소 제241조) 둘째, 법원이 화재나 사변 기타 재난으로 인해 소송 기록을 멸실당한 경우 6개월 내에 소장을 제출하지 않으면 소의 취하로 본다(법원재난에 기인한 민·형사사건 임시조치법 제2·3조).

5) 소취하서

당사자간에 원만히 합의한 경우 제기되었던 소송은 원고가 취하를 하여야 한다.

소 취하서

소취하서

사　건 20　가단12345물품대금
원　고
피　고

원고들은 상기 사건의 소를 전부 취하합니다.

20　.　.　.

원고 ○ ○ ○

○○ 지방법원 귀중

7. 항소

1) 의의

원고, 피고, 소송참가인 등이 제1심 판결에 불복하고 제2심 법원에 1심 판결을 취소, 변경하여 줄 것을 청구하는 것이다.

2) 제기 기간

항소 제1심법원으로 부터 판결정본을 송달 받은 날로부터 14일 안에 제기한다.

3) 관할 법원

지방법원 본원 합의부(또는 항소부)는 지방법원본원 단독판사, 각 지원단독판사시, 군법원의 판결 사건을 말한다.

4) 접수 법원

제1심 법원에 제출한다.

항소장을 접수한 제1심 법원은 항소장을 기록에 첨부하여 항소심 법원으로 소송 기록을 송부한다.

5) 재판 절차

항소심은 1심 법원으로부터 소송기록이 접수되면 피항소인에게 항소장 부본을 송달하고 동시에 일정기간 안에 답변서를 제출하라고 명한다.

만일, 특별한 규정이 없으면 제1심 소송절차가 준용된다.

6) 항소장

항 소 장

원　고(피항소인)　(이름)
　　　　　　　　　(주소)
피　고(항 소 인)　(이름)
　　　　　　　　　(주소)

상기 당사자 사이의 서울지방법원 20　가단12345물품대금 등 사건에 관하여 피고들은 20　.　.　.선고한 판결에 대하여 전부 불복하고 이에 항소를 제기하는 바입니다(피고들은 사기 정본 판결을 20　.　.　.송달받았음).

원 심 판 결

1. 피고들은 연대하여 원고에게　　　원과 이에 대하여 20　.　.　.부터 완제일까지 연 20%의 비율에 의한 금원을 지급하라.
2. 소송비용은 피고들의 부담으로 한다.
3. 제1항은 가집행할 수 있다.

항 소 취 지

1. 원심판결을 취소한다.
2. 원고의 청구를 모두 기각한다.
3. 소송비용은 제1, 2심 모두 원고의 부담으로 한다.

항 소 이 유

추후 준비서면으로 제출하겠습니다.

첨 부 서 류

1. 송달료 납부서 1통
2. 항소장 부본 1통

20　.　.　.

항소인 ○ ○ ○

○○지방법원 귀중

8. 상고

1) 의의

상고란 제2심 판결에 대하여 불복하고 대법원에 다시 재판하여 줄 것을 청구하는 것을 말한다.

2) 제기 기간

제2심 법원으로 부터 판결 정본을 송달 받은 날로부터 14일 안에 제기한다.

3) 접수 법원

제2심(항소심)법원에 접수하여야 한다.

상고장이 제2심 법원에 접수되면 제2심 법원이 상고장을 기록에 첨부하여 대법원에 송부한다.

4) 상고이유서 및 답변서 제출기간

상고장에 상고 이유서를 명시하지 않을 때는 법원으로 부터 소송기록접수통지를 받은 날부터 20일내 상고 이유서를 제출하여야 한다.

상고이유서 부본을 송달 받은 상대방은 송달 받은 날로 부터 10일내 답변서를 제출 한다.

5) 재판 절차

상고심은 법률심이지만 소송관계를 분명하게 하기 위하여 필요한 경우에는 특정한 사항에 관하여 변론을 열어 참고인의 진술을 들을 수 있도록 한다.

6) 상고 이유

상고가 허용되기 위하여는 원판결이 법령에 위반하고 그와 동시에 그 법령위반이 판결에 영향을 미친 경우에 한하여 상고할 수 있다.

또한 소송물가액이 2,000만원 이하인 소액사건인 경우에는 법령에 위반한 때이거나 대법원 판례와 상반되는 판단을 한 경우에 한하여 상고가 허용된다.

7) 상고장

상 고 장

원 고(상 고 인) (이름)
(주소)
피 고(피상고인) (이름)
(주소)

상기 당사자간의 ○○고등법원 20 나 ○○호 물품대금청구사건에 관하여 20 . . .고등법원에서 선고한 판결에 대하여 상고인은 전부 불복하므로 다음과 같이 상고를 제기합니다.

제2심 원판결의 표시

주 문

원 판결을 취소한다.

원고의 항소를 기각한다.

항소비용은 원고의 부담으로 한다.

위 판결정본은 20 . . . 그 송달을 받았음(또는 아직 송달을 받지 않음)

원 심 판 결

1. 피고들은 연대하여 원고에게 원과 이에 대하여 20 . . .부터 완제일까지 연 20%의 비율에 의한 금원을 지급하라.
2. 소송비용은 피고들의 부담으로 한다.
3. 제1항은 가집행할 수 있다.

상 고 취 지

1. 원 판결은 파기하고 다시 상당한 재판을 구한다.
2. 상소비용은 제1, 2, 3심 모두 피고의 부담으로 한다.

라는 재판을 구한다.

상 고 이 유

추후 제출하겠습니다.

첨 부 서 류

1. 송달료 납부서 1통
2. 상고장 부본 1통

20 . . .

위 원고(상고인) ○ ○ ○

대법원 귀중

9. 송달 및 확정

판결이 확정되고 강제 집행하기 위해서는 집행문부여, 송달증명, 확정증명서를 신청하여야 한다.

제11장

간편한 소송 및 기타 절차

제11장 간편한 소송 및 기타 절차

1절 간이소송절차

현행법은 통상의 소송절차에 비하여 간이한 소송절차로서 소액사건심판절차와 독촉절차 두 가지를 마련해 놓고 있다. 두 가지 모두 금전 기타 대체물의 지급을 목적으로 하는 채권을 대상으로 하는 점에서 공통적이나 소액사건심판절차는 쌍방심문주의에 의하고 판결절차의 일종임에 비하여 독촉절차는 판결절차에 선행하는 그 대용절차라는 점에서 주요한 차이가 있다.

1. 소액사건심판절차

1) 의의

소액사건의 심판법은 지방법원에서 소액의 민사사건을 간이한 절차에 의해 신속히 처리하기 위하여 민사소송법의 특례를 규정하고 있다.

2) 소액사건의 범위

소액사건이라함은 소가 2,000만원 이하의 금전 그 밖의 대체물 또는 유가증권의 일정수량의 지급을 구하는 사건을 뜻한다. 다만 부동산 등 특정물에 관한 청구는 비록 소가 2,000만원에 미달되어도 소액사건이 아니다.

3) 관할

소액사건은 지방법원단독판사 또는 시·군법원 판사의 사물관할이지만, 간이한 절차로 빠르게 처리할 수 없는 사건이면 지방법원합의부로 이송할 수 있다(법원조직법 제34조).

4) 소의 제기에 대한 특례

(1) 구술 및 임의출석에 의한 제소

소액사건에서는 소장 외에 구술에 의한 소의제기와 당사자 쌍방이 임의 출석하여 변론에 의한 소의 제기를 인정하고 있다.

(2) 일부청구의 제한

금전 기타 대체물이나 유가증권의 일정한 수량의 지급을 목적으로 하는 청구에 있어서 채권자는 소액사건심판법의 적용을 받을 목적으로 청구를 분할하여 그 일부분을 청구할 수는 없다(소심법 제5조의2). 이에 위반한 소는 판결로 이를 각하하여야 한다.

(3) 소송대리에 관한 특례

소액사건에서는 변호사가 아니더라도 당사자의 배우자, 직계혈족, 형제자매 또는 호주는 법원의 허가 없이 소송대리인이 될 수 있다.

5) 소송심리에 대한 특례

(1) 1회 심리의 원칙

절차의 신속을 위하여 소액사건은 제소 후 지체없이 변론기일을 지정하여야 하고, 되도록 1회의 변론기일로 심리를 종결하도록 하여야 한다. 이것은 일종의 집중심리주의라고 할 수 있다.

(2) 공휴일, 야간의 개정

판사는 필요한 경우 근무시간 외 또는 공휴일에도 개정할 수 있다. 특히 직장근로자들의 편의를 도모하기 위한 취지에서 신설한 규정이다.

(3) 지체 없는 소장부본의 송달과 준비명령

소장부분이나 제소조서를 지체 없이 피고에게 송달하되, 이를 송달할 때에 판사는 피고에게 원고의 주장에 대한 답변, 증거방법 및 그 입증취지를 명시한 답변서를 10일 이내에 제출할 것을 명하는 이른바 준비명령을 발한다.

(4) 기일 전의 입증촉구

판사는 변론기일 이전이라도 당사자로 하여금 증거신청을 하게 하는 등 필요한 조치를 취할 수 있다.

(5) 서면심리에 의한 청구기각

법원은 소장, 준비서면 기타 소송기록에 의하여 청구가 이유 없음이 명백한 때에는 변론 없이 청구를 기각할 수 있다.

(6) 변론 갱신의 생략

판사의 경질이 있는 경우라도 변론의 갱신 없이 판결할 수 있다.

(7) 변론조서의 기재 생략

변론조서의 당사자의 이의가 있는 경우를 제외하고 판사의 허가가 있는 때에는 기제 사항의 일부를 생략할 수 있다.

6) 증거조사에 대한 특례

(1) 직권증거조사

소액사건에서는 직권에 의한 증거조사의 보충성을 지양하여 필요하다고 인정할 때 직권으로 증거조사를 할 수 있도록 하였다. 그러나 증거조사의 결과에 관하여는 당사자의 의견을 물어야 한다.

(2) 교호신문제의 지양

본인 소송에 의할 수밖에 없는 소액사건에서는 통상의 사건처럼 교호신문제는 감당하기 힘든 것이므로, 증인신문의 주도권을 법원에 옮겨 교호신문제를 지양하였다. 따라서 판사가 주신문을 하고, 당사자는 보충신문을 한다.

(3) 증인 · 감정인 등에 대한 서면신문제

판사는 상당하다고 인정한 때에는 증인 또는 감정인의 신문에 갈음하여 서면을 제출하게 할 수 있다.

7) 판결에 대한 특례

(1) 변론종결 후 즉시 판결의 선고

판결의 선고는 변론종결일로부터 2주일 내에 하여야 하는 통상의 소송절차와는 달리 신속한 재판이 최대의 이상인 소액사건에서는 변론종결 후 즉시 판결을 선고할 수 있게 하였다.

(2) 구술에 의한 판결이유요지의 설명과 판결이유기재의 생략

변론종결 후 즉시 판결 선고를 가능하게 하기 위하여 판결이유의 요지는 구술로 설명하게 하고 판결이유는 원칙적으로 그 기재를 생략할 수 있다.

8) 상고 및 재항고의 제한

소액사건에 있어서는 통상의 소송사건과 달리 상고 및 재항고가 제한된다. 즉 소액사건에 대한 제2심의 판결이나 결정 · 명령에 관하여는 다음 두 가지 경우 이외는 상고 또는 재항고의 이유로 삼을 수 없다.

① 법률 · 명령 · 규칙 또는 처분의 헌법위반 여부와 명령 · 규칙 또는 처분의 법률위반 여부에 대한 판단이 부당한 때

② 대법원 판례에 상반되는 판단을 한 때

9) 소송의 종료에 관한 특례

판결의 선고는 통상의 소송절차와는 달리 변론종결 후 즉시 할 수 있다.

또한 판결을 선고함에는 주문이 정당함을 인정할 수 있는 범위 안에서 판결이유의 요지를 구술로 설명하여야 하고, 그 대신에 판결이유는 원칙적으로 기재를 생략할 수 있다.

10) 특징

① 소장이 접수되면 즉시 변론기일을 지정하여 주며, 되도록 1회의 변론으로 심리를 마치고 즉시 선고할 수 있도록 하여 주고 있다.
② 피고가 법원으로부터 받은 이행권고결정을 14일 이내에 이의신청을 하지 않으면 확정판결과 같은 효력을 부여해 준다.
③ 원고는 집행문을 부여받지 않고도 이행권고결정정본으로 강제집행을 할 수 있다.
④ 당사자의 배우자, 직계친족, 형제자매, 호주는 법원의 허가 없이도 소송대리인이 될 수 있다.
⑤ 판결서에는 주문만 기재하고 이유기재는 생략할 수 있다.

2. 이행권고결정

1) 의의

이행권고결정이란 금전 청구채권이 2,000만원 이하 소액사건의 경우 법원이 변론을 열지 않고 소장과 증거 서류만을 심사하여 피고에게 이행하도록 권고결정을 하는 것이다.

이행권고결정을 피고에게 송달한 후 피고가 결정 정본을 송달 받고도 14일 이내에 이의 신청을 하지 않으면 그 결정이 확정되어 판결과 같은 효력이 발생한다.

2) 소제기 방법

이 경우도 일반 소송사건과 동일한 방법으로 소장을 작성하여 법원에 접수한다. 신청서 송달료 등 납부방법도 일반소장과 동일하게 접수한다.

소장은 피고 1인 기준으로 부본3부를 법원에 접수하는데 그 중 증거서류는 2부에만 첨부하여 제출하면 된다.

피고 1인 추가시마다 소장 1부 및 증거서류를 추가 제출하면 된다.

3) 이행권고결정을 할 수 없는 사건

소액사건이라도 다음의 경우에는 이행권고 결정을 할 수 없고, 일반소송건과 같은 「재판 절차」을 거쳐야 한다.

- 담당 재판부에서 변론을 재개할 필요가 있다고 판단되는 사건
- 공시송달, 우편송달로 진행되는 사건
- 지급명령, 조정결정, 화해결정에 대한 이의 사건

4) 이행권고결정의 효력

이행권고결정이 확정되면 원고는 별도의 집행문, 송달증명원, 확정증명원을 발급 받을 필요가 없다.

원고는 채무자자산에 즉시 강제 집행할 수 있고 재산 관계명시 신청을 할 수 있다.

이행권고결정은 다음 각 호 가운데 어느 하나에 해당하면 확정판결과 같은 효력을 가진다.

- 피고가 14일 이내에 이의 신청을 하지 않을 때
- 이의 신청에 대한 각하결정이 확정된 때
- 이의 신청이 취하된 때

5) 이행권고결정에 대한 이의 변론

피고가 이행권고결정을 송달 받은 날로부터 14일 안에 이의신청을 하면 이행권고결정은 효력을 상실하고 일반 재판절차로 넘어가 변론을 열고 심리를 거쳐 판

결로 내린다. 변론을 재개하여 심리할 경우는 1회의 변론기일로 심리를 마쳐야 한다.

판사는 필요한 경우 근무시간외 또는 공휴일에도 개정할 수 있다. 변론시 대리인은 배우자, 직계혈족, 형제자매 또는 호주는 법원의 허가 없이 소송대리인이 될 수 있다.

6) 이행권고결정등본의 송달

① 소액사건에 대한 이행권고결정이 있으면 지체 없이 그 등본을 피고에게 송달하여야 한다.

② 원고는 소액사건의 소장을 접수할 때 원고와 피고의 수에 1을 더한 숫자만큼의 소장부본을 제출한다.

③ 위 ②는 원본용, 피고에게 송달하는 등본용, 확정 후 원고에게 송달하는 정본용으로 사용된다.

④ 이행권고결정은 민사소송법상의 우편송달, 공시송달의 방법으로는 송달할 수 없다.

⑤ 송달불능인 경우 원고에게 피고의 주소를 보정할 것을 명한다.

⑥ 이행권고결정이 피고에게 송달되어 확정되면 그 정본을 원고에게 송달한다.

7) 이행권고 결정 후 절차

법원은 원고가 접수한 소장과 증거서류 등을 검토하여 이행권고결정을 내릴 수 있는 요건을 갖추고 있다고 판단되면 변론을 열지 않고 피고에게 원고가 청구한 금원을 이행하라는 이행권고결정을 내리고 그 결정 정본을 피고에게 송달한다.

또한 피고가 이행권고결정문을 송달받고 14일 안에 이의신청을 하지 않으면 그 결정은 확정되고, 확정되면 원고에게 이행권고결정정본을 송달한다.

만약, 피고가 이행권고결정정본을 송달받은 날로부터 14일 안에 이의 신청하면 이행권고결정은 효력을 상실하고, 일반 재판절차로 넘어가 변론을 열고 심리를 거쳐서 판결을 내리게 된다.

8) 이행권고 결정문

ㅇㅇ지방법원
이행권고결정

사건 20 가소

원고 ○○○

20 . . .송달, 20 . . . 확정 (인)

주소별지기재와 같다.

피고 ○○○

주소별지기재와 같다.

청구취지와 원인은 별지 기재와 같다.

소액사건심판법 제5조의 3 제1항에 따라 다음과 같이 이행할 것을 권고한다.

이 행 조 항

1. 피고는 원고에게 별지 청구취지 제1항의 금액을 지급하라
2. 소송비용은 피고가 부담한다.

20 . . .

판사 ○ ○ ○ (인)

*피고는 위 이행조항의 내용에 이의가 있으면 이 결정을 송달 받은 날부터 2주일 안에 이의신청서를 법원에 제출하여야 합니다. 위 기간 안에 이의신청서를 제출하지 않으면 이 결정은 확정판결과 같은 효력을 가집니다.

3. 독촉절차(지급명령)

1) 의의

지급명령은 금전 기타 대체물 또는 일정 수량의 유가증권의 지급을 목적으로 하는 청구에 관하여 채권자의 신청으로 서면심리를 거쳐 채무자에게 지급명령을 발하고 채무자가 이에 이의 하지 않으면 그 지급명령에 「확정력과 집행력」을 부여할 것을 목적으로 하는 특별한 소송절차이다.

또한 독촉절차를 이행의 소의 대용절차인 동시에 판결절차의 선행절차이다. 그러므로 채권자는 독촉절차를 이용하지 아니하고 바로 이행의 소를 제기할 수 있다. 독촉절차에 관하여는 특별한 규정이 없는 한 소송절차에 관한 규정이 준용된다.

그리고 독촉절차를 인정하는 이유는 피고가 다투지 않은 청구에 대해서도 보통의 소송절차에 의하게 한다면 비용과 시일을 요하므로 채권의 내용이 명확하고 당사자 사이에 다툼이 생길 여지가 비교적 적은 금전 기타 대체물 또는 유가증권의 일정한 수량의 지급에 관한 청구에 대하여는 채권자에게 간이한 절차에 의하여 신속하게 집행권원을 얻게 하려는데 독촉절차의 제도적 의의가 있다.

2) 지급명령신청

(1) 관할법원

독촉절차는 청구의 가액에 불구하고 지방법원단독판사의 직분관할에 전속하고 토지관할은 채무자 주소지외 채무자의 거소지, 의무 이행지, 어음수표의 지급지, 불법행위지 관할법원 에도 한다.

(2) 요건

① 청구에 관한 요건

청구가 금전 기타 대체물 또는 유가증권의 일정수량의 지급을 목적으로 하는 청구이어야 한다. 이때 청구금액의 다과 발생원인은 불문한다. 그리고 현재 이행기에 이르러 즉시 집행할 수 있는 것이어야 한다.

② 송달에 관한 요건

지급명령은 한국에서 공시송달에 의하지 아니하고 송달할 수 있는 경우에 한한다. 만일 공시송달에 의할 수 있게 한다면 채무자는 이의신청서의 기회를 박탈당할 우려가 있고, 또한 오랜 시일이 소요되어 신속하게 집행권을 얻게 하려는 본래의 목적에 반하기 때문이다.

③ 신청절차

지급명령의 신청에도 그 성질에 반하지 않는 한 소에 관한 규정이 준용된다. 따라서 신청은 원칙적으로 서면에 의하여야 하며 신청서에는 채권자, 상대방을 채무자라고 기재하며, 그 기재사항에는 당사자, 법정대리인, 청구의 취지와 원인, 채무자가 지급명령이 송달된 날로부터 2주 이내에 이의신청을 할 수 있다는 것을 기재할 것을 요한다.

지급명령신청서에는 제1심 소장에 첨부하는 인지액의 10분의 1에 해당하는 인지를 붙인다.

(3) 특징

지급명령의 특징으로서는 본안소송에 비해서 신속히 결정된다. 또한 소송에 비하여 비용이 저렴하다. 즉 소제기시의 인지세액의 10분의 1이다. 또한 지급명령은 당사자에게 송달하여야 하며 채무자는 채권자의 지급명령 신청에 대하여 이의신청을 할 수 있으나 공시송달에 의한 소송의 진행은 되지 않고 채무자의 주소보정 명령이 있은 후에 보정을 하지 않으면 각하된다. 그리고 채무자와의 다툼이 있을 것으로 판단되면 소송으로 신청하여야 한다. 이의신청시에도 소송으로 다투어야 한다.

3) 지급명령신청에 대한 재판

(1) 지급명령 신청에 대한 각하

지급명령에 대한 법원의 판단시에 채무자를 심문하지 않고 채권자가 제출한 신청서 및 그 관계증명서류를 참조하여 결정한다.

신청이 관할위반인 경우, 그 요건을 흠결한 경우, 신청의 취지에 의하여 청구의 이유 없음이 명백한 때에는 신청을 각하한다. 신청의 각하결정에 대하여 채권자는 불복을 신청하지 못한다. 확정판결과 달리 기판력이 발생하지 않아 채권자는 다시 지급명령을 신청할 수 있고, 소를 제기할 수 있기 때문이다.

(2) 지급명령을 하지 아니하는 경우

채권자는 법원으로부터 채무자의 주소를 보정하라는 명령을 받는 경우에 소제기 신청을 할 수 있다. 지급명령을 공시송달에 의하지 아니하고는 송달할 수 없거나 외국으로 송달하여야 할 때에는 법원은 직권에 결정으로 사건을 소송절차에 부칠 수 있으며, 이 결정에 대하여는 불복할 수 없다.

(3) 지급명령

신청이 적법하고 각하사유가 없으면 이유 있느냐 여부를 불문하고(이유 없음이 명백한 경우 제외) 채무자심문·증거조사 등을 하지 않고 지급명령을 발하고 지급명령은 당사자 쌍방에게 송달하여야 한다.

(4) 지급명령 신청서

지급명령을 신청시에는 지급명령신청서 원본용과 당사자 목록 부본용으로 작성하여 신청한다.

(지급명령 신청절차)

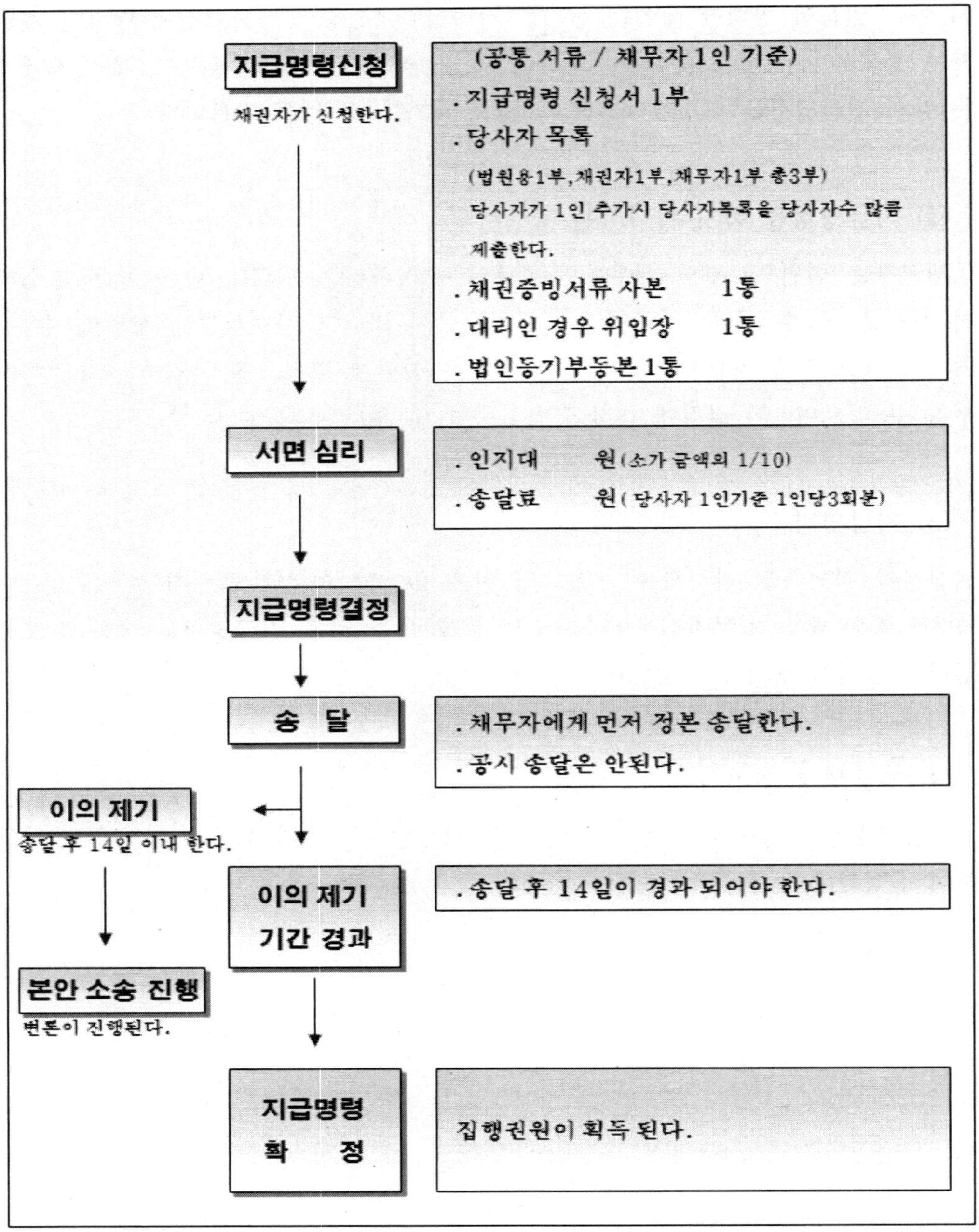
지급명령신청
채권자가 신청한다.
(공통 서류 / 채무자 1인 기준)
. 지급명령 신청서 1부
. 당사자 목록
(법원용1부,채권자1부,채무자1부 총3부)
당사자가 1인 추가시 당사자목록을 당사자수 만큼
제출한다.
. 채권증빙서류 사본 1통
. 대리인 경우 위임장 1통
. 법인등기부등본 1통
서면 심리
. 인지대 원(소가 금액의 1/10)
. 송달료 원(당사자 1인기준 1인당3회분)
지급명령결정
송 달
. 채무자에게 먼저 정본 송달한다.
. 공시 송달은 안된다.
이의 제기
송달 후 14일 이내 한다.
본안 소송 진행
변론이 진행된다.
이의 제기
기간 경과
. 송달 후 14일이 경과 되어야 한다.
지급명령
확 정
집행권원이 획득 된다.

(지급명령 신청서)

지급명령신청서　　　　　(원본용)

사건명
채권자　(이름)　　　　　주민등록번호(　　　　－　　　　)
　　　　(주소)
　　　　(연락처)
채권자　(이름)　　　　　주민등록번호(　　　　－　　　　)
　　　　(주소)

청 구 취 지

채무자는 채권자에게 아래 청구금액 및 독촉절차비용을 지급하라는 명령을 구함

1. 금　　　원
2. 위 1항 금액에 대하여 이 사건 지급명령정본이 송달된 다음날부터 다 갚는 날까지 연　%의 비율에 의한 지연 손해금
3. 독촉절차비용　　원(내역 : 송달료　　원, 인지대　　원)

청 구 원 인

예)

1. 채권자와 채무자는 20　.　.　. 물품공급계약을 체결하고 채무자는 20　.　.　.부터 20　.　.　.까지 상품을 공급받고　　원의 판매대금 중　　원을 변제하고 현재　　원 을 갚아야할 채무가 있습니다.
2. 채권자는 위 채무자에게 추차례 채무변제를 독촉하였으나 채무자는 차일피일 미루면서 지금까지 채무변제를 하지 않고 있어 본 청구에 이른 것입니다.

입 증 방 법

1. 계약서 사본(갑 제1호붕)
2. 세금계산서 사본(갑 제2호증)

첨 부 서 류

1. 당사자 표시 1통
2. 납부서 1통
3. 법인등기부등본 1통

20　.　.　.

채권자　　　　　(날인 또는 서명)

ㅇㅇ 지방법원 귀중

(당사자 목록)

당사자 목록 (부본용)

사건명

채권자 (이름) 주민등록번호(-)

(주소)

(연락처)

채권자 (이름) 주민등록번호(-)

(주소)

청 구 취 지

채무자는 채권자에게 아래 청구금액 및 독촉절차비용을 지급하라는 명령을 구함

1. 금 원
2. 위 1항 금액에 대하여 이 사건 지급명령정본이 송달된 다음날부터 다 갚는 날까지 연 %의 비율에 의한 지연 손해금
3. 독촉절차비용 원(내역 : 송달료 원, 인지대 원)

청 구 원 인

예)

1. 채권자와 채무자는 20 . . . 물품공급계약을 체결하고 채무자는 20 . . .부터 20 . . . 까지 상품을 공급받고 원의 판매대금 중 원을 변제하고 현재 원을 갚아야할 채무가 있습니다.
2. 채권자는 위 채무자에게 추차례 채무변제를 독촉하였으나 채무자는 차일피일 미루면서 지금까지 채무변제를 하지 않고 있어 본 청구에 이른 것입니다.

4) 채무자의 이의신청

(1) 이의 신청

채무자의 이의신청은 서면 또는 구술로 지급명령을 발한 지방법원에 한다. 지급명령의 일부에 대한 이의 신청도 가능하다. 이의 신청의 기간은 지급명령송달일로부터 2주일 내에 하지 않으면 안 된다.

(2) 이의신청의 효과

① 각하결정

법원은 이의신청의 적부를 조사하고 부적합하다고 인정되면 결정으로 각하한다. 각하결정에 대하여 채무자는 즉시 항고를 할 수 있다.

② 이의신청의 취하

지급명령에 대한 이의 신청은 각하결정 또는 소송으로 이행하기 전에 채무자가 임의로 취하할 수 있다.

③ 이의신청의 효력

채무자가 지급명령을 송달받은 날로부터 2주 이내에 이의 신청을 한 때에는 지급명령은 그 범위 안에서 효력을 잃는다. 이 기간은 불변기간으로 한다.

④ 소송으로의 이행

채권자가 채무자의 주소를 보정하라는 명령을 받고 소제기 신청을 한 경우, 또는 법원이 지급명령신청사건을 소송절차에 부치는 결정을 한 경우에는 지급명령을 신청한 때에 소가 제기된 것으로 본다. 또한, 채무자가 지급명령에 대하여 적법한 이의신청을 한 경우에는 지급명령을 신청한 때에 이의신청된 청구목적의 값에 관하여 소가 제기된 것으로 본다.

⑤ 소송으로 이행에 따른 처리

가. 보정명령

소가 제기된 것으로 보는 경우, 지급명령을 발령한 법원은 채권자에게 상당한 기간을 정하여 소를 제기하는 경우 소장에 붙여야 할 인지액에서 소제기신청 또는 지급명령 신청시에 붙인 인지액을 뺀 액수의 인지액을 보정하도록 명하여야 한다.

채권자가 기간 이내에 인지를 보정하지 아니한 때에는 법원은 결정으로 지급명령신청서를 각하하여야 하며, 이결정에 대하여는 즉시 항고를 할 수 있다.

나. 소송기록의 송부

인지가 보정되면 법원 사무관 등은 바로 소송기록을 관할법원에 보내야 한다. 이 경우 사건이 합의부의 관할에 해당되면 법원사무관 등은 바로 소송기록을 관할법원 합의부에 보내야 한다.

다. 소송비용

독촉절차의 비용은 소송비용의 일부로 한다.

5) 지급명령의 효력

지급명령에 의하여 2주일 이내에 이의 신청이 없거나, 이의신청을 취하하거나, 이의신청 각하결정이 확정된 때에는 지급명령이 확정된다.

법원은 이의 신청이 적합하지 않다고 판단한 때에는 이의 신청에 대한 각하결정을 한다.

채무자의 이의신청으로 본안소송으로 변경된 이후에 소송의 계속 중에도 채무자는 이의신청을 취하할 수 있고 취하가 되면 지급명령은 확정되고 소송은 종료된다.

지급명령에 대하여 이의 신청이 없거나, 이의신청을 취하하거나, 각하결정이 확정된 때에는 지급명령이 확정되며, 확정된 지급명령은 확정판결과 같은 효력이 있다.

2절 민사조정 절차

1. 개념

조정이라함은 법관이나 조정위원회가 분쟁관계인 사이에 개입하여 화해로 이끄는 절차를 의미한다. 조정이 성립되어 조정조서가 작성되면 재판장의 화해와 동일한 효력이 있고, 그 효력은 준재심의 절차에 의하여서만 다툴 수 있다.

민사조정은 소송에 비해 비용이 저렴하고 간이. 신속하게 처리될 수 있는 이점이 있다. 제3자의 중개가 필수적이라는 점에서 반드시 중개를 요하지 않는 화해와 차이점이 있다.

2. 민사조정법

현행법상 조정제도로서 가사사건에 대해 하는 가사조정 이외에 1990년 9월 1일부터 시행된 민사조정법에 의한 민사조정이 있다.

민사조정법은 소송물 가액을 불문하고 집단분쟁까지 포함하여 모든 민사분쟁을 그 적용대상으로 한 조정의 통일법전이다.

3. 조정 기관

1) 조정담당판사

조정사건은 조정담당판사가 이를 처리한다. 조정담당판사는 스스로 조정을 하거나 조정위원회로 하여금 이를 하게 할 수 있다. 다만 당사자의 신청이 있을 때에는 조정위원회로 하여금 이를 하게 한다.

2) 수소법원

수소법원은 필요하다고 인정하는 경우에는 항소심 판결선고 전까지 계속 중인 사건을 결정으로 조정에 회부할 수 있다.

3) 조정위원회

① 조정위원회는 조정장 1인과 조정위원 2인 이상으로 구성한다.
② 조정장은 고등법원장·지방법원장 또는 지방법원지원장이 관할법원의 판사 중에서 이를 지정한다. 다만, 시·군법원의 경우에는 시·군법원의 판사가 조정장이 된다.
③ 조정위원은 학식과 덕망이 있는 자로서 고등법원장, 지방법원장 또는 지방법원지원장이 미리 위촉한 자로 하며, 그 임기는 2년으로 한다.

4. 조정 절차

1) 조정의 신청

조정의 신청은 서면 또는 구술로 할 수 있다. 구술로 신청하는 때에는 법원사무관 등의 면전에서 진술하여야 하며 법원사무관 등은 조정신청서를 작성하고 이에 기명날인하여야 한다.

2) 조정기일

조정기일은 이를 당사자에게 통지하여야 한다. 기일의 통지는 소환장을 송달하는 외에 기타 상당한 방법에 의하여 할 수 있다. 또한 당사자 쌍방이 법원에 출석하여 조정신청을 하는 때에는 특별한 사정이 없는 한 그 신청일을 조정일로 한다.

3) 이해관계인 참가

조정의 결과에 관하여 이해관계가 있는 자는 조정담당판사의 허가를 얻어 조정에 참가할 수 있다. 또한 조정담당판사는 상당하다고 인정하는 때에는 조정의 결과에 관하여 이해관계가 있는 자를 조정에 참가하게 할 수 있다.

4) 대표당사자

① 공동의 이해관계가 있는 다수의 당사자는 그 중 1인 또는 수인을 대표당사자로 선임할 수 있다.
② 대표당사자의 선임은 서면으로 증명하여야 한다.
③ 조정장소의 공개여부

가. 조정담당판사는 사건의 실정에 따라 법원 외의 적당한 장소에서 조정할 수 있다.
나. 조정절차는 공개하지 아니할 수 있다. 다만, 조정절차를 공개하지 아니하는 경우에도 조정담당판사는 적당하다고 인정하는 자에게 방청을 허가할 수 있다.

5) 조서의 작성

조정절차에 참여한 사무관 등은 조정에 관하여 조서를 작성하여야 한다. 다만, 조정담당판사의 허가가 있는 때에는 그 기재의 일부를 생략할 수 있다.

6) 조정신청의 각하

당사자에 대하여 기일을 통지할 수 없는 때에는 조정담당판사는 결정으로 조정신청을 각하할 수 있으며, 이 결정에 대하여는 불복신청을 하지 못한다.

7) 조정을 하지 아니하는 결정

조정담당판사는 사건이 성질상 조정을 함에 적당하지 아니하다고 인정하거나 당사자가 부당한 목적으로 조정의 신청을 한 것임을 인정하는 때에는 조정을 하지 아니하는 결정으로 사건을 종결시킬 수 있으며, 이 결정에 대하여는 불복 신청을 하지 못한다.

8) 조정의 불성립

조정담당판사는 당사자 사이에 합의가 성립되지 아니하거나 성립된 합의의 내용이 상당하지 아니하다고 인정하는 경우에, 조정에 갈음하는 결정을 하지 아니할 때에는 조정이 성립되지 아니한 것으로 사건을 종결시켜야 한다.

9) 신청인의 불출석

신청인이 조정기일에 출석하지 아니한 때에는 다시 기일을 통지하여야 한다. 만약에 새로 정할 기일 또는 그 후의 기일에 신청인이 출석하지 아니한 때에는 조정신청을 취하된 것으로 본다.

5. 민사조정절차의 장점

① 비용이 저렴하다(소송에 비하여 인지대가 5분의 1이다).
② 당사자 사이에 상호타협과 양보에 의하여 분쟁을 해결하므로 감정대립이 적다.
③ 소송에 비하여 신속한 해결이 가능하다.
④ 비공개로 진행되기 때문에 비밀이 보장된다.

6. 관할법원

조정사건은 다음에 열거한 곳 가운데 하나를 관할하는 지방법원, 지방법원지원, 시법원 또는 군법원의 관할로 한다.

① 피신청인에 대한 민사소송법 제2조 내지 제5조의 규정에 의한 보통재판적 소재지
② 피신청인에 사무소 또는 영업소 소재지
③ 피신청인의 근무지

④ 분쟁의 목적물 소재지
⑤ 손해발생지

7. 조정에 갈음하는 결정

조정담당판사는 합의는 성립되지 아니한 사건 또는 당사자 사이에 성립된 합의의 내용이 상당하지 아니하다고 인정한 사건에 관하여 상당한 이유가 없는 한 직권으로 한도 내에서 공평한 해결을 위한 결정을 하여야 한다.

또한 피신청인이 조정기일에 출석하지 아니한 경우 조정담당판사는 상당한 이유가 없는 한 직권으로 조정에 갈음하는 결정을 하여야 한다.

그리고 다음에 열거한 하나에 해당하는 경우에는 조정에 갈음하는 결정은 재판상의 화해와 동일한 효력이 있다.

① 조서의 정본이 송달된 날로부터 2주일 이내에 이의 신청이 없는 때
② 이의신청이 취하된 때
③ 이의 신청이 부적합하여 각하결정이 확정된 때

8. 이의 신청

1) 이의 신청

조정에 갈음하는 결정에 대하여 당사자는 조서정본이 송달된 날부터 2주일(불변기간)이내에 이의를 신청할 수 있다. 다만 조서정본의 송달 전에는 이의를 신청할 수 있다.

2) 이의신청의 취하

이의신청을 한 당사자는 당해 심급의 판결선고시까지 상대방의 동의를 얻어 이의신청을 취하할 수 있다.

9. 조정의 성립과 효력

1) 조정의 성립

조정은 당사자 사이에 합의된 사항을 조서에 기재함으로써 성립한다.

예외적으로 합의 내용이 적절하지 않는 경우 조정 담당판사 또는 조정위원회가 합의를 무시하고 조정이 성립하지 않은 것으로 하여 사건을 종결시키거나 합의내용과 다른 내용으로 조정에 대신하는 결정을 할 수 도 있다.

조정이 성립되지 않으면 당사자가 별도의 신청을 하지 않더라도 소송절차로 이행하게 되는데, 소송으로 이행되면 인지액을 추가로 납부하여야 한다. 소장에 붙여야할 인지액은 소를 제기하였을 경우에 소장에 붙여야 할 인지액에서 조정신청을 할 때에 이미 납부한 인지액 만큼을 공제한 차액만을 붙이면 된다.

2) 조정의 효력

조정은 재판상의 화해와 동일한 효력이 있으며 집행권원이 된다. 그러므로 조정이 성립하였는데도 상대방이 그 의무를 이행하지 않으면 강제집행을 할 수 있고 필요한 경우에는 채무불이행자명부등재 신청 및 재산명시 신청을 할 수도 있다.

제12장

부동산 경매

제12장 부동산 경매

1절 부동산 집행 방법

부동산 경매란 채무자 소유의 부동산에 대하여 압류, 현금화하여 그 매각대금으로 배당을 통하여 채권자의 금전채권의 만족을 얻기 위하여 행하는 것으로 강제 집행 절차입니다.

민사집행법에서 규정하고 있는 부동산에 대한 집행방법은 크게 경매와 강제관리로 구분하여 볼 수 있습니다. 부동산 경매에는 강제경매와 담보권실행 등을 위한 경매(즉 임의경매)가 있습니다.

강제 경매가 채무자가 부동산의 매각으로 소유권을 잃는 대신 매각되기 전까지는 사용수익권을 가지는데 반하여 강제관리는 채무자의 소유권을 가지는 대신에 사용 수익권을 상실합니다. 따라서 강제경매는 일시 다액의 변제를 받을 수 있으나 경매절차중의 발생수익을 취득할 수 없고, 건물과 같은 것은 채무자에게 보관시키면 건물의 가치를 손상할 우려가 있으며, 사실상·법률상 목적 부동산의 매각에 있어 강제관리는 채택하기 어려운 점이 있습니다.

강제경매와는 달리 강제관리는 다음의 경우에 실시합니다.

1) 강제경매를 하기 보다는 강제관리를 통하여 수익을 거두면서 부동산 가격이 오를 가능성 이 있는 경우 적절한 강제경매시기를 기다릴 필요가 있을 때
2) 임대용 빌딩처럼 매각을 통한 현금화보다 임대료를 통한 고수익을 얻을 수 있을 때
3) 선순위채권자들 때문에 부동산의 매각대금으로 집행의 실효성이 없을 때
4) 집행채권이 비교적 소액일 때 활용될 수 있습니다.

2절 경매 대상

부동산 경매의 대상은 토지, 건물, 미등기부동산, 건물이나 토지의 공유지분, 소유권보존 등기된 입목 등입니다. 또한 부동산 경매에 준용하여 경매가 이루어지는 것은 공장재단, 광업재단 각각의 구체적인 내용은 다음과 같습니다. 광업권, 어업권, 지상권, 자동차·건설기계(중기) 및 항공기, 전세권에 대한 집행 등입니다.

1. 토지, 건물

건물과 토지는 각각 독립하여 경매가 가능합니다.

수목에 대하여는 입목에 관한 법률에 의하여 소유권보존등기가 된 입목이나 명인방법을 갖춘 경우, 토지로부터 독립된 부동산으로 취급되어 경매의 대상이 됩니다. 그러나 입목에 관한 법률에 의하여 등기를 하지 아니한 수목, 토지위에 생립하고 있는 채무자 소유의 미등기수목은 토지의 구성부분으로서 토지의 일부로 간주되어 토지와 함께 경매가 됩니다.

2. 미등기 부동산

미등기 부동산도 채무자의 소유가 입증되면 경매가 가능합니다. 이는 법원에서 경매개시결정을 하면 등기소의 등기관이 직권으로 채무자의 명의로 소유권보존등기를 하고 그 다음에 경매개시결정등기를 합니다.

미등기 부동산에 대한 경매를 신청할 때는 채무자의 명의로 소유권보존등기가 가능 할 수 있도록 채무자의 소유임을 증명하는 서면과 부동산의 표시를 증명하는 서면을 첨부하여야 합니다.

즉, 증명서면으로 다음의 경우입니다.

- **토지** ⇨ 토지대장, 소유권 확인 판결, 수용증명서로서 증명이 됩니다.
- **건물** ⇨ 건축물 대장이 기본입니다.

단, 건축물대장에 의하지 않는 경우 시・군・구・읍・면장의 서면이 필요합니다. 서면에 해당하는 것은 재산세과세증명, 건축물사용승인서, 건축물의 사용필증이 있으나 지방세 완납증명서, 세목별과세증명서, 착공신고서, 건축허가서 등은 증명할 수 있는 서면에 해당하지 않습니다.

3. 건물이나 토지의 공유지분

1) 건물의 공유지분, 구분소유권이나 토지의 공유지분도 독립하여 경매의 대상이 됩니다. 공유물 지분에 대한 경매시 민사집행법 제140조는 공유자의 우선매수권을 인정하고 있습니다. 우리나라에만 있는 특유한 것으로서 다른 공유자와 인적인 유대관계를 유지할 필요가 있기 때문에 고유지분의 매각으로 새로운 사람이 공유자로 되는 것보다는 기존의 공유자에게 우선권을 부여하여 그 공유지분을 매수할 기회를 주는 것이 타당하다는 입법취지로서 공유자는 매각기일까지 매수신청의 보증을 제공하고 최고매수신고가격과 같은 조건으로 채무자의 지분을 우선매수하겠다는 신고를 할 수 있습니다.

이 경우 최고가매수신고인은 차순위매수신고인으로 봅니다.

2) 구분소유적 공유와 경매

(1) 공유지분 취득

토지 중 특정부분 또는 1동의 건물의 특정부분에 대한 구분소유적 공유관계를 표상하는 공유지분 등기에 근저당권이 설정되고 그 근저당권의 실행으로 그 공유지분을 취득한 매수인은 그 구분소유적 공유지분을 그대로 취득합니다.

(2) 공유관계 소멸

1필지 전체에 대한 진정한 공유지분으로 처분하는 경우에는 매수인은 그 부동산전체에 대한 공유지분을 취득하고 구분소유적 공유관계는 소멸됩니다(대판 2002.5.14. 2001재다 701).

(3) 전유부분의 소유자가 대지사용권을 취득

전유부분의 소유자가 대지사용권을 취득하고 있다면 대지권등기가 되어 있지 않은 때라도 대지사용권인 토지 공유지분은 독립하여 경매의 대상이 되지 않는 것이나 다만, 분리처분을 가능하게 하는 규약 등이 있는 경우에는 독립하여 경매의 대상이 됩니다.

4. 소유권보존 등기된 입목

앞에서도 언급하였듯이 소유권보존등기된 입목은 독립된 부동산으로 경매의 대상이 됩니다.

5. 공장재단, 광업재단

공장저당법에 의한 공장재단이나 광업재단저당법에 의한 광업재단은 하나의 부동산으로 취급되어 이를 구성하는 기계·기구 등은 비록 동산이지만 유체동산의 집행방법으로 할 수 없고 그 저당권의 목적물인 토지, 건물 등에 포함하여 경매의 대상이 됩니다.

6. 광업권, 어업권

광업법에 의한 광업권, 수산업법에 의한 어업권은 법률상 부동산으로 취급되므로 경매의 대상이 됩니다.

단, 공동광업권자의 지분은 다른 공동광업권자의 동의가 없으면 처분이 불가능하므로 경매의 대상이 되지 않습니다.

7. 지상권

부동산을 목적으로 하는 지상권만이 경매의 대상이 됩니다.

8. 자동차 · 건설기계(중기) 및 항공기

자동차, 건설기계 및 항공기는 실체법상으로는 동산에 속하나 그 특수성을 감안하여 등록된 자동차와 건설기계에 대한 강제집행은 부동산 경매와 같은 방식으로 경매를 합니다. 등록된 항공기는 선박에 대한 강제집행의 절차에 따라 진행합니다.

9. 전세권에 대한 집행

등기된 전세권 중 존속기간이 만료되지 않은 전세권에 대하여 전세권 자체에 대하여 그 밖의 재산권에 대한 강제 집행방법으로 존속기간이 만료되거나 합의해지된 전세권에 대하여는 전세금반환채권(전세권부 채권)에 대하여는 압류 및 추심명령 또는 전부명령을 받아 집행하여야 합니다.

전세권에 대하여 설정된 담보권(저당권)의 실행은 민사집행법 제264조의 부동산 경매절차에 의하여 실행하여야 합니다. 다만, 전세권의 존속기간이 만료되면 전세권의 용익물권적 권능이 소멸하기 때문에 더 이상 전세권 자체에 대하여 저당권을 실행할 수 없게 되고 이러한 경우는 민법 제370조, 제342조에 의하여 저당권의 목적물인 전세권에 갈음하여 존속하는 것으로 볼 수 있는 전세금반환채권에 대하여 채권집행(추심명령 또는 전부명령)이 방법이나 제3자가 집행하는 전세금반환채권에 대하여 실시한 강제집행절차에서 배당요구를 하는 방법으로 권리를 행사합니다(대판1995.9.18. 95마684).

3절 부동산경매절차의 이해관계인

이해관계인이라함은 강제경매절차에 이해관계를 가진 자 중 법이 특히 보호할 필요가 있는 것으로 보아 이해관계인으로 규정한 자를 말합니다. 부동산 경매에 있어서는 집행당사자 이외에 매각에 의하여 영향을 받을 부동산상의 권리자가 많으므로 이러한 자는 이해관계인으로 절차에 참가할 자격을 주어 그 이익을 옹호할 기회를 주는 것입니다.

1. 이해관계인의 범위

민사집행법 제90조에서 경매절차에 공통되는 이해관계인을 제한적 열거규정으로 규정하고 있으므로 규정되지 아니한 자는 이해관계인이 아닙니다.

1) 압류채권자와 집행력있는 정본에 의하여 배당을 요구하는 채권자(민집 제90조 제1호)

반대해석으로 집행력 있는 정본없이 배당을 요구하는 채권자는 일반의 이해관계인이 아닙니다. 그리고 가압류채권자도 이해관계인이 아닙니다.

2) 채무자 및 소유자

강제경매에 있어서 채무자는 부동산소유자와 일치하게 됩니다.

3) 등기부에 기입된 부동산위의 권리자

용익물권(지역권, 지상권, 전세권), 담보물권(저당권)등의 등기명의인은 물론, 민법 제621조에 의한 임차권자도 포함됩니다. 가등기권리자도 이해관계인이나 가처분채권자, 예고등기권리자는 이해관계인이 아닙니다.

4) 부동산위의 권리자로서 그 권리를 증명한 사람

대법원 94년 94마1455 판례에 의하면 유치권자등 등기 없이 부동산상의 권리를 행사할 수 있는 채권자로서, 스스로 신고와 증명을 한 뒤에 비로소 이해관계인으로 봅니다.

2. 이해관계인에게 인정된 각종 절차상의 권리

민사집행법은 이해관계인에게 경매절차 전반에 걸쳐서 관여할 수 있는 권리를 인정합니다. 이에는

- 경매개시결정 후의 목적 부동산에 대한 침해방지신청권
- 이중경매신청이나 배당요구신청이 있는 경우 법원으로부터 통지를 받을 권리
- 경매기일과 경락기일의 통지를 받을 권리
- 매각조건의 변경에 합의할 수 있는 권리
- 경매기일에 출석할 수 있는 권리
- 경락기일에 경락에 관한 의견진술을 할 수 있는 권리
- 매각허부에 대하여 즉시 항고할 수 있는 권리
- 배당기일에 소환 받을 권리
- 배당기일에 출석하여 배당표에 관한 합의 및 이의신청을 할 수 있는 권리 등이 있습니다.

4절 경매 절차

채권자는 채무자에게 소송을 통하여 집행권원을 획득하였다 하더라도 채무자가 자의적으로 변제를 하지 않으면 강제 집행을 통하여 변제를 받을 수밖에 없습니다.

부동산에 대한 강제집행은 강제경매와 담보권실행에 의한 경매(임의경매)등이 있습니다.

부동산경매절차의 진행순서는 다음과 같이 진행됩니다.

(부동산 경매절차)

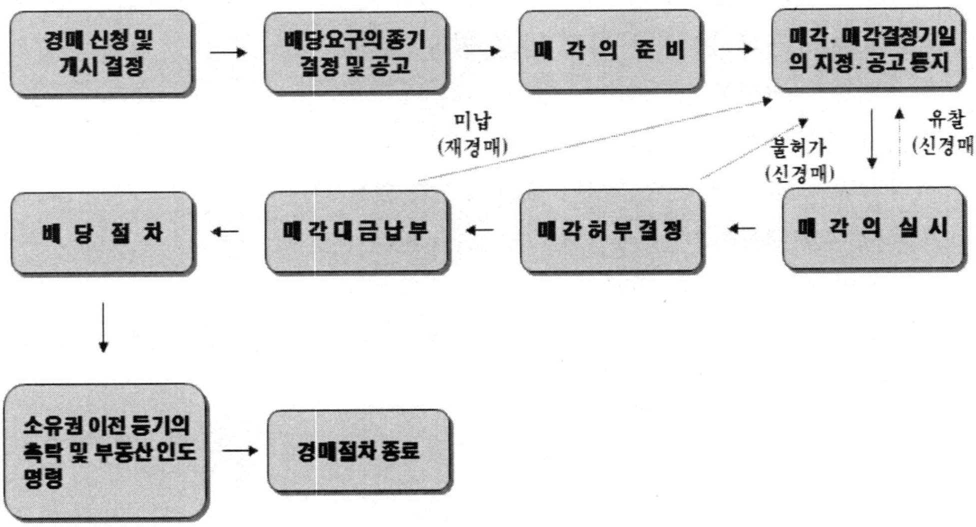

1. 강제 경매

기본적으로 집행권원에 의거 집행목적물을 압류한 후 경매하여 그 매득금으로 채권의 변제를 받게 됩니다.

1) 신청방식 · 접수

강제경매는 서면으로 신청하여야 합니다. 신청서에는 소정 사항을 기재하고 소정 서류를 첨부하여야 합니다.

2) 신청서의 기재사항

(1) 당사자

집행권원자의 채권자, 채무자의 표시가 반드시 일치하지 아니하는 경우도 있습니다. 즉, 승계집행문을 받는 경우에는 집행권원상의 채권자, 채무자와 집행문상의 채권자, 채무자가 다르기 때문입니다.

또한 검사의 집행명령에 기하여 벌금 등 재산형의 집행을 위하여 강제 경매를 신청하는 경우에는 경매신청인은 법무부장관이 아니고 검사가 되어야 합니다. 이 경우 검사의 징수명령, 집행명령을 반드시 제출하여야 합니다.

그리고 판결절차의 각 심급의 소송대리인은 그 판결에 기한 강제 집행에 관하여도 당연히 대리권을 가지므로 별도의 위임장을 받지 않고도 강제 경매를 신청할 수 가 있습니다.

(2) 부동산 표시

부동산에 대하여 표시를 하여야 합니다. 만일, 도시개발법에 의하여 환지예정지가 지정되었다 하더라도 경매신청은 종전의 토지에 대하여 하여야 하므로 종전의 토지를 표시합니다. 그리고 환지예정지를 아울러 함께 표시하여야 합니다.

또한 구분소유적 공유지분의 경우 그 공유자가 구분 소유의 목적인 특정부분을 처분하면서 등기부상의 공유지분은 그 특정부분에 대한 표상으로서 이전하는 때에는 경매대상은 특정 구분소유의 목적물이므로 그 취지를 기재하여야 합니다.

(3) 경매의 이유가 된 일정한 채권과 집행할 수 있는 일정한 집행권원

① 경매의 이유가 된 일정한 채권

경매의 이유가 된 일정한 채권(청구금액)은 강제 경매로 변제 받고자 하는 일정한 채권과 그 청구금액을 말합니다. 청구금액은 반드시 정액의 표시가 있어야 하는 것은 아니고 정기금채권이나 이자의 경우 기간, 액수 이율 등을 기재 합니다.

② 원금 및 이자 채권

경매신청서에 청구금액으로 원리금이 기재되었으나 경매개시결정에는 원금만이 기재되어 있는 경우라도 채권자는 매각대금에서 원리금을 변제받을 수 있습니다. 또한 집행권원에 원본 외에 이자채권이 포함되어 있는 경우에는 경매신청시 이자채권에 관하여 표시가 없었다하더라도 배당요구의 종기까지 채권계산서에 기재하면 그 부분에 관하여 배당요구의 효력이 있으므로 배당을 받을 수 있습니다.

그리고 약속어음 공정증서상의 집행인낙의 범위 내에서 어음금액만이 기재된 경우에 위 금액에 대한 법정이자는 청구금액에 포함될 수 없습니다.

③ 부대 채권

배당요구종기까지 채권신고서를 제출하여야 합니다. 신청채권자가 이자 등 부대채권을 특정액으로 표시하였다가 나중에 채권신고서에 의하여 그 부대채권을 증액하는 방법으로 청구금액을 확장하는 경우 그 확장은 늦어도 채권신고서의 제출시한인 배당요구의 종기까지는 이루어져야 하고 그 이후에는 허용되지 않습니다(대판2001.3.23. 99다 11526).

④ 일부청구 후 청구금액의 확장 금지

가. 강제 경매

청구금액의 확장은 금지 됩니다. 매각절차 개시 후 배당요구의 종기까지 채권계산서를 제출하면서 청구금액을 확장하면 배당요구로 보아야 하므로 배당은 받을 수 있습니다.

나. 임의 경매(담보권실행에 의한 경매)

경매신청권자는 청구금액의 확장은 금지됩니다. 단, 이중경매신청 또는 집행력있는 정본으로 배당요구를 한 경우에 배당을 받을 수 있습니다.

(4) 대리인의 이름 · 주소

소송무능력자인 경우 법정대리인, 법정대리인이 없을 경우 특별대리인선임자를 표시하여야 합니다.

2. 담보권실행에 의한 경매(임의 경매)

담보권실행에 의한 경매(임의 경매)는 담보물권의 실행을 위한 경매와 민법, 상법, 그 밖의 법률의 규정에 의한 현금화를 위한 경매가 있습니다.

이는 (근)저당권, 전세권, 질권, 유치권, 담보가등기권 등으로 강제경매 절차에 준용하여 진행하되 집행권원은 필요치 않습니다.

강제경매와 담보권실행(임의경매)에 의한 양자간의 차이점을 살펴보면

1) 집행권의 요부

강제경매에 있어서는 집행권권의 존재를 요하며, 집행력있는 정본을 신청시 적어야 하며 붙여야 합니다. 그러나 임의경매는 피담보채권의 변제를 받기 위하여 경매의 신청권이 인정되므로 집행권의 존재를 요구하지 아니하며 담보권의 존재를 증명하는 서류를 내도록 되어 있습니다.

2) 공신적 효과의 유무

강제경매는 집행력 있는 정본이 존재하는 경우에 한하여 국가의 강제집행권의 실행으로서 실시되므로 공신의 효과가 있지만, 임의 경매에 있어서는 담보권자의 담보권에 기한 경매의 실행을 국가기관이 대행하는 것에 불과하므로 공신의 효과는 부정됩니다.

3) 관할법원

부동산에 관한 강제집행. 부동산 강제 관리는 부동산 소재지 관할 법원입니다. 이 관할은 전속관할이므로 당사자의 합의에 의하여 다른 법원으로 정할 수 없으

며 또한 변론관할도 생길 수 없습니다. 단, 부동산이 여러개 있어 2개 이상의 관할법원에 놓여 있는 경우 다른 법원 또는 집행관으로부터 사건을 이송 받아 병합하여 진행 할 수 있습니다.

4) 경매 신청시 서류

(1) 경매신청시 신청 서류 명칭은 다음과 같이 표기합니다.

경매 신청시 강제경매는 "부동산 강제 경매신청서"라고 하여 신청하고 담보권실행에 의한 경매 신청시는 "담보권실행에 의한 경매신청서"라고 하여 신청합니다.

(2) 경매 신청시 첨부서류는 다음과 같습니다.

강제 경매는 집행력 있는 정본을 첨부하여야 하고 담보권 실행에 의한 경매는 근저당설정계약서사본, 계약서, 약속어음 등을 첨부하여야 합니다.

(3) 공통으로 첨부하여야 할 서류는 다음과 같습니다.

- 경매 부동산등기부등본
- 당사자가 법인이면 법인등기부등본
- 미등기부동산은 토지대장 및 건축물 대장
- 부동산 목록
- 등록세, 교육세 납세 필증
- 대리인인 경우 위임장
- 기타 증빙 서류

(4) 인지 및 증지를 첩부합니다.

- 경매 신청시 인지액과 송달료를 납부한다(법원내 금융기관).
  인지는 경매신청서 표지에 붙인다(집행정본 1통당 5,000원씩 붙임).
- 인지액 부족시는 보정명령의 대상이 되고 미보정시는 각하한다.
- 증지는 부동산 1개의 부동산용지별로 대법원수입증지 3,000원짜리를 붙인다.

(5) 경매 예납금 및 송달료를 납부합니다.

- 경매신청시 경매 예납금을 법원내 은행에 납부하여야 한다.
  이는 부동산감정료, 공고비용, 집행관 현황 조사비용, 경매수수료 등으로 활용한다.
- 경매예납금은 일정금액을 납부하는데 부족하면 추가로 납부하고 매각 후 남는 금액은 환급을 받는다.
- 경매 예납비용은 배당 받을 때 최우선적으로 받을 수 있다.
- 송달료(신청서상의 이해관계인수+3)×3,190원×10회분 = 송달료)를 납부하고 그 영수증을 경매신청서 표지 뒷장에 첨부시킨다.

3. 경매 절차

1) 경매신청 및 개시결정

경매신청에 의하여 집행법원이 경매 개시를 하였을 경우 직권으로 그 사유를 등기부에 기입할 것을 등기관에게 촉탁하며 이 촉탁에 의하여 경매신청 기입등기가 이루어집니다.

경매개시 등기가 이루어지면 압류의 효력이 발생합니다.

채권자의 경매신청을 접수한 관할 경매법원은 경매신청서의 내용과 첨부서류에 의하여 경매집행의 일반요건과 필요한 요건 등을 심사한 결과 신청이 적합하면 강제(임의)경매개시결정을 하고 만일, 요건에 흠결이 있고 그 하자가 보정될 수 없는 경우는 결정으로 경매신청을 각하합니다.

경매신청을 기각하거나 각하하는 재판에 대하여는 즉시 항고 할 수 있습니다.

경매개시결정 정본은 채무자에게 송달됩니다.

경매개시결정의 효력은 다음과 같습니다.

(1) 처분제한적 효력

압류에 의하여 법원은 압류당시의 상태로 현금화하는 권능을 취득하며, 채무자는 그 부동산을 타인에게 양도하거나 담보권 또는 용익권의 설정 등 그 부동산을 처분하여도 압류채권자에게 대항하지 못합니다. 이를 압류의 처분 제한적 효력이라고 하며 그 효력은 상대적입니다. 즉 압류 후의 채무자의 처분행위는 당사자 사이에서는 유효하며 압류채권자가 행하는 집행절차와의 관계에서만 그 효력이 없을 뿐입니다. 따라서 강제집행신청이 취하되거나 경매일자가 취소되면 다른 압류채권자가 없는 한 처분행위제한의 효력은 소멸하고 채무자의 처분행위는 완전히 유효하게 됩니다.

(2) 사용 제한적 효력

압류로 채무자는 원칙적으로 처분권을 제한받는 데 그치고, 그 압류물에 대한 사용권이나 관리권을 행사하는 데 제한을 받지 않습니다. 이는 어디까지나 채무자가 부동산의 가치를 훼손하지 않고 원래의 용법에 따라 관리·이용하는 것을 전제로 채무자가 부동산의 가치를 훼손하는 경우 경매개시결정을 한 뒤에는 직권으로 이해관계인의 신청에 따라 침해행위를 방지하기 위하여 필요한 조치를 할 수 있습니다.

2) 배당요구의 종기 결정 및 공고

경매개시결정에 따른 압류의 효력은 채무자에게 그 결정이 송달되거나 개시결정 입등기가 된 때에 발생하는데, 집행법원은 그 효력이 생긴 때부터 1주 안에 채권자들이 배당요구를 할 수 있는 종기를 결정합니다.

배당요구의 종기는 첫 매각기일 이전의 날짜로 결정됩니다.

배당요구의 종기가 정하여지면 법원은 즉시 경매개시결정을 한 취지 및 배당요구의 종기를 공고합니다.

만일, 배당요구를 하지 아니한 경우는 선순위채권자라도 경매절차에서 배당을 받을 수 없게 될 뿐만 아니라 자기보다 후순위 채권자로서 배당을 받은 자를 상대로 부당이득반환청구를 하여 배당액에 해당하는 금액을 돌려받을 수도 없습니다.

따라서 배당요구의 종기까지 반드시 배당요구를 하여야 할 채권자는 다음과 같습니다.

- 집행력 있는 정본을 가진 채권자
- 우선변제청구권이 있는 채권자
- 첫 경매개시결정등기 후에 가압류한 채권자
- 국세등의 교부청구권자국세 등 조세채권 이외에 보험료 기타 징수금의 청구권을 갖는 자
- 배당요구 없이도 배당 받을 수 있는 채권자
- 담보권자, 임차권등기권자, 압류등기권자

  단, 첫 경매개시결정등기 전에 등기된 우선변제권자 등은 당연 배당 받을 자로서 배당요구가 필요하지 않으나 이자 등을 추가 배당 받을려면 채권계산서를 신고하여야 합니다.

3) 매각의 준비

경매개시결정이 등기되고 채무자에 대한 경매개시결정이 송달되면, 부동산에 대한 현황조사를 명하며 감정인에게 부동산의 평가를 명하여 최저가격결정을 위한 준비를 하게 됩니다. 한편 첫 매각기일 전의 일정한 시점을 배당요구의 종기로 정하여 이해관계인들로 하여금 그 때까지 배당요구 또는 채권신고를 하도록 합니다.

감정평가서가 제출되면 감정평가액을 참작하여 최저매각가격을 정하고 경매신청서, 등기필증과 함께 송부된 등기부등본, 배당요구서, 채권신고서 등을 조사하여 남을 가망성이 있는 지를 조사합니다. 남을 가망성이 없으면 취소절차를 밟고, 그렇지 않으면 매각기일과 매각결정기일을 지정・공고・통지하고 매각물건명세서를 작성・비치하여 매각절차로 나아갑니다.

4) 매각・매각결정기일의 지정・공고 통지

위 절차가 끝나면 법원은 매각 및 매각결정기일을 지정하여 이를 공고한다. 매각 실시14일 이전에 공고합니다(① 법원게시판 ② 관보・공보・신문 ③ 전자통신 매체 중 선책).

5) 매각의 실시

매각기일에는 집행관이 집행보조기관으로서 미리 지정된 장소에서 매각을 실시하여 최고가 매수신고인 및 차순위 매수신고인을 정한다. 매각기일에 매수인이 없는 경우에는 법원은 최저매각가격을 상당히 낮추고 신매각 기일을 정하여 다시 매각을 실시합니다.

매각방법은 매각기일에 하는 호가경매, 매각기일에 입찰 및 개찰하는 기일입찰, 입찰기간내에 입찰하고 매각기일에 개찰하는 기간입찰이 있습니다.

이때 매수신청인은 원칙적으로 최저매각가격의 10분의 1에 해당하는 보증금액을 집행관에게 보관해야 합니다. 이는 매수신청을 한 자가 매수인으로 결정이 되었음에도 불구하고 대금을 납부하지 아니한 경우 이미 납부한 보증금액을 돌려받지 못하는 불이익을 주어서 대금납부를 강제하기 위함입니다.

6) 매각허부 결정

그 후 법원은 매각결정기일에 이해관계인의 의견을 들은 후 매각허부 결정을 합니다.

매각허부의 결정에 대하여 이해관계인은 즉시항고를 할 수 있습니다.

7) 매각 대금 납부

낙찰허가결정이 확정되었을 때는 법원은 대금지급기일을 정하여 낙찰자에게 낙찰대금의 납부를 명합니다.

매각허가결정이 확정되면 법원은 대금지급기한을 지정하므로(통상 1개월 이내)정해진 기한 내에 언제든지 매각대금을 납부할 수 있다. 차 순위매수신고인이 없을 때에는 재매각을 명합니다.

이 때 낙찰자는 관계채권자의 이익을 침해하지 않는 범위내에서 채무를 인수하거나 상계를 통하여 대금을 지급할 수 있습니다(민집 제143조 제1항). 한편 채권자가 매수인인 경우에는 매각결정기일이 끝날 때까지 법원에 신고하고 자신이 배당

받아야 할 제외한 금액을 배당기일에 낼 수 있습니다. 이를 실무상 매수인의 상계신청이라고도 합니다(민집 제143조 제2항).

8) 배당

매수인이 매각대금을 완납하면 법원은 배당기일을 정하여 이해관계인과 배당을 요구한 채권자에게 통지하여 배당을 하게 됩니다.

부동산강제경매에 있어서는 채권자간의 협의에 의한 배당이 인정되지 않습니다. 반드시 배당절차를 밟아야 합니다.

매각대금으로 배당에 참가한 모든 채권자를 만족하게 할 수 없는 때에는 법원은 민법, 상법, 그 밖의 법률에 의한 우선순위에 따라 배당하여야 합니다.

9) 소유권 이전 등기의 촉탁 및 부동산 인도 명령

매수인은 매각허가결정이 선고된 후에는 매각부동산의 관리명령을 신청 할 수 있고 대금완납 후 6개월 이내에는 인도명령을 신청할 수 있습니다. 또한 매수인이 대금을 완납하면 부동산의 소유권을 취득하므로 집행법원은 매수인으로부터 필요서류의 제출이 있게 되면 매수인을 위하여 소유권이전등기, 매수인이 인수하지 아니하는 부동산상의 부담의 말소등기를 촉탁하게 됩니다.

인도명령은 일반매매에 있어서 매도인이 집을 비워주지 않으면 법원에 명도소송을 제기 하여야 하나 매각에서는 대금납부 6개월 내에 법원에 "인도명령"을 신청하면 간단히 인도명령이 결정됩니다.

인도명령신청을 받은 법원은 채무자와 소유자는 통보하지도 않고 세입자만 불러 심문한 후 매수인에게 대항할 수 없으면 인도명령을 결정합니다.

인도명령이 결정되었는데도 불구하고 집을 비워주지 않으면 낙찰인은 인도명령 정본과 그 송달증명을 가지고 집행관에게 집행위임 합니다.

5절 경매 신청의 취하

경매신청이 취하되면 압류의 효력이 소멸됩니다. 또한 매수신고가 있은 뒤 경매신청을 취하하는 경우에는 최고가매수신고인 또는 매수인과 제114조의 차순위매수신고인의 동의를 받아야 그 효력이 생깁니다.

1. 취하권자

먼저, 경매신청을 취하할 수 있는 자는 경매신청인입니다. 또한 경매절차가 개시된 후에 경매신청의 기본인 권리에 관하여 승계가 있어 승계인이 승계집행문을 부여 받아 이를 집행법원에 제출할 때까지는 종전의 집행채권자가 취하할 수 있고 그 이후에는 승계인이 취하할 수 있습니다.

그리고 임의경매 즉 담보권실행에 의한 경매는 승계집행문제도가 없는바 임의경매절차가 개시된 후 경매신청의 기초가 된 담보물권이 대위변제에 의하여 이전된 경우에는 그 사실이 법원에 신고되기 전이라도 대위변제자가 경매신청인의 지위를 승계하므로 종전의 경매신청인이 한 취하는 효력이 없습니다(대법2001.12.28. 마2094).

2. 취하의 방식 및 시기

① 취하의 방식

취하의 의사표시는 서면 또는 말로 집행법원에 하여야 합니다.

② 취하의 시기

경매의 취하는 매수인이 대금을 지급하기 전까지 취하할 수 있습니다. 매수인의 대금납부 후에 취하 시에는 매수인에게 소유권이 이전되므로 그 후 배당절차가 속행하게 됩니다.

3. 취하

① 매수신고 후의 취하

매수신고가 있은 뒤 경매신청을 취하하는 경우에는 최고가매수신고인 또는 매수인과 제114조의 차순위 매수신고인의 동의를 받아야 그 효력이 생깁니다. 이때 이해관계인의 동의는 요하지 않습니다.

② 대금납부후의 취하

매수인이 매각대금을 지급한 때는 소유권을 취득하므로 그 후의 경매신청 취하는 허용되지 않고 배당절차는 속행됩니다. 다만, 압류채권자의 경매신청취하가 배당을 받을 권리의 포기의사도 포함하는 것으로 확인된 때에는 배당에서 제외하여야 합니다.

③ 재매각명령후의 후의 취하

재매각명령을 한 후에 경매신청인이 경매신청 자체의 취하로써 경매절차를 종결시키고자 하는 경우 원래의 대금지급기한까지 그 의무를 이행하지 아니하여 재매각절차를 야기한 전 매수인은 경매신청 취하에 대한 동의권자에 해당하지 않습니다(대법1999.5.31.99마468).

4. 취하의 효과

① 경매절차의 종료

경매신청이 유효하게 취하되면 압류는 소멸됩니다. 경매절차는 당연히 종료됩니다. 따라서 경매절차 내지 경매개시결정을 취소할 필요가 없습니다.

② 경매개시결정등기의 말소촉탁

법원사무관등은 유효한 취하가 있으면 직권으로 등기관에게 경매개시결정등기의 말소를 촉탁하여야 합니다. 또한 이중경매개시결정을 한 경우에 먼저 경매개시결정을 한 경매신청이 취하된 때에는 법원은 민사집행법 91조 ①항의 규정에 어긋나지 아니하는 한도 안에서 뒤의 경매개시결정에 따라 절차를 계속 진행하여야 합니다. 다만, 먼저 경매개시 결정한 사건의 경매개시결정등기는 바로 말소촉탁을 하여야 합니다. 이때 말소등기의 촉탁시에는 최고가매수신고인 등의 동의서를 첨부할 필요는 없습니다.

또한 여러 부동산을 대상으로 한 신청 중 일부 부동산에 대한 경매신청의 취하가 있으면 그 부동산에 대한 경매개시결정등기의 말소를 촉탁하여야 합니다. 그리고 말소등기의 촉탁에 관한 비용은 경매신청인이 부담합니다.

③ 통지

경매개시결정이 채무자에게 송달된 뒤 경매신청이 취하된 때에는 법원사무관 등은 상대방에게 그 취지를 통지하여야 합니다. 단, 경매개시결정전에 경매신청이 취하되면 통지할 필요는 없습니다.

④ 비용 부담

경매신청이 취하되면 그때까지 소요되었던 경매절차의 비용은 경매신청인이 부담하여야 합니다. 다만, 먼저 개시된 사건의 신청인이 지출한 절차 비용 중 뒤에 개시된 사건에 그대로 이용된 비용은 공익비용으로서 매각대금에서 당연히 우선적으로 상환을 받을 수 있습니다.

6절 배당

1. 의의

배당요구 할 수 있는 권리자, 즉 채권자는 「배당요구종기일」까지 배당을 요구하여야 합니다.

만일 배당요구를 하지 않으면 배당에서 제외되기 때문에 주의하여야 합니다.

또한 경매 신청시 채권액의 일부액만을 기재하여 경매신청을 하였거나 일부의 채권액만 배당을 요구하였다가 후에 금액을 추가하려면 배당요구종기일까지 반드시 배당요구를 하여야 하지 그 후에 채권을 추가하거나 확장시킬 수 없습니다.

법원에서 배당 기일이 정해지면 배당표를 작성하기 위하여 채권자들에게 채권계산서를 작성하여 제출할 것을 최고를 하여야 합니다.

채권자가 채권계산서를 작성하여 제출하지 않아도 되지만 향후 채권액을 추가하지 못합니다.

이 경우 등기부등본 및 집행기록상의 관련 증빙에 따라서 계산됩니다.

민사집행법은 경매부동산에 대하여 압류 효력이 생긴때부터 1주일 내에 배당요구를 할 수 있는 기간을 정하여 이를 공고 고지하도록 하였습니다.

배당요구의 종기는 2월 이상 3개월 이하의 범위에서 정하도록 하였으며 배당요구종기 공고는 압류효력발생일로부터 1주일 내에 인터넷 법원경매공고란 또는 법원게시판에 공고하는 방법으로 합니다.

동시에 경매기록상에 있는 배당요구를 할 수 있는 권리자와 배당요구를 하여야만 배당을 받을 수 있는 권리자들에게 배당요구 종기를 등기우편으로 발송하여야 합니다.

배당요구에 대하여 좀더 알아보도록 하겠습니다.

1) 우선 배당요구를 할 수 있는 권리자 또는 배당요구를 하지 않아도 당연히 배당에 참가할 수 있는 자가 있습니다.

① 배당요구의 종기까지 경매신청을 한 압류채권자

② 첫 경매개시결정등기전에 등기된 가압류채권자

③ 첫 경매개시결정등기전에 우선변제권자

저당권・전세권, 그밖의 우선변제청구권으로서 첫 경매개시결정등기전에 등기되었고 매각으로 소멸하는 것을 가진 채권자(저당권, 압류, 가압류 등이고 또한 청구이의의 소, 제3자이의의 소)

④ 첫 경매개시 결정전 등기전의 체납처분에 의한 압류권자

국세등의 교부청구는 배당요구와 같은 성질의 것으로서 체납처분의 절차로서 압류 또는 보전압류등기가 되어 있는 경우 별도의 배당요구가 없어도 배당받게 됩니다. 반면에 첫 경매개시결정등기 후에 체납처분에 의한 압류등기가 된 경우 배당요구로서 교부청구를 하여야만 배당받을 수 있습니다.

2) 배당요구가 필요한 채권자

(1) 집행력 있는 정보를 가진 채권자

(2) 첫 경매개시결정등기 후에 등기된 가압류채권자

첫 경매개시결정등기 후에 등기된 가압류채권자는 경매신청인에게 대항할 수 없고 집행법원도 가압류사실을 알 수 없으므로 배당요구의 종기까지 배당요구를 하여야만 배당받을 수 있습니다.

(3) 민・상법, 그 밖의 법률에 의한 우선변제권이 있는 채권자

등기 안된 임차권자의 임대차보증금, 임금채권, 사용인의 우선변제권(상법 제468조) 등과 경매개시결정등기 후에 등기된 저당권, 전세권, 등기된 임차권, 가등기담보권등이 해당됩니다.

2. 배당기일의 지정

매수인이 매각대금을 지급하면 법원은 배당에 관한 진술 및 배당을 실시할 기

일을 정하여야 합니다. 이 기일을 실무상 배당기일이라고 합니다.

다시 말해 매수인이 매각대금을 지급하면 3일 안에 배당기일을 지정하되, 배당기일은 대금지급 후 4주 안의 날로 정하여야 합니다.

또한 매수인이 채무인수신청을 하였거나 또는 차액지급신청을 한 경우에는 대금지급기한을 정하지 아니하고 바로 배당기일을 정합니다. 다음으로 재매각을 명한 후 대금지급이 있으면 재매각절차를 취소하고 배당기일을 정합니다.

3. 배당기일의 통지

법원은 이해관계인과 배당을 요구한 채권자에게 배당기일 3일전에 도달이 될 수 있도록 배당기일을 통지하여야 합니다. 통지는 실무상 법원사무관 명의로 합니다.

배당기일의 통지는 생략할 수 없습니다. 따라서 배당액이 0인자에게도 통지하여야 합니다. 다만, 채권자 중 있는 곳이 분명하지 않아 기일통지가 불가능하게 되면 직권으로 공시송달을 하여야 합니다.

또한 이 통지를 받을 채권자는 압류채권자뿐만 아니라 민사집행법 제148조 각 호의 배당받을 채권자의 범위에 해당하는 채권자가 모두 포함됩니다.

여기에는

1) 배당요구의 종기까지 경매신청을 한 압류채권자
2) 배당요구의 종기까지 배당 요구를 한 채권자
3) 첫 경매개시결정등기전에 등기된 가압류채권자
4) 저당권·전세권, 그 밖의 우선변제청구권으로서 첫 경매개시결정등기전에 등기되었고 매각으로 소멸하는 것을 가진 채권자 등이고 또한 청구이의의 소, 제3자이의의 소, 집행문부여에 대한 이의의 소의 피고로서 집행의 일시정지명령을 받은 채권자에게도 통지를 생략하여서는 안 됩니다.

매수인에게는 배당기일통지를 할 필요가 없습니다. 그러나 매수인이 채무인수신청이나 차액지급신청을 한 때에는 매수인에게도 통지하여야 합니다.

4. 채권신고

배당요구가 결정되면 이를 공고·고지하여야 합니다.
그리고 배당요구권자들에게 채권을 신고하도록 최고 하여야 합니다.
배당요구권자들은 다음과 같습니다.

① 저당권자
② 전세권자
③ 기타 우선변제권이 있는 채권자로서 경매 개시 전에 등기되고 매각으로 등기가 말소되는 채권자
④ 조세, 공과금을 주관하는 공공기관
⑤ 경매개시결정 등기전에 가압류한 채권자
⑥ 가등기권자 등에게 배당요구종기까지 채권의 발생원인과 금액

5. 배당요구 할 수 있는 채권

1) 집행채무자에 대한 채권일 것

배당요구는 채무자의 총재산으로부터 변제를 받고자 하는 의사표시이므로 매각부동산이 채무자 소유로 되어 있어야 하므로 전소유자의 채무로는 배당요구를 할 수 없습니다. 또한 집행채무자의 채무라 하더라도 매각절차진행중 제3자에게 양도되어 소유권이전등기가 된 경우에는 그 처분이 경매신청채권자에게는 효력이 없으나, 그 외의 자는 양수인 명의로 이전등기가 된 이후에는 배당요구를 할 수 없습니다.

2) 이행기가 도래한 채권일 것

집행받을 사람이 일정한 시일에 이르러서야 그 채무를 이행하게 되어있는 때에는 그 시일이 지난 뒤에 강제집행을 개시할 수 있으므로(민집 제40조 제1항), 이행기가 도래하지 아니한 채권은 배당요구를 할 수 없습니다.

다만 가압류는 경매개시결정전에 가압류집행을 마친 채권자에 한하여 그 배당

액을 공탁하도록 되어 있으므로 이행기가 도래하지 아니한 채권으로 배당받을 수 있어 이행기 도래전의 채권으로 배당받는 셈이 됩니다.

6. 채권 신고를 하지 않는 경우

채권을 신고하여야 할 대상자가 배당 요구 종기까지 채권신고를 하지 않으면 그 대상자의 채권액은 집행기록에 있는 서류와 기타 증빙자료에 의하여 계산한 금액으로 합니다.

이후에는 채권액을 추가로 신고할 수 없는 것이 원칙입니다.

또한 경매개시등기전에 경료된 담보가등기권자는 가등기라는 사실과 채권 원인 및 원금, 이자, 부대채권 등을 신고 기간내에 채권을 신고하여야 배당을 받을 수 있는 것이 원칙입니다.

만일, 담보가등기가 아닌 경우에는 그 내용을 상당기간을 정하여 신고하도록 최고하여야 합니다.

7. 배당표 작성

① 매수인이 매수대금을 지급하면 법원은 배당기일을 지정하고 배당표를 작성합니다.

② 각 채권자는 법원이 최고에 의하여 매각 결정 기일까지 그 채권의 원금, 이자, 비용 등 기타 부대채권의 채권계산서를 제출하여야 합니다.
배당받을 채권자가 채권계산서를 제출하지 않으면 그 채권자의 채권액은 집행기록에 있는 등기부등본 등 서류와 증빙자료에 따라서 계산하고 다시는 채권액을 추가하여 배당을 요구 할 수 없습니다.

③ 배당요구가 없어도 당연히 배당받게 되는 채권자가 채권계산서를 제출하면서 집행 기록상에 의해 계산한 채권액 보다 적게 기재했다가 배당요구종기 후에 다시 증액된 채권계산서를 제출하고자 할 때는 늦어도 배당표 작성 전까지는 제출 하여야 합니다.

④ 채권계산서 제출하라는 최고를 받고 제출하는 채권계산서는 배당을 받고자 하는 확정채권의 의미가 있습니다.

⑤ 법원이 배당 기일을 지정하면 이해관계인 과 배당을 요구한 채권자를 소환하여야 합니다.

⑥ 법원은 출석한 이해관계인과 배당을 요구한 채권자를 심문하여 배당표를 확정합니다.

8. 배당 순위

배당참가채권이 모두 일반채권자라면 채권발생의 선후를 불문하고 평등한 비율로 배당받을 수 있게 되지만 민법, 상법 그 밖의 법률에 의하여 일반채권자에 우선하여 변제받을 수 있도록 규정되어 있는 채권이 있으면 이러한 채권에 관하여는 우선적으로 변제하여야 하므로, 우선순위에 따라 배당순위가 정하여 집니다.

배당순위는 아래 팝업을 확인하세요.

순 위	내 용
1순위	경매 실행 비용(경매 대금에서 우선 변제)
2순위	주택임대차보호법상의 소액임차보증금중 일정금액 상가건물임대차보호법상의 소액임차보증금중 일정금액 근로기준법상의 임금채권(최종 3개월 임금, 3년간의 퇴직금, 재해보상금) 단, 판례는 임등 등에 대한 지연손해금은 최우선변제권이 없다.
3순위	집행목적물에 부과된 국세 및 지방세와 가산금(당해세) 단, 국세채권은 법정기일(신고일, 고지일)과 저당권설정일을 비교하여 우선순위를 정한다.
4순위	당해세를 제외한 국세 및 지방세 저당권, 전세권, 담보가등기에 의한 채권 대항요건과 확정일자 갖춘 임차인의 임차보증채권
5순위	위 임금채권을 제외한 임금채권
6순위	법정기일이 전세권, 저당권, 질권 설정일보다 늦은 국세 지방세 등 지방자치단체의 징수금
7순위	의료보험법, 산업재해보상보험법 및 국민연금법에 의한 보험료 등 공과금
8순위	일반채권(평등 원칙)

■ 당해세

집행의 경매, 공매대상 목적물에 부과된 국세, 지방세, 가산금이다.

소액임차보증금중 일정액 및 임금채권 중 일정액을 제외하고는 다른 채권보다 우선한다.

• 국세 : 상속세, 증여세, 재평가세

  단, 상속세는 부동산등기부기재상 상속재산이 공시되어 있지 아니한 부동산의 경우 담보물권자가 당해 부동산에 상속세가 부과되리라는 점을 예측 할 수 없다는 이유로 당해세가 아니다.

• 지방세 : 재산세, 자동차세, 종합토지세, 도시계획세, 공동시설세

※ 배당으로 피담보채권이 전액 변제되지 못한 경우에는 저당권자는 나머지 채권에 대하여 집행권원을 획득하여 타인이 집행하는 경우에 배당참가 할 수 있고 강제집행을 할 수 있다.

9. 배당이의의 소

배당이의를 한 자는 배당일로부터 1주일 이내에 배당을 실시한 집행법원이 속한 지방법원에 배당이의의 소를 제기한 후 소제기증명원을 발급받아 소장부본과 함께 집행법원에 제출하여야 합니다.

제13장
유체동산 강제 집행

제13장 유체동산 강제 집행

1절 유체동산 강제집행의 개념

1. 강제집행의 개요

1) 집행법상의 동산의 의미

집행법상의 동산은 민법상의 동산과는 달리 부동산 및 이에 준하여 취급되는 것 이외의 것을 말하며 여기에는 유체동산 뿐만 아니라 채권 기타의 재산권도 포함된다.

(유체동산 집행 절차)

강제 집행 신청

↓

신청서 제출

↓

압　류

↓

보관위임

↓

현금화(환가)

↓

대금지급 및 목적물인도

↓

매각대금변제
잉여금 변제

2) 유체동산에 대한 강제집행의 대상

(1) 집행법상 유체동산으로 보는 것

① 민법상의 동산 및 등기할 수 없는 토지의 정착물로서 독립하여 거래의 객체가 될 수 있는 것

가전제품, 가구, 가축, 기계, 기구, 식재된 수목, 미술품 등이다.

단, 자동차운수사업면허 및 건설업면허와 같은 권리는 강제집행의 대상이 되지 않는다.

② 토지에서 분리하기 전의 천연과실로서 1월내에 수확할 수 있는 것

천연과실이란 토지에 생육하는 식물로서 수확을 목적으로 하는 것을 말하고, 1개월내 수확가능 시기의 판단은 압류된 때를 기준으로 그 지방의 성숙기 등을 고려하여 판단한다.

예를 들면 벼, 엽연초, 농작물, 미등기자동차・건설기계, 정원수・정원석, 과수원의 과목 등이다.

③ 유가증권으로서 배서가 금지되지 아니한 것

어음, 수표 등 배서로써 양도가 가능한 것을 말하며 배서가 금지된 것은 채권집행방법에 따른다.

유가증권은 어음, 수표, 화물상환증, 창고증권, 선하증권, 국・공채, 회사채, 상품권 등이다.

④ 배우자와 공동점유

채무자와 그 배우자의 공유로서 채무자가 점유하거나 그 배우자와 공동으로 점유하고 있는 유체동산으로 가령, 부부가 공동으로 거주하는 주택의 가재도구 등이다.

⑤ 보존등기가 안된 건물

미등기건물 중, 건축허가를 마치고 사용승인을 받지 않아 보존등기가 안된 건물은 부동산강제집행 방법으로 집행한다.

판례는 독립된 건물이라고 하기 위해서는 기둥과 주벽, 지붕이 갖추어져야 한다고 한다. 따라서 건축 중인 건물로서 이에 이르지 않으면 부동산강제집행도, 유체동산강제집행도 할 수 없다는 입장이다.

(2) 민법상의 동산이라도 등기된 선박, 등록된 자동차, 건설기계, 항공기는 유체동산에 해당하지 아니한다. 그러나 선박 중 총톤수 20톤 미만의 선박, 단주, 노도로만 운전하는 배는 유체동산이다.

(3) 어음, 수표 기타 배서로 이전할 수 있는 유가증권은 유체동산에 해당하나, 배서가 금지된 것에 대하여는 채권집행에 의하여야 하므로 유체동산에 해당하지 않는다.

(4) 유체동산의 공유지분은 유체동산 집행에 의하지 아니하고 기타의 재산권에 대한 집행에 의한다. 다만, 부부공유의 유체동산은 부부 중 어느 일방에 대하여 집행하는 경우에도 유체동산집행에 의한다.

3) 집행기관

유체동산에 대한 금전집행은 집행관에 의하여 실시되는 것이 원칙이나, 채권자가 경합하고 배당하여야 할 금전이 각 채권자를 만족시키기에 부족한 경우에 실시할 배당절차는 집행법원이 담당한다.

다시 말해 유체동산집행에 있어서는 집행관이 집행기관이 된다. 따라서 채권자는 압류할 대상을 정한 다음 집행문이 부여된 집행권원과 송달증명서를 구비하여 집행목적물이 소재하는 지방법원소속 집행관에게 서면으로 집행신청을 하여야 한다.

4) 신청서의 제출

유체동산의 강제집행은 다른 집행방법과는 달리 별도의 법원의 결정은 필요 없다. 채권자는 신청서와 첨부서류 등을 구비하여 집행관에게 집행을 위임하면 족하다. 다만 집행의 용이함을 위해 사전에 집행 목적물 소재지를 답사하여 약도를 그려 제출하고 집행당일 집행관과 동행하여 같이 유체동산을 압류하면 된다.

유체동산강제집행신청서

<table>
<tr><td colspan="7">강제집행신청서
○○지방법원 집행관사무소 집행관 귀하</td></tr>
<tr><td rowspan="4">채
권
자</td><td rowspan="2">성 명</td><td rowspan="2"></td><td rowspan="2">주민등록번호
(사업자등록번호)</td><td rowspan="2"></td><td>전화번호</td><td></td></tr>
<tr><td>우편번호</td><td></td></tr>
<tr><td>주 소</td><td colspan="5"></td></tr>
<tr><td>대리인</td><td colspan="3">성명(　　　　　　　　)
주민등록번호(　　　　　　　　)</td><td>전화번호</td><td></td></tr>
<tr><td rowspan="3">채
무
자</td><td rowspan="2">성 명</td><td rowspan="2"></td><td rowspan="2">주민등록번호
(사업자등록번호)</td><td rowspan="2"></td><td>전화번호</td><td></td></tr>
<tr><td>우편번호</td><td></td></tr>
<tr><td>주 소</td><td colspan="5"></td></tr>
<tr><td colspan="3">집행목적물 소재지</td><td colspan="4">채무자의 주소지와 같음(* 다른 경우는 아래에 기재함)
시 구 동(로) 가 번지 호(통 반)
아파트 동 호</td></tr>
<tr><td colspan="3">집 행 권 원</td><td colspan="4"></td></tr>
<tr><td colspan="3">집행의 목적물 및
집 행 방 법</td><td colspan="4">동산압류, 동산가압류, 동산가처분, 동산점유이전금지가처분
건물명도, 철거, 부동산인도, 자동차인도, 기타(　　)</td></tr>
<tr><td colspan="3">청 구 금 액</td><td colspan="4">원(내역은 뒷면과 같음)</td></tr>
<tr><td colspan="7">위 집행권원에 기한 집행을 하여 주시기 바랍니다.
* 첨부서류
1. 집행권원 1통　　　20　.　.　.
1. 송달증명서 1통　　　채권자　　　(인)
1. 위임장 1통　　　대리인　　　(인)</td></tr>
<tr><td colspan="7">* 특약사항
1. 본인이 수령할 예금 잔액을 본인의 비용부담하여 오른쪽에 표시한 예금계좌에 입금하여 주실 것을 신청합니다.
<table><tr><td rowspan="3">예
금
계
좌</td><td>개설은행</td><td></td></tr><tr><td>예 금 주</td><td></td></tr><tr><td>계좌번호</td><td></td></tr></table>채권자　　　(인)
2. 집행관이 계산한 수수료 기타 비용의 예납통지 또는 강제집행 속행의사 유무 확인 촉구를 2회 이상 받고도 채권자가 상당한 기간 내에 그 예납 또는 속행의 의사표시를 하지 아니한 때에는 본건 강제집행 위임을 취하한 것으로 보고 완결처분해도 이의 없음　　　채권자　　　(인)</td></tr>
</table>

(앞면)

<table>
<tr><th colspan="2">청구금액계산서</th></tr>
<tr><td>내 용</td><td>금 액</td></tr>
<tr><td></td><td></td></tr>
<tr><td>합 계</td><td>원</td></tr>
<tr><th colspan="2">집행목적물 소재지 약도</th></tr>
<tr><td colspan="2"></td></tr>
</table>

(뒷면)

5) 집행절차

채권자가 집행관에 대하여 집행위임을 하면 집행관은 유체동산이 있는 현장에 가서 압류를 하여야 하므로 사전에 집행관과 협의하여 시간을 정해 현장까지 안내하고 채무자가 일부러 피한다든지 하여 현장에 없는 경우를 대비하기 위하여 참여인이 될 성인2명 또는 공무원 1인이거나 경찰관 1인을 미리 확보하는 것이 좋다.

6) 집행관의 집행위임의 거절

집행관은 집행위임이 있으면 위임의 요건을 조사하여 형식적 요건이 구비되어 있는 한 정당한 사유 없이 위임을 거절할 수는 없으나, 흠결이 있는 때에는 그 보완을 요구하고 보완이 없으면 위임을 거절할 수 있다. 채권자는 그 거절에 대해 불복을 하고자 하는 경우에는 집행관 소속의 집행법원에 이의를 신청할 수 있다.

7) 야간 및 휴일집행

폐문 부재 또는 그 밖의 사유로 집행을 못하여 집행불능이 된 경우에 활용하여 채무자들에게 심리적 압박 수단으로 사용할 수 있는 방법으로 야간(일몰부터 일출까지) 및 휴일 집행행위는 집행법원의 허가가 있어야 한다. 여기서의 집행행위에는 압류, 수색 같은 실력행사만을 말한다.

2. 집행방법 및 압류의 범위

동산에 대한 강제집행은 압류의 방법으로 한다. 압류신청서에는 집행력 있는 집행권원 정본을 첨부하여야 한다.

압류는 집행력 있는 정본에 적은 청구금액의 변제와 집행비용의 변상에 필요한 한도 안에서 하여야 한다. 압류 후에 그 압류가 초과압류인 사실이 밝혀진 때에는 집행관은 그 초과한 한도에서 압류를 취소하여야 한다.

초과압류의 허용 여부

부동산	채권	유체동산
초과압류 허용됨	초과압류 허용됨	초과압류 허용되지 않음

1) 무익압류의 금지

압류한 것이 현금화 하여도 집행비용 이외에 잔여금이 없는 경우에는 집행하지 못한다. 또한 압류 후에 압류물의 매각대금으로 압류채권자의 채권에 우선하는 채권과 집행비용을 변제하면 남을 것이 없다고 인정되는 때에는 압류를 취소하여야 한다.

2) 압류의 경합

유체동산을 압류하거나 가압류한 뒤 매각기일에 이르기 전에 다른 강제 집행이 신청된 때에 는 집행관은 집행신청서를 먼저 압류한 집행관에게 교부하여야 한다. 이 경우 추가 압류할 물건이 있으면 이를 압류한 뒤에 추가압류조서를 교부하여야 한다. 압류가 경합된 경우 각 압류한 물건은 강제집행을 신청한 모든 채권자를 위하여 압류한 것으로 보며 먼저 압류한 집행관은 뒤에 강제집행을 신청한 채권자들 위하여 다시 압류한다는 취지를 덧붙여 그 압류조서에 적어야 한다.

2절 유체동산 강제집행의 내용

1. 압류

1) 집행관의 압류물 선택의 재량성

집행관이 채무자의 점유에 속하는 유체동산 중 어느 것을 압류할 것인가는 자유재량에 맡겨져 있음이 원칙이지만, 채권자의 이익을 해하지 않는 범위에서 채무자의 이익을 고려하여 압류물을 선택하여야 한다.

실제로 실무에서는 유체동산의 시가 산정이 곤란하고 경매가가 낮은 것이 보통이므로 대부분 그 장소에 있는 모든 유체동산에 봉인표를 붙인다.

2) 압류할 수 있는 점유 상태

(1) 채무자가 점유하고 있는 경우

집행관은 본래 채무자의 소유인 유체동산에 대하여 압류를 하여야 마땅하나, 집행관은 실체상의 권리귀속관계에 관하여 조사할 권한이 없으므로 채무자가 점유하고 있는 유체동산이라면 그것이 진실로 채무자의 소유에 속하는지 여부를 묻지 않고 일단 그 물건을 압류할 수 있다. 따라서 집행관은 설사 채무자 또는 제3자가 그 물건이 제3자의 소유임을 신고하거나 증거자료를 제출하더라도 그 물건이 채무자가 점유하고 있다고 인정되는 때에는 압류하여야 한다. 제3자는 제3자이의의 소로 구제를 받을 수 있다.

제3자이의소

소 장

우 고

피 고

청 구 취 지

1. 피고와 소외 백두산업(주)간에 지방법원 20 가단0000호 물품대금사건의 집행력 있는 정본에 의해 20 . . .집행한 별지목록 기재 표시 동산에 대한 강제집행은 이를 불허한다.
2. 위 1항 기재 정본에 의한 위 1항 기재 물건에 대한 강제 집행은 이를 정지한다.
3. 소송비용은 피고의 부담으로 한다.
4. 제2항은 가집행 할 수 있다.

라는 판결을 구합니다.

청 구 이 유

청구이유를 간결·명료하게 기재

입 증 서 류

갑 제1호증

첨 부 서 류

1.

2.

20 . . .

원고 (인)

서울중앙지방법원 귀중

제3자이의소와 동시에 강제집행정지신청을 하여 강제집행정지 결정을 받아 집행관에게 제출하여야 집행이 정지된다.

(강제집행정지신청서(제3자이의 소에 의한))

강제집행정지신청서

신 청 인

주소

피신청인 주소

신 청 취 지

피신청인의 신청 외 ○○○에 대한 서울지방법원 20 가단1234호 물품대금 사건의 집행력 있는 정본에 의한 별지 기재 물건에 대하여 한 20 타경0000호 강제집행은 신청인과 피신청인 사이의 서울지방법원 20 가단1234호 제3자이의 소 판결선고 시까지 이를 정지한다.

라는 판결을 구합니다.

신 청 이 유

강제집행을 정지해야할 정당한 이유를 구체적이고 간결·명료하게 기재

첨 부 서 류

1. 강제집행개시 결정 사본 1통
1. 제3자이의 소 제기증명원 1통

20 . . .

신청인 (인)

서울중앙지방법원 귀중

(2) 채권자가 점유하고 있는 경우

채무자 소유의 재산이라면 채권자가 점유하고 있더라도 압류할 수 있다.

(3) 점유자인 제3자가 압류를 승낙하여 목적물을 제출할 경우

제3자가 채무자의 소유물을 점유하고 있는 경우에는 그 제3자가 압류를 승낙하여 제출을 거부하지 아니한 경우에 한하여 압류할 수 있다.

3) 압류의 제한

(1) 초과압류의 금지

압류는 집행력 있는 정본에 적은 청구금액의 변제와 집행비용의 변상에 필요한 한도안에서 하여야 한다. 그러나 불가분적인 한 개의 물건을 압류하는 때에는 위 범위를 초과하여도 무방하다.

또한 압류 후 그 압류가 한도를 넘는 사실이 분명하게 된 때에는 집행관은 그 넘는 한도에서 압류를 취소하여야 한다.

(2) 무 잉여압류의 금지

집행관은 압류물을 현금화하여도 집행비용 외에 남을 것이 없는 경우에는 집행하지 못한다. 그러나 압류당시 남을 것이 있는 것으로 판단되어 압류하였으나, 압류 후에 압류물의 가치하락이나 비용증대 등의 사유로 압류물의 매각대금으로 압류채권자의 채권에 우선하는 채권과 집행비용을 변제하면 남을 것이 없겠다고 인정하는 때에는 집행관은 직권으로 압류를 취소하여야 한다.

(3) 국가에 대한 강제집행에 있어서의 압류의 제한

국가에 대한 강제집행에 있어서는 국유재산의 어느 것이나 압류의 대상이 되는 것이 아니고 국고금에 대하여만 압류할 수 있다, 그러나 지방자치단체 기타 공법인에 관하여는 아무런 제한이 없다.

(4) 압류 금지물

민사집행법 기타 법령은 채무자의 소유에 속한 재산이라도 사회 정책적 또는 공익적 견지에서 압류할 수 없는 물건을 규정하고 있다. 민사집행법은 제195조에서 압류금지물을 규정하고 있고, 기타 생활보호법, 우편법, 신탁법, 공장저당법 등도 압류금지물을 규정하고 있다.

(5) 재판에 의한 압류금지의 확장, 축소

집행법원은 신청에 의하여 채권자와 채무자의 생활상황 기타의 사정을 고려하여, 유체동산 압류의 전부 또는 일부의 취소를 명하거나, 반대로 제195조에 기재한 유체동산의 압류를 명할 수 있다.

(6) 일괄매각

집행관은 여러 개의 유체동산의 형태, 이용관계 등을 고려하여 일괄매수하게 하는 것이 알맞다고 인정하는 때에는 직권으로 또는 이해관계인의 신청에 따라 일괄하여 매각할 수 있다.

(7) 압류가 금지되는 물건

민사집행법 제195조(압류가 금지되는 물건) 다음 각 호의 물건은 압류하지 못한다.

① 채무자 및 그와 같이 사는 친족의 생활에 필요한 의복, 침구, 가구, 부엌기구, 그 밖의 생활필수품

② 채무자 등의 생활에 필요한 2월간의 식료품・연료 및 조명재료

③ 채무자 등의 생활에 필요한 1월간의 생계비로서 대통령령이 정하는 액수의 금전

④ 주로 자기 노동력으로 농업을 하는 사람에게 없어서는 아니 될 농기구・비료・가축・사료・종자, 그 밖에 이에 준하는 물건

⑤ 주로 자기의 노동력으로 어업을 하는 사람에게 없어서는 아니 될 고기잡이 도구・어망・미끼・새끼고기, 그 밖에 이에 준하는 물건

⑥ 전문직 종사자・기술자・노무자, 그 밖에 주로 자기의 정신적 또는 육체적

노동으로 직업 또는 영업에 종사하는 사람에게 없어서는 아니 될 제복·도구 그 밖에 준하는 물건

⑦ 채무자 또는 그 친족이 받은 훈장·포장·기장, 그 밖에 이에 준하는 명예증표

⑧ 위패·영정·묘비, 그 밖에 상례, 제사 또는 예배에 필요한 물건

⑨ 족보·집안의 역사적인 기록·사진첩, 그 밖에 선조숭배에 필요한 물건

⑩ 채무자의 생활 또는 직무에 없어서는 아니 될 도장·문패·간판, 그 밖에 이에 준하는 물건

⑪ 채무자의 생활 또는 직업에 없어서는 아니 될 일기장, 상업장부, 그 밖에 이에 준하는 물건

⑫ 공표되지 아니한 저작 또는 발명에 관한 물건

⑬ 채무자 등이 학교, 교회, 사찰, 그 밖의 교육기관 또는 종교단체에서 사용하는 교과서·교리서·학습용구, 그 밖에 이에 준하는 물건

⑭ 채무자 등의 일상생활에 필요한 안경·보청기·의치·의수족·지팡이·장애보조용 바퀴의자, 그 밖에 이에 준하는 신체보조기구

⑮ 채무자 등의 일상생활에 필요한 자동차로서 자동차관리법이 정하는 바에 따른 장애인용 경형자동차

⑯ 재해의 방지 또는 보안을 위하여 법령의 규정에 따라 설비하여야 하는 소방설비·경보기구·피난시설, 그 밖의 이에 준하는 물건

(8) 배우자의 우선매수청구권

채무자와 배우자의 공유물에 있는 유체동산을 압류하여 매각하는 경우에 배우자는 매각기일에 출석하여 우선 매수할 것을 신고할 수 있다. 이 경우 배우자는 미성년자라도 상관없다.

공유자인 배우자는 매각기일까지 최저매각가액의 10분의 1의 보증금을 집행관에게 제공하고 최고매수신고가격과 같은 가격으로 채무자의 지분을 우선 매수하겠다고 신청을 할 수 있다. 이때, 매각기일에 다른 매수신고인이 없는 경우에는 최저매각가격을 최고가매수신고가격으로 보아 공유자인 배우자가 매수할 수 있다.

배우자우선매수신청서

배우자우선매수신청서

사 건 20 본

채권자

채무자

위 동산압류 사건에 대한 채무자의 채무로 인하여 귀원에서의 경매진행이 있는바, 채무자의 배우자로 민사집행법 제206조 제1항에 따라 우선 매수하겠다고는 신고를 합니다.

첨 부 서 류

1. 주민등록등본 또는 가족관계증명서
2. 위임시 위임장, 인감증명서 첨부

20 . . .

신 청 인 (인)

서울중앙지방법원 소속집행관 귀하

4) 보관위탁 및 공시서 부착

채권자의 승낙이 있거나 그 운반이 곤란한 때에는 채무자에게 보관하게 할 수 있다. 이 경우에는 집행관은 봉인 기타의 방법으로 압류물임을 명백히 하는 표식을 하여야 한다. 보통 봉인표 또는 압류물임을 명백히 한 공시서를 붙이는 방법에 의한다.

5) 제3자가 압류대상을 점유하고 있는 경우

(1) 점유물 인도명령신청

압류물을 제3자가 점유하게 된 경우에는 법원은 채권자의 신청에 의하여 그 제3자에게 그 물건을 집행관에게 인도할 것을 명시할 수 있다. 이 신청은 제3자가 압류대상물을 점유하고 있음을 안날로부터 1주일 이내 하여야 한다.

(2) 압류집행

법원의 명령이 결정되면 법원이 이를 제3자에게 송달하는데 채권자는 집행관에게 강제집행을 신청하여 제3자가 송달받기 전이라도 그가 점유하는 채무자 소유의 유체동산을 압류집행 할 수 있다. 압류집행방법은 채무자에 대한 압류집행과 동일한 방법으로 한다.

(3) 제3자의 불복

제3자는 압류집행을 당했을 때 또는 법원으로부터 명령을 송달받았을 때부터 1주 이내에 그 명령에 불복하는 즉시 항고를 할 수 있다. 즉시 항고는 집행을 정지하지는 않는다.

6) 압류의 효력

① 국가가 압류물의 처분권을 취득한다.
따라서 국가집행기관인 집행관은 채권자의 만족을 위하여 매각 등의 처분을 할 수 있다.

② 채무자는 압류물의 처분권을 상실한다. 다만 처분권의 상실은 압류의 목적에 의하여 제약을 받음에 그친다. 따라서 압류물의 처분은 압류채권자에 대한 관계에서만 무효이다.

③ 채권자는 압류금액 또는 매득금액으로부터 만족 또는 배당을 받는다.

④ 시효의 중단

2. 현금화(환가)

1) 경매

집행관은 압류를 실시한 후 채권자 또는 법원의 특별위임이 없어도 그 고유의 권한으로 원칙적으로 입찰 또는 호가경매의 방법으로 압류물을 매각하여야 한다. 동산집행에 있어서는 부동산집행과는 달리 입찰을 실시하지 아니한다.

2) 금 · 은 붙이의 현금화

① 금 · 은을 압류한 경우

금・은 붙이는 그 금・은의 시장가격 이상의 금액으로 일반 현금화의 규정에 따라 매각하여야 한다. 시장가격 이상의 금액으로 매수하는 사람이 없으면 집행관은 그 시장가격에 따라 적당한 방법으로 매각할 수 있다.

② 유가증권을 압류한 경우

유가증권을 압류한 경우에는 시가가 있는 것은 매각일의 시가로 적의 매각하고, 시가가 없는 것은 일반 규정에 따라 매각한다.

권리의 이전이나 그 대항요건의 취득에 배서나 명의개서가 필요한 기명식 유가증권에 관하여는 집행관이 채무자에 갈음하여 매수인 또는 경매인을 위하여 배서 또는 명의개서에 필요한 행위를 할 수 있다.

3) 집행법원의 명령에 의한 특별한 현금화 방법

집행법원은 필요하다고 인정하는 때에는 직권 또는 압류채권자, 배당요구채권자, 채무자의 신청에 의하여 환가에 관한 민사소송법상의 규정에 의하지 아니하고 다른 방법이나 장소에서 압류물을 매각하게 할 수 있다. 집행관 이외의 자로 하여금 환가하게 할 수 있다.

4) 금전을 압류한 경우

압류물이 내국통화인 때에는 환가가 불필요하므로 집행관은 지체없이 변제에 충당하여야 한다. 외국통화인 때에는 외국환관리법의 규정에 따라 내국통화로 환전하여야 한다.

3. 매각절차

1) 호가경매 원칙

유체동산매각방법에는 호가경매, 입찰방법 등이 있으나 실무상 호가 경매가 주로 이용되는 방법이다.

2) 호가경매절차

(1) 경매 방법

호가경매는 매수하려는 자가 말로써 서로 가액을 올려가는 방법으로 매수가액을 신고하고, 매수가액을 가장 높게 부른 자를 최고가 매수신고인으로 정하는 방법이다.

(2) 기일지정 · 공고

압류일로부터 1주일 이후 1월 안의 날로 정하는 것이 원칙이다. 다만, 압류일과 매각일 사이에 1주일의 기간을 두기만 하면 집행관이 호가경매기일을 재량으로 정할 수 있다.

실무상으로는 압류일로부터 약 10일 정도 후 감정평가결과가 나오는데 이 기간이 지나면 채권자가 집행관사무실을 방문하여 경매신청 하는 관례이다.

또한 압류 후 채권자가 경매신청을 하지 않으면 집행관은 경매신청을 2회 최고하고 그래도 신청이 없으면 압류를 취하하는 것으로 간주하는 것이 실무이다.

상당한 기간(압류일로부터 약1개월)이 지나도 매각하지 않으면 채권자는 집행관에게 일정기간 내에 매각하도록 최고를 할 수 있다.

집행관은 호가경매 3일 전까지 공고사항을 공고하고, 공고 외에 경매일시와 장소를 채권자, 채무자, 압류물 보관자, 부부공유 유체동산을 압류한 때는 그 배우자에게 미리 통지를 해야 한다. 이중압류채권자, 배당요구채권자에게도 위 통지를 하는 것이 실무적이다.

(3) 대금지급과 목적물인도

매수가 허가 되면 그 기일 마감 전에 매각대금을 지급하는 것이 원칙이다. 다만, 매각가격이 고액인 때에는 경매기일로부터 1주일 안에 대금을 지급을 정할 수 있다. 이 경우 매수하려는 자는 압류물 평가액의 10분의 1에 해당하는 금액을 집행관에게 제공하여야 한다.

(4) 호가경매장소

압류된 유체동산이 있는 곳에서 행하는 것이 원칙이다.

4. 집행의 경합

1) 동시압류(공동압류)

동시압류는 같은 집행관이 다수의 채권자를 위하여 동시에 동일한 재산을 압류하는 것을 말한다. 동시압류는 공동의 집행신청에 의한 경우와 사건의 병합에 의한 경우가 있다.

2) 이중압류(중복압류)

① 유체동산의 압류 또는 가압류가 행하여진 후에 동일 채무자에 대하여 다시 다른 집행신청(집행위임)이 있으면 집행신청을 받은 집행관은 집행신청서를 먼저 압류한 집행관에게 교부하여야 하고, 이때 미압류물이 있으면 이를 추가로 압류하고 추가압류조서를 작성하여 교부하여야 한다.

② 추가의 집행위임은 먼저 압류한 집행관에게 이전되고, 추가압류물 등 모든 압류물은 강제 집행을 신청한 모든 채권자를 위하여 압류한 것으로 본다.

③ 이중압류는 선행압류가 개시된 때부터 경매기일 전까지 사이에만 가능하다.

3) 배당요구

(1) 배당요구를 할 수 있는 채권자

① 민법, 상법 기타 법률에 의하여 우선변제청구권이 있는 채권자만이 매득금의 배당을 요구할 수 있다.

우선변제청구권이 있는 채권자로서의 질권자, 우선특권을 가진 채권자(예컨대 상법 제861조에 의하여 우선특권이 있는 선박채권자, 상법 제858조에 의하여 우선특권이 있는 선박구조자), 근로기준법 제30조의 2에 의하여 우선변제청구권이 있는 대금채권자 등이 있다.

② 우선변제청구권이 없는 일반 채권자는 집행력이 있는 정본의 유무를 불문하고 배당요구를 할 수 없다. 다만 집행력이 있는 정본을 가진 채권자는 집행신청을 하여 이중압류를 함으로써 집행에 참가할 수 있다.

③ 제290조의 규정에 의하여 부부의 공유물이 경매된 경우에 집행채무자가 아닌 배우자는 자기공유지분에 대한 매득금의 교부를 요구할 수 있다.

(2) 배당요구의 시기

① 시기 : 집행개시 후(압류한 물건의 수색 개시시)

배당요구는 집행관이 집행을 개시한 직후부터 가능하다. 배당요구 종기는 압류물이 무엇이냐에 따라 차이가 있다.

가. 현금을 압류한 경우

집행관이 현금을 압류한 때에는 그 현금을 채권자에게 교부하기 전까지 배당요구를 하여야 한다.

나. 압류물을 매각한 경우

집행관이 매각대금을 수령할 때까지

다. 유가증권을 압류한 경우

금전지급을 목적으로 하는 유가증권을 압류한 때는 집행관이 매각대금을 수령한 때까지

라. 긴급매각하고 매각대금을 공탁한 경우

강제집행 정지사유가 해소되어 강제집행을 속행하게 된 때까지

(권리신고 및 배당요구신청서)

권리신고 및 배당요구서

사　　건
채 권 자
채 무 자

위 사건에 관하여 압류한 별지기재 동산에 대한 매득금으로 아래 청구 금액을 배당 요구합니다.

아　래

1. 배당요구채권액 :
2. 배당 요구 이유 : 채무자는 사업장을 경영하고 있고 배당요구채권자는 채무자가 경영하는 공장에서 근무해온 20　.　.　.부터 20　.　.　.까지 임금채권을 가지고 있어서 근로기준법 제30조2항에 의해 우선변제 받고자 하기 때문임.

첨 부 서 류

1. 재직증명서　　　1통
1. 체불임금확인서　1통
1. 배당요구서 부본　2통

20　.　.　.

채 권 자　　　　　(인)

서울중앙지방법원　귀중

② 종기

가. 집행관이 금전을 압류한 때 또는 매득금을 영수한 때

나. 집행관이 어음·수표 기타 금전의 지급을 목적으로 한 유가증권의 지급을 받은 때

다. 제198조 4항에 의하여 공탁된 매득금에 대하여는 동산집행을 속행하게 된 때, 제296조 5항 단서에 의하여 공탁된 매득금의 경우에는 압류의 신청을 한 때

(3) 배당요구의 방법

① 배당요구는 집행관에게 서면 또는 구술로 하여야 한다. 보통은 배당요구 신청서를 제출한다.

② 만약 법원소재지에 주소 또는 사무소가 없는 자는 가주소를 선정하여 집행관에게 신청하여야 한다.

(4) 배당요구의 통지 및 채무자의 인부

① 통지

집행관은 배당에 참가한 채권자, 채무자에게 배당요구가 있는 사실을 통지하여야 한다.

② 인부

채무자는 집행관의 위 통지를 받은 날로부터 5일 내에 그 채권의 인낙 여부를 집행관에게 통지하여야 한다.

③ 채권의 확정

집행관은 채무자로부터 채권 부인의 통지를 받거나 5일 내에 인낙 여부의 통지를 받지 못하면 그 취지를 배당요구채권자에게 통지하여야 하며, 배당요구채권자는 5일 내에 채무자를 상대로 채권확정을 위한 소를 제기하여야 한다.

5. 집행관의 매각 대금 변제 절차

1) 채권자가 1인인 경우

집행관은 압류금전이나 매득금으로부터 집행비용을 공제하고 채권자의 채권액에 상당하는 금액을 지체없이 채권자에게 교부하고, 잔액이 있으면 이를 채무자에게 환부하여야 한다.

2) 채권자가 수인인 경우

(1) 각 채권자의 채권을 만족 시킬 수 있는 경우

채권자가 1인인 경우와 같이 처리한다. 다만, 정지조건이 있는 채권, 재219조3항에 의한 이의 있는 채권 또는 가압류채권, 즉 이른바 불확정채권이 포함되어 있는 경우에는 집행관은 불확정채권자를 제외한 나머지 채권자에 대하여는 각자의 채권액을 교부하고, 불확정채권 해당액은 공탁하고 제222조 3항의 규정에 따른 사유신고를 하며, 잔액이 있으면 이를 채무자에게 환부하여야 한다.

(2) 각 채권자의 채권을 만족시킬 수 없는 경우

① 배당협의기일의 지정

집행관은 경매일 또는 금전의 압류일로부터 14일 내의 일시를 배당협의기일로 지정하여 각 채권자에게 그 일시 및 장소를 서면으로 통지하여야 하며. 그 통지에는 매득금(또는 압류금전), 집행비용, 각 채권자의 채권액 비율에 따라 배당될 것으로 예상되는 금액을 명시한 배당계산서를 첨부하여야 한다.

② 배당협의가 성립한 경우

배당협의기일에 모든 채권자간에 배당협의가 성립하거나, 그 때에는 성립하지 아니하였더라도 그 후 제222조 3항에 의한 공탁 및 사유신고 전에 배당협의가 성립한 때에는 그 협의의 결과에 따라 매득금을 배분 인도한다.

또한 모든 채권자가 배당협의기일 통지를 받고 이의를 제기하지 아니한 때에는 위 배당계산서에 따라 배당하는 것을 동의한 것으로 보아 그 계산서대로 배당을 실시한다.

③ **배당협의가 성립하지 아니한 경우**

집행관은 매각허가된 날로부터 2주일 내에 채권자간에 배당협의가 이루어지지 아니한 때에는 압류금전, 매득금을 바로 공탁하고 그 사유를 법원에 신고하여야 한다.

집행관의 위 사유신고가 있으면 집행법원은 제252조 이하의 규정에 따라 배당절차를 밟는다.

(3) 집행관의 배당액

매각대금으로 배당참가자 전원을 만족시킬 수 있거나 만족시킬 수 없이 협의가 성립하여 채권액의 배당 등을 실시하는 경우 배당 등을 받을 채권자의 채권에 관하여 다음 각 호의 사유가 있는 때에는 집행관은 그 배당 등의 액에 상당하는 금액을 공탁하고 그 사유를 법원에 신고하여야 한다.

① 채권에 정지조건 또는 불확정 기한이 붙어 있는 때

② 가압류채권자의 채권인 때

③ 강제집행의 일시정지를 명한 취지를 적은 재판의 정본이 제출된 때

④ 담보권 실행을 일시정지 하도록 명한 재판의 정본이 제출되어 있는 때

또한 집행관은 배당 등을 수령하기 위하여 출석하지 아니한 채권자 또는 채무자에 대한 배당 등의 액에 상당하는 금액을 공탁하여야 한다.

6. 배당 절차

1) 배당절차를 거치지 않고 집행관이 직접 지급하는 경우

유체동산집행에서 채권자가 한 사람 또는 두 사람 이상이라도 압류한 금전이나 매각대금에서 각 채권과 집행비용 전부를 변제할 수 있는 때는 집행관이 채권자에게 채권액을 지급하고 나머지가 있으면 채무자에게 지급한다.

채권자가 두 사람 이상이고 매각대금 등으로부터 각 채권을 만족할 수 없는 경우에는 집행관은 매각허가 날로부터 2주 안에 배당협의 기일을 정하여 채권자들에게 배당협의를 하도록 하고, 배당협의가 이루어지면 원래배당표에 따라 배당하고, 다른 내용의 협의가 이루어진 때에는 협의에 따라 배당계산서를 재작성하여 배당을 실시한다.

다만, 매각대금이 각 채권을 모두 변제할 수 있으나 채권자간에 배당협의가 이루어 졌더라도 조건·기한이 붙은 불확정 채권, 가압류채권, 배당기일에 불출석한 채권자의 배당액, 매각대금 교부 전에 집행정지서류가 제출된 경우 등에는 그 배당액에 상당하는 금액을 법원에 공탁하고, 집행법원에 사유신고를 하게 된다.

2) 집행법원이 배당하는 경우

압류한 금전이나 매각대금에서 모든 채권자의 채권을 변제하는데 부족하고, 채권자 간에 배당협의가 되지 않거나 기타 공탁사유가 있는 때는 집행관은 압류물을 매각한 집행관이 소속된 법원에 매각대금을 공탁하고 그 사유를 법원에 신고하게 되는데, 위와 같이 집행관이 매각대금을 공탁하고 사유신고를 하게 되면 집행법원이 배당을 실시한다. 다만, 조건이나 기한이 붙은 채권은 조건이 성취되거나 기한이 도래할 때까지, 가압류채권 및 배당이의 소 등이 제기된 경우에는 본안소송이 끝날 때까지 배당을 미루고 소송결과에 따라 배당을 실시한다.

법원은 배당을 실시하기 전에 배당에 참가한 각 채권자에게 채권계산서 제출을 최고하고, 채권자는 이 최고서를 받은 날부터 1주일 안에 배당을 받고자 하는 채권액(원금, 이자, 집행비용, 기타 부대채권 포함)을 기재한 채권계산서를 제출하도록 최고한다. 채권계산서를 제출하지 않으면 배당요구서나 기타 증빙서류에 의해 법원이 직권으로 채권액을 계산하고, 채권자는 다시 채권액을 추가하지 못한다.

3) 배당 순위

① 1순위

최종 3월분의 임금, 최종 3년간의 퇴직금 및 재해보상금 채권이다.

② 2순위

집행의 목적물에 대하여 부과된 국세와 가산금 및 지방세와 가산금(당해세)이다.

③ 3 · 4순위

담보채권, 당해세를 제외한 국세와 가산금, 지방세와 가산금담보채권과 당해세와의 순위는 어느 것이 먼저 성립된 것이냐에 따라서 결정된다.

예컨대 저당권에 의해 담보된 채권과 국세가 경합할 경우 저당권설정등기가 국세의 법정기일 보다 먼저 된 경우에는 저당권이 우선하고, 국세의 법정기일이 저당권설정등기 보다 앞선 경우라면 국세가 우선한다.

④ 5순위

최종 3월분 임금 · 최종 3년간 퇴직금을 제외한 근로관계채권이다.

⑤ 6순위

국세 및 지방세의 다음 순위로 징수되는 공과금(산업재해보상보험료, 국민건강보험료 등)이다.

⑥ 7순위

일반채권자의 채권이다.

제14장

채권과 그 밖의 강제 집행

제14장 채권과 그 밖의 강제 집행

1절 금전채권의 강제 집행

1. 금전채권 강제 집행

1) 의의

금전채권에 대한 집행은 금전채권의 만족을 얻기 위하여 채무자의 재산 중 금전채권 즉, 채무자가 제3채무자에 대하여 금전의 급여를 구 할 수 있는 각종의 청구권에 대하여 하는 강제집행의 방법이다.

다시 말해 민사집행법상 집행의 대상이 되는 금전채권이란 채무자가 제3자(이를 제3채무자라 한다)에 대하여 일정한 금전을 지급하라고 청구할 수 있는 채권을 말한다. 예를 들면 채무자가 제3자에게 물품을 공급하여 주고 지급받게 되는 물품대금채권, 공사를 해 주고 지급 받게 될 공사대금채권, 은행에 예치한 예금 채권 등 이다. 어음·수표 그 밖에 배서로 양도할 수 있는 유가증권채권 중 배서가 금지된 것도 금전채권에 해당된다.

금전채권은 압류만으로는 압류채권자의 집행채권자의 만족을 줄 수 없으므로 압류채권자는 자기채권의 만족을 얻기 위해서는 압류한 금전채권을 현금화할 필요가 있다.

2) 금전채권에 대한 강제집행방법

금전채권에 대한 강제집행방법에는 ① 채권압류 및 추심명령 ② 채권압류 및 전부명령이 있다. ①, ②의 경우 가압류를 먼저 한 이후의 집행은 가압류에서 본압류로 전이하는 채권압류 및 추심명령 또는 가압류에서 본압류로 전이하는 채권압류 및 전부명령 방식으로 한다.

이 밖에 민사집행법 제241조에 정해진 특별현금화방법으로 양도명령, 매각명령, 관리명령 및 그 밖의 상당한 방법에 의한 현금화 방법 등이 있으나, 이는 특별한 경우에만 인정되는 예외적인 현금화방법으로서 원칙적인 현금화 방법은 어디까지나 추심명령과 전부명령이다.

3) 집행대상이 되는 금전 채권

집행대상이 되는 금전채권이란 집행채무자가 제3채무자에 대하여 가지는 금전의 지급을 목적으로 하는 채권을 말한다.

금전채권에는 외화채권도 포함하나 특정 화폐만을 지급 목적으로 하는 경우에는 유체동산인도청구권 등에 대한 집행의 방법으로 한다.

그 발생원인은 사법상의 관계에 기초한 것이건 공법상의 관계에 기초한 것이건 불문한다.

또한 장래 발생할 채권이나 조건부, 기한부채권이라도 무방하다. 따라서 합자회사의 유한책임사원이 퇴사하기 전의 회사에 대한 지분환급채권, 아직 퇴직하기 전의 퇴직금청구권, 장래경매가 취하될 것을 조건으로 한 매각보증금반환청구권, 부동산임차인이 부동산을 임대인에게 반환하기 전의 임대차보증금반환청구권, 반대급부에 걸린 채권인 공사완성 전의 공사대금채권 등은 모두 압류 대상 채권이다.

그리고 채무자가 반환받을 예금반환청구권 또는 임대차보증금반환청구권에 대하여 예금잔고증명서가 없어 계좌번호, 예금잔액 등을 알지 못하거나 임대차계약서가 없어 임차보증금 또는 임대차내역을 알지 못한 경우에도 채권압류가 가능하다.

소송계속중인 채권이나 압류채권자 자신이 제3채무자인 채권도 압류대상이다.

당사자의 특약으로 양도할 수 없는 채권은 압류채권자의 선의, 악의를 불문하고 압류할 수 있다.

(1) 민사집행법상의 압류금지 채권이 아닐 것(민사집행법 제246조 제1항)

① 법령에 규정된 부양료 및 유족부조료

② 채무자가 구호사업이나 제3자의 도움으로 계속 받는 수입

③ 병사의 급료

④ 급료, 연금, 봉급, 상여금, 퇴직연금, 그 밖에 이와 비슷한 성질을 가진 급여채권의 2분의 1에 해당하는 금액. 다만, 그 금액이 국민기초생활보장법에 의한 최저생계비를 감안하여 대통령령이 정하는 금액에 미치지 못하는 경우 또는 표준적인 가구의 생계비를 감안하여 대통령령이 정하는 금액을 초과하는 경우에는 각각 당해 대통령이 정하는 금액

■ 계산식

- 150만원 압류가능금액 : 0원
- 150만원 초과 ~ 240만원 : 압류가능금액 = 급여 - 150만원
- 240만원 초과 ~ 600만원 : 압류가능금액 = 급여/2
- 600만원 초과 : 압류가능금액 = 300만원 + [{(급여/2) - 300만원} / 2]

⑤ 퇴직금 그 밖에 이와 비슷한 성질을 가진 급여채권의 2분의 1에 해당하는 금액

(2) 특별법상 압류금지채권

① 공무원연금법에 의하여 급여를 받을 권리
② 군인연금법에 의하여 급여를 받을 권리
③ 고용보험법에 의하여 실업급여를 받을 권리
④ 국가유공자등 예우 및 지원에 관한법률에 의하여 지급받는 보상금
⑤ 사립학교교직원연금법에 의하여 급여를 받을 권리
⑥ 국민연금법상의 각종 급여를 받을 권리
⑦ 근로기준법에 의하여 지급 받게 될 보상청구권
⑧ 산업재해보상보험법상의 보험급여를 받을 권리
⑨ 자동차손해배상보장법에 의한 피해자의 보험회사에 대한 보험금청구권, 피해자의 보상청구권 또는 가불금청구권
⑩ 국민기초생활보장법상의 수급을 받을 권리
⑪ 선원보험법상의 보험급여를 받을 권리
⑫ 국민건강보험법상의 보험급여를 받을 권리

⑬ 선원법상의 재해보상 등을 받을 권리
⑭ 형사보상법에 의한 보상청구권
⑮ 국가배상법에 의하여 생명·신체의 침해로 인한 국가배상을 받을 권리
⑯ 기초노령연금법에 의한 수급권
⑰ 한부모가족지원법에 의하여 금품을 받을 권리
⑱ 범죄피해자구조법상 구조금의 지급을 받을 권리
⑲ 우체국예금·보험에 관한 법률

4) 집행법원

집행법원은 채무자의 보통재판적이 있는 곳을 관할하는 지방법원이 집행법원이다. 그러나 위의 지방법원이 없을 때에는 제3채무자의 보통재판적이 있는 곳의 지방법원이 집행법원이 된다. 단, 가압류에서 이전되는 채권압류의 경우 집행법원은 가압류를 명한 법원이 있는 곳을 관할하는 지방법원이 된다.

5) 압류명령의 효력

(1) 압류명령의 효력 발생시기

채권압류명령의 효력은 제3채무자에게 송달된 때에 발생한다. 압류될 채무가 연대채무나 분할채무인 경우에는 제3채무자들에게 각 송달된 때에 개별적으로 압류의 효력이 생긴다. 조합채무와 같은 합유채무인 경우에는 마지막으로 제3채무자에게 송달된 때에 모든 제3채무자들에 대한 관계에서 압류의 효력이 생기는 것으로 보아야 한다.

또한 저당권 있는 채권을 압류한 경우에 저당권에 대한 압류의 효력은 제3채무자에게 송달된 때에 발생하지만, 이를 공시하기 위해서는 등기부상 채권압류의 등기가 되어야 한다. 그러나 저당권에 대한 압류의 효력은 제3채무자에게 송달된 때에 당연히 발생하므로 압류기입등기의 유무와 관계가 없다. 즉, 압류기입등기는 단순한 공시의 효과밖에 없으며 압류의 효력발생요건이나 제3자에 대한 대항요건이 아니다.

(2) 압류효력이 미치는 범위

채권압류의 효력은 압류채권자가 압류의 범위를 집행채권과 집행비용의 범위로 한정하여 신청하는 등의 특별한 제한이 없는 한 압류할 시점에 현실로 존재하는 목적채권의 전부에 미친다. 다만, 압류의 효력이 발생된 뒤에 새로 발생한 채권에 대하여는 압류의 효력이 미치지 않는다. 그러나 장래 발생할 채권이라도 현재 그 원인이 확정되고 권리를 특정할 수 있으며 또 발생의 확실성이 높은 것에 대하여는 장래의 채권으로서 압류할 수 있다. 따라서 봉급, 임료 등 계속적인 법률관계에 기초하여 발생하는 채권은 당연히 압류의 효력이 미친다.

6) 제3채무자의 진술의무

(1) 의의

채권자가 직접 금융권이나 채무자가 임대차 관계에 있는 경우 임대인들에게 채무자에게 지급하여야 할 채권금액을 정확하게 확인하는 것은 불가능하다 하더라도 채권압류 및 추심명령 또는 전부명령의 신청은 가능하다. 그러나 확실하지 않은 채무자의 금전채권에 대하여 전부명령을 신청하는 것은 문제가 발생할 수 있으므로 실무적으로 민사집행법 제237조 “제3채무자 진술의무” 규정을 적극적으로 활용하여야 한다.

즉, 압류채권자는 제3채무자로 하여금 압류명령의 송달 받은 날로부터 1주 이내에 서면으로 민사집행법 제237조 제1항에 정해진 사항을 진술하게 하도록 집행법원에 신청할 수 있다. 이는 압류채권자로 하여금 당해 압류채권의 집행으로 채권만족의 목적을 달성할 수 있을 것인지 여부에 대해 판단자료를 제3채무자로부터 얻을 수 있도록 하기 위한 제도이다.

(2) 신청방법 및 진술내용

① 진술최고의 신청시기

압류명령의 신청과 함께 하거나 또는 적어도 압류명령을 발송하기 전까지 하여야 한다.

② 진술최고 신청 및 제3채무자의 진술내용

가. 압류채권자는 제3채무자로 하여금 압류명령을 송달 받은 날로부터 1주 이내에 서면으로 다음 각 호의 사항을 진술하게 하도록 법원에 신청할 수 있다.

Ⓐ 채권을 인정하는지의 여부 및 인정한다면 그 한도

Ⓑ 채권에 대하여 지급할 의사가 있는지의 여부 및 의사가 있다면 그 한도

Ⓒ 채권에 대하여 다른 사람으로부터 청구가 있는지의 여부 및 청구가 있다면 그 종류

Ⓓ 다른 채권자에게 채권을 압류 당한 사실이 있는지의 여부 및 그 사실이 있다면 그 청구의 종류

나. 법원은 제 가항의 진술을 명하는 서면을 제3채무자에게 송달하여야 한다.

(3) 집행법원의 심문

제3채무자가 진술을 게을리 한 때에는 법원은 제3채무자에게 민사집행법 제237조 제1항의 사항을 심문할 수 있다. 집행법원은 직권으로 제3채무자를 심문할 수 있고, 압류채권자도 법원의 직권발동을 촉구하는 의미에서 집행법원에 심문신청을 할 수 있다. 그러나 제3채무자에게 진술의무의 이행을 소로써 청구할 수 는 없다.

(4) 제3채무자의 손해배상책임

제3채무자가 고의 또는 과실로 허위의 진술을 함으로써 압류채권자에게 손해가 발생한 때에는 그 손해를 배상할 의무가 있다.

2. 채권압류 및 추심명령

1) 의의

채권압류 및 추심명령이란 채무자가 제3채무자에게 가지고 있는 금전채권을 압류하여 채권자가 제3채무자에게 채무자에 갈음하여 압류채권을 채권자에게 지급

할 것을 청구하고, 채권을 수령하여 자기 채권의 변제에 충당하도록 하는 집행방법이다.

실무에서는 특별히 압류만을 해야 할 필요성이 있는 등 특별한 경우가 아니면 압류와 추심명령을 병행하여 동시에 신청하는 것이 관례이다.

여기서 주의하여야 할 점은 배서가 금지된 어음·수표 등의 유가증권은 압류명령이 내려졌어도 집행관이 그 유가증권을 점유하기 전에는 압류효력이 발생하지 않으므로 배서금지 유가증권에 대하여는 압류명령과 추심명령을 동시에 신청하면 아니 되고, 압류신청만을 먼저 한 다음 집행관이 그 유가증권을 점유하게 될 때 다시 추심명령을 별도로 신청하여야 한다.

2) 신청방법 및 신청법원

채권압류 및 추심명령신청서를 작성하여, 채무자의 주소지 관할 지방법원에 신청한다.

채무자가 자연인으로서 영업상 발생한 채권에 대하여는 채무자의 영업 관할법원도 관할이 있다.

또한 가압류에서 이전되는 채권압류의 경우 집행법원은 가압류를 명한 법원이 있는 곳을 관할하는 지방법원이 된다.

신청서에는 집행대상이 되는 채권목록을 별지로 작성하여 신청서에 첨부하고 법원원본용과 당사자 수에 해당하는 부본을 첨부하는 것이 실무적이다.

신청서에 첨부할 서류로는 집행문이 부여도닌 판결 등 집행정본과 송달증명을 첨부한다. 또한 당사자가 법인일 경우에는 법인등기부등본도 첨부한다.

만일 이행권고결정 및 송달일·확정일이 부기된 지급명령정본의 경우는 집행문과 송달증명없이 강제집행이 가능하므로 법원으로부터 수령한 정본 그대로 첨부하면 된다.

또한 압류 및 추심명령신청 전에 집행채권을 먼저 가압류한 때에는 "가압류에서 본압류로 전이하는 채권압류 및 추심명령신청서"를 가압류 한 법원에 신청한다.

채권압류 및 추심명령신청서

채권압류 및 추심명령신청서

채 권 자
채 무 자
제3채무자

청 구 금 액

금30,000,000원정(서울중앙지방법원 200 가단1234호 물품대금청구사건의 집행력 있는 정본에 기한 원금)

위 원금에 대하여 20 . . .부터 20 . . .까지 연20%의 비율에 의한 이자 압류 및 추심할 채권의 표시 : 별지와 같음

신청취지 및 이유

채권자는 채무자에 대하여 위와 같은 집행력 있는 정본에 의한 청구금액 채권이 있는바, 채무자가 변제를 하지 아니함으로 채무자가 제3채무자에 대해 가지고 있는 별지기재 채권에 대하여 압류 및 추심명령을 내려 주시기를 신청합니다.

첨 부 서 류

1. 집행력 있는 정본 1통
1. 송달증명・확정증명 각1통
1. 납부서 1통

20 . . .

채 권 자 (인)

서울중앙지방법원 귀중

채권목록 양식

채권압류 및 추심할 채권의 표시

채무자가 제3채무자에게 가전제품을 납품하고, 위 청구채권에 이르기까지의 금원.

가압류에서 본압류로 전이하는 채권압류 및 추심명령신청서

가압류에서 본압류로 전이하는 채권압류 및 추심명령신청서

채 권 자
채 무 자
제3채무자

청구금액

금 원: 서울중앙지방법원 200 가합00호 집행력 있는 판결정본에 의한 원금
금 원: 위 원금에 대한 20 . . .부터 20 . . .까지 연 20%의 비율에 의한 이자(이자금액을 정확히 계산하지 않으면 보정명령 나옴)
전이하는 압류 및 추심할 채권의 표시: 별지와 같음

신청취지 및 이유

채권자와 채무자간 서울중앙지방법원 200 카1234호 채권가압류결정에 의하여 한 별지기재 채권에 대한 가압류는 이를 본 압류로 전이한다.
압류채권은 채권자가 추심할 수 있다.
라는 재판을 구합니다.

신 청 이 유

채권자는 채무자의 제3채무자에 대한 별지기재 채권을 가압류한 상태이므로 이를 본압류로 전이하고 추심하고자 본 신청에 이르렀습니다.

첨 부 서 류

1. 집행력 있는 정본 1통
1. 송달증명・확정증명 각1통
1. 채권가압류 결정사본 1통
1. 납부서 1통

20 . . .

채 권 자 (인)

서울중앙지방법원 귀중

제3채무자진술최고신청서

가압류에서 본압류로 전이하는 채권압류 및 추심명령신청서

채 권 자
채 무 자
제3채무자

위 당사자간 귀원 200 타기1234호 채권압류 및 추심명령사건에 관하여 채권자는 채무자로 하여금 채권의 인낙여부와 그 한도, 지급의사의 유무와 그 한도, 다른 채권자로부터의 압류여부 등에 관하여 진술할 것을 귀원이 최고하여 주시기 바랍니다.

첨부서류

1. 최고서 납부서
1. 제3채무자 진술서 우송료 납부서

20 . . .

채 권 자 (인)

서울중앙지방법원 귀중

3) 압류 및 추심명령절차

법원은 채권압류 및 추심명령신청이 들어오면 신청서의 흠결여부를 조사하여 흠결이 있으면 보정명령을 내리고, 신청이 적법하면 채권압류 및 추심명령을 내리게 된다.

법원이 위 결정을 함에 있어서는 신청서상의 하자 유무를 조사하여 특별한 하자가 없으면 채권압류 및 추심명령을 내리는데, 그러나 법원이 필요하다고 인정되면 채무자나 제3채무자를 미리 심문할 수도 있다.

4) 송달불능시의 효력 및 조치

채권압류 및 추심명령이 내려지면 집행법원이 채무자와 제3채무자에게 결정을 송달하는데, 위 명령이 제3채무자에게 송달된 때에 효력이 발생하고, 제3채무자에게 송달이 되지 않으면 위 명령은 효력이 발생하지 않는다.

또한 법원은 제3채무자에게 송달이 불능될 경우 주소 보정명령을 내리고 압류채권자는 주소보정명령을 받은 날로부터 14일 내에 주소를 보정하여야 한다. 만일 이기간이 지나면 채권압류 및 추심명령은 그 효력을 잃게 되므로 주의하여야 한다.

5) 불복방법

채권압류 및 추심명령에 대하여 채무자, 제3채무자는 명령을 수령한 날로부터 7일 안에 즉시 항고를 할 수 있다.

6) 압류채권자의 추심권의 범위

추심명령을 받은 채권자는 특별한 사정이 없는 한 자기 집행채권에 대해서만 추심할 수 있는 것이 아니고, 압류채권의 전액에 대하여 추심할 권한이 있다.

7) 제3채무자의 압류채권이 확실한 경우

압류채권자는 추심명령을 얻은 후 다시 동일한 채권에 관하여 전부명령을 할 수 가 있다. 이때, 이 전부명령에 의하여 압류한 채권은 채권자에게 이전되므로 추심명령은 당연히 소멸하게 되고 추심권을 별도로 포기할 필요가 없다. 따라서 채권압류 및 추심명령신청과 동시에 제3채무자 진술의무신청을 하여 확인결과 추심채권자 외 이해관계인이 없고, 제3채무자의 지급의사와 능력이 충분하고 채무자에게 대항할 수 있는 상계권이 없는 경우에는 즉시 전부명령을 추가로 신청하면 된다.

8) 채권자의 추심권 행사방법

추심명령을 받은 채권자는 압류된 채권자의 추심에 필요한 채무자의 일체의 권리를 채무자를 대리하거나 대위하지 않고 직접 추심채권자 자신의 이름으로 재판상 또는 재판외 청구권을 행사할 수 있다.

(1) 재판외의 청구

제3채무자로 하여금 채권자에게 채무를 지급하도록 최고하여 지급에 따라 변제를 직접 수령할 수 있고, 각종 계약서에서 압류채무자가 제3채무자에 대하여 해제·해지권, 취소권 등도 행사할 수 있다.

또한 보증인에 대하여도 청구할 수 있으며 추심채권이 질권, 저당권 등 담보권 있는 경우에는 직접 담보권을 실행할 수도 있다.

그리고 추심채권에 반대급부가 붙어 있으면 추심채권자 스스로 반대급부를 이행하고 추심할 수 있다.

배서가 금지된 어음·수표 등 증권채권의 경우에는 추심채권자가 증권을 점유하고 있는 집행관에게 추심명령 정본을 제시하고 증권을 인도받아 증권상의 권리를 행사할 수 있다.

그러나 채무면제, 포기, 기한의 유예, 채권양도 등은 할 수 없고 이와 같은 추심권의 범위를 넘는 행위는 할 수 없다.

(2) 재판상 청구

추심채권자의 이행청구에 대하여 제3채무자가 불응하면 추심채권자는 자기명의로 제3채무자를 상대로 추심의 소 또는 공탁을 구하는 공탁추심의 소 또는 지급명령을 신청하여 집행정본을 얻어 제3채무자 책임재산에 강제집행을 할 수 있다. 채무자가 미리 소를 제기하여 소송이 계속 중이면 채권자는 승계인으로 소송에 참가할 수 있다.

압류 및 추심명령이 있은 후 제3채무자에 대한 청구의 소는 추심채권자만이 할 수 있고 채무자는 할 수 없다(대판2000.4.11. 99다23888).

추심채권자가 추심의 소를 제기할 때는 채무자에게 고지해야 하며. 다만 채무자가 외국에 있거나 있는 곳이 분명하지 아니할 때는 고지할 필요가 없다.

(3) 추심채권자의 추심의무

① 추심해태시 손해배상 의무

추심채권자는 채무자를 위하여 압류채권을 추심할 의무를 부담한다. 만일 정당한 이유 없이 이를 게을리하여 채무자가 손해를 입으면 그 손해를 배상할 책임을 진다.

② 배당요구채권자의 추심최고

추심채권자가 정당한 이유 없이 추심을 게을리 한 때는 배당요구 채권자는 추심채권자에게 일정기간 내 추심하도록 최고하고, 이에 불응하면 집행법원 허가를 얻어 배당요구채권자가 직접 추심권을 행사할 수 있다.

추심권을 행사할 배당요구채권자가 추심을 게을리 할 경우에도 위와 같은 손해배상 책임이 따르게 된다.

(4) 추심의 효력

추심채권자가 제3채무자로부터 채권추심을 완료하면 그 범위에서 압류명령의 효력은 상실된다.

제3채무자는 다수 채권자에 대한 추심명령을 송달받은 경우라도 그 중 한 채권자에게 변제하면 모든 채권자에게 대항할 수 있다(대판 1986.9.9. 86다카988).

(5) 추심권의 포기

채권자는 추심명령에서 얻은 권리를 포기할 수 있으며, 그 경우 기본채권에는 영향이 없다.

또한 추심권의 포기는 채권압류명령의 신청취하와는 별도로 압류에 의한 권리 그 자체를 포기하기 위해서는 압류명령의 신청을 취하하면 된다. 이 때 추심권은 당연히 소멸된다.

(6) 추심완료 후 채권자의 조치(추심 완료 신고)

추심채권자가 채권을 추심한 때에는 집행법원에 반드시 추심신고를 하여야 한다. 압류 및 가압류 그리고 추심채권자가 한 사람이고 배당 요구 채권자도 없으면 추심채권자는 집행법원에 추심신고를 하고 나서 그 추심채권을 자기 채권의 변제에 충당하고 나머지가 있으면 채무자에게 반환하면 된다.

또한 추심채권자가 집행법원에 추심신고하기 전에 다른 채권자의 가압류, 압류, 배당요구가 들어오고 이들 중 한 채권자라도 공탁청구가 있으면 추심채권자는 추심채권전부를 집행법원에 집행공탁하고 공탁서를 첨부한 사유신고서를 제출하여야 한다. 이렇게 공탁이 되면 그에 따라 집행법원이 다시 각 채권자에게 배당하는 절차를 취하게 된다.

따라서 추심채권자는 추심을 완료하는 대로 지체 없이 집행법원에 추심신고를 함으로써 다른 채권자의 청구를 차단하고, 자기 채권의 만족을 얻을 수 있다는 점을 유의하여야 한다.

추심신고서

추심신고서

사　　　건 200타기 1234호 채권압류 및 추심명령

채 권 자
채 무 자
　　주소

제3채무자
　　주소

위 사건에 관하여 채권자는 200　.　.　. 제3채무자로부터 아래 금액을 추심하였으므로 신고합니다.

아　　래

추심금액 : 금　　　　　　원정

200　.　.　.

채권자　　　　　(인)

서울중앙지방법원　귀중

9) 압류의 경합

(1) 의의

압류의 경합이란 동일한 채권에 대하여 다수의 채권자들이 여러 개의 채권압류의 집행으로 채권압류의 압류 합계액이 피압류채권을 초과하는 경우를 말한다.

압류가 경합된 경우 채권자의 청구가 있으면 제3채무자는 압류채권을 법원에 공탁하여야 할 의무가 있고, 채권자의 청구가 없어도 제3채무자는 그 압류채무를 공탁하여 채무를 면할 수 있다.

(2) 압류경합의 유형

하나의 채권에 대해 압류가 된 후 다시 압류명령이 내려진 경우이다. 압류명령과 가압류가 경합된 경우, 한 채권자가 서로 다른 채권에 기해 수개의 압류를 한 경우에도 압류의 경합으로 본다. 다만, 하나의 채권에 여러 개의 압류가 들어 왔더라도 각 압류액의 총합계가 압류대상 채권액 보다 적을 경우에는 압류의 경합이 아니다.

(3) 압류경합의 효력

압류경합이 있으면 각각의 압류가 목적채권의 일부에 대한 것이었다고 하더라도 목적 채권 전부에 대해 압류의 효과가 미친다.

압류의 경합이 있으면 압류채권자 또는 가압류채권자는 제3채무자에게 채권을 공탁하도록 청구할 수 있다. 이러한 청구가 있으면 제3채무자는 공탁할 의무가 있다.

압류경합이 있고 그 명령이 제3채무자에게 송달된 때는 각 압류는 누가 먼저 압류를 집행했느냐에 관계없이 서로 배당요구를 한 것과 같은 효과가 발생된다.

채권에 대한 담보권자의 담보권실행 또는 물상대위권 행사와 일반 채권자의 강제집행에 의한 압류가 경합할 때는 담보권자가 우선변제권 범위 내에서 우선한다. 따라서 이러한 경우의 압류경합이 있어도 담보권자는 전부명령을 할 수 있고, 추심권을 행사할 수 있다.

체납처분에 의한 압류가 선행된 경우에도 채권압류는 가능하다. 강제집행에 의한 채권압류가 선행된 경우 세무서장은 국세, 가산금, 체납처분비의 교부를 청구하고 또한, 참가압류를 할 수 있다.

10) 배당요구 절차

(1) 배당요구권자

민법, 상법, 기타 법률에 의해 우선변제권 있는 자와 집행력 있는 채무명의 소유자는 배당요구를 할 수 있다. 그 밖에 압류채권에 대한 담보권자(질권자), 물상대위권자, 조세채권자도 배당요구를 할 수 있는 채권자이다.

(2) 배당요구 방법

배당요구는 원금과 이자, 비용, 기타 부대채권을 포함한 채권의 액수와 성립원인을 기재한 서면에 소명자료를 첨부하여 집행법원에 하면 된다.

(3) 배당요구 시기

배당요구는 제3채무자에게 압류명령이 송달된 때로부터 할 수 있고 그 종기는 Ⓐ 압류경합이 있는 때는 제3채무자가 채무액을 공탁하고 사유 신고할 때까지 Ⓑ 추심명령을 받은 채권자가 추심을 완료한 때는 집행법원에 추심신고를 할 때까지 Ⓒ 특별현금화 명령에 의해 채권이 매각된 때는 집행관이 매각대금을 집행법원에 제출할 때까지 배당 요구를 하여야 한다.

3. 채권압류 및 전부명령

1) 의의

전부명령은 압류된 금전채권을 집행채권의 변제에 갈음하여 권면액으로 압류채권자에게 이전시키는 집행법원의 명령이다. 따라서 제3채무자의 자력이 충분한 경우에는 다른 채권자를 배제하고 우선변제를 받을 수 있으나 변제 자력이 없는 경우의 불이익은 전부채권자가 감수하여야 하는 제도이다.

추심명령은 채권자가 제3채무자로부터 추심권능을 부여 받는 것과 달리 전부명령은 피전부채권이 전부채권자에게 완전히 이전되는 효과가 발생하는 것이다.

2) 신청 방법

실무상으로는 특별한 경우를 제외하고는 채권압류와 전부명령을 따로 신청하는 경우는 거의 없고 채권압류와 전부명령을 동시에 신청하는 것이 관례이다.

가압류가 된 이후 채권압류 및 전부명령을 할 경우에는 "가압류에서 본압류로 전이하는 채권압류 및 전부명령"을 신청한다.

앞의 추심명령의 경우와 같이 배서가 금지된 유가증권상의 채권은 압류명령과 전부명령을 동시에 신청할 수 없고, 집행관이 유가증권을 점유한 후에 전부명령을 신청하여야 한다는 점을 유의할 필요가 있다.

3) 신청 법원

채무자의 보통재판적 소재지 지방법원 본원 또는 지원에 신청한다.

4) 전부명령신청 요건

전부명령이 효력을 발생하기 위해서는 다음 요건을 갖추어야 한다.

(1) 압류채권이 금전채권인 경우 권면액(제3채무자가 채무자에게 지급할 금전채무의 일정액)을 가지고 있어야 한다.

(2) 권면액이 없는 비금전채권에 대해서는 전부명령을 할 수 없다.

(3) 압류채권이 양도가 가능한 것이어야 한다.
양도가 가능한 채권이면 당사자 사이에 양도금지에 관한 특약이 되어 있더라도 상관이 없다.

(4) 가압류를 포함한 압류경합 및 배당요구가 없어야 한다.
전부명령이 내려지기 전에 목적채권에 대해 다른 채권자의 가압류, 압류, 배당요구가 없어야 한다.

단, 하나의 동일한 채권에 대해 압류경합이 있더라도 압류효력이 그 채권의 일부에 각 한정되고, 압류경합 채권액을 모두 합산해도 총채권액 보다 적을 때는 압류의 경합이 아니므로 나머지 채권에 대한 전부명령은 유효하다.

압류가 경합되어 있거나 배당요구 있는 상태에서 전부명령이 내려지고 그 명령이 제3채무자에게 송달되더라도 그 전부명령은 무효이나, 압류의 효력은 유지됨으로 이를 바탕으로 추심명령을 신청할 수 있다.

5) 전부명령의 효력

전부명령이 내려지면 피전부채권은 동일성을 유지하면서 채무자로부터 채권자에게 이전되나 그 효력은 전부명령이 확정되어야 발생한다. 전부명령이 확정되고 이전될 채권이 실제 존재하고 있으면 제3채무자에게 송달된 날로 돌아가서 권면액 한도(제3채무자가 채무자에게 지급하여야할 일정한 금액)에서 채무자는 채무를 변제한 것으로 간주된다.

전부명령이 확정되어 실체적 효과가 발생되면 집행은 종료된다. 따라서 그 후에는 집행정지, 신청취소, 취하, 배당요구, 청구이의 소, 제3자이의 소 등을 취할 여지가 없게 된다. 제3채무자는 전부명령이 송달 전에 생긴 채무자에게 대한 모든 항변사유를 가지고 전부채권자에게 대항할 수 있다.

6) 전부명령의 확정시기

전부명령은 제3채무자와 채무자 모두에게 송달하고 제3채무자 및 채무자는 전부명령을 송달 받은 날로부터 일주일 내에 즉시항고를 제기할 수 있다. 위 기간 내에 즉시 항고를 하지 않으면 그 기간이 경과한 때 전부명령은 확정되고, 위 기간 내에 즉시 항고를 제기한 경우에는 그 즉시항고가 각하되거나 기각되어 그 결정이 확정된 때에 전부명령은 확정된다.

7) 피전부채권이 존재하지 않을 경우의 효력

전부명령이 한번 내려지면 피전부채권이 채무자로부터 채권자에 이전되고 채무자는 채무를 변제한 것으로 된다는 것은 앞에서 기술한바와 같다.

그리고 전부명령이 내려진 후에는 집행력 있는 정본은 채권자에게 반환해 주지 않는 것이 실무적이다.

그런데 전부명령이 제3채무자에게 송달될 당시 피전부채권(제3채무자가 채무자에게 지급할 채무)이 존재하지 않고 있었던 경우(예컨대 제3채무자가 송달 전에 채무자에게 이미 지급한 경우 등)에는 어떻게 되는가? 이러한 경우 채무자의 변제효과는 발생되지 않으므로 채권자가 채무자에게 다시 이행을 청구할 수밖에 없는데, 전부채권자가 다시 채무자에게 청구하거나 채무자의 다른 재산에 집행을 하기 위해서는 집행정본을 다시 교부받아야 한다. 그러기 위해서는 피전부채권이 존재하지 않았다는 사실을 전부채권자가 집행법원에 입증한다. 그 입증방법이 문제인바, 법원의 실무상 태도는 제3채무자로부터 피전부채권이 존재하지 않았다는 사실증명 등에 의해서는 입증을 인정해 주지 않는 것이 관례이며, 그 입증방법은 제3채무자를 상대로 전부금청구의 소를 제기하고, 소송에서 전부채권자가 패소한 판결문과 확정증명을 집행법원에 제출하는 방법으로 입증하는 것이 실무적이다.

그리고 채무자의 재산에 강제집행을 하고자 할 때에는 위와 같이 피전부채권이 존재하지 않은 사실을 입증하여 집행법원 사무관으로부터 집행정본이 전부명령에서 사용되었다는 내용의 사실증명서를 교부받고, 이를 첨부하여 다시 소송기록이 보존되어 있는 법원에 집행력 있는 정본의 재교부신청을 하여야 한다.

8) 전부채권의 회수 방법

전부채권자는 제3채무자에게 전부채권의 지급을 청구하고 불이행하면 제3채무자를 상대로 전부금청구소송을 제기하여 판결을 받아 제3채무자의 책임자산에 강제집행을 할 수 밖에 없다.

9) 실무상 주의점

전부명령은 채무자의 제3채무자에 대한 채권이 존재하는지, 채권액은 얼마인지, 타 채권자들로부터 가압류, 압류가 들어와 있는지, 확실하지 않으면 피하여야 하고 채권이 확실히 존재하고 있고 압류 등의 경합이 없다고 확신이 들 때 하는 것이 좋다.

채권압류 및 전부명령신청서

채권압류 및 전부명령신청서

채 권 자
채 무 자
제3채무자

청구 금액

금 원 : 서울중앙지방법원 200 가단1234호 물품대금청구사건의 집행력 있는 정본에 의한 채권의 일부

압류 및 전부채권의 표시

별지와 같음

신청 취지

1. 채무자가 제3채무자에 대해 가지는 별지기재 채권을 압류한다.
2. 제3채무자는 위 지급을 하여서는 아니 되고 채무자는 영수 처분하여서는 아니 된다.
3. 위 압류채권은 지급에 갈음하여 채권자에게 이전한다.

라는 재판을 구합니다.

신청 이유

채권자는 채무자에 대하여 위 표시 정본에 의한 채권 원이 있는바, 채무자가 이를 변제 하지 아니함으로 채권자가 채권의 일부 금 원을 변제 받고자 본 신청을 합니다.

첨부서류

1. 집행력 있는 정본 1통
1. 송달증명・확정증명 각1통
1. 납부서 1통

20 . . .

채 권 자 (인)

서울중앙지방법원 귀중

가압류에서 본압류로 전이하는 채권압류 및 전부명령신청서

가압류에서 본압류로 전이하는 채권압류 및 전부명령신청서

채 권 자
채 무 자
제3채무자

청구금액

금 원 : 서울중앙지방법원 200 가합00호 집행력 있는 판결정본에 의한 원금
금 원 : 위 원금에 대한 20 . . .부터 20 . . .까지 연 20%의 비율에 의한 이자
합 계 금 원
전이하는 압류 및 전부채권의 표시: 별지와 같음

신청 취지

1. 채권자가 채무자에 대하여 한서울중앙지방법원 200 카단1234호 채권가압류 결정에 의해 별지기재 채권에 대한 가압류된 금 원의 채권은 이를 본 압류로 전이한다.
2. 제3채무자는 채무자에게 위의 지급을 하여서는 아니된다.
3. 위 압류채권은 지급에 갈음하여 채권자에게 전부한다.

라는 재판을 구합니다.

신청 이유

채권자는 채무자에 대하여 위 표시 집행정본이 있고 채무자의 제3채무자에 채권을 가압류 한 상태이므로 이를 본압류로 전이하고 전부 받고자 본 신청에 이르렀습니다.

첨부서류

1. 집행력 있는 정본 1통
1. 가압류 결정 사본 각1통
1. 납부서 1통

20 . . .

채 권 자 (인)

서울중앙지방법원 귀중

2절 기타 재산권에 대한 강제 집행

1. 의의

기타 재산권이란 부동산을 목적으로 하지 아니하고 유체동산, 금전채권, 유체물의 인도나 권리이전을 목적으로 하는 청구권 이외의 재산권에 대한 강제집행에 관하여 규정한 것으로 민사집행법 제223조 내지 제250조의 규정 및 민사집행법 제98조 내지 제101조의 규정을 준용한다. 이와 같이 부동산집행의 대상이 되지 아니하는 재산 중 유체동산과 채권, 유체물의 인도나 권리이전청구권을 제외한 것을 "그 밖의 재산권"이라고 한다.

2. 집행대상

"그 밖의 재산권"에는 여러 가지가 있으나 이를 압류, 현금화하여 금전채권의 만족을 얻으려고 하는 것으로 그 권리는 독립하여 재산적 가치가 있어야 하고, 금전적 평가가 가능한 것이어야 한다.

일반적으로 위 집행 대상이 될 수 있는 재산권으로는 양도가 가능한 전화사용권, 골프·스포츠·콘도회원권, 공유수면점용허가권, 유체동산에 대한 공유지분권, 특허권, 실용신안권, 디자인권, 상표권, 저작권, 반도체직접회로의 배치설계권 등의 지적재산권, 합명회사·합자회사·유한회사의 사원권, 조합원의 지분권, 주권발행전의 주식과 신주인수권, 출자증권, 예탁유가증권, 전세권 등이 있다. 또한 임차권을 집행의 대상으로 하기 위해서는 임대인의 동의가 있어야 하고, 고용계약상 사용자가 노무제공을 받을 권리도 노동자의 동의가 있어야 한다.

3. 집행절차

1) 압류절차에 대한 준용

그 밖의 재산권에 대한 압류는 금전채권 등의 압류에 관한 규정을 준용하여 채권자의 신청에 의거 관할 집행법원이 압류명령을 발하고 이를 송달함으로써 행한다.

2) 관할 법원

일반의 채권압류에 준하여 채무자 보통재판적이 있는 곳을 관할하는 지방법원이다. 단, 특허권, 저당권 등의 지적재산권, 선박·항공기·자동차·건설기계 등의 공유지분, 등기된 임차권, 가등기상의 권리, 등기된 환매권, 합명회사 등의 사원권 등 그 권리이전에 등기 또는 등록이 필요한 재산권에 대하여는 채무자의 보통재산적이 없는 때에는 압류할 채권이 있는 곳이라고 할 수 있는 그 등록 등을 하는 곳을 관할하는 지방법원도 보충적 관할 집행법원이 된다.

3) 첨부서류

압류명령을 신청함에는 압류할 권리를 분명히 하면 되므로 그 존재나 채무자에의 귀속을 증명할 필요는 없다. 단, 권리이전에 관하여 등기 또는 등록을 필요로 하는 그 밖의 재산권

4) 압류명령의 송달

압류명령은 채무자에게 송달하여야 하고 제3채무자가 있는 경우 그 제3채무자에게도 송달하여야 한다. 압류명령의 효력은 그 송달로써 생긴다.

(1) 제3채무자가 있는 경우

제3채무자는 통상의 제3채무자에 비하여 넓은 개념으로 채무자가 가지고 있는 재산권의 의무자 또는 그 재산권에 대하여 채무자 이외의 직접적인 이해관계가 있는 자를 말한다.

구체적으로는 물건 또는 권리의 이용권에서는 그 귀속자(소유자 등), 설비의 이

용권에서는 그 경영자, 사원권에 있어서는 회사, 그 밖의 사단, 조합의 지분권에서는 나머지 조합원, 공유지분에 있어서는 다른 공유자, 특허권, 실용신안권, 디자인권, 상표권의 통상실시 등이 제3채무자가 된다.

(2) 제3채무자가 없는 경우

제3채무자가 없는 재산권으로는 특허권, 실용신안권, 디자인권, 저작권 등의 지적재산권 등이 있다.

5) 압류효력 발생시기

민사집행규칙 제175조 제1항의 그 밖의 재산권으로서 권리처분의 제한에 관한 등기 등을 하지 아니하면 효력이 생기지 아니하는 것에 대한 압류의 효력은 등기 등을 한 때에 생기게 된다. 즉 압류의 효력은 압류의 송달과 압류의 등기 등의 선후에 관계없이 언제나 등기 등을 한때에 생긴다는 것이다. 이에 해당하는 것으로는 특허권, 실용신안권, 디자인권의 전용실시권, 상표권의 전용사용권 등이 있다.

또한 민사집행규칙 제175조 제1항의 그 밖의 재산권으로서 등기 등이 처분제한의 효력발생요건으로 되어 있지 아니한 것에 대해서는 제3채무자(제3채무자가 없는 경우에는 채무자)에 대한 송달과 압류 등기 중 어느 것이든 먼저 된 시점에 압류의 효력이 발생한다. 이에 해당하는 것으로는 특허권, 실용신안권, 디자인권의 통상실시권, 상표권의 통상사용권, 배치설계권의 전용이용권과 통상이용권 및 출판권의 경우가 이에 해당한다.

4. 현금화 절차

현금화 절차는 민사집행법 제251조 제1항에 의하여 압류한 재산권은 채권자의 신청에 따라 민사집행법 제229조에 의한 추심명령이나 전부명령 또는 민사집행법 제241조에 의한 특별현금화 방법에 따라 현금화 된다.

특별현금화 방법으로는 양도명령, 매각명령, 관리명령, 그 밖에 적당한 방법으로 현금화하도록 하는 명령 등이 있다.

1) 추심명령 또는 전부명령

추심명령은 그 밖의 재산권에서 생기는 금전채권, 예를 들면 사원권으로부터 생기는 이익배당청구권, 지분환급청구권, 골프장회원권에 관련된 예탁금반환청구권 등에 대하여만 가능하며, 합명회사사원의 지분을 압류한 채권자는 영업 연도 말에 그 사원권을 퇴사시킬 수 있으므로 이를 위하여 채권자는 추심명령에 준하여 그 행위에 필요한 권능의 수권을 구할 수 있다.

전부명령은 특히 권면액이 있는 집행대상에만 허용되므로 그 재산권으로부터 생기는 금전채권에 대하여만 가능하다.

2) 특별한 현금화 방법

(1) 신청

압류한 채권은 추심명령이나 전부명령으로 현금화 하는 것이 원칙이다. 그러나 압류된 채권이 조건 또는 기한이 있거나 반대의무의 이행과 관련되어 있거나 그 밖의 이유로 추심이 곤란할 때에는 압류채권자는 추심에 갈음할 특별한 현금화명령을 집행법원에 신청할 수 있다.

(2) 관할법원

관할법원은 추심명령의 경우와 마찬가지로 압류명령의 집행법원과 동일한 지방법원이다.

(3) 심리

법원은 특별한 현금화명령의 신청을 허가하는 결정을 하기 전에 채무자를 심문하여야 한다.

단, 채무자가 외국에 있거나 있는 곳이 분명하지 아니한 때에는 심문할 필요가 없다. 또한 심문기일의 기일통지를 받고도 채무자가 정당한 사유 신고 없이 기일에 불출석한 경우 다시 기일통지를 할 필요가 없다.

법원은 특별한 현금화를 명하는 경우에 필요하다고 인정하는 때에는 감정인에게 채권의 가액을 평가하게 할 수 있다. 특히 양도명령은 전부명령에 준하는 것으로 집행채권이 소멸하는 범위를 확정하기 위해서도 감정이 필수적이며, 매각명령의 경우에도 최저매각가격제도가 채택되어 있지 않지만 초과매각이나 무잉여매각 금지규정의 저촉여부를 미리 확인하고 매각절차에서도 참고가 되므로 감정을 거치는 것이 바람직하다.

(4) 특별한 현금화명령의 내용

특별한 현금화명령의 요건을 갖추었다고 하더라도 특별한 현금화를 허용할 것인가 여부는 법원의 재량에 달려 있다. 구체적인 현금화 방법에 대하여는 민사집행법 제241조 제1항과 민사집행규칙 제163조 내지 제166조에 규정하고 있으며 그 방법으로는 다음과 같다.

① 인도명령

인도명령이란 압류재산권을 집행법원이 정한 가액으로 채권의 변제에 갈음하여 채권자에게 이전시키는 명령이다. 인도명령은 그 재산권에 압류의 경합, 질권설정, 배당요구가 있는 때에는 신청이 불가하다.

② 매각명령

매각명령이란 압류재산권을 신청이 있으면 집행법원이 매각방법을 정하여 집행관에게 매각할 것을 명하는 것이다. 일반적으로 유체동산 경매방법에 의해 집행하는 예가 많다. 집행관이 매각을 하고 매각대금이 집행법원에 제출되면, 집행법원이 배당절차를 개시한다.

③ 관리명령

관리명령이란 집행법원이 채권관리인을 선임하여 압류된 채권의 관리를 하도록 하고 거기서 나온 수익으로 채권을 변제하게 하는 것을 말한다.

이 방법은 임료 채권과 같이 회기적 채권을 압류하여 계속적으로 추심하고자 할 경우에 이용되는 방법이다.

④ 그 밖의 현금화명령

집행방법은 위 3가지 방법 이외에 적당한 방법으로 현금화를 명할 수 있다. 그 예로서 특정의 제3자에게 압류된 채권을 매각하거나 압류채권자 또는 제3자로 하여금 매각하게 하는 명령, 압류채권자에게 특수한 추심권능(제3채무자와 지급조건 등을 합의하는 등)을 주는 명령 등이 있다.

(5) 현금화의 효력

인도명령, 매각명령 등에 의한 압류재산권의 양도의 효력은 실체법의 규정에 의하여 결정한 것이고, 강제집행에 의하였다고 해서 특별한 효과가 생기는 것은 아니다. 따라서 그 양도에 관하여 제3채무자 등의 동의나 승낙 등이 있어야 하는 재산권은 동의나 승낙이 없으면 완전한 권리이전의 효과가 생기지 아니한다.

(6) 특별한 현금화방법에 대한 불복

인도명령, 매각명령, 관리명령 그 밖의 현금화명령에 대하여 즉시항고를 할 수 있으며 확정되어야 그 효력이 있다. 위 명령에 대하여 즉시 항고를 할 수 있는 자는 그 명령에 의하여 자기의 정당한 이익을 침해당한 자로서 보통은 채무자와 제3채무자이고 특별현금화 신청을 기각한 결정에 대한 명문상의 규정은 명확하지 않으나 즉시항고를 할 수 있다.

제15장

권리분석 및 배당

제15장 권리분석 및 배당

1절 부동산 권리분석

1. 권리의 순위

1) 물권 상호간의 순위

물건상호간에는 성립 순위에 따라 결정된다. 그리고 물권 성립 선후는 등기소에 접수된 등기접수일을 기준으로 결정한다.

2) 물권과 채권간의 순위

이 경우에는 성립 선후에 불문하고 항상 물권이 우선한다. 그러나 확정일자 있는 임차권, 소유권이전가등기 등의 채권이 등기 또는 가등기가 된 경우에는 그 성립순위에 따라 권리의 순위가 결정된다.

3) 채권상호간의 순위

채권은 성립순위와 관계없이 채권금액에 비례하여 평등하게 비례한다.

사례) 채권 ⇨ 물권 ⇨ 채권 순위로 되어 있는 사례를 살펴보자
배당할 금액 8,000만원

성립일자	권리자	권리내용	배당액	비 고
3/05	甲	가압류 3,000	2,400	甲과 乙은 동순위로 안분배당
3/10	乙	근저당 3,500	3,500	
3/20	丙	압 류 3,500	2,100	

위 사례에서 甲가압류권자가 乙근저당권자보다 선순임으로 乙근저당권자는 甲가압류권자에 대해 우선변제권을 주장할 수 없고 동 순위로 취급하여 채권금액에 비례하여 평등하게 안분 배당을 받는다.

(안분배당방법)

① 甲가압류권자 : 8,000 × 3,000/(3,000 + 3,500 + 3,500) = 2,400만원
② 乙근저당권자 : 8,000 × 3,500/(3,000 + 3,500 + 3,500) = 2,800만원
③ 丙압류권자 : 8,000 × 3,500/(3,000 + 3,500 + 3,500) = 2,800만원

甲가압류권자는 1차 안분배당에서 2,400만원을 배당받고 소멸하며 乙근저당권자는 본인의 채권금액 3,500만원중 1차 안분배당액 2,800만원을 배당받고 나머지 배당받지 못한 부족금액은 후순위 권리자인 丙압류권자 보다 순위가 우선하므로 丙압류권자가 배당받을 안분배당액으로부터 자기의 부족금액을 만족시킬 때까지 이를 흡수하여 배당받을 수 있다.

丙압류권자의 경우에는 1차적으로 안분배당을 받으나 乙근저당권자보다 후순위에 해당함으로 丙압류권자의 안분배당액 2,800만원에서 乙근저당권자가 배당받지 못한 700만원을 차감하고 배당을 받게 된다.

4) 가등기의 순위

가등기에 기한 본등기의 순위는 가등기에 의하며, 가등기 이후 본등기를 하기까지 사이에 경료된 제3자의 권리취득등기는 가등기에 의한 본등기의 순위 보전적 효력에 의하여 그 효력을 부인당하며 등기관은 부동산등기법 제175조 제1항과 제55조 제2항에 의하여 직권 말소하여야 한다.

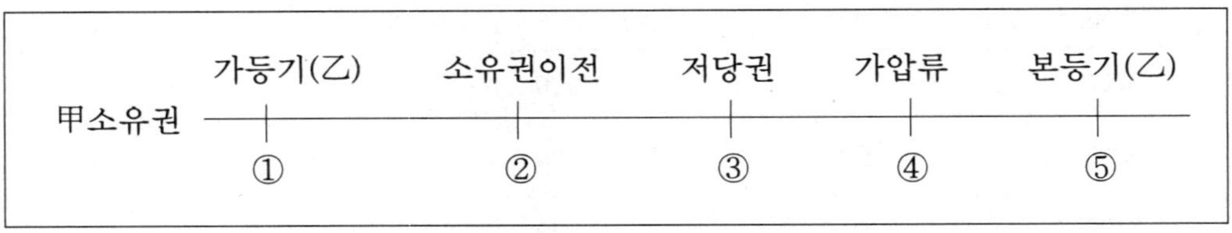

위 사례에서 乙 앞으로 가등기에 의한 본등기가 경료 된 경우 ②③④ 모두는 직권 말소된다.

권리자 :	소유권보존(甲)	근저당(乙)	가등기(丙)	저당권(丁)	가압류(戊)	매수인(A)
접수일자	01.2.1	01.3.1	01.4.1	01.5.6	01.5.10	

또한 위 사례에서 丁이 담보권실행에 의한 경매(임의경매)를 신청하여 A가 매각을 통하여 소유권을 취득한다면 말소기준은 乙근저당권으로 乙근저당권 이후의 권리자는 모두 말소됨으로 매수인 A는 아무권 권리 장애 없이 소유권을 취득하게 된다. 그러나 가등기권자 丙이 乙근저당권자보다 순위가 빠르다면 문제는 복잡해진다. 즉, 등기부상 소유권이전에 관한 가등기가 되어 있는 경우, 그 가등기가 담보가등기인지 아니면 순수한 소유권이전청구권보전을 위한 가등기인지, 그 가등기가 담보가등기인 경우 피담보채권의 유무와 그 액수를 알 수 없다. 그러므로 가등기담보법 제16조 제1항에 의한 최고를 통하여 담보가등기라면 상당한 기간을 정하여 채권을 신고토록 최고하여야 한다.

그러나 최고에도 불구하고 권리신고가 되지 않아 담보가등기인지 일반가등기인지를 알 수 없는 경우에는 일단 순위보전을 위한 가등기로 보아 그 가등기가 최선순위이면 매수인에게 부담이 인수되므로 가등기는 말소되지 않는다.

일반적으로 실무에서는 권리신고가 없는 경우에는 일단 소유권이전청구권보전을 위한 가등기로 보고 최선순위가 가등기인 경우에는 특별한 사정이 없는 한 사실상 매각절차를 정지하고 있다.

2. 말소기준 권리

말소기준권리란 매수인에게 권리가 인수 또는 소멸되는 기준이 되는 권리를 말한다.

말소기준권리가 될 수 있는 권리에는 최선순위담보물권, 가압류등기, 담보가등기, 전세권(배당요구 또는 경매를 신청한 경우), 부분전세(불완전말소기준), 경매개시결정등기가 있고 이 가운데 등기순서가 가장 빠른 것을 기준으로 한다.

권리분석종합표

인수될 권리	항상 소멸될 권리	소멸될 권리
- 가처분 - 순위보전가등기 - 환매등기 - 지상권 - 지역권 - 전세권 - 등기된 임차권 - 대항력과 확정일자 있는 주택·상가임차인 - 대항력 있는 주택·상가 임차인 - 건물등기가 있는 토지 임차인 - 예고등기 - 유치권 - 법정지상권 - 분묘기지권	- 모든 저당권, 근저당권 - 압류, 가압류 - 담보가등기 - 배당요구한 전세권 - 경매신청한 전세권 - 경매권자	- 가처분 - 순위보전가등기 - 환매등기 - 등기된 임차권 - 지상권, 지역권, 전세권 - 건물등기가 있는 토지 임차권 - 대항력과 확정일자 있는 주택·상가임차인 - 대항력 있는 주택·상가 임차인

3. 권리 분석

1) 전세권 권리분석

전세권은 선순위의 저당권, 압류채권, 가압류채권 등에 대항 할 수 없으며 존속기간의 만료와 상관없이 낙찰로 인하여 소멸한다.

전세권이 말소기준권리보다 선순위인 경우에는 존속기간의 만료와 관계없이 낙찰자가 전세권을 인수하여야 한다. 그러나 원칙적으로는 낙찰자가 인수하는 선순위 전세권이라고 하더라도 ① 전세권자가 배당요구를 한 경우 ② 전세권자가 경매신청을 한 경우 등에는 예외적으로 전세권은 낙찰로 인하여 소멸한다.

사례1) 전세권(배당요구를 안함) 배당금액 4,000만원

일자	권리내용	권리자	말소기준(인수/소멸)	배당
2.10	전세권 4,000만원 (2년)	甲(배당요구안함)	인수	-
3.10	근저당 3,000만원	乙	말소기준	3,000만원
4.15	가압류 2,000만원	丙	소멸	1,000만원
8.25	임의경매신청	乙의 근저당권으로		

위에서 말소기준권리는 乙의 근저당권이다. 전세권자인 甲은 배당요구를 하지 않았기 때문에 매수인에게 인수되고 乙과 丙은 물권의 순서에 따라 배당을 받는다.

사례2) 전세권(배당요구함) 배당금액 5,000만원

일자	권리내용	권리자	말소기준(인수/소멸)	배당
2.10	전세권 3,000만원 (2년)	甲(배당요구함)	말소기준	3,000만원
3.10	근저당 2,000만원	乙	소멸	2,000만원
4.15	가압류 1,000만원	丙	소멸	-
8.25	임의경매신청	乙의 근저당권으로		

위에서 말소기준권리는 甲의 전세권이다. 전세권자인 甲은 배당을 요구 하지 않았기 때문에 매수인에게 인수되지 않고 말소기준이 된다.

2) 가압류 권리분석

가압류는 금전채권이나 금전으로 환산할 수 있는 채권의 집행을 보전할 목적으로 채무자의 재산을 동결시켜 채무자로부터 그 재산에 대한 처분권을 잠정적으로 빼앗은 집행보존제도이다.

가압류권자는 경매신청등기전의 가압류권자는 배당요구를 하지 않아도 배당을 받고, 경매신청 등기 후의 가압류권자는 배당을 신청하면 배당을 받을 수 있다.

경매에 있어서 가압류는 원칙적으로 소멸한다.

즉, 선순위 가압류 등기의 경우 현 소유자를 채무자로 한 경매 사건의 경우 가압류등기가 말소기준등기가 되어 낙찰로 인하여 소멸한다.

가령 부동산에 다른 선순위의 부담이 없는 상태에서 가압류등기 후 소유권이 이전되어 현소유자의 채권자가 경매신청을 하여 매각이 된 경우 전소유자에 대한 가압류에 대해 어떻게 취급할 것인가가 문제가 된다.

이 경우 원칙적으로는 전 소유자에 대한 가압류 채권자는 현소유자의 채권자가 신청한 경매의 배당절차에 참여할 수 없으므로 전 소유자에 대한 가압류는 말소되지 않고 매수인이 인수하여야 한다.

그러나 법원의 실무는 가압류권자에 대한 배당을 하여 주고 있는데 이렇다하여도 법원은 인수주의를 취할 수 있다.

사례1) 안분배당

(배당금 4,000만원)

일자	권리내용	권리자	말소기준(인수/소멸)	배당
3.10	가압류 3,000만원	甲	말소기준	1,500만원
3.20	근저당 5,000만원	乙	소멸	2,500만원
4.15	임의경매신청	乙의 근저당으로		

가압류권자 甲 4,000만원×3,000만원/(3,000만원 + 5,000만원) = 1,500만원
가압류권자 甲 4,000만원×5,000만원/(3,000만원 + 5,000만원) = 2,500만원

위에서 甲의 가압류와 乙의 근저당권은 서로에 대한 우선변제권을 주장할 수 없기 때문에 같은 순위의 배당을 실시하여 안분배당을 한다.

사례2) 안분흡수배당

(배당금 6,000만원)

일자	권리내용	권리자	말소기준(인수/소멸)	배당
2.15	가압류 3,000만원	甲	말소기준	1,500만원
3.20	근저당 4,000만원	乙	소멸	4,000만원
4.20	가압류 5,000만원	丙	소멸	500만원
9.20	임의경매신청	乙의 근저당권으로		

가압류권자 甲
6,000만원 × 3,000만원/(3,000만원 + 4,000만원 + 5,000만원) = 1,500만원
근저당권자 乙
6,000만원 × 4,000만원/(3,000만원 + 4,000만원 + 5,000만원) = 2,000만원
가압류권자 丙
6,000만원 × 5,000만원/(3,000만원 + 4,000만원 + 5,000만원) = 2,500만원

위에서 가압류 甲과 乙을 근저당권 사이에서는 乙의 근저당권이 甲의 가압류에 대항할 수 없어 같은 순위이고, 乙의 근저당권과 丙의 가압류사이에서는 乙의 근저당권이 물권으로서 丙의 가압류에 우선하여 甲의 가압류와 丙의 가압류는 같은 순위가 된다.

이러한 경우는 甲, 乙, 丙 각 채권자의 채권액을 기초로 우선 먼저 안분배당을 한 후 乙과 丙사이에서의 乙의 채권액을 만족시키는 금액까지 丙의 배당액을 근저당권자 乙에게 흡수 시켜 배당을 한다.

사례3) 가압류(경매신청) : 소유권이전

(배당금 5,000만원)

일자	권리내용	권리자	말소기준(인수/소멸)	배당
1.20	가압류 3,000만원	甲	말소기준	3,000만원
2.15	소유권이전	乙	소멸	
4.10	근저당 6,000만원	丙	소멸	2,000만원
9.20	강제경매신청	甲의 가압류채권 지급판결로		

이 경우 甲의 가압류는 소유권이 이전되기 전에 한 가압류로서 가압류 신청금액 3천만원을 전액 배당받고 丙은 나머지 2천만원만 배당을 받는다.

사례4) 가압류 : 근저당 : 소유권이전 : 근저당

(배당금 4,000만원)

일자	권리내용	권리자	말소기준(인수/소멸)	배당
2.20	가압류 2,000만원	甲	말소기준	1,600만원
3.15	근저당 3,000만원	乙	소멸	2,400만원
4.10	소유권이전	丙	소멸	
9.20	근저당 3,000만원	丁	소멸	0
10.10	임의경매신청	丁의 근저당권으로		

가압류권자 甲

4,000만원 × 2,000만원/(2,000만원 + 3,000만원) = 1,600만원

근저당권자 乙

4,000만원 × 3,000만원/(2,000만원 + 3,000만원) = 2,400만원

근저당권자 丁

5천만원이 넘어야 배당 가능

위에서 소유권이 이전되기 전에 이루어진 가압류와 근저당권이 안분배당을 받고 잔액이 남으면 경매신청권자 丁이 배당을 받는다.

이런 경우는 경매신청권자 丁이 실익이 없기 때문에 경매가 취하될 확률이 높다.

사례5) 가압류 : 근저당 : 근저당 : 가압류(흡수배당)

(배당금 5,000만원)

일자	권리내용	권리자	말소기준(인수/소멸)	배당
2.10	가압류 3,000만원	甲	말소기준	833만원
3.10	근저당 4,000만원	乙	소멸	4,000만원
4.20	근저당 5,000만원	丙	소멸	167만원
9.15	가압류 6,000만원	丁	소멸	0
10.20	강제경매신청	甲의 가압류채권 지급판결로		

가압류권자甲

5,000만원×3,000만원/(3,000만원+4,000만원+5,000만원+6,000만원)=833만원

근저당권자乙

5,000만원×4,000만원/(3,000만원+4,000만원+5,000만원+6,000만원)=1,111만원

근저당권자丙

5,000만원×5,000만원/(3,000만원+4,000만원+5,000만원+6,000만원)=1,389만원

가압류권자丁

5,000만원×6,000만원/(3,000만원+4,000만원+5,000만원+6,000만원)=1,667만원

이 경우 가압류권자 甲은 안분배당으로 배당을 받고 근저당권자 乙은 순위에서 우선하므로 전액 배당을 받는다. 근저당권자 丙은 근저당 乙에 비하여 순위가 늦으므로 일부 배당을 받고 가압류권자 丁은 순위가 없는 채권자로서 배당을 하나도 못 받는다.

3) 임차권등기명령 임차권 권리분석

임대차가 종료된 후 보증금을 반환 받지 못한 임차인만이 임차권등기명령을 신청할 수 있다.

임차권등기가 마쳐지면 주택의 경우 주택의 점유와 주민등록의 요건을 상실하더라도 상가의 경우 상가의 점유를 상실하더라도 이미 취득한 대항력 및 우선변제권이 유지된다.

그러나 임차권등기명령에 의한 임차권등기가 경료된 주택 또는 상가건물을 그 이후에 임차한 임차인은 주택임대차보호법 제8조에 의한 우선변제권 또는 상가건물임대차보호법 제14조에 의한 우선변제를 받을 권리가 없다.

또한 소액임차인이라도 그 최우선변제권이 인정되지 않는다.

사례1) 가압류 : 임차권

(배당금 5,000만원)

일자	권리내용	권리자	말소기준(인수/소멸)	배당
2.10	가압류 3,000만원	甲	말소기준	1,875만원
3.20	임차권 5,000만원 (전입 + 확정일자)	乙	소멸	3,125만원
4.15	강제경매신청	甲의 가압류채권 지급판결로		

가압류권자 甲

5,000만원×3,000만원/(3,000만원 + 5,000만원)=1,875만원

확정일자부 임차권자 乙

5,000만원×5,000만원/(3,000만원+5,000만원)=3,125만원

이 경우는 임차권자는 확정일자를 받았으므로 우선변제 효력이 있어 가압류권자 甲과 확정일자부 임차권자 乙은 안분배당을 받는다.

(사례2) 임차권(대항력) : 가압류 : 임차권(확정일자)

(배당금 6,000만원)

일자	권리내용	권리자	말소기준(인수/소멸)	배당
2.20	임차권 8,000만원 (대항력)	甲	인수	
3.15	가압류 5,000만원	乙	말소기준	2,727만원
4.10	임차권 6,000만원 (갑의 확정일자)	甲의 배당요구		3,273만원
10.20	강제경매신청	乙의 가압류채권 지급판결로		

가압류권자 乙

6,000만원×5,000만원/(5,000만원 + 6,000만원) = 2,727만원

확정일자부 임차권자 甲

6,000만원×6,000만원/(5,000만원 + 6,000만원) = 3,273만원

이 경우 임차권자 甲은 나머지 보증금을 모두 받을 때까지 매수인에게 임차권을 주장할 수 있다.

이때 말소기준등기는 乙의 가압류가 된다. 甲의 임차권은 소액보증금이 아니므로 최우선변제의 대상이 아니다.

가압류보다 앞선 대항력을 갖춘 임차권자 甲이라 하더라도 확정일자를 부여 받은 날짜가 가압류보다 늦은 경우에는 배당에 있어서 가압류가 선순위가 되어 가압류와 안분배당을 한다.

여기에서 임차권자 甲은 대항력이 있는 임차인으로서 낙찰자에게 경락인수를 주장한다.

4) 가등기 권리분석

가등기는 종국등기를 할 수 있는 실체적 또는 절차적 요건이 구비되지 않은 경우에 장래 그 요건이 완비된 후에 할 본 등기의 순위를 보전하기 위하여 미리 행

하는 예비적 등기를 말한다.

(1) 소유권이전청구권 보전가등기

소유권이전청구권 보전가등기는 소유권이전에 관한 본등기를 할 수 있는 요건이 갖추어지지 않은 경우에 하는 등기이다.

(2) 담보가등기

담보가등기는 채무자가 채권자로부터 금전을 차용하면서 만일 변제기가 도래하여도 갚지 않을 경우 채무자 소유 부동산에 대한 소유권을 채권자에게 이전한다는 대물변제의 예약을 한 후 채무담보의 목적으로 행해지는 가등기를 말한다.

담보가등기가 설정된 부동산에 대하여 경매가 개시된 경우 배당 요구를 한 가등기권자는 다른 채권자보다 자기 채권의 변제를 우선 받을 수 있다.

이러한 경우 가등기담보권을 저당권으로 간주한다. 가등기가 담보가등기인지 여부는 그 등기부상표시나 등기할 때 서류의 종류에 따라 형식적으로 결정되는 것이 아니고 거래의 실질과 당사자의 의사해석에 따라 결정된다.

법원경매에서 확인하기 위해서는 선순위가등기권자로부터 직접 확인하거나 법원기록 중 채권계산서 등을 통해 채권자의 배당요구사실을 확인하여야 한다.

법원 경매시 채권계산서 등을 제출한 것이 확인되면 이는 담보가등기이다.

사례1) 보전가등기 : 근저당 : 가압류

(배당금 6,000만원)

일자	권리내용	권리자	말소기준(인수/소멸)	배당
1.20	보전가등기	甲	인수	
3.15	근저당 4,000만원	乙	말소기준	4,000만원
5.10	가압류 2,000만원	丙	소멸	2,000만원
9.20	임의경매신청	乙의 근저당권으로		

이 경우는 말소기준권리인 근저당권자 乙 보다 선순위인 보전가등기권자 甲은

배당에서 제외되지만 매수인이 인수하는 권리로, 가등기권자인 甲이 가등기에 의한 본등기를 하는 경우에는 소유권을 잃을 수도 있다.

따라서 경매진행을 보류하는 것을 검토하여야 한다.

사례2) 근저당 : 보전가등기 : 가압류

(배당금 5,000만원)

일자	권리내용	권리자	말소기준(인수/소멸)	배당
2.20	근저당 3,500만원	甲	말소기준	3,500만원
3.15	보전가등기	乙	소멸	
5.10	가압류 2,500만원	丙	소멸	1,500만원
8.20	임의경매신청	甲의 근저당권으로		

이 경우 선순위가 말소기준권리인 근저당권자 甲 이후의 권리는 경매의 진행으로 모두 소멸되는 권리이다.

즉, 매수인이 인수하는 권리는 없다.

사례3) 가압류 : 담보가등기 : 근저당

(배당금 6,000만원)

일자	권리내용	권리자	말소기준(인수/소멸)	배당
1.10	가압류 3,000만원	甲	말소기준	2,000만원
2.15	담보가등기 4,000만원	乙	소멸	4,000만원
3.10	근저당 2,000만원	丙	소멸	0
9.20	임의경매신청	甲의 가압류채권 지급판결로		

가압류권자 甲

6,000만원×3,000만원/(3,000만원+4,000만원+2,000만원)=2,000만원

담보가등기권자乙

6,000만원×4,000만원/(3,000만원+4,000만원+2,000만원)=2,667만원

근저당권자 丙

6,000만원×2,000만원/(3,000만원+4,000만원+2,000만원)=1,333만원

이 경우 담보가등기보다 선순위로 가압류채권이 있는 경우에는 말소기준으로 가압류가 되며 그 이후의 권리는 소멸한다.

2절 부동산경매절차에서의 배당

1. 배당 요구

1) 의의

배당요구란 다른 채권자가 신청한 집행절차에 참여하여 동일한 재산의 매각대금에서 변제를 받으려는 집행법상의 행위를 말하는데, 그 매각대금에서 변제를 받고자 하는 채권자는 첫 매각기일 이전으로 정한 배당요구의 종기까지 배당요구를 하여야 한다.

민사집행법은 배당요구를 하지 아니하더라도 배당에 참여할 수 있는 채권자와 반드시 배당요구를 하여야 배당에 참여할 수 있는 채권자로 구분하고 있다.

2) 배당요구 시기

배당요구를 할 수 있는 시기는 첫 매각기일 이전으로 집행법원이 정한 배당 요구의 종기까지 할 수 있으며 민사집행법 제88조 제1항의 소정의 배당요구가 필요한 배당요구채권자가 실체법상 우선변제청구권이 있다 하더라도 적법한 배당요구를 하지 아니하여 배당에서 제외된 경우, 배당받은 후순위채권자를 상대로 부당이득반환청구를 할 수 없다. 그리고 그 전에 배당요구를 한 경우에는 압류의 효력 발생시부터 배당요구의 효력이 생긴다.

3) 배당요구 방식

배당요구는 채권(이자, 비용, 그 밖의 부대채권을 포함한다)의 원인과 액수를 적은 서면으로 하여야 하고, 배당요구서에는 집행력 있는 정본 또는 그 사본, 그 밖에 배당요구의 자격을 소명하는 서면을 붙여야 하며, 가압류권자나 우선변제청구권자가 배당요구를 할 경우에는 가압류등기가 되어 있는 등기부등본이나 우선변제권을 증명하는 서류를 붙여야 한다.

4) 배당요구 통지

적법한 배당요구가 있는 때에는 법원은 배당요구일로부터 3일 이내에 직권으로 이해관계인에게 그 취지를 통지하여야 하며, 국세 등의 교부청구가 있는 경우에는 실무상 통지를 하지 않고 있다.

5) 배당요구의 효력

적법한 배당요구서가 제출되면 그 즉시 효력이 발생하고, 이해관계인에게 통지하여야 효력이 발생하는 것은 아니며 다음과 같은 권리가 발생한다.

① 채권순위에 따라 배당을 받을 권리
② 배당기일의 통지를 받을 권리
③ 배당기일에 출석하여 배당표에 대한 의견을 진술할 수 있는 권리
④ 집행력 있는 정본으로 한 배당요구권자의 특별한 효력
집행력 있는 정본으로 배당요구를 한 채권자는 경매절차의 이해관계인이 되므로 이해관계인으로서의 권리가 인정되고, 민법 제168조 제2호의 압류에 준하는 것으로서 배당요구에 관련된 채권에 관하여 소멸시효 중단의 효력이 생긴다.

6) 배당요구서 부제출의 효과

배당요구가 필요한 채권자가 배당요구종기까지 배당요구를 하지 아니한 경우에는 배당을 받을 수 없고, 압류채권자나 배당요구한 채권자가 채권의 일부 금액으로 경매 신청 또는 배당요구한 경우 배당요구종기 이후에는 새로운 채권을 추가하거나 확정할 수 없다. 다만, 이자 등 부대채권의 경우에는 경매신청서에 이자 지급을 구하는 취지가 적혀 있기만 하면 배당요구종기까지는 채권계산서를 제출하는 방법으로 이를 확정할 수 있다.

7) 배당요구서의 제한

배당요구에 따라 매수인이 인수하여야 할 부담이 바뀌는 경우 배당요구를 한

채권자는 배당요구의 종기가 지난 뒤에는 이를 철회하지 못하며, 이러한 배당요구철회가 배당요구종기 후에 있는 때에는 집행법원은 배당요구가 있는 것으로 취급하여 배당한다.

8) 배당요구를 하지 않아도 당연히 배당에 참가할 수 있는 자

① 선행사건의 배당요구의 종기까지 이중경매신청을 한 채권자

② 첫 경매개시결정등기 전에 등기된 가압류채권자

③ 첫 경매개시결정등기 전에 등기된 우선변제권자

단, 가등기담보의 경우에는 채권신고의 최고기간까지 채권신고를 한 경우에 한하여 배당되고, 저당권, 압류, 가압류에 대항할 수 있는 최우선순위의 용익권 중 전세권은 실체법상 존속기간이 지났는지에 관계없이 배당요구를 하여야만 매각으로 소멸하므로, 이러한 전세권은 첫 경매개시결정등기 전에 등기되어 있더라도 배당요구가 필요하다. 또한 임차권등기명령에 의하여 임차권등기가 첫 경매개시결정등기 전에 등기된 경우, 민사집행법 제148조 제4호에 정한 채권자에 준하여 배당요구를 하지 않아도 배당을 받을 수 있는 채권자에 속한다.

④ 첫 경매개시결정등기 전의 체납처분에 의한 압류권자

그러나 첫 경매개시결정등기 후에 체납처분에 의한 압류등기가 된 경우에는 집행법원에 배당요구의 종기까지 교부청구를 하여야만 교부받을 수 있다.

9) 배당요구를 하여야만 배당에 참가할 수 있는 자

① 집행력 있는 정본을 가진 채권자

② 경매개시결정 등기된 이후 가압류를 한 채권자

③ 민법, 상법, 그 밖의 법률에 의하여 우선변제권이 있는 채권자

가. 법률이 우선변제권을 인정하고 있으나 등기가 없어 배당요구를 하지 않으면 그 채권의 존부나 액수를 알 수 없는 채권으로서, 주택임대차보호법이나 상가건물임대차보호법에 의하여 우선변제권이 인정되는 임차보증금반환채권과 임금채권이 이에 해당 한다.

나. 경매개시결정 기입등기를 한 뒤에 저당권과 같은 제한물권이나 등기된 임차권을 취득한 채권자도 배당요구를 하여야 한다.

다. 경매개시결정 전에 체납처분절차에 의한 압류등기를 하지 못한 조세 기타 공과금채권은 배당요구의 종기까지 체납처분의 예에 의거 교부청구를 하여야 한다.

라. 최우선 전세권자도 배당을 받고자 할 경우에는 배당요구가 필요하다.

2. 배당받을 채권자

민사집행법 제148조(배당받을 채권자의 범위) 제147조 제1항에 규정한 금액을 배당받을 채권자는 다음 각 호에 규정된 사람으로 한다.

1. 배당요구의 종기까지 경매신청을 한 압류채권자
2. 배당요구의 종기까지 배당요구를 한 채권자
3. 첫 경매개시결정등기전에 등기된 가압류채권자
4. 저당권, 전세권, 그 밖의 우선변제청구권으로서 첫 경매개시결정등기 전에 등기되었고 매각으로 소멸하는 것을 가진 채권자

1) 이중압류채권자

배당요구종기까지 경매신청을 한 압류채권자 즉 이중압류채권자는 당연히 배당받을 수 있으나, 배당요구종기 후에 경매신청을 한 압류채권자는 선행사건으로 진행되어 배당을 하는 경우에는 배당을 받을 수 없다. 다만, 선행사건이 취하·취소되어 배당요구종기를 다시 정하고 배당을 하는 경우에는 배당을 받을 수 있다.

또한 채권의 일부를 청구한 경우 청구금액의 확장은 허용되지 아니하고, 나머지 채권을 배당받는 방법은 강제경매와 임의경매에 있어서 차이가 있다. 즉 강제경매에서는 배당요구종기까지 배당요구를 하여 채권일부는 압류채권으로 나머지 채권은 배당요구채권으로 배당을 받을 수 있으나 임의 경매의 경우에는 배당요구의 종기까지 이중압류를 하여야 한다. 그리고 청구채권의 확장이 허용되지 않는 결과 후순위권리자가 배당을 받은 경우에 그 권리자를 상대로 한 부당이득반환청

구도 허용되지 않는다.

2) 확정일자임차인

(1) 우선변제권

주택임대차보호법상의 대항요건과 임대차계약서상에 확정일자를 갖춘 주택임차인은 민사집행법에 의한 경매 또는 국세징수법에 의한 공매시 임차주택의 환가대금에서 후순위권리자 기타 채권자보다 우선하여 보증금을 변제받을 권리가 있으며, 주택임대차보호법 제3조 제2항에 의하여 대항력이 인정된 법인의 경우에는 법인이 주택을 임차한 후 지방자치단체의 장 또는 해당 법인이 선정한 입주자가 그 주택에 관하여 인도와 주민등록을 갖추고, 법인과 임대인 사이의 임대차계약증서상에 확정일자를 갖추어야 우선변제권이 발생한다. 이때 임차인이 위 규정에 의하여 배당을 받고자 할 경우 임차인은 임차주택을 양수인에게 인도하지 아니하면 보증금을 배당받을 수 없다.

한편 상가건물의 임차인도 상가건물임대차보호법에 의하여 대항요건을 갖추고 관할세무서장으로부터 확정일자를 받으면 우선변제권이 발생한다. 다만, 상가건물의 경우에는 상가건물임대차보호법에서 정한 상한을 넘는 경우에는 위법의 적용에서 제외된다.

(2) 확정일자임차인 요건

① 확정일자를 갖출 것

주택에 관하여 임대차계약을 체결한 임차인이 자신의 지위를 강화하기 위한 방편으로 따로 전세권설정계약서를 작성하고 전세권설정등기를 한 경우 양자의 동일성을 인정할 수 있다면 그 전세권설정계약서를 임대차계약에 관한 증서로 볼 수 있고, 전세권설정계약서가 첨부된 등기필증에 날인된 접수인은 주택임대차보호법 소정의 확정일자에 해당하며, 또한 전세권설정계약서는 건물에 관하여만 작성되고 전세권등기도 건물에 관하여만 마쳐졌다고 하더라도 전세금액이 임대차보증금액과 동일한 금액으로 기재된 이상 대지 및 건물 전부에 관한 임대차의 계약증서에 확정일자가 있는 것으로 봄이 상당하다. 또한 확정일자를 받아 우선변제권을 취득한 임차인이 그 임대차계약서를 분실하거나 멸실되었다고 하여 그 우선변제권이 소멸하게 된다고 볼 수 없으므로 공정증서대장 등 다른 방법으로 입증할 수 있다.

② 배당요구종기까지 대항요건을 갖추고 이를 유자해야 하며, 배당요구종기가 연기된 경우, 그 연기된 배당요구종기까지 대항요건을 유지해야 한다.

③ 배당요구종기까지 배당요구를 하였을 것

첫 경매개시결정전에 임차권등기를 갖춘 임차인은 배당요구에 관계없이 배당을 받을 수 있으나 그 밖의 경우에는 반드시 배당요구를 하여야 한다.

(3) 우선변제권의 발생시점

임차인의 우선변제권은 대항요건 및 확정일자를 모두 갖춘 때에 발생한다. 즉 임차인이 임대차계약서에 확정일자를 갖춘 당일 또는 그 후에 주택의 점유와 전입신고를 마친 경우 임차인의 우선변제권은 점유와 전입신고를 마친 익일 0시에 발생하고 점유와 전입신고를 마친 다음날 설정된 저당권과의 관계에서는 임차인이 우선한다.

반면에 임차인이 대항요건을 갖추고 나서 확정일자를 갖춘 경우에는 확정일자를 갖춘 날에 우선변제권이 발생하므로, 임차인이 확정일자를 갖춘 날에 저당권이 설정된 경우에는 임차인과 저당권자는 동순위로 평등하게 배당을 받는다.

또한 확정일자를 갖춘 임차인이 여러 명이 있고 이들이 모두 저당권자에 우선하는 경우에는 각 임차인별로 인정하되, 그들 상호간에는 대항력 및 확정일자를 최종적으로 갖춘 순서대로 우열관계를 정하고, 선순위가압류권자가 있는 경우에는 확정일자를 갖춘 임차인은 가압류권자에게 우선권을 주장할 수 없고 평등배당을 받는다. 그러나 확정일자를 갖춘 후 보증금을 인상한 경우 인상한 보증금에 대하여는 새로 확정일자를 갖추어야 그 때부터 우선변제권이 발생한다.

한편 임차권등기명령에 따른 임차권등기나 민법 제621조에 의한 임차권등기가 경료되면 등기한 때로부터 임차인은 대항력과 우선변제권을 취득한다. 다만 임차권등기 이전에 이미 대항력 또는 우선변제권을 취득한 경우에는 그 대항력 또는 우선변제권을 그대로 유지되며, 임차권등기 이후에는 대항요건을 상실하더라도 이미 취득한 대항력과 우선변제권을 상실하지 않는다.

(4) 임대차보호법이 미치는 매각대금의 범위

임차인은 주택뿐만 아니라 대지의 환가대금에서 배당을 받을 수 있으며, 대지부분만이 매각되었거나 토지와 건물이 각 다른 시기에 매각이 되어도 마찬가지이다.

다만, 대지에 대하여 저당권설정 당시 그 지상 건물이 없는 경우에는 대지부분에 대하여 우선변제를 받을 수 없다. 그러나 토지에 관한 저당권 설정 당시 그 지상에 건물이 토지 소유자에 의하여 건축 중이었고, 그 건물의 규모, 종류가 이형상 예상할 수 있는 정도까지 건축이 진전되어 있는 경우에는 그 지상 건물의 소액임차인에게 대지의 매각대금에 대한 우선변제권을 인정할 수 있을 것이다.

3) 소액임차인

(1) 최우선변제권

임차인은 보증금 중 일정액을 다른 담보물권자보다 우선하여 변제받을 권리가 있으며, 이 규정에 의하여 우선변제를 받을 임차인 및 보증금 중 일정금액 범위와 기준은 주택가액(대지가액 포함)의 2분의 1 범위(상가건물의 경우에는 주택가액의 3분의 1)안에서 대통령령으로 정한다. 이때 주택가액은 집행비용을 공제한 실제 배당할 금액을 말한다.

또한 소액임차인도 반드시 배당요구의 종기까지 배당요구를 하여야 배당받을 수 있는 채권자이므로 경매절차에서 배당요구를 하지 않고 있다가 후에 배당 받은 채권자를 상대로 부당이득반환청구를 하는 것은 허용되지 않는다.

(2) 소액임차인의 요건

① 보증금액수가 소액보증금에 해당할 것

② 소액보증금의 최우선변제권은 임대차보호법 시행시기 이전에 저당권 등의 담보물권을 취득한 자에게는 주장할 수 없다. 즉 주택임대차보호법 및 시행령 부칙은 소액보증금의 액수를 개정함에 있어 소액보증금 액수가 변동되기 전의 담보물권취득자에 대하여는 종전규정에 의하도록 경과규정을 두고 있으므로 현행법상으로 소액임차인에게 해당되더라도 구법을 기준으로 소액임차인 여부를 판단하여야 한다. 이때 담보물권은 저당권, 가등기담보권은 포

함되나 가압류는 포함되지 아니하며 확정일자 갖춘 임차인은 담보권자와 유사한 지위에 있어 포함된다는 것이 다수설이다.

③ 첫 경매개시결정등기 전에 대항요건을 갖추고 배당요구종기까지 대항력을 유지할 것

④ 배당요구종기까지 배당요구를 하였을 것

(3) 소액임차인 판단기준

① 하나의 주택에 2인 이상의 임차인이 가정공동생활을 하는 경우에는 이들을 하나의 임차인으로 보아 임차보증금을 합산하여 소액임차인인지 여부를 판단한다.

② 주택의 경우 전대차가 적법하고 전대인(임차인)자신이 소액임차인인 경우 전차인도 소액임차인으로 본다.

③ 임차권등기명령에 따른 임차등기권이나 민법 제621조에 의한 임차권등기가 된 주택을 임차한 소액임차인은 소액보증금에 대한 최우선변제권이 없다.

④ 공동임대인 중 일부의 공유지분이 경매되는 경우에는 공동임대인의 채무는 불가분채무로 보는 것이 통설이므로 소액임차인의 여부는 임차보증금 전액을 기준으로 판단하고, 1인의 공유지분에 대한 매각대금에서도 임차보증금 전액을 받을 수 있다.

4) 입금채권

(1) 우선순위

근로기준법상 근로자는 최종 3월분의 임금, 최종 3년간의 퇴직금, 재해보상금은 저당권에 의하여 담보된 채권, 조세·공과금 및 일반채권자보다는 우선하여 변제를 받으며, 주택임대차보호법 제8조에 의한 소액보증금채권과는 다 같은 우선채권으로 동순위로 배당한다.

또한 임금, 퇴직금 기타 근로관계로 인한 채권 중 위에 적은 것을 제외한 것은 저당권에 의하여 담보되는 채권보다는 후순위이고 당해세를 포함한 조세, 공과금 및 일반채권보다는 선순위이다.

(2) 임금채권을 소명하는 서면

임금채권자가 근로기준법 제37조 및 근로자퇴직급여보장법 제11조에 정해진 우선변제권에 기하여 배당요구를 하는 경우 판결 이유 중에 배당요구채권이 우선변제권 있는 임금채권이라는 판단을 내린 법원의 확정판결이나 노동부지방사무소에 발급한 체불임금확인서 중 하나를 제출하여야 한다.

5) 조세채권

(1) 우선순위

국세, 지방세, 관세 및 그 가산금과 체납처분비는 다른 공과금 기타 채권에 우선하여 징수한다. 국세와 지방세간에는 우열이 없으며, 교부청구된 조세 상호간에도 교부청구의 선후에 관계없이 동순위이다.

이러한 조세채권은 첫 경매개시결정등기 전에 압류하지 않은 이상 배당요구종기까지 교부청구를 하여야 비로소 배당을 받을 수 있고, 경매개시결정등기 후에 압류를 마쳤다고 하더라도 교부청구를 하여야만 배당을 받을 수 있다.

또한 조세와 저당권, 전세권의 피담보채권, 확정일자를 갖춘 임차인의 임차보증금 반환채권사이의 우선순위는 조세의 법정기일과 설정등기일의 선후를 따져 정하며 저당권, 전세권의 설정일과 조세의 법정기일이 같은 경우에는 조세채권이 우선한다.

(2) 당해세

당해세란 집행목적물에 대하여 부과된 국세, 지방세와 그 가산금을 말하고 이는 저당권, 전세권으로 담보되는 채권보다 우선하여 징수한다.

현행법상 국세 당해세로는 상속세, 증여세, 종합부동산세가 있고 지방세 당해세로는 재산세, 자동차세, 도시계획세, 공동시설세, 종합토지세가 있다.

6) 첫 경매개시결정등기 전에 등기된 가압류채권자

첫 경매개시결정등기 전에 등기된 가압류채권자는 경매절차상의 이해관계인은 아니지만 당연히 배당받을 채권자에 해당한다. 반면, 첫 경매개시결정등기 후의 가압류채권자는 배당요구종기까지 그 권리증명을 하고 배당요구를 하여야 배당을 받을 수 있다.

7) 근저당권자

경매신청채권자 아닌 근저당권자는 배당요구를 하지 않더라도 당연히 채권최고액의 범위 내에서 순위에 따른 배당을 받을 수 있으며 매각대금 완납시에 피담보채권이 확정되므로 배당표 작성시까지 채권계산서를 제출하는 방법으로 청구금액을 확장할 수 있다.

8) 가등기담보권자

가등기담보권자는 목적 부동산에 대한 강제경매나 임의경매절차에 참가하여 우선변제를 받을 수 있고 이 경우에 순위는 가등기담보권을 저당권으로 보고 그 담보가 등기가 된 때에는 그 저당권의 설정등기가 행하여진 것으로 본다.

다만 저당권과는 달리 가등기담보권의 경우에는 첫 경매개시결정등기 전에 등기된 것으로서 매각에 의하여 소멸되는 때에도 채권신고의 최고기간(통상 배당요구종기기간)까지 반드시 채권신고를 하여야만 배당을 받을 수 있다. 가등기담보권의 경우 등기부에 피담보채권의 공시가 없기 때문이다.

9) 전세권자

저당권, 압류채권, 가압류채권에 대항할 수 없는 전세권은 매각으로 소멸하되 이 경우 전세권자와 근저당권자 또는 가등기담보권자 사이의 배당순위는 그 등기의 선후에 의하여 결정하게 된다. 또한 최선순위전세권은 배당요구가 없으면 매수인에게 인수되고, 배당요구를 하면 매각으로 소멸하게 된다.

그리고 건물의 일부에 대한 전세권자는 전세권의 목적물이 아닌 나머지 건물부분에 대한 전세권에 기한 경매신청권은 없지만 배당에 있어서는 민법 303조에 따라 그 부동산 전부에 대하여 후순위 권리자 기타 채권자보다 우선하여 배당을 받는다.

3. 집행비용

집행비용은 민사집행의 준비 및 실시를 위하여 필요한 비용으로 공익비용과 기타의 집행비용으로 나눌 수 있으며, 이 중 공익비용은 채권자 전원의 공동이익을 위하여 한 행위에 소요된 비용을 말하며 법전상으로는 절차비용이라 일컬어진다.

이러한 공익비용은 모든 채권에 우선하여 변제를 받을 수 있다. 그러나 공익비용이 아닌 기타의 집행비용은 그 채권자가 배당 받을 본래의 채권과 동순위로 배당을 받는다.

4. 배당 순위

배당순위는 민법, 상법, 그 밖의 법률에 의한 우선순위에 따라 정하여 진다. 배당참가채권이 모두 일반채권이면 평등한 비율로 배당을 받게 되지만, 우선변제채권이 있으면 민법, 상법 기타 법률에 의한 우선순위에 따라서 배당하여야 한다. 또한 조세채권과 저당권, 전세권에 의하여 담보되는 채권의 우선순위에 의하여 근로관계채권의 순위가 달라질 수 있다.

일반적으로 배당순위는 다음과 같다.

① 1순위

집행비용

② 2순위

저당물의 3취득자가 그 부동산의 보존, 개량을 위하여 지출한 필요비·유익비

③ 3순위

소액임차보증금채권(주택임대차보호법, 상가건물임대차보호법), 최종3개월분 임금과 최종 3년간의 퇴직금 및 재해보상금은 저당권으로 담보되는 채권, 조세채권자보다 먼저 배당을 받으며 이들 상호간에는 같은 순위로 채권액에 비례하여 배당한다.

④ 4순위

집행목적물에 대하여 부과된 국세, 지방세와 가산금(이른바 당해세)을 말한다. 이는 저당권, 전세권으로 담보되는 채권보다 우선하여 배당을 받는다. 현행법상 당해세로는 상속세, 증여세, 종합부동산세가 있고, 지방세 당해세로는 재산세, 자동차세, 도시계획세, 공동시설세, 지방교육세(재산세와 자동세분에 한한다) 및 종합토지세 등이 이에 해당한다.

⑤ 5순위

국세 및 지방세의 법정기일 전에 설정등기된 저당권, 전세권에 의하여 담보되는 채권이며. 저당권, 전세권의 설정일과 조세의 법정일이 같으면 조세채권이 우선한다. 그러나 조세의 경우 조세압류등기후에 발생한 조세채권은 배당요구종기까지 교부청구가 있어야 배당을 받을 수 있고, 그 교부청구가 있는 경우 저당권 등과의 우열은 법정기일과 설정등기일을 비교하여 가리게 되며, 배당요구종기 후 배당시까지 사이에 교부청구된 세액은 실체법상의 우선변제 여부에 불구하고 배당할 수 없다.

⑥ 6순위

3순위 임금채권 등을 제외한 임금 그밖에 근로관계로 인한 채권은 저당권의 피담보채권보다 후순위이나, 조세 등 공과금 및 다른 채권자보다는 선순위이다. 다만, 조세 등 공과금이 저당권에 우선하는 경우에는 조세 등 공과금 → 저당권의 피담보채권 → 임금채권 순위로 배당을 받는다.

⑦ 7순위

국세, 지방세 및 이에 관한 체납처분비, 가산금 등의 징수금

⑧ 8순위

국세 및 지방세의 다음 순위로 징수하는 공과금 중 국민건강보험료, 고용보험료 및 산업재해보상보험료, 국민연금보험료 등

⑨ 9순위

일반 채권

5. 매각대금의 배당 실시

매각대금이 납부되면 법원은 배당절차를 밟아야 하며, 채권자의 채권변제에 충분한 때에도 배당절차를 밟아야 한다.

1) 배당받을 채권자의 범위

① 배당요구의 종기까지 경매신청을 한 압류채권자
② 배당요구의 종기까지 배당요구를 한 채권자
③ 첫 경매개시결정등기 전에 등기된 가압류채권자
④ 저당권, 전세권, 그 밖의 우선변제청구권으로서 첫 경매개시결정등기 전에 등기되었고 매각으로 소멸하는 것을 가진 채권자

2) 배당기일의 지정

매수인이 매각대금을 지급하면 법원은 배당에 관한 진술 및 배당을 실시할 기일을 정하고 이해관계인과 배당을 요구한 채권자에게 이를 통지하여야 한다. 다만, 채무자가 외국에 있거나 있는 곳이 분명하지 아니한 때에는 통지하지 아니한다.

3) 배당표원안의 작성과 비치

법원은 채권자와 채무자에게 보여주기 위하여 배당기일의 3일전에 배당표원안을 작성하여 법원에 비치하여야 한다.

4) 배당비율 및 배당액

배당은 순위에 따라 선순위채권으로부터 순차로 전액을 배당한 다음 잔액이 있으면 그 전액으로 일반채권자의 각 채권액의 비율대로 안분하고, 배당순위가 동일한 배당가입채권에 대하여는 각 배당가압채권액의 동순위 채권합산액에 대한 백분율(각 배당가입채권액/동순위채권합산액×100)이 배당비율로 되나, 선순위채권은 후순위채권에 우선하여 전액 배당하여야 하므로 그에 대한 배당비율은 100%로 표시하며, 동순위채권자에게 배당할 금액에 배당비율을 곱하여 산출된 금액이 배당이 된다.

5) 배당표 확정

배당표에는 매각대금, 채권자의 원금, 이자, 비용, 배당의 순위와 배당의 비율을 적어야하며, 법원은 미리 작성한 배당표 원안을 배당기일에 출석한 이해관계인과 배당요구채권자에게 열람시켜 그들의 의견을 듣거나 심문한 다음, 이에 따라 배당표 원안에 추가 또는 정정할 것이 있으면 추가 정정하여 배당표를 완성하고 확정한다.

출석한 이해관계인과 배당을 요구한 채권자가 합의한 때에는 이에 따라 배당표를 작성하여야 하고, 배당표에 대하여 이의가 있으면 그 부분에 한하여 배당표는 확정되지 아니한다.

배당표

<table>
<tr><td colspan="5">서울중앙지방법원
배 당 표
2012타경 1234 부동산강제경매</td></tr>
<tr><td colspan="2">배당할 금액</td><td colspan="3">금 70,000,000원</td></tr>
<tr><td rowspan="5">명세</td><td>매 각 대금</td><td colspan="3">금 60,000,000원</td></tr>
<tr><td>지 연 이자</td><td colspan="3">금 0원</td></tr>
<tr><td>전매수인의 매수보증금</td><td colspan="3">금 0원</td></tr>
<tr><td>항고보증금</td><td colspan="3">금 0원</td></tr>
<tr><td>보증금이자</td><td colspan="3">금 120,000원</td></tr>
<tr><td colspan="2">집 행 비 용</td><td colspan="3">금 2,000,000원</td></tr>
<tr><td colspan="2">실제 배당할 금액</td><td colspan="3">금 68,000,000원</td></tr>
<tr><td colspan="2">매 각 부 동 산</td><td colspan="3">경기도 과천시 원문동 ㅇㅇ동 ㅇㅇㅇ번지 아파트</td></tr>
<tr><td colspan="2">채 권 자</td><td>홍길동</td><td>ㅇㅇ은행</td><td>갑돌이</td></tr>
<tr><td rowspan="4">채권금액</td><td>원 금</td><td>30,000,000원</td><td>40,000,000원</td><td>20,000,000원</td></tr>
<tr><td>이 자</td><td>0원</td><td>5,000,000원</td><td>0원</td></tr>
<tr><td>비 용</td><td>0원</td><td>0원</td><td>0원</td></tr>
<tr><td>계</td><td>30,000,000원</td><td>45,000,000원</td><td>20,000,000원</td></tr>
<tr><td colspan="2">배 당 순 위</td><td>1</td><td>2</td><td>3</td></tr>
<tr><td colspan="2">이 유</td><td>소액임차인</td><td>근저당권자</td><td>경매신청권자</td></tr>
<tr><td colspan="2">채 권 최 고 액</td><td>10,000,000원</td><td>50,000,000원</td><td>20,000,000원</td></tr>
<tr><td colspan="2">배 당 액</td><td>10,000,000원</td><td>45,000,000원</td><td>17,000,000원</td></tr>
<tr><td colspan="2">배 당 비 율</td><td>100%</td><td>100%</td><td>85%</td></tr>
<tr><td colspan="2">공 탁 번 호
(공 탁 일)</td><td>금제 호
(20 . .)</td><td>금제 호
(20 . .)</td><td>금제 호
(20 . .)</td></tr>
</table>

6) 배당표에 대한 이의

(1) 이의를 할 수 있는 자

기일에 출석한 채무자와 각 채권자는 배당기일에 배당표 작성과정, 확정, 배당실시 및 다른 채권자의 채권과 순위에 관하여 이의를 진술할 수 있다.

(2) 이의의 방법

채무자는 법원에 배당표원안이 비치된 이후 배당기일이 끝날 때까지 채권자의 채권 또는 그 채권의 순위에 대하여 서면으로 이의를 할 수 있으나 채무자를 제외하고는 반드시 출석하여 진술할 것을 요한다.

(3) 절차상의 이의

채무자와 각 채권자는 배당표의 작성과정이나 배당실시 절차에 위법이 있음을 이의를 할 수 있으며, 법원은 이러한 이의가 정당하다고 인정한 때에는 배당표의 기재를 고쳐 바로잡거나 배당기일을 연기하고, 경우에 따라서는 배당표 작성절차를 다시 진행한다. 그러나 법원은 이의가 이유 없다고 판단되면 배당절차로 속행할 수 있고, 이에 대하여는 집행에 관한 이의를 할 수 있다.

(4) 실체상의 이의

채무자는 채권자의 채권의 존부, 범위, 순위에 관하여 실체상의 사유가 있으면 이의를 할 수 있으며, 채권자는 자기의 이해에 관계되는 범위 안에서는 다른 채권자의 채권의 존부, 범위, 순위에 관하여 이의를 할 수 있다.

7) 배당표에 대한 이의와 부당이득

① 배당요구권자나 배당요구를 하지 않아도 당연히 배당에 참가할 수 있는 채권자가 배당이의를 하지 않는 경우는 배당표의 확정 및 실시는 단지 강제집행절차의 종료를 의미하는 것뿐이며, 그것으로 실체적인 채권의 존부까지 확정하지 않으므로 민사집행법 제88조 제1항의 배당요구를 한 자 또는 배당

요구를 하지 않아도 당연히 배당에 참가할 수 있는 채권자가 배당기일에 출석하지 아니하였거나 출석하여 이의를 신청하지 않았다 하더라도 배당표에 실체적으로 부당한 것이 있다면 배당을 받지 못한 채권자는 배당받은 채권자를 상대로 부당이득반환을 구할 수 있다.

② 배당요구를 하여야만 배당에 참여할 수 있는 채권자가 배당요구를 하지 아니한 경우 판례는 부당이득의 성립을 부정하고 있다.

③ 담보권실행 경매절차에서 경매신청권자가 피담보채권의 일부만을 청구금액으로 기재한 경우 판례는 부당이득의 성립을 부정하고 있다.

8) 배당금의 공탁

다음의 경우에 배당금을 공탁한다.

① 채권에 정지조건 또는 불확정기간이 붙어 있는 때
② 가압류채권자의 채권인 때
③ 민사집행법 제49조 제2호 및 제266조 제1항 제5호에 규정된 문서가 제출되어 있는 때
④ 저당권설정의 가등기가 마쳐져 있는 때
⑤ 민사집행법 제154조 제1항에 의한 배당이의의 소가 제기된 때
⑥ 민법 제340조 제2항, 민법 제370조에 따른 배당금액의 공탁청구가 있는 때
⑦ 채권자가 배당기일에 출석하지 아니한 때
⑧ 저당권부 채권에 압류, 가압류, 저당권에 가처분이 있는 경우
⑨ 배당금·잉여금채권에 압류·가압류가 있는 경우
⑩ 배당금·잉여금채권에 전부명령·추심명령이 있는 경우

6. 배당이의의 소

배당이의의 소는 배당표에 대한 이의를 진술한 자가 그 이의를 관철하기 위하여 배당표 변경을 구하는 소를 말하며, 이의한 자는 배당기일로부터 1주 이내에

집행법원에 대하여 배당이의의 소를 제기한 사실을 증명하는 서류를 제출하여 배당실시를 저지하여야 하고, 그 증명을 제출하지 아니한 때에는 배당이의의 소가 취하된 것으로 보고 배당을 실시하여야 한다.

7. 배당방법

1) 순위배당

민법·상법 그 밖의 법률에 의한 우선순위에 따라 배당한다.

2) 안분배당

각 채권자들의 배당순위가 동순위인 경우(주택의 소액보증금과 최종 3개월분 임금·최종 3년간의 퇴직금 및 재해보상금)나 우열을 가릴 수 없는 경우(선순위의 가압류와 후순위인 근저당권)에는 각 채권자들의 채권액에 따라 안분하여 배당한다.

3) 안분후 흡수배당

배당받을 채권자들 사이에 배당순위가 고정되지 아니하여 채권자들 사이에 우열관계가 상대에 따라 변동되거나 모순이 되는 경우에는 그에 관계된 각 채권자의 채권액에 비례하여 안분한 후(1단계), 각각 자신의 채권액 중 1단계에서 안분받지 못한 금액(부족액)에 달할 때까지 자신에게 열후하는 채권자의 안분액으로부터 흡수(2단계)하여 그 결과를 배당하여야 한다.

4) 이시배당

이시배당은 동일한 채권의 담보로 수개의 부동산에 저당권을 설정한 경우에 그 부동산의 경매대가를 동시에 배당하는 때에는 각 부동산의 경매대가에 비례하여 그 채권의 분담을 정하는 것이다.

제16장

대손처리 및 부실채권 사후관리

제16장 대손처리 및 부실채권 사후관리

1절 대손충당금 설정 및 대손처리

1. 대손충당금 설정

1) 의의

부실채권 중 향후 회수할 수 없다고 판단되는 거래처의 외상잔고에 대해서는 세무상 요건 및 구비서류를 갖추어 대손처리를 할 수 있다.

채권자는 채권회수 방법으로 여러 가지 회수노력을 하였는데도 불구하고 채무자와 연대보증인의 무자력으로 회수할 수 가 없는 경우 대손처리를 검토하여야 한다. 일반적으로 회사는 년말이 되면 대손처리 여부를 검토하고 있다.

실무적으로 대손처리를 하였다고 하여 회수활동을 중단하여서는 아니 된다. 대손 처리한 채권을 별도로 비망관리를 하면서 회수 할 수 있도록 노력을 하여야 한다. 세법에서는 대손이 예상되는 대손추산액에 대하여 일정금액 한도내에서 대손충당금을 설정할 수 있도록 하고 있다.

2) 대손충당금 설정

법인이 보유하고 있는 채권 중 채무자의 파산 등 일정한 사유로 회수할 수 없는 채권금액을 대손금이라고 하며, 대손충당금은 미래의 대손에 대비하기 위하여 대손예상액을 비용으로 계상한 충당금을 말한다. 대손충당금은 결산조정에 의하여 일정한도 범위내에서 손금(비용)에 산입한다.

3) 대손충당금 한도액

대손충당금 한도액은 채권잔액에 한도율을 곱한 금액으로 한다.

대손충당금 한도액 = 채권잔액 × 한도율

(1) 채권잔액

대손충당금 설정대상채권은 다음과 같이 구분하며, 채권의 금액은 사업년도 중일 현재 세무상 장부가액으로 계산한다.

① 설정대상채권

- 외상매출금 : 상품·제품 판매가액의 미수액과 가공료·용역 등의 제공에 의한 사업수입금액의 미수액
- 대여금 : 금전소비대차계약 등에 의하여 타인에게 대여한 금액
- 기타 준하는 채권 : 어음상의 채권·미수금·기업회계기준에 의한 대손충당금설정대상 채권

② 설정제외채권

- 채무보증으로 인하여 발생한 구상채권
- 특수관계자에 대한 업무무관가지급금

(2) 한도율

대손충당금 한도율은 다음과 같다.

구 분	한 도 율
일 반 법 인	Max(1%, 대손실적율)
금 융 기 관	Max(2%, 대손실적율)

$$\text{대손실적율} = \frac{\text{당해 사업 연도의 대손금}}{\text{직전 사업 연도 종료일 현재의 채권 잔액}}$$

4) 대손충당금의 설정액

(1) 손금산입방법(결산조정)

대손충당금을 손금에 산입하기 위해서는 법인이 결산서에 대손충당금을 계상하여야 한다.

(2) 상계와 환입(총액법)

대손충당금 설정방법에는 총액법과 보충법이 있는데 법인세법에서는 총액법을 채택하고 있다. 총액법이란 직전사업년도에 설정된 대손충당금 중 대손금과 상계하고 남은 잔액은 전액환입하고 당해 사업년도에 대손충당금을 총액으로 다시 설정하는 방법을 말한다. 대손충당금을 계상한 법인은 대손이 발생한 경우 그 대손금을 이미 계상되어 있는 대손충당금과 먼저 상계하여야 하며, 부족분은 판매비 속의 대손상각비로 비용처리 한다. 대손금과 상계한 후의 대손충당금 잔액이 있을 때에는 다음연도에 환입하여 익금에 산입한다.

5) 세무조정

대 손 충 당 금 계상 액
(−) 한 도 액
한 도 초 과 액

(1) 대손충당금 계상액

대손충당금 계상액은 손익계산서상 비용 계상액이 아니라 대차대조표상 대손충당금 기말잔액으로 한다. 그 이유는 세무상 대손충당금의 회계처리는 총액법을 적용하기 때문이다.

(2) 대손충당금 한도초과액

대손충당금 한도초과액은 손금불산입(유보)한다. 동 유보는 다음 연도에 익금불산입(△유보)으로 사후관리한다.

6) 대손충당금의 회계처리

(1) 대손의 인식시점

기업회계기준에서는 충당금설정법을 따르도록 되어 있는데, 충당금설정법은 발생회계를 적용하여 매출의 발생기간에 대손을 인식한다.

따라서 기말에 외상매출금 잔액중 회수불가능금액을 예상하여 당기비용으로 인식함으로써 외상매출금을 순실현 가능가치로 평가한다.

기록방법은 회수불가능 예상금액을 대손상각비 계정에 기록하고, 외상매출금의 차감계정인 대손충당금 계정에 기입한다.

그러므로 외상매출금을 외상매출금총액에서 대손충당금을 차감한 잔액으로 평가된다.

(2) 회계처리

① 기말 대손충당금 설정시

결산시점에서 합리적이고 객관적인 기준에 따라 산출한 대손추산액에서 기말현재장부상 대손충당금 잔액을 차감한 금액을 다음과 같이 대손충당금으로 설정한다.

(차) 대손상각비 xxx (대) 대손충담금 xxx

그러나 만일 기말에 설정할 대손추산액이 기말현재 장부상 대손충당금 잔액보다 적은 경우에는 다음과 같이 환입처리한다.

(차) 대손충담금 xxx (대) 대손충담금환입 xxx

② 기중 대손충당금 설정시

결산기가 아닌 연중에 실제로 대손이 발생한 경우에는 다음과 같이 기 설정된 대손충당금과 매출채권을 상계 처리한다.

(차) 대손충당금 xxx (대) 매출채권 xxx

만일 회수불능으로 판명된 매출채권이 이미 설정되어 있는 대손충당금을 초과하게 되면 그 초과액은 다음과 같이 대손상각비로 처리한다.

(차) 대손충당금 xxx (대) 매출채권 xxx
대손상각비 xxx

③ 대손처리한 매출채권의 회수

(차) 현 금 xxx (대) 대손충당금 xxx

2. 대손처리

1) 의의

부실채권 중 세법에서 정하는 일정한 기준에 적합하면 손금으로 인정 받을 수 있는 경우가 있다. 이와 같이 손금으로 인정받게 되면 그만큼 세금을 절감할 수 있는데 이를 대손금이라고 한다.

대손금에 대한 범위는 세법에서 규정하고 있는데 대손금의 범위에 있는 채권이라고 하더라도 회수노력 근거와 채무자의 무재산증명 등 일정한 요건을 갖추어야만 대손금으로 인정을 받을 수 있다.

회수노력 근거서류가 없으면 임의 포기로 보아 대손으로 인정이 안 되므로 회수노력 근거서류를 반드시 갖추어 놓아야 한다.

회수노력 근거서류로는 가압류, 압류, 소제기, 경매신청 등을 한 증빙서류와 채무자 추적, 채무자와 면담·협상한 근거서류 등이다. 회수노력 근거서류로 채권관리부서의 내부보고서도 구비해 두어야 한다.

2) 대손금의 범위

법인세법 시행령에 열거된 대손처리가 가능한 회수할 수 없는 채권은 다음과 같다.

① 상법에 의한 소멸시효가 완성된 외상매출금 및 미수금
② 어음법에 의한 소멸시효가 완성된 어음
③ 수표법에 의한 소멸시효가 완성된 수표
④ 민법에 의한 소멸시효가 완성된 대여금 및 선급금
⑤ 채무자 회생 및 파산에 관한 법률에 의한 채무자 회생 결정에 따라 회수불능으로 확정된 채권
⑥ 민사집행법 102조의 규정에 의한 채무자의 재산에 대한 경매가 취소된 압류채권
⑦ 물품의 수출로 인해 발생한 채권으로서 외국환거래에 관한 법령에 의해 한국은행 총재 또는 외국환은행의 장으로부터 채권회수 의무를 면제받은 것.
⑧ 채무자의 파산, 강제집행, 형의 집행, 사업의 폐지, 사망, 실종, 행방불명으로 인해 회수할 수 없는 채권
⑨ 부도발생일로부터 6개월 이상 경과한 수표 또는 어음상의 채권 및 외상매출금(중소기업의 외상매출금으로서 부도발생의 이전의 것에 한함). 다만, 해당법인이 채무자의 재산에 대해 저당권을 설정하고 있는 경우는 제외한다.
⑩ 국세징수법 제86조 제1항의 규정에 의해 납세지 관할 세무서장으로부터 국세결손처분을 받은 채무자에 대한 채권. 단, 저당권이 설정되어 있는 경우에는 제외한다.
⑪ 회수기일을 6개월 이상 경과한 채권 중 회수비용이 해당 채권가액을 초과하여 회수실익이 없다고 인정되는 20만원 이하의 채권
⑫ 금융기관의 채권 중 대손처리기준에 따라 금융기관이 금융감독원장으로부터 대손금으로 승인을 받은 것과 금융감독원장으로부터 대손처리 요구를 받은 채권으로서 해당금융기관이 대손금으로 계상한 것
⑬ 중소기업창업투자회사의 법인의 창업자에 대한 채권으로서 중소기업청장이 재경부장관과 협의하여 정한 기준에 해당한다고 인정한 것

위에서 열거한 회수불능채권에 대하여 대손처리를 하기 위해서는 ①②③④⑨⑪은 회수노력 근거가 있어야 하고, 기타의 경우는 회수노력 근거와 채무자의 무재산증명이 있어야 한다.

또한 손금산입시기를 맞추어서 처리하여야 한다. 만일, 제때에 대손처리를 하지 않으면 향후에 대손처리를 할 수 없기 때문이다. ①~⑦의 경우는 대손사유가 발생한 날이 속하는 사업년도가 손금산입시기가 되며, 기타의 경우는 대손사유가 발생하여 손금으로 계상한 날이 속하는 사업년도가 손금산입시기가 된다.

3) 대손처리를 위한 구비서류

회수불능채권을 대손처리하기 위해서는 회수노력근거와 채무자의 무재산증명이 있어야 한다. 회수노력근거와 채무자의 무재산증명과 관련된 서류는 가능한 폐기하지 말고 모두 보관하는 것이 좋다. 대손처리를 하기 위해서는 다음의 서류를 갖추어야 한다.

① 외상매출금 및 미수채권 소멸시효 등으로 회수가 불가능한 채권

입증서류로는 회수노력을 위해 진행한 출장보고서, 소송 및 관련 증빙 등 재산조사보고서와 부실채권발생보고서 등이다.

② 회수불능채권임을 입증할 수 있는 서류

입증서류로는 소멸시효 완성증빙서류, 부도어음·수표 등 회수불능임을 입증할 수 있는 서류를 갖추어야 한다.

③ 채무자등의 파산, 강제집행, 해산, 청산, 사업폐지 등으로 회수가 불가능한 채권

입증서류로는 법원의 파산, 강제집행, 해산, 청산완료 등이다. 파산시에는 파산종결결정문, 강제집행시는 강제집행조서, 법인등기부등이 필요하다.

또한 사업의 폐지시에는 관할세무서의 휴·폐업사실증명서가 필요하다. 다만, 휴·폐업신고 미필 등으로 서류발급이 불가능한 경우는 출장보고서로 갈음할 수 있다. 재산조사시 증빙서류로는 법인등기부등본, 사업자등록증사본등이 필요하나, 다만 부동산등기부등본의 징구가 불가능한 경우는 토지대장등본, 건축물관리대장, 재산세과세증명, 미과세 증명 등으로 갈음할 수 있다.

④ 채무자 등의 사망, 실종, 행방불명 등으로 회수가 불가능한 경우

사망, 실종시 입증서류로는 호적등본(또는 주민등록등본), 법원의 실종 신고, 법원의 상속 포기 결정문 서류 등이 필요하다. 또한 행방불명시는 동(읍・면)사무소의 직권말소 확인서류, 불거주증명서(인우증명서)와 함께 법인등기부등본, 사업자등록증사본이 필요하다. 다만, 부동산등기부등본의 징구가 불가능한 경우는 토지대장등본, 건축물관리대장, 재산세과세증명, 미과세 증명 등으로 갈음할 수 있다.

⑤ 채무자 등에 대한 담보권 실행경매, 강제경매 등의 법적 절차나 기타 가능한 모든 회수방법에 의하여서도 회수가 불가능한 경우

입증서류로는 담보권실행경매, 강제경매 등으로 법적절차 완료서류 또는 기타 회수방법에 의한 회수노력 서류 등이며 관련서류로는 법인등기부등본, 사업자등록증사본 등이 필요하다다만, 부동산등기부등본의 징구가 불가능한 경우는 토지대장등본, 건축물관리대장, 재산세과세증명, 미과세 증명 등으로 갈음할 수 있다.

⑥ 회수비용이 회수금액을 초과하여 회수 실적이 없는 경우

입증서류로는 회수비용 및 회수금액 추정 자료를 작성한 보고서 등이 필요하다.

⑦ 기타 회수가 불가능한 경우

해외 이주시 입증서류는 해외이주법에 의한 전가족 해외이주허가서(또는 주민등록등본) 및 출국사실증명서 등이 필요하다. 재산조사증빙서류로는 법인등기부등본, 사업자등록증사본 등이 필요하지만, 부동산등기부등본의 징구가 불가능한 경우는 토지대장등본, 건축물관리대장, 재산세과세증명, 미과세 증명 등으로 갈음할 수 있다.

3. 대손세액공제

1) 의의

대손세액공제에 대한 사항과 대손사유는 부가가치세법과 부가가치세법 시행령에 규정되어 있다. 이는 법인세법 시행령에 열거되어 있는 대손금의 범위와 같다.

그리고 대손세액을 공제받기 위해서는 대손세액공제신고서에 기재할 사항을 기재하고, 매출세금계산서 사본과 대손사실을 증명하는 서류를 갖추어 신고하여야 한다.

2) 유효기간 및 공제금액

대손세액공제는 일정기간 이내에 발생한 경우에만 공제를 받을 수 있다. 대손세액공제 대상은 재화 또는 용역을 공급한 그 공급일로부터 5년이 경과한 날이 속하는 부가가치세 과세기간의 확정신고기간까지 대손사유로 인해 회수할 수 없는 것으로 확정된 경우에 가능하다.

대손세액을 공제받기 위해서는 대손이 확정된 날이 속하는 과세기간의 매출세액에서 가감하여야 한다. 공제금액은 대손금액(회수불능채권금액)의 10/110인데, 이는 회수불능채권 110중에서 공급가액이 100이고 부가가치세액이 10이기 때문이다.

$$\text{대손세액공제금액} = \text{대손금액} \times 10/110$$

대손세액공제후 대손세액의 전부 또는 일부를 회수한 경우는 회수일이 속하는 과세기간에 매출세액으로 가산되므로 세액을 다시 납부하여야 한다. 이때 상대방에 대해서는 회수일이 속하는 과세기간의 매입세액에 가산한다. 따라서 상대방은 매입세액을 공제받을 수 있게 된다.

2절 부실채권 사후관리

1. 부실채권관리

1) 의의

거래개시 시점에 매도자가 의도한 대로 또는 계약서상 결제조건대로 정상적으로 대금을 회수할 수 없는 채권을 부실채권이라고 한다. 부실채권을 장기채권, 악성채권, 부도채권으로 분류할 수 있다.

2) 부실업체와 부실채권

부실업체의 분류	내 용	부실채권의 발생시기
1) 연체업체	계약조건대로 이행되지 않는 채권	당초 결제일
2) 부도업체	자기발행은행도 어음이나 수표가 부도 처리된 업체	부도발생일
3) 타인어음부도업체	입금된 타인발행 배서어음 의 부도 발생일로부터 7일 이내 정리하지 않은 업체	부도발생일로부터 7일이 경과한 날
4) 법정관리업체	법원에 회생정리절차 개신신청을 제출한 업체 혹은 법원에서 회사재산 보전처분이 결정된 업체	보전처분결정일
5) 체납처분을 당한 업체	국세, 지방세 등이 체납되어 관공서로부터 강제집행을 당한 업체	체납처분일(압류일)
6) 기타 부실업체	채무자의 잠적, 행방불명, 영업중단, 임금체불, 기타 계약불이행 등으로 인하여 정상적인 채무변제가 불가능한 업체	정상적으로 채권회수가 불가능하다고 판단한 일자

3) 부실징후

채권관리를 잘하려면 현상과 문제점을 잘 파악하여야 한다. 그리고 문제 해결을 위한 관점에서 거래를 하기전이라든지 또는 거래중에 재산파악을 미리미리 파악하여 두었다가 문제가 발생되면 적절한 의사결정을 하여 대응책을 마련하여야 한다.

거래를 하다 보면 처음에는 문제없는 것처럼 보였다가도 방심하는 사이에 매출채권도 늘어나고 문제점이 발생되어 더 이상 방법을 찾지 못하고 부실로 이어지는 경우가 많은 것을 볼 수 있다.

영업관리담당자나 영업사원은 조금만 주의를 기울여도 거래하는 상대방에 대한 부실 징후를 파악 할 수 있다.

■ **부실징후 체크사항**

(1) 종업원의 급여가 정상적으로 지급되지 않고 있다.
(2) 대표자의 주소가 잦다.
(3) 회사의 종업원의 이동 및 퇴사자가 많거나 잦다.
(4) 경리직원의 연락이 잘 되지 않는다.
(5) 종업원의 배임 및 횡령 사건이 발생하였다.
(6) 하청업체의 부도가 발생하였다.
(7) 종업원의 말투와 전화응대가 불량하다.
(8) 국세나 지방세가 체납되고 융통어음을 발행하고 있다.
(9) 종업원의 회사에 대한 비판을 자주한다.
(10) 항상 노사 협상에 매달려 있다.
(11) 사업자등록증상의 명의인이 다수로 되어 있다.
(12) 경영상 분쟁이 잦다.
(13) 납품건에 대한 크레임 발생이 잦다.
(14) 신규투자가 많거나 본업과 다른 거래가 많다.
(15) 공장을 축소하거나 폐쇄하였다.
(16) 매입시점을 갑자기 앞당겨 달라고 하거나 계산서를 허위로 요청한다.
(17) 매출이 현격히 감소하거나 수금이 잘 이루어 지지 않는다.

(18) 주요 거래처가 자주 바뀐다.
(19) 납기가 잘 지켜지지 않는다.
(20) 거래업종의 산업이 경기 불황에 놓여 있다.
(21) 갑자기 덤핑 및 할인판매가 이루어지고 있다.
(22) 매출채권회전율 및 재고자산 회전율이 급격히 증가·감소한다.
(23) 정상적인 금융기관을 이용하는 것이 아니라 비금융권을 이용한다.
(24) 회사의 재산에 대하여 가압류 등 법적 조치가 진행되고 있다.

4) 부실채권 발생시 행동 FLOW

부실채권이 발생하면 다음과 같이 행동 요령에 따라 처리한다.

행동 FLOW	내용 및 대책
1) 부실징후	임금체불, 연체발생, 지급기일연장요청, 원자재덤핑처분, 조업의 단축, 주납품처의 도산, 대형사기 및 사고에 연루, 융통어음증가, 재고의 급격한 증가, 사채의 과다, 악성루머의 유통 등
2) 보고	부실발생 예상시 즉시보고(보고기간 준수)
3) 대책 수립	소유권유보부 물품회수, 재산조사 및 가압류, 변제유도
4) 부도, 도산	어음 및 수표 부도, 법정관리, 영업폐쇄, 업주도주
5) 현황파악	자사의 미회수 채권액 산정, 담보권 산정, 거래처의 총 부도액 및 부채총액, 재산조사 및 현황파악, 임직원 동정, 타거래처의 동향 파악
6) 대책수립	임의회수 : 변제, 채권양도, 재고자산 수령 채권보전 : 가압류, 가처분, 채권자대위권, 취소권 행사, 산관계명시신청, 추가담보 및 보증인 요구 강제회수 : 담보권 실행, 집행권원 획득하여 강제집행 심리적 압박 : 부정수표단속법, 강제집행 면탈죄로 고발, 채무불이행자 명부등재 신청 위 사항 중 어느 것을 선택하는 것이 효율적인가에 따라 구체적 대책 수립한다.
7) 대책의 실행	변제협상, 가압류, 가처분, 담보·보증징구 소송제기, 고발
8) 대손처리	대손요건 구비시 대손처리
9) 사후관리	채권의 완전회수 또는 소멸시효까지 계속 추적 집행

2. 부실채권 회수 기법 요령

부실채권이 발생하면 다음과 같은 기법으로 회수하도록 하여야 한다.

첫째, 사고전에 협상 또는 회수한다.

부실채권이 발생하면 사고전에 협상 또는 회수하도록 하여야 한다. 사고 후에는 남는게 없다. 채권단에 가입해봐야 회수하는 것이 거의 없다.

둘째, 가장 먼저 채무자를 만나 협상한다.

첫 정보가 중요하다. 가장 먼저 만나라. 채무자가 아니더라도 연대보증인, 이해관계인을 가장 먼저 만나야 한다.

셋째, 협상할 때는 상대방에게 일부는 주어야 한다.

상대방의 입장에서의 고려도 중요하다. 우리 측 주장만 하는 것은 금물이다.

넷째, 협상은 그 자리에서 즉시 끝내도록 한다.

장시간 협상 후 다음날 합의서를 쓰자고 하고 헤어지면 1년 후에나 만날 수 있다. 따라서 결정은 신속히 하고, 판단은 가장 효과적인 방법을 택하도록 한다.

다섯째, 악착같아야 한다.

끈기와 오기로 붙들고 늘어져야 회수할 수 있다. 서면으로 하지 않고 말로만 하면 후 일에 분쟁이 있다.

3. 부실채권 회수 방법

부실채권이 발생하면 다음과 같은 방법으로 회수 검토하여야 한다.

채권회수의 방법은 협의로 회수하는 방법, 법률적(강제적)으로 회수하는 방법, 합병・회생절차・파산을 통하여 회수하는 방법 등이 있다.

1) 협의로 회수하는 방법

① 채무이행 최고로 회수하는 방법

② 채권양도로 회수하는 방법

③ 재고자산 확보로 회수하는 방법

④ 상계처리로 회수하는 방법
⑤ 새로운 담보를 제공케 하여 회수하는 방법
⑥ 제3자가 채무를 인수 하도록 하여 회수하는 방법
⑦ 형사범으로 인지하게 하여 회수하는 방법
⑧ 채무자를 도와주면서 회수하는 방법
⑨ 소유권유보부를 통한 회수
⑩ 신용정보업자의 채권추심을 통한 회수
⑪ 기존담보를 협의 처분하여 회수하는 방법
⑫ 제담보 보관으로 사후에 회수하는 방법
⑬ 대리수령 위임받아 회수하는 방법

2) 법률적으로 회수하는 방법

① 가압류 후 협상 또는 배당으로 회수하는 방법
② 지급명령 후 재산에 법적 조치하여 회수하는 방법
③ 소송 후 법적조치로 회수하는 방법
④ 추심명령 및 전부명령으로 회수하는 방법
⑤ 양도담보권의 실행으로 회수하는 방법
⑥ 피사취부도시 소송으로 회수하는 방법
⑦ 강제 경매 후 배당으로 회수하는 방법
⑧ 민사조정으로 회수하는 방법
⑨ 채권자대위권을 통한 회수
⑩ 사해행위 취소 등을 통한 회수
⑪ 채권단 회수를 통한 회수

3) 합병, 해산, 파산, 정리절차로 회수하는 방법

① 법인의 인수, 합병절차에 의하여 회수하는 방법
② 회생절차에 의하여 회수하는 방법
③ 법인의 해산, 파산에 의하여 회수하는 방법

4. 부실채권 관리 방법

부실채권이 발생하면 「부실채권발생보고서」를 작성하여 보고하여야 하다. 또한 부실채권은 「부실채권관리 규정」을 제정하여 운영하여야 한다.

1) 부실채권발생보고서

부실채권이 발생하면 부실채권발생에 대하여 우선 구두 보고 후 서면으로 「부실채권발생보고서」를 작성하여 조속한 시일내 보고하여야 한다.

부실채권발생보고서

1. 채권 현황

구 분	미회수 채권					받을어음	매출채권
	3원 이상	2원 이상	1개월	당월	계		

2. 업체 개요

3. 담보 현황

4. 회수여부 판단

5. 법적조치 사항

6. 문제점

7. 회수 대책

2) 부실채권관리 규정

부실채권은 부실채권관리 규정을 제정하여 운영하여야 한다.

제17장

채무자 회생 및 파산 절차

제17장 채무자 회생 및 파산 절차

1절 회생절차

1. 기업회생개시 신청

1) 의의

회생절차란 상당한 영업이익(개인의 경우 소득)이 나고 있음에도 불구하고 과도한 투자나 금융사고 등으로 인해 부채가 많아 금융비용을 영업이익으로 감당할 수 없는 경우 부채를 기업(개인)이 감당할 수 있는 수준으로 조정하고 일부 채무를 탕감하거나 주식으로 전환하는 등의 방법으로 재기의 기회를 부여하는 제도를 말한다.

회사경영자의 입장에서는 특단의 사정이 없는 한 회생절차 내에서 법원에 의하여 기존 경영자가 회생관리인으로 선임됨으로 인하여 경영권이 유지되므로 경영 노하우를 가지고 적극적으로 회사를 회생시킬 수 있게 되고 회사에 대한 채권 등 권리는 물론 담보권 실행 등 각종의 권리행사가 상당히 제한되거나 금지되고 개별채권자의 가압류, 가처분, 강제집행, 담보권실행, 주주내지 지분권 행사 등이 제한, 금지됨으로 인하여 혼란이 방지되어 회사 회생의 기초가 제공되고 관계인집회를 통하여 회사를 회생시킬 수 있는 채무의 적절한 경감 등을 내용으로 한 회생계획안을 창출하여 회생계획을 수행함으로써 결국 파산에 직면한 회사를 회생시킬 수 있게 된다.

2) 회생절차개시의 신청

회생절차의 신청 사유는 다음과 같은 경우에 한다.

① 사업의 계속에 현저한 지장을 초래하지 아니하고는 변제기에 있는 채무를 변제할 수 없는 경우
② 채무자에게 파산의 원인인 사실이 생길 염려가 있는 경우
③ 채무자가 주식회사 또는 유한회사인 때
- 자본의 10분의 1 이상에 해당하는 채권을 가진 채권자
- 자본의 10분의 1 이상에 해당하는 주식 또는 출자지분을 가진 주주·지분권자
④ 채무자가 주식회사 또는 유한회사가 아닌 때
- 5천만원 이상의 금액에 해당하는 채권을 가진 채권자
- 합명회사·합자회사 그 밖의 법인 또는 이에 준하는 자에 대하여는 출자총액의 10분의 1 이상의 출자지분을 가진 지분권자

3) 회생절차개시신청의 기각사유

회생절차개시신청의 기각사유는 다음과 같은 경우에 한다.
① 회생절차의 비용을 미리 납부하지 아니한 경우
② 회생절차개시신청이 성실하지 아니한 경우
③ 그밖에 회생절차에 의함이 채권자 일반의 이익에 적합하지 아니한 경우

4) 이해관계인의 개별적 권리행사금지

법원이 회생절차개시의 결정을 내리는 경우 사업경영과 재산의 관리, 처분에 관한 관리는 관리인에게 전속되며, 이해관계인의 채무에 대한 개별적 권리행사는 금지된다.

5) 회생개시결정 전·후 발생된 채권의 권리행사 방법

회생절차의 신청이 있는 경우 법원은 개별절차에 의하여는 회생절차의 목적을 충분히 달성하지 못할 우려가 있다고 인정할 만한 특별한 사정이 있는 때에는 이해관계인의 신청 또는 법원의 직권으로 포괄적 금지명령을 할 수 있고 이 경우 모든 회생채권자 등에 대하여 회생채무자의 재산에 대한 강제집행 등은 금지된다. 다만, 법원은 보전처분이나 보전관리명령이 이미 행하여진 경우에만 포괄적

금지명령을 할 수 있고 보전처분이나 보전관리명령이 없는 경우에는 보전처분이나 보전관리명령을 함께하여야 한다.

또한 회생절차 신청 후에도 새로 신청한 가압류, 가처분은 취소시킬 수도 있다. 그리고 회생절차에서는 회생절차개시 신청 후 결정전에 발생된 채권도 법원의 허가를 득하고 거래를 하였거나 보전관리인과 계약을 체결하고 거래하여 발생된 채권은 공익채권이다.

6) 보전처분, 중지명령, 포괄적금지명령

(1) 보전처분

법원은 회생절차개시의 신청이 있는 때에는 이해관계인의 신청에 의하거나 직권으로 회생절차개시신청에 대한 결정이 있을 때까지 채무자의 업무 및 재산에 관하여 가압류, 가처분, 그밖에 필요한 보전처분을 명할 수 있다. 이와 같은 보전처분은 회생회사가 재산을 처분하지 못하게 하고, 채무를 변제하지 못하게 하는 것을 주요 내용으로 한다.

이해관계인이 보전처분을 신청한 때에는 법원은 7일 이내에 보전처분 여부를 결정하여야 한다. 이와 같은 보전처분은 채무자 스스로가 재산을 처분하고, 채무를 변제하는 것을 금지할 뿐 채권자가 강제집행을 실시할 수 있는 권한은 제한을 받지 않는다.

개인회생절차는 기업회생절차와 마찬가지로 기업회생절차에서 규정하고 있는 보전처분, 중지명령, 포괄적 금지명령 제도가 동일하게 존재한다. 파산절차에서는 보전처분 제도만 있다.

(2) 중지명령

법원은 회생절차개시의 신청이 있는 경우 필요하다고 인정하는 때에는 이해관계인의 신청에 의하거나 직권으로 회생절차개시의 신청에 대한 결정이 있을 때까지 다음 각 호의 어느 하나에 해당하는 절차의 중지를 명할 수 있다.

1. 채무자에 대한 파산절차
2. 회생채권 또는 회생담보권에 기한 강제집행, 가압류, 가처분 또는 담보권실

행을 위한 경매절차(이하 "회생채권 또는 회생담보권에 기한 강제집행 등"이라 한다)로서 채무자의 재산에 대하여 이미 행하여지고 있는 것

3. 채무자의 재산에 관한 소송절차
4. 채무자의 재산에 관하여 행정청에 계속되어 있는 절차
5. 국세징수법 또는 지방세법에 의한 체납처분, 국세징수의 예에 의한 체납처분 또는 조세채무부담을 위하여 제공된 물건의 처분, 이 경우 징수의 권한을 가진 자의 의견을 들어야 한다.

법원이 중지명령을 내린 절차는 중지가 되며 중지된 기간 동안 시효는 진행되지 않는다. 그러나 이와 같은 중지명령은 중지명령이 난 건만 중지가 될 뿐 나머지 절차는 중지되지 않고 진행된다. 파산절차에는 중지명령제도가 없다.

(3) 포괄적 금지명령

법원은 회생절차개시의 신청이 있는 경우 중지명령에 의하여는 회생절차의 목적을 충분히 달성하지 못할 우려가 있다고 인정할 만한 특별한 사정이 있는 때에는 이해관계인의 신청에 의하거나 직권으로 회생절차개시의 신청에 대한 결정이 있을 때까지 모든 회생채권자 및 회생담보권자에 대하여 회생채권 또는 회생담보권에 기한 강제집행 등의 금지를 명할 수 있다. 법원이 "포괄적 금지명령"을 할 수 있는 경우는 채무자의 주요한 재산에 관하여 보전처분 또는 보전관리명령이 이미 행하여 졌거나 포괄적 금지명령과 동시에 행하는 경우에 한한다. 다시 말하면 보전처분 또는 보전관리명령이 없이는 포괄금지명령도 할 수 없다는 것이다. 포괄적 금지명령이 있는 때에는 채무자의 재산에 대하여 이미 행하여진 회생채권 또는 회생담보권에 기한 강제집행 등은 중지되고 새로운 신청은 할 수 없다.

파산절차에는 포괄적 금지명령 제도가 없다.

(4) 개시결정

개시결정이 나면 회생채권, 회생담보권에 기하여 회생회사의 재산에 대하여 진행되고 있던 모든 강제집행절차, 파산절차, 체납처분절차는 중단되고, 새로운 파

산신청, 회생신청, 강제집행신청, 체납신청은 할 수 없다. 또한 회생절차개시결정이 있는 때에는 채무자의 재산에 관한 소송절차는 중단된다.

2. 채권신고 및 확정

1) 회생채권의 신고방법

회생절차에 참가하고자 하는 회생채권자는 신고기간 안에 다음 각 호의 사항을 법원에 신고하고 증거서류 또는 그 등본이나 초본을 제출하여야 한다.

1. 성명 및 주소
2. 회생채권의 내용 및 원인
3. 의결권의 액수
4. 일반의 우선권 있는 채권인 때에는 그 뜻

회생채권 중에서 일반의 우선권 있는 부분은 따로 신고하여야 하며 회생채권에 관하여 회생절차개시 당시 소송이 계속하는 때에는 회생채권자는 법원·당사자·사건명 및 사건번호를 신고하여야 한다.

2) 회생담보권의 신고방법

회생절차에 참가하고자 하는 회생담보권자는 신고기간 안에 다음 각 호의 사항을 법원에 신고하고 증거서류 또는 그 등본이나 초본을 제출하여야 한다.

1. 성명 및 주소
2. 회생담보권의 내용 및 원인
3. 회생담보권의 목적 및 그 가액
4. 의결권의 액수
5. 회생절차가 개시된 채무자 외의 자가 채무자인 때에는 그 성명 및 주소

   회생담보권에 관하여 회생절차개시 당시 소송이 계속하는 때에는 회생담보권자는 법원·당사자·사건명 및 사건번호를 신고하여야 한다.

3) 신고의 대상과 목적

신고대상은 회생채권 및 회생담보권과 주식, 지분권이다. 위 중 회생채권과 회생담보권은 신고기간내에 신고하지 않으면 소멸된다. 다만, 관리인이 제출한 목록에 기재된 회생채권·회생담보권·주식 또는 출자지분은 신고된 것으로 본다. 따라서 목록에 기재되지도 않고 신고도 되지 않은 채권과 담보권은 회생절차에서 권리를 행사할 수 없을 뿐만 아니라 회생채권자표가 확정된 후 회생절차가 폐지 또는 종료되는 때에는 회생절차 밖에서도 더 이상 권리를 행사할 수 없게 된다.

4) 신고기간

채권신고는 법원이 정한 신고기간내에 신고를 하여야 한다. 다만, 회생채권자 또는 회생담보권자는 그가 책임을 질 수 없는 사유로 인하여 신고기간 안에 신고를 하지 못한 때에는 그 사유가 끝난 후 1월 이내에 신고를 보완할 수 있다. 또한 신고기간이 경과한 후에 생긴 회생채권과 회생담보권에 관하여는 그 권리가 발생한 후 1월 이내에 신고하여야 한다. 그러나 어떠한 경우에도 회생계획안 심리를 위한 관계인집회가 끝난 후 또는 회생계획안을 서면결의에 부친다는 결정이 있는 후에는 신고할 수 없다.

5) 신고 채권의 조사·확정

(1) 의의

관리인이 먼저 채권자목록을 제출하고 회생채권, 정리담보권이 신고기간내에 신고가 되면 그 내용등에 관하여 관리인, 채무자, 목록에 기재되거나 신고된 회생채권자, 회생담보권자, 주주, 지분권자가 이의를 제기할 수 있고 이의가 제기되면 상대방이 이의자를 상대방으로 하여 법원에 채권조사확정재판신청을 하여 채권의 확정을 받아야 한다.

이와 같이 회생채권, 회생담보권의 조사·확정은 법원의 지휘아래 행하여지지만 실상은 법원이 직권으로 조사·확정하는 것이 아니고 이해관계 당사자들의 이의와 채권조사확정재판 등을 통하여 이루어진다. 파산절차는 기업회생절차와 동일한 방법으로 채권이 확정된다.

(2) 이의가 없는 경우

회생채권과 회생담보권에 대하여 조사기간 안에 특별조사기일에 관리인, 회생채권자, 회생담보권자와 주주, 지분권자의 이의가 없는 때에는 권리의 내용과 의결권의 액수가 확정되며, 우선권 있는 채권에 관하여는 우선권이 있는 것이 확정된다.

(3) 이의가 있는 경우

채권자 목록에 기재되거나 신고된 회생채권 및 회생담보권에 관하여 관리인, 회생채권자, 회생담보권자, 주주 및 지분권자가 이의를 제기하면 그 범위 내에서 권리의 확정이 차단된다.

3. 부인권

1) 의의

부인권이란 회생절차개시 전에 채무자가 회생채권자 또는 회생담보권자를 해하는 것을 알고 한 행위 또는 다른 회생채권자 등과의 평등을 해하는 변제, 담보의 제공 등과 같은 행위를 한 경우에 회생절차개시결정 후 관리인이 그 행위의 효력을 부인함으로써 채무자의 재산을 원상으로 회복시키거나 채권자간의 평등을 회복시키는 것을 목적으로 하는 권리이다.

부인권은 채무자가 책임자산을 감소시키는 행위를 한 경우에 그 효과를 부인하는 것을 목적으로 한다는 점에서 민법상의 채권자취소권과 유사한 제도이나 채권자취소권보다 그 범위가 넓다.

2) 부인의 대상

다음에 열거한 행위는 회생절차개시 후 채무자 재산을 위하여 부인할 수 있다.

① 채무자가 회생채권자 또는 회생담보권자를 해하는 것을 알고 한 행위

가령, 채무자가 그 재산을 시가보다 현저하게 염가로 처분하는 경우가 대부분이에 해당될 것이다. 그러나 수익자가 그 행위 당시 회생채권자 등을 해하는 사실을 알지 못하는 때에는 부인할 수 없다.

② 채무자가 지급의 정지, 회생절차개시의 신청 또는 파산의 신청이 있은 후에 한 회생채권자 또는 회생담보권자를 해하는 행위와 담보의 제공 또는 채무의 소멸에 관한 행위

이 경우의 부인은 채무자가 채권자 등을 해할 의사가 있었느냐의 여부는 문제되지 않는다. 즉, 당해 행위가 지급정지 등이 있은 후라면 채무자가 해할 의사 유무와는 관계없이 부인될 수 있다는 점이 위 ①의 경우와 다르다. 그러나 수익자인 상대방이 그 행위 당시 지급의 정지 등이 있는 것 또는 회생채권자 등을 해하는 사실을 알지 못하는 때에는 부인할 수 없다.

③ 채무자가 지급의 정지 등이 있은 후 또는 그 전 60일(특수관계인에게 한 경우는 1년) 이내에 한 담보의 제공 또는 채무의 소멸에 관한 행위로서 채무자의 의무에 속하지 아니하거나 그 방법이나 시기가 채무자의 의무에 속하지 아니한 것

그러나 채권자가 그 행위 당시 채무자가 다른 회생채권자 등과의 평등을 해하게 되는 것을 알고 한 사실을 알지 못한 때나 지급의 정지 등이 있은 후의 경우에는 그 사실도 알지 못한 때에는 부인하지 못한다.

④ 무상행위 및 이와 동일시 할 수 있는 유상행위에 대한 부인

채무자가 지급의 정지 등이 있은 후 또는 그 전6월(특수관계인에게 한 경우는 1년)이내에 한 무상행위 및 이와 동일시할 수 있는 유상행위를 한 때에는 이를 부인할 수 있다. 무상행위란 증여, 권리의 포기, 채무의 변제 등을 말하며 무상행위와 동일시하여야할 유상행위란, 급부와 반대급부와의 사이에 현저한 차이가 있는 경우로서 실상은 무상행위와 동시할 수 있는 것을 말한다. 이와 같은 행위에 대해서는 채무자 또는 상대방의 선의 악의를 불문하고 부인할 수 있다(1999.3.26. 선고97다20755).

⑤ 성립요건, 대항요건의 부인

지급의 정지 등이 있은 후 권리의 설정·이전 또는 변경을 제3자에게 대항하기 위하여 필요한 행위를 한 경우 그 행위가 권리의 설정·이전 또는 변경이 있은 날로부터 15일을 경과한 후에 지급의 정지 등이 있음을 알고 한 것인 때에는 이를 부인할 수 있다.

이와 같이 성립요건이나 대항요건이 부인되면 성립요건과 대항요건을 결하게 되는 결과, 원인행위가 부인되는 것과 같은 효과가 발생한다.

⑥ 집행행위의 부인

부인권은 부인하고자 하는 행위에 관하여 집행력 있는 집행권원이 있는 때 또는 그 행위가 집행행위에 의한 것인 때에도 행사할 수 있다.

채권자가 채무자의 지급정지 전후에 강제집행을 신청하여 그 매각대금으로부터 채권을 변제 받은 경우라면 부인의 요건이 존재하는 한 그 변제를 부인할 수 있다.

다만, 강제집행절차에서 집행행위 그 자체는 부인할 수 없으므로 경락물건 그 자체의 반환은 청구할 수 없다.

⑦ 전득자에 대한 부인

다음의 경우에는 전득자에 부인권을 대하여도 행사할 수 있다.

- 전득자가 전득 당시 각각 그 전자에 대하여 부인의 원인이 있음을 안때
- 전득자가 제101조의 규정에 의한 특수관계인인 때. 다만, 전득 당시 각각 그 전자에 대하여 부인의 원인이 있음을 알지 못한 때에는 그러하지 아니하다.
- 전득자가 무상행위 또는 그와 동일시 할 수 있는 유상행위로 인하여 전득한 경우 각각 그 전자에 대하여 부인의 원인이 있는 때

이 경우 전득자는 전자에 부인 원인이 있음을 알 것을 요하지 않고, 전득자가 전득 당시에 선의인 경우에 현존하는 이익의 한도내에서 상환하면 된다.

3) 부인권의 제한 및 소멸

① 어음채무 지급의 경우

채무자로부터 어음의 지급을 받은 자가 그 지급을 받지 아니하면 채무자의 1인 또는 여럿에 대한 어음상의 권리를 상실하게 된 경우에는 부인권을 행사할 수 없다.

② 지급정지를 안 것을 이유로 하는 부인의 제한

채권자가 채무자의 지급정지 후 그 사실을 알고 변제 받았거나 담보를 제공받는 등의 행위에 대해서는 부인할 수 있다. 그러나 회생절차개시의 신청이 있는 날로부터 1년 전에 한 행위는 지급정지의 사실을 안 것을 이유로 하여 부인하지 못한다.

③ 부인권의 소멸

부인권은 회생절차개시일로부터 2년, 부인의 대상인 행위를 한 날로부터 10년을 경과하면 행사할 수 없다.

4) 부인권의 행사방법

부인권의 행사방법은 부인의 소, 부인의 청구 또는 부인의 항변 등 3가지이고 관리인이 이를 행사한다. 부인의 소와 부인의 청구사건은 회생법원의 관할에 전속한다. 부인의 소에 의할 것인가 또는 부인의 청구에 의할 것인가는 관리인이 자유로이 결정할 수 있다.

부인의 청구를 하는 때에는 그 원인인 사실을 소명하여야 하며 부인의 청구를 인용하거나 이를 기각하는 재판은 이유를 붙인 결정으로 하여야 한다. 이 결정을 하기 전에 법원은 상대방 또는 전득자를 심문하여야 한다.

부인의 청구를 인용하는 결정에 불복이 있는 자는 그 송달을 받은 날로부터 1월의 불변기간 내에 이의의 소를 제기할 수 있다. 이와 같이 부인권은 원칙적으로 재판상으로 행사하여야 하나 재판 외에서도 할 수 있다. 즉 관리인 등이 부인권을 주장하고 상대방이 이것을 스스로 시인하는 경우이다.

5) 부인권 행사의 효과

(1) 채무자 재산의 원상회복

부인권의 행사는 채무자의 재산을 원상회복시킨다. 부인권의 행사가 있으면 상대방이 이전받은 재산 등은 채무자에 대해 다시 복귀하게 되며 채무자 재산위에 설정되었던 담보권은 소멸된다.

(2) 상대방의 지위

채무자의 행위가 부인된 경우에 그 받은 반대이행이 채무자의 재산 중에 현존하는 때에는 그 이익의 한도 내에서 공익채권자로서 그 권리를 행사할 수 있다.

채무자에 반대이행으로 인하여 생긴 이익이 현존하지 아니하는 때에는 상대방은 그 가액의 상환에 관하여 회생채권자로서 그 권리를 행사할 수 있다. 반대이행의 가액이 현존하는 이익보다 큰 경우에 그 차액에 관하여도 같다.

채무자의 행위가 부인된 경우에 상대방이 그 받은 이행을 반환하거나 그 가액을 상환한 때에는 상대방의 채권은 원상으로 회복된다.

채권이 부활되면 본래 있었던 담보권도 부활한다. 따라서 관리인은 저당권의 말소등기에 관한 회복등기를 해 주어야 한다. 그러나 목적재산이 이미 다른 데에 양도되었거나 담보권이 성립된 경우에는 담보권을 회복시킬 수 없으므로 관리인은 담보권이 회복된 것과 동일한 지위를 상대방에게 보장해 주어야 한다.

부활된 채권은 회생채권 또는 회생담보권으로서 부인이 확정된 날로부터 1개월 이내에 신고하여야 한다.

2절 파산절차

1. 파산

1) 의의

파산은 기업의 경영악화 또는 개인의 수입부족으로 도산에 이르렀을 때 이를 규율하는 제도 중의 하나로서 법률에 정한 절차를 통하여 법원의 감독 아래 채무자의 재산을 가능한 한 공평하게 모든 채권자들에게 분배하는 청산절차이다.

2) 대상

파산선고의 대상은 자연인, 주식회사, 합명회사, 합자회사, 유한회사, 사단법인, 재단법인, 비법인 사단, 조합, 상속재산 등 제한이 없다.

파산선고의 일반적 사유는 지급불능이며, 지급정지가 있으면 지급불능으로 추정한다. 주식회사, 유한회사, 사단법인, 재단법인은 그 부채 총액이 자산의 총액을 초과하는 경우에도 파산선고를 할 수 있다.

3) 파산선고의 신청

채권자 또는 채무자가 파산을 신청할 수 있다. 민법 그 밖의 다른 법률에 의하여 설립된 법인에 대하여는 이사가, 합명회사 또는 합자회사에 대하여는 무한책임사원이, 주식회사 또는 유한회사에 대하여는 이사가 파산신청을 할 수 있다. 청산인은 청산중인 법인에 대하여 파산신청을 할 수 있다.

상속재산에 대하여는 상속채권자, 유증을 받은 자, 상속인, 상속재산관리인 및 유언집행자도 파산신청을 할 수 있다. 일반적인 경우에 채권자나 채무자는 파산신청을 할 것인가, 하지 아니할 것인가를 자유롭게 선택할 수 있지만, 상속재산으로 상속부채를 모두 변제할 수 없는 경우에 그 사실을 안 상속재산관리인, 유언집행자 또는 한정승인이나 재산분리가 있는 경우의 상속인은 지체 없이 파산의 신청을 하여야 한다.

4) 채무자 등에 대한 구인

파산선고가 행해지면 법원은 필요하다고 인정하는 때에는 파산선고를 받은 채무자, 파산선고를 받은 채무자의 법정대리인, 파산선고를 받은 채무자의 이사, 파산선고를 받은 채무자의 지배인, 상속재산에 대한 파산의 경우 상속인과 그 법정대리인 및 지배인을 구할 수 있고, 이 같은 법원의 결정에 대하여는 즉시 항고를 할 수 있다.

2. 파산채권

1) 의의

채무자에 대하여 파산선고 전의 원인으로 생긴 재산상의 청구권을 파산채권이라고 한다. 다시말하면 채무자와 파산선고 전에 체결한 계약에 기하여 발생된 물품대금, 매매대금, 대여금, 공사대금, 임차보증금반환청구권, 손해배상청구권 등이 파산채권이다.

파산채권은 파산절차에 따라 배당 또는 상계에 의하여서만 채권을 변제 받을 수 있다. 즉, 파산채권을 가지고 채무자를 상대로 개별적으로 소송을 제기하거나 강제집행을 실시하는 것은 허용되지 않는다.

그러나 채무자를 위하여 담보제공이나 보증을 한 자를 상대로 하는 권리행사는 채무자에 대하여 파산선고가 내려졌다 하더라도 전혀 제한되지 않으므로 담보를 실행하거나 보증채무이행청구소송을 제기하여 승소한 후 보증인을 상대로 강제집행을 실시해서 채권을 회수하는 것은 허용된다.

또한 우선권 있는 채권이라 하더라도 파산선고 전에 발생된 채권은 파산채권이므로 파산절차에 의하여 변제를 받아야 하는 것은 우선권 없는 파산채권과 마찬가지이나 우선권이 있는 파산채권은 우선권이 없는 파산채권보다 우선하여 변제를 받는다.

2) 파산절차에 따라서만 변제되는 권리

① 파산선고 전에 발생된 일반 채권
② 파산선고 전에 발생된 우선권 있는 채권
③ 후순위 청구권 - 파산선고 후의 이자, 손해배상금, 위약금, 파산절차, 참가비용, 벌금, 과료, 형사소송비용, 추징금 및 과태료 등이다.

3) 파산절차에 의하지 않고 변제받을 수 있는 권리

① 근저당권, 전세권, 질권, 유치권, 담보가등기의 피담보채권 - 별제권
② 국세징수법 또는 국세징수의 예에 의한 체납처분을 파산선고 전에 한 경우이다.

3. 재단채권

파산절차에 의하지 않고 수시로 변제를 받을 수 있는 채권을 재단채권이라고 한다. 재단채권은 파산채권자보다는 먼저 변제를 하며 채무자의 재산으로 재단채권의 총액을 변제하기에 부족한 것이 분명하게 된 때에는 재단채권의 변제는 법원이 규정하는 우선권에 불구하고 아직 변제하지 아니한 채권액의 비율에 따라 변제한다.

4. 별제권

1) 의의

별제권이란 특별히 먼저 우선변제를 받을 수 있는 권리라는 뜻이다. 파산선고된 채무자 재산위에 유치권, 질권, 저당권, 전세권, 담보가등기권을 갖고 있는 자를 별제권자라고 한다.

2) 별제권의 행사

별제권자는 파산절차에 의하지 않고 별제권의 목적물에 대하여 임의경매를 법원에 신청하여 그 환가대금으로부터 우선변제를 받을 수 있다. 또한 선순위의 존재, 담보가치의 부족 등으로 별제권을 행사하여 변제를 받을 수 없는 채권액에 관하여는 파산절차에 파산채권자로서 채권을 신고하여 배당을 받을 수 있다.

별제권자가 배당공고일로부터 14일 이내 파산관재인에 대하여 별제권의 목적물 처분에 착수한 것을 증명하고 또 그 처분에 의하여 변제를 받을 수 없을 채권액을 소명하지 않으면 배당에서 제외된다.

별제권자 스스로가 별제권의 목적물에 대하여 경매를 신청하지 않을 때는 파산관재인이 경매를 신청할 수 있으며 별제권자는 이를 거절할 수 없다. 또한 근저당권, 질권설정 계약서 등에 경매에 의하지 않고 임의처분 또는 소유권 귀속을 통한 귀속 청산에 관한 약정이 있는 때에는 파산관재인의 신청에 의하여 법원은 별제권자 임의처분 등을 할 수 있는 기간을 정할 수 있다. 법원이 정한 기간 내에 별제권자가 임의처분을 하지 않으면 더 이상 임의처분을 할 수 없다.

5. 채권신고

1) 채권신고 방법

파산채권자는 법원이 정한 기간 내에 그 채권액 및 원인, 일반의 우선권이 있는 때에는 그 권리를 법 제466조 제1항 각호에 해당하는 권리를 포함하는 때에는 그 구분을, 법원에 신고하고 증거서류 또는 그 등본이나 초본을 제출하여야 한다.

파산채권에 관하여 파산선고 당시에 소송이 계속하는 때에는 위 사항 외에 그 법원, 당사자, 사건명 및 사건번호를 신고하여야 한다. 다시 말하면 동일한 채권자가 일반 파산채권, 후순위 파산채권을 갖고 있는 경우에는 구분하여 따로 따로 신고를 하여야 한다.

2) 별제권자가 채권신고를 하여야 하는 경우

파산절차가 적용되지 않는 근저당권, 저당권, 담보가등기, 전세권, 질권, 유치권, 양도담보권 등의 별제권을 갖고 있는 채권자는 파산절차의 적용을 받지 않으므로 채권신고를 할 필요도 없다. 다만, 별제권을 행사하여 변제를 받지 못하는 금액은 일반 파산채권으로 신고하여 변제를 받아야 한다.

6. 상계권

1) 상계의 의미

채무자에 줄 돈도 있고 받을 돈도 있을 때 같은 금액만큼 없었던 것으로 하는 것을 상계라 한다.

2) 상계의 요건

파산채권자가 파산선고 당시에 채무자에 대하여 채무를 부담하는 때에는 파산절차에 의하지 아니하고 상계할 수 있다.

파산채권자가 채무자로부터 받을 돈(자동채권)과 줄 돈(수동채권)모두 상계 시점에 변제기가 도래하지 않았다 하더라도 상계할 수 있다.

3) 상계와 차임채무의 특수성

채무자 소유의 건물에 세 들어 사는 임차인이 채무자에 대하여 채권도 가지고 있는 경우 파산채권자가 채무자에 대하여 갖고 있는 채권과 지급할 임대료의 상계는 파산선고 당시의 당기와 차기의 것에 대하여만 가능하다. 그러나 임차인이 채무자로부터 반환받을 임차보증금이 있는 때에는 장래에 발생하는 임대료 전액과 임차보증금반환청구권을 상계할 수 있다.

4) 상계할 수 없는 경우

① 파산채권자가 파산선고 후에 파산재단에 대하여 채무를 부담한 때

② 파산채권자가 지급정지(부도) 또는 파산신청이 있었음을 알고 채무자에 대하여 채무를 부담한 때

③ 채무자의 채무자가 파산선고 후에 타인의 파산채권을 취득한 때

④ 채무자의 채무자가 지급정지 또는 파산신청이 있었음을 알고 파산채권을 취득한 때

7. 부인권

채무자가 파산선고 전에 채권자를 해하는 행위와 재산을 감소시키는 행위를 하였을 때 파산선고 이후에 선임된 파산관재인이 그 행위를 부인하여 원상회복시킬 수 있는 권리를 부인권이라고 한다. 파산절차에서의 부인권은 회사정리절차의 부인권과 같다.

8. 채권자집회

파산절차의 중요사항을 결정하기 위하여 파산채권자로서 구성된 모임을 채권자집회라 한다. 채권자집회는 파산관재인, 감사위원, 신고를 한 총채권의 1/5에 해당하는 파산채권자의 신청에 의하여 또는 직권으로써 법원이 소집한다.

채권자집회는 감사위원을 선임할 것인가 여부를 결정하고 감사위원을 선임하지 아니한 경우에는 파산관재인이 행하는 중요한 행위에 대하여 결의를 한다.

3절 개인회생절차

1. 의의

개인회생절차는 장래 계속적으로 또는 반복하여 수입을 얻을 가망이 있는 급여소득자 또는 영업소득자의 갱생을 위한 절차이다.

급여소득자는 급여, 연금 그 밖의 이와 유사한 정기적이고 확실한 수입을 얻을 가능성이 있는 개인을 말하고 영업소득자는 부동산임대소득, 사업소득, 농업소득, 임업소득 그 밖에 유사한 수입을 장래에 계속적으로 또는 반복하여 얻을 가능성이 있는 개인을 말한다.

2. 개시의 신청

1) 신청권자

개인회생절차의 신청권자는 채무자만 신청할 수 있고 채권자는 신청할 수 없다.

개인채무자로서 개인회생절차를 신청할 수 있는 채무자는 파산의 원인인 지급불능의 사실이 있거나 그러한 사실이 생길 염려가 있는 자로서 유치권, 질권, 저당권, 양도담보권, 가등기담보권, 전세권 또는 우선특권으로 담보된 개인회생채권은 10억원, 그 이외의 개인회생채권은 5억원 이하의 채무를 부담하는 급여소득자 또는 영업소득자이다.

2) 보전처분

법원은 개인회생절차개시결정전에 이해관계인의 신청에 의하거나 직권으로 개인회생재단에 관하여 가압류, 가처분 그 밖의 보전처분을 할 수 있으며 법원은 그 결정을 변경하거나 취소할 수 있다. 법원의 결정에 대하여는 즉시 항고할 수 있으나 집행정지의 효력은 없다.

3) 중지명령

법원은 개인회생절차개시의 신청이 있는 경우 필요하다고 인정하는 때에는 이해관계인의 신청에 의하거나 직권으로 개인회생절차의 개시신청에 대한 결정시까지 다음 각 호의 절차 또는 행위의 중지 또는 금지를 명할 수 있다.

1. 채무자에 대한 회생절차 또는 파산절차
2. 개인회생채권에 기하여 채무자의 업무 및 재산에 대하여 한 강제집행, 가압류 또는 가처분
3. 채무자의 업무 및 재산에 대한 담보권의 설정 또는 담보권의 실행 등을 위한 경매
4. 개인회생채권을 변제받거나 변제를 요구하는 일체의 행위. 다만 소송행위를 제외한다.
5. 국세징수법 또는 지방세법에 의한 체납처분, 국세징수의 예에 의한 체납처분 또는 조세 채무담보를 위하여 제공된 물건의 처분. 이 경우 징수의 권한을 가진 자의 의견을 들어야 한다.

4) 포괄적 금지명령

(1) 포괄적 금지 명령의 요건 및 효력

법원은 개별절차의 중지명령에 의하여는 회생절차의 목적을 충분히 달성하지 못할 우려가 있다고 인정할 만한 특별한 사정이 있는 때에는 이해관계인의 신청 또는 법원의 직권으로 모든 회생채권자 및 회생담보권자에 대하여 회생채권 또는 회생담보권에 기한 강제집행 등의 금지를 명하는 포괄적 금지명령을 내릴 수 있고, 포괄적 중지 명령이 있는 때에는 채무자의 재산에 대하여 이미 행하여진 회생채권에 기한 강제집행 등은 모두 중지되며 이 명령이 효력을 상실한 날의 다음날부터 2월이 경과하는 날까지 회생채권 및 회생담보권에 대한 시효는 완성되지 아니한다. 다만, 법원은 보전처분이나 보전관리명령이 이미 행하여진 경우에만 포괄적 금지 명령을 할 수 있고 보전처분이나 보전관리명령이 없는 상태에서 포괄적 금지명령을 하려면 보전처분이나 보전관리명령을 함께하여야 한다.

또한 법원은 포괄적 금지명령을 변경하거나 취소할 수 있고, 채무자의 사업의 계속을 위하여 특히 필요하다고 인정하는 때에는 채무자의 위와 같은 신청에 의하여 중지된 회생채권 또는 회생담보권에 기한 강제집행 등의 취소를 명할 수 있다. 이 경우 법원은 담보를 제공하게 할 수 있다.

이러한 명령에 대한 변경 또는 취소에 대하여는 즉시항고 할 수 있으나, 이에는 지행정지의 효력은 없다.

(2) 포괄적 금지명령의 회생담보권자에 대한 영향

법원은 포괄적 금지명령이 있는 경우 회생채권 또는 회생담보권에 기한 강제집행 등의 신청인의 회생채권자 또는 회생담보권자에게 부당한 손해를 끼칠 우려가 있다고 인정하는 때에는 그 회생채권자 또는 회생담보권자의 신청에 의하여 그 회생채권자 또는 회생담보권자에 대하여 결정으로 포괄적 금지명령의 적용을 배제할 수 있고, 이 경우 그 회생채권자 또는 회생담보권자는 채무자의 재산에 대하여 회생채권 또는 회생담보권에 기한 강제집행 등을 할 수 있으며, 포괄적 금지명령이 있기 전에 그 회생채권자 또는 회생담보권자가 행한 회생채권 또는 회생담보권에 기한 강제집행 등의 절차는 속행된다.

5) 개인회생절차개시 신청의 취하

채무자는 개인회생절차의 개시결정이 있기 전에는 신청을 취하할 수 있다. 단, 채무자가 보전처분, 중지명령을 받은 후에는 법원의 허가를 받아야 한다.

3. 개시결정

법원은 신청일로부터 1월 이내에 개인회생절차의 개시여부를 결정하여야 하고, 개시결정과 동시에 개시결정일로부터 2주 이상 2월 이하의 범위에서 개인회생채권에 관한 이의 기간과 이의기간으로부터 2주 이상 1월 이하의 범위에서 개인회생채권자집회의 기일을 정하여야 한다.

4. 개인회생채권의 확정

개인회생채권자목록에 기재된 채권자가 이의기간 안에 개인회생채권조사확정재판을 신청하지 아니하거나, 개인회생채권조사확정재판 신청이 각하된 경우에는 개인회생채권자목록의 기재대로 채권이 확정된다.

5. 개인회생채권

채무자에 대하여 개인회생절차개시결정 전의 원인으로 생긴 재산상의 청구권으로 변제계획에 따라서만 변제되는 것을 개인회생채권이라고 한다.

6. 부인권, 환취권, 별제권

개인회생절차에서의 부인권, 환취권, 별제권은 파산절차에서 규정하고 있는 부인권, 환취권, 별제권의 규정을 준용한다.

다만, 부인권에 있어서 회생절차에서는 관리인, 파산절차에서는 파산관재인이 행사하지만, 개인회생절차에서는 채무자가 행사하고, 회생절차와 파산절차에서는 개시결정일로부터 2년, 부인의 대상인 행위의 날로부터 10년을 경과하면 행사할 수 없으나 개인회생절차에서는 개시결정일로부터 1년, 부인의 대상인 행위의 날로부터 5년을 경과하면 더 이상 행사할 수 없다.

7. 변제계획

채무자는 개인회생절차개시신청일로부터 14일 이내에 변제계획안을 제출하여야 하고, 인가되기 전에는 채무자는 제출된 변제계획안을 수정할 수 있으며, 법원은 이해관계인의 신청에 의하거나 직권으로 채무자에 대하여 변제계획안을 수정할 것을 명할 수 있다.

8. 면책

1) 면책결정

(1) 변제계획대로 변제한 경우 잔존채무의 면책

채무자가 변제계획에 따른 변제를 완료한 때에는 법원은 당사자의 신청 또는 직권으로 면책의 결정을 하게 되는데, 면책을 받은 채무자는 변제계획에 따라 변제한 것을 제외하고 개인회생채권자에 대한 채무에 관하여 그 책임이 면제된다.

2) 변제계획대로 변제하지 못한 경우 잔존채무의 면책 요건

채무자가 책임질 수 없는 사유로 변제계획에 따른 변제를 완료하지 못한 경우에도 개인회생채권자가 면책 결정일까지 변제받은 금액이 채무자가 파산절차를 신청한 경우 파산절차에서 배당받을 금액보다 적지 아니하고 변제계획의 변경이 불가능한 경우에는 면책결정을 할 수 있다. 다만, 법원은 면책결정 당시까지 채무자에 의하여 악의로 개인회생채권자목록에 개재되지 아니한 개인회생채권이 있거나, 채무자가 채무자의 이행하지 아니한 경우에는 면책을 불허하는 결정을 할 수 있다.

3) 면책 제외 채권

다음 각 호의 청구권의 경우에는 그 책임이 면제되지 아니한다.

1. 개인회생채권자목록에 기재되지 아니한 청구권
2. 제583조 제1항 제2호의 규정에 의한 조세 등의 청구권
3. 벌금·과료·형사소송비용·추징금 및 과태료
4. 채무자가 고의로 가한 불법행위로 인한 손해 배상
5. 채무자가 중대한 과실로 생명 또는 신체를 침해한 불법행위로 인하여 발생한 손해배상
6. 채무자의 근로자의 임금. 퇴직금 및 재해보상금
7. 채무자의 근로자의 임치금 및 신원보증금
8. 채무자가 양육자 또는 부양의무자로서 부담하여야 할 비용

9. 전부명령에 대한 특칙

변제계획인가 결정이 있으면 채무자의 급료, 연금, 봉급, 상여금, 그 밖에 이와 비슷한 성질을 가진 급여채권에 관하여 개인회생절차 개시 전에 확정된 전부명령이 있는 경우에 변제계획인가결정 후에 제공한 노무로 인한 부분에 대하여는 그 전부명령의 효력은 상실되고, 전부채권자가 변제계획인가결정으로 변제받지 못한 채권액은 개인회생채권으로 한다.

찾아보기

(ㄹ)

(ㅁ)

(ㅂ)

(ㅅ)

(ㅇ)

(ㅈ)

(ㅊ)

(ㅌ)

매출채권관리 및 회수

2013년 9월 15일 1판 1쇄 인쇄
2013년 9월 20일 1판 1쇄 발행

저 자 이 충 호
발행인 김 용 성
발행처 법률출판사
서울시 동대문구 휘경동 187-20 오스카빌딩 4층
☎ 02) 962-9154 팩스 02) 962-9156

등록번호 제1-1982호

정가 29,000원 ISBN 978-89-5821-223-2 13320